U0851570

铁路通信技术问答丛书

数字调度通信问答

沈尧星　陈金华　周军民　主编

田　裳　　　　　　　主审

中国铁道出版社

2012年·北京

内容简介

本书针对目前在路内使用的数字调度通信设备而编写，采用问答的方式，分为"基础篇"和"设备篇"。"基础篇"包括铁路专用通信概述，调度交换机基础知识、硬件结构和基本原理，调度通信网络，日常维护与常见故障(障碍)案例分析等内容；"设备篇"按CTT2000、CTT4000、FH98、FH98-G、MDS3400、ZST-48系列等型号数调设备分别编写，包括各种型号调度交换机的硬件结构、硬件配置与调试、网管终端操作与日常维护、数据配置、故障处理等内容。

本书可供数字调度通信设备维护人员学习使用，也可供工程设计人员、施工人员、职业技术院校师生以及相关专业人员参考使用。

图书在版编目(CIP)数据

数字调度通信问答/沈尧星，陈金华，周军民主编.
—北京：中国铁道出版社，2012.12
(铁路通信技术问答丛书)
ISBN 978-7-113-15281-9

Ⅰ.①数… Ⅱ.①沈… ②陈… ③周… Ⅲ.①铁路运输—运输调度—数字通信—通信系统—问题解答 Ⅳ.①U284.5－44

中国版本图书馆CIP数据核字(2012)第311322号

书　　名： 铁路通信技术问答丛书
数字调度通信问答
作　　者： 沈尧星　陈金华　周军民　主编

责任编辑： 崔忠文　李嘉懿　**编辑部电话：** 021-73146（路）　**电子信箱：** dianwu@vip.sina.com
封面设计： 崔　欣
责任校对： 张玉华
责任印制： 陆　宁

出版发行： 中国铁道出版社（100054，北京市西城区右安门西街8号）
网　　址： http：//www.tdpress.com
印　　刷： 三河市华丰印刷厂
版　　次： 2012年12月第1版　2012年12月第1次印刷
开　　本： 787 mm×960 mm　1/16　印张：17.5　字数：356千
书　　号： ISBN 978-7-113-15281-9
定　　价： 38.00元

前　言

随着铁路建设的飞速发展，铁路运输装备不断提高，调度通信已基本实现了数字化、网络化。根据运输生产的需要，又推出了大容量调度所交换机和触摸屏调度台等设备，极大地提高了铁路调度通信网的可靠性，完善了调度通信网的组网方式。

本书针对目前在路内使用的数字调度通信设备而编写。全书采用问答的方式，分为“基础篇”和“设备篇”。“基础篇”按铁路专用通信概述，调度交换机基础知识、硬件结构和基本原理，调度通信网络，日常维护与常见故障（障碍）案例分析等列举了172个问答题；“设备篇”按CTT2000、CTT4000、FH98、FH98-G、MDS3400、ZST-48系列等型号数调设备分别编写，包括各种型号调度交换机的硬件结构、硬件配置与调试、网管终端操作与日常维护、数据配置与故障处理等共512个问答题。

全书由沈尧星、陈金华、周军民主编，田裳主审。“基础篇”的日常维护与常见故障（障碍）案例分析由北京铁路局北京通信段张玉坤编写；“设备篇”由中国软件与技术服务股份有限公司杨淼泉，北京佳讯飞鸿电气股份有限公司苟斌、刘海燕，济南铁路天龙高新技术开发有限公司刘益民、姬厚军编写。中国软件与技术服务股份有限公司陈云翔、郑春协助编写。

本书可供数字调度通信设备维护人员学习使用，也可作为工程设计人员、施工人员、职业技术院校师生以及需要详细了解铁路数字调度通信系统的相关人士参考用书。

本书在编写过程中，深入现场调研，得到北京铁路局电务处的大力支持，在此表示感谢。

由于编者写作水平和实践的局限性，难免存在缺点和错误，有待通过实际运用不断充实完善，希望读者提出批评指正。

编　者

2012年10月

目　录

第一篇　基础篇

第二篇　设备篇

第一篇
基础篇

一、铁路专用通信概述

(一)铁路专用电话业务

1. 什么是铁路专用电话业务？它包括哪些电话业务？

答:根据中华人民共和国铁道行业标准 TB/T 3130—2006《铁路通信业务分类》3.2 规定,专用电话业务是“专门用于铁路运输生产、指挥的电话业务。专用电话系统具有相对独立性,专用电话用户分固定用户和移动用户两类”。

专用电话按业务性质可分为四类:(1)(部、局)调度电话;(2)车站(场)电话;(3)站间行车电话;(4)其他专用电话。

2. 什么是(部、局)调度电话业务？它分为哪些调度电话？

答:TB/T 3130—2006《铁路通信业务分类》3.2.1 调度电话业务是:“为铁道部调度指挥中心、铁路局调度所调度员与其所管辖区内有关运输生产作业人员之间业务联系使用的专用电话业务。可通过有线调度通信系统、GSM-R 数字移动通信系统或列车无线调度通信系统实现。”

按调度业务性质可分为:

(1)列车调度电话:是为列车调度员指挥列车运行而设置的专用电话;

(2)客运调度电话:是为客运调度员与其管辖内的有关站段值班员之间进行业务联系而设置的专用电话;

(3)货运调度电话:是为货运调度员进行货运组织和指挥车站装卸作业而设置的专用电话;

(4)机车调度电话:是为机车调度员与其管辖调度区段内的有关机车调度、机车司机之间进行业务联系而设置的专用电话;

(5)牵引供电调度电话:是为牵引供电调度员指挥其管辖区域内的有关牵引供电生产及调度人员进行业务联系而设置的专用电话;

(6)其他调度电话:根据运输组织需要而设置的调度电话,如车辆调度、计划调度、煤调、燃料调度、特运调度、军运调度、罐车调度、篷布调度、港调、超限调度、集装箱调度、电务调度、工务调度等。

3. 列车调度电话有哪些特点和要求？

答:列车调度电话的特点:

(1)列车调度电话是直接指挥列车运行的通信设备；

(2)调度员对值班员为指令型通信，值班员对调度员为请示汇报型通信；

(3)以调度员为中心，一点对多点的通信；

列车调度电话的要求：

(1)列车调度电话的电路是独立封闭型的，除救援列车电话、区间施工领导人电话可临时接入之外，其他任何用户不允许接入；

(2)调度电话必须保证无阻塞通信，调度台处于定位受话状态，调度分机摘机便可直接呼叫调度台；

(3)调度台单键直呼所辖调度分机，并且具有组呼、全呼功能；

(4)调度分机之间不允许相互直接呼叫。

4. 什么是车站(场)电话业务？它包括哪些电话？

答：TB/T 3130—2006《铁路通信业务分类》3.2.2 车站(场)电话业务是："为铁路车站(场)内进行作业指挥和业务联系的专用电话业务，包括固定电话和移动电话。"

站场电话可分为：

(1)车站值班员电话：是为车站值班员组织车站内运输作业及与部局调度联系而设置的专用电话；

(2)站场调度电话：是为站场值班员(调度员)指挥和组织站场内运输作业而设置的电话，简称站调电话；

(3)扳道(清扫)电话：是为车站值班员与扳道(清扫)人员进行联系而设置的专用电话；

(4)调车电话：是为铁路站(场)内调车人员进行调车作业而设的专用电话，包括平面调车电话、驼峰调车电话和其他调车电话；

(5)货运电话：是为货运计划员和外勤货运员、车站(场)值班员、货运员、装卸所、常驻货主(专用线)、货运室值班员等之间的通信而设置的专用电话；

(6)列检电话：是为列检值班员和车检员、车站(场)值班员、车辆段调度室、红外线调度员、红外线值班员等之间的通信而设置的专用电话；

(7)车号电话：是为内勤车号员和外勤车号员及其他相关人员之间的通信而设置的专用电话；

(8)商检电话：是为商检组长和商检员及其他相关人员的通信而设置的专用电话。

5. 什么是站间行车电话？有哪些特点和要求？

答：站间行车电话是为相邻车站(场)值班员之间办理行车事宜而设置的专用直通电话。

也有将站间行车电话称为闭塞电话，但其实两者含义不一样，闭塞电话是信号的一个组成部分，在区间闭塞采用电话闭塞法时，相邻车站之间用电话来办理闭塞，对闭塞电话的 a、b 两根线不能任意调换，更不能随意中断，严格禁止办理越站闭塞。随着信号设备的发展,区间闭塞几乎不再采用电话闭塞法,已大量采用自动闭塞,这时的站间电话只是用来通报列车运行状态和相关行车业务,于是出现了站间行车电话这一称谓,同时又出现了非相邻站之间的站间通信,它的另一个特点是属于点对点通信。

站间行车电话的要求:固定直达电路(回线),禁止其他电话接入。

6. 其他专用电话业务包括哪些电话?

答:其他专用电话是为各业务部门设置的专用电话,包括:

(1)电务电话:为电务部门及其管内段、车间(领工区)、工区人员相互间进行业务联系而设置的专用电话;

(2)工务电话:为工务部门及其管内段、车间(领工区)、工区人员相互间进行业务联系而设置的专用电话;

(3)车务电话:为车务部门及其管内车站(场)工作人员相互间进行业务联系而设置的专用电话;

(4)供电(水电)电话:为供电(水电)部门及其管内段、车间(领工区)工区、变(配)电所人员相互间进行业务联系而设置的专用电话;

(5)红外轴温检测直通电话:为红外轴温监测中心和监测点人员相互间通信而设置的专用电话;

(6)桥隧守护电话:为铁路桥梁、隧道和隧道天井等地的守护人员与其指挥点相互间进行业务联系而设置的专用电话;

(7)区间电话:为铁路沿线区间流动作业人员而设置的业务联系电话,也可作为车长或其他有关人员进行紧急防护及业务联系而设置的专用电话;

(8)道口电话:为铁路道口值班人员与相邻车站值班员或列车司机进行业务联系而设置的专用电话;

(9)列车乘务电话:为旅客列车乘务员之间进行作业联系而设置的专用电话;

(10)公安电话:为铁路公安系统内公安局、公安处、公安段、车站派出所人员进行业务联系而设置的专用电话。

7. 区间电话有哪些电话业务?有哪些特点和要求?

答:在电缆区段的铁路沿线都设有区间通话柱,在通话柱内置一台自动电话机,通过相邻站接入铁路自动、调度电话网。在区间可以提供三种电话业务:

(1)同一区间内,用户相互呼叫:摘机拨“1”呼叫同一区间的另一台区间电话机,供区间施工作业人员相互联系用。

(2)区间用户与调度电话网用户相互呼叫:摘机拨“2”呼叫上行车站值班员;拨“3”呼叫下行车站值班员;拨“4”呼叫归属的列车调度员,供车长或其他有关人员进行紧急防护及业务联系用。

(3)区间用户与归属的地区自动用户单向通话:摘机拨“0”可呼叫归属的地区自动用户,但地区自动用户无法呼叫区间用户。

区间电话的特点是不仅为区间流动作业人员提供电话业务，还可以为作业人员施工时提供施工防护电话，只要在施工作业点通话柱的临时施工回线上，搭挂一台磁石电话机，与车站防护员便可构成直通电话，供施工防护用；当需要应急救援时，在突发事件现场邻近的通话柱的应急抢险回线上，搭挂一台磁石电话机，便可直达"117"事故救援人工话务台；在区间自动回线上，搭挂一台自动电话机，便可将车站的自动电话延伸到区间，在突发事件现场便可提供自动、人工、调度电话业务。

区间电话的要求：根据 TB 10006—2005《铁路运输通信设计规范》5.4.1 规定："在长途电缆或光电综合缆区段，应设区间电话回线、区间应急抢险回线，宜设区间临时施工回线和区间自动电话回线等。区间电话回线在电气化区段应为 2 对回线，其中 1 对回线应作为牵引供电调度电话直通线。"在《铁路技术管理规程》第 107 条规定："区间通话柱应尽量靠近铁路，并安装在防护网内，与线路中心的水平距离应能保证使用人员的人身安全和养路机械的施工作业的要求，每隔 1.5 km 左右安装一个；在自动闭塞区段，其安装位置尽量与通过信号机的位置相对应。"

(二)铁路主要专用通信设备

1. 铁路有哪些主要专用通信设备？

答：铁路专用通信设备是组织铁路运输、指挥列车运行、编解列车、维护设备运转、提高服务水平、直接为铁路运输生产服务的通信设施。各类专用通信业务配置相对应的专用通信设备，而专用通信业务种类很多，仅专用电话业务便有四大类 25 项，相应的专用通信设备种类很多，但归纳起来主要有两大类，调度通信设备和站场通信设备。

2. 主要的调度通信设备有哪些？

答：主要的调度通信设备分有线调度通信设备和无线调度通信设备：

(1)有线调度通信设备：铁路数字调度通信设备，由调度所调度交换机(俗称主系统)、车站调度交换机(俗称分系统)、调度台/值班台、数字调度分机、模拟调度分机、网管终端等组成。

(2)无线调度通信设备：列车无线调度电话系统设备和铁路数字移动通信系统(GSM-R)设备。

3. 主要的站场通信设备有哪些？

答：站场专用通信设备是根据铁路车站运输和作业指挥而设置的，并且与调度通信网相关联，其设备也可分有线站场通信设备和无线站场通信设备两类：

(1)有线站场通信设备：铁路数字调度通信系统、电话集中机；站场扩音对讲设备；广播设备等。

(2)无线站场通信设备：站场无线调度电话和站场移动电话(便携式电台)。

4. 调度电话业务采用什么样的专用通信设备？

答：目前铁道部干线调度设备采用 Himcom 调度交换机、铁路数字调度交换机和相应的调度台;区段调度绝大部分采用数字调度交换机和调度台/值班台,以及列车无线调度电话系统。

在客运专线除铁路数字调度通信系统之外还有铁路数字移动通信系统(GSM-R)。

在模拟通信区段的调度用户仍使用双音频调度分机,调度电路采用调度分配器和调度回线接入数字调度交换机。

5. 车站(场)电话业务采用什么样的专用通信设备?

答:大型站场通信设备大部分采用铁路数字调度交换机,也有的采用车站电话集中机。中间站的站内通信接入铁路数字调度通信系统。

6. 站间电话业务采用什么样的通信设备?

答:在建有数字调度通信系统的区段,相邻站的车站值班台通过分系统和2M链路中的站间时隙,构成直通电路,实现站间电话业务。

在没有数字调度通信系统的区段,由车站电话集中机和电缆实回线实现站间通信业务。

7. 区间电话业务采用什么样的通信设备?

答:在模拟通信区段,区间电话设备由车站电话集中机、区间电话转接机和区间电缆实回线组成。在建有数字调度通信系统的区段,为不改变区间电话原有的使用方法,又能与原有区间电话转接机对接,便在数字调度通信设备中配置一块区间电话转接板,板上有上行区间接口和下行区间接口,下行区间接口馈电带5000 Hz振荡器;上行区间接口不馈电带5000 Hz振荡接收器。

8. 专用电话业务采用什么样的通信设备?

答:在《铁路运输通信设计规范》中指出:“区段专用电话应根据各业务段的需求,选择合适的构成方式。车务电话宜采用专线方式,纳入数字调度通信系统;工务、电务、供电、水电等专用电话可采用自动电话方式构成。桥隧守护电话可纳入数字调度通信系统,铁路桥梁、隧道由其他人员看守时,其守护电话宜采用自动电话。”

二、调度交换机基础知识、硬件结构和基本原理

(一)调度交换机的基础知识

1. 如何将模拟信号变为 PCM 信号?

答:将模拟信号变为 PCM 信号,必须经过抽样、量化、编码三个步骤。

(1)抽样:抽样就是每隔一定的时间间隔(T)来抽取模拟信号的瞬时值,称为抽样值,抽样后的信号称为抽样信号,显然,它是一种幅度连续、时间离散的脉冲信号,即脉冲幅度调制(PAM)信号。PCM 通信普遍采用每秒抽样 8 000 次,因此抽样间隔 $T=1/8\,000\ \text{s}=125\ \mu\text{s}$。

(2)量化:经过抽样后的 PAM 信号,是一个幅度连续、时间离散的脉冲信号,连续的幅值可以有无限多个,不能用有限个数字来表示,因此抽样信号仍是模拟信号,而不是数字信号,要将这样的模拟量直接去编码是不可能的,解决的办法就是量化,量化就是分级取整的意思,把幅度连续的抽样信号分成若干个信号幅度等级,称为量化级,这就是分级,而连续的信号值不一定正好落在划定的等级线上,两个幅度等级之间的信号值,归并到最邻近的一个幅度等级(量化级)中去,这就是取整。

(3)编码:所谓编码,就是用一组二进制脉冲来代表已量化的样值脉冲,这个过程又称为模/数变换,即 A/D 变换。

2. PCM 30/32 的帧结构是什么?

答:PCM 30/32 的帧结构制式是将 $T=125\ \mu\text{s}$ 时间分成 32 个时隙。每个时隙占用时间为 $125\ \mu\text{s}/32\approx3.9\ \mu\text{s}$,传送 8 位二进制码,即 8 bit。每个比特占用时间 $3.9\ \mu\text{s}/8\approx0.488\ \mu\text{s}$。在 $125\ \mu\text{s}$ 时间内,每一路轮流传送 8 位码的码组一次,称为一帧,所以一帧由 32 个时隙组成,分别记作 TS_0、TS_1、TS_2、…、TS_{31},其中 TS_0 为帧同步时隙;TS_{16} 为话路标志信号时隙;TS_1 至 TS_{15} 及 TS_{17} 至 TS_{31} 为话路时隙共 30 路。因此,32 路 PCM 写成 PCM 30/32,PCM30/32 的帧结构如图 1-2-1 所示。

(1)TS_0 为帧同步时隙

每隔一帧传送一次同步码,所以 TS_0 分偶数帧和奇数帧。偶数帧的第 2 至第 8 位传送帧同步码(0011011),以便收发两端同步工作。奇数帧的第 2 位码为奇数帧监视码,固定为"1",以便接收端能区分是奇数帧,而不是偶数帧;第 3 位码 A1 为失步告警码,同步时为"0",失步时为"1",以便告知对端局;第 4 至第 8 位码可作其他信息用,不用时暂定为"1"。不论是偶数帧还是奇数帧,TS_0 的第 1 位码供国际通信用,不用时,暂定为"1"。

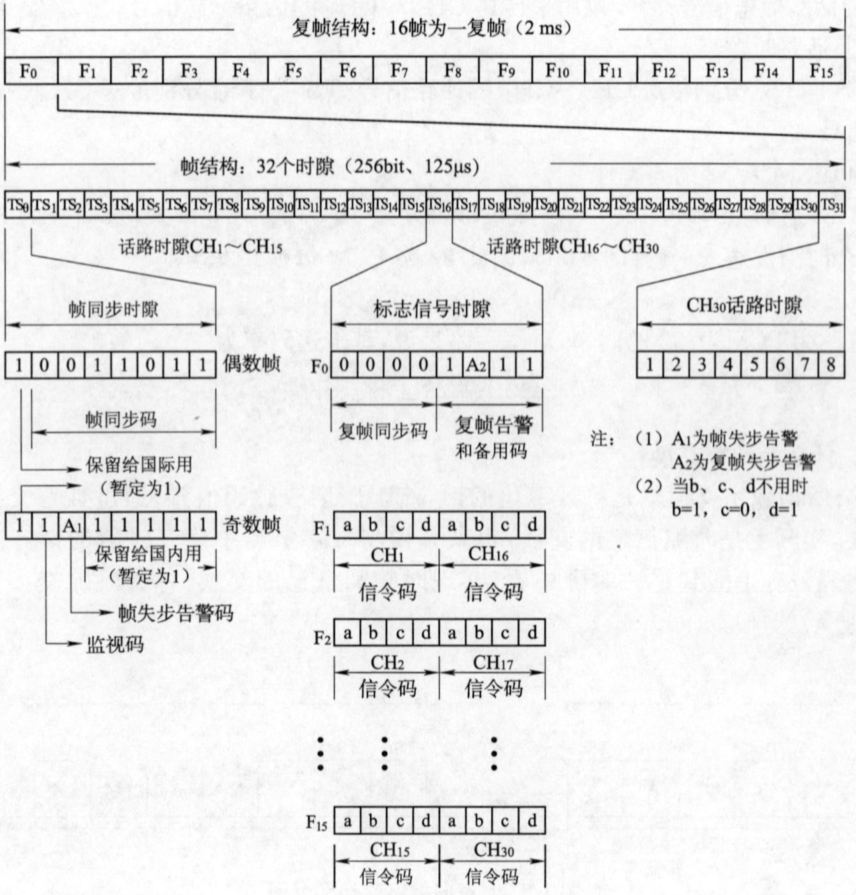

图 1-2-1 PCM30/32 帧结构

(2)TS_{16}为话路标志信号时隙

该时隙用来发送 30 个话路的标志信号，一般情况下，话路的标志信号类型不多，4 位码就足够了，我国采用三位码，只靠一个 TS_{16}时隙的 8 位码肯定是不够的，一帧只能发送两个话路的标志信号，显然要传送 30 个话路的标志信号，需要 15 帧才能传送 30 路的话路标志信号。

话路的标志信号频率比较低，目前，其抽样频率采用 500 Hz，为话音抽样频率 8 000 Hz的 1/16，也就是说每隔 16 帧才抽样一次，那么 30 个话路的标志信号可以在 16 帧中被轮流传送一遍，即每 16 帧重复一次，从而引出了“复帧”的概念。连续的 16 帧称为一个复帧，复帧排列顺序为 F_0、F_1、F_2、…、F_{15}。F_0 帧的 TS_{16}时隙，前 4 位码发送复帧同步码，同步时为“0000”；第 6 位 A2 为复帧失步告警，同步时发“0”，失步时发“1”；其余 3 位码留作备用，不用时暂定为“1”。F_1～F_{15}帧中的 TS_{16}，前 4 位码用来传送 CH_1～

CH_{15}的话路标志信号；后 4 位用来传送 CH_{16}～CH_{30}的话路标志信号。

(3)话路时隙

TS_1～TS_{15}分别传送 CH_1～CH_{15}的话路信号；TS_{17}～TS_{31}分别传送 CH_{16}～CH_{30}的话路信号。

(4)PCM30/32 的码率

PCM 通信，每帧占 125 μs，因此每秒可发送 $10^6/125\approx 8\,000$ 帧，每帧分为 32 个时隙，每个时隙发送 8 个码(即 8 bit)，因此 32 路 PCM 每秒共发送：

$$8\,000\times 32\times 8=2\,048\ \text{kbit/s}$$

这称为 PCM30/32 的码率，对每一路来说，其传送码率为：

$$\frac{2\,048\ \text{kbit/s}}{32}=64\ \text{kbit/s}$$

3. 什么是数字交换？

答：所谓数字交换就是将数字化的话音信号(话音脉码信息)通过数字交换网进行交换，实际上是时隙信息的交换，也就是说将数字链路中某一时隙的话音脉码信息在时间位置上搬到另一时隙中去，实现时隙间信息的交换，称为时隙交换。如图 1-2-2 所示。

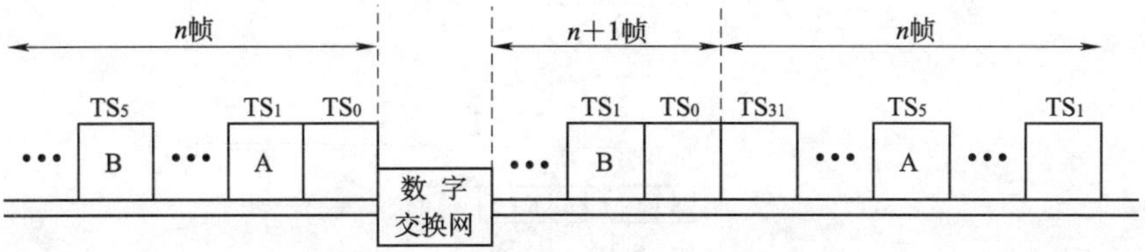

图 1-2-2 双向数字交换示意图

输入端 TS_1时隙的信息 A、TS_5时隙的信息 B，通过交换网络到输出端 TS_1时隙的信息为 B、TS_5时隙的信息为 A，即把 TS_1时隙的信息 A 搬到 TS_5中去，把 TS_5时隙的信息 B 搬到 TS_1中去，实现 TS_1与 TS_5之间的信息交换。从数字交换内部来看，需要建立 $TS_1\rightarrow TS_5$和 $TS_5\rightarrow TS_1$两条通路，也就是说建立发送和接收两条通路，所以数字交换必须是四线交换。

4. 数字交换的基本原理是什么？

答：TS_1时隙的信息 A 和 TS_5时隙的信息 B 进行交换时，按 PCM 的帧结构一帧一帧地交换，第 1 帧 TS_1时隙的信息为 A_1、第 2 帧为 A_2、一直到第 31 帧为 A_{31}，同样第 1 帧 TS_5时隙的信息为 B_1、第 2 帧为 B_2、一直到第 31 帧为 B_{31}，如图 1-2-3 所示。当第 1 帧 TS_1到来时，输出端 TS_5的时隙尚未来到，需要将 TS_1时隙的信息 A_1先暂存一段时间，等到 TS_5到达时，才将信息 A_1送出去，等待时间为 4 个时隙所占用时间。即 $4\times 3.9\ \mu s=15.6\ \mu s$，同样，第 1 帧 TS_5时隙的信息 B_1到达时，输出端 TS_1的时隙已经过去了，需要等到下一帧(第 2 帧)到达时,才将 B_1 送出去,等待时间为 $27\times3.9\ \mu s=105.3\ \mu s$,等待时间长短视交换时隙的时间位置而定,最长不会超过一帧时间(125 μs)。

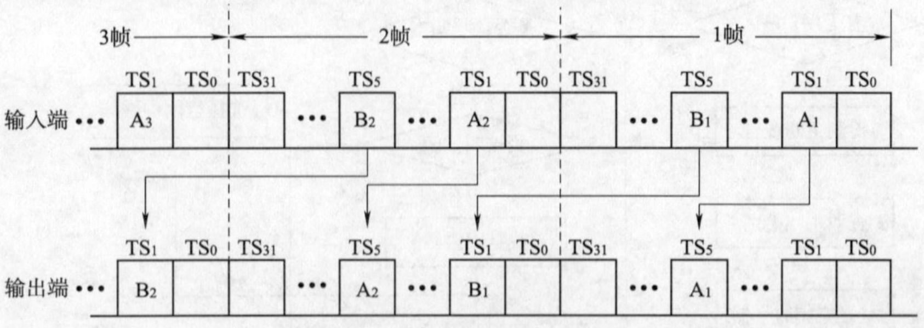

图 1-2-3 数字交换原理图

5. 什么是数字交叉连接？与数字交换的区别是什么？

答:数字交叉连接是指将数字交换设备(或数字交叉连接设备)的两个端口用固定或半固定的方式连接起来,以达到两个端口直通的目的。在数字交换设备内,数字交叉连接和数字交换这两个概念有本质区别,前者是通过网管或维护终端做数据建立或拆除的,而后者是通过呼叫信令建立和拆除的。但两者的共同点是设备必须具备时隙交叉功能。

6. 数字交换机的组成是什么?

答:数字交换机通常由三部分组成:交换网络、接口和控制系统。

(1)交换网络:实现交换机内用户间或用户与中继线间话音信号的交换;

(2)接口:把来自用户线或中继线的各种不同的输入信令和消息转换成统一的机内信号,以便控制单元和交换网络进行处理和接续;

(3)控制系统:实现对整个交换机的控制和处理。

7. 程控数字交换机的呼叫处理过程是什么?

答:程控数字交换机的主要任务就是为用户完成各种呼叫接续,这个过程称为呼叫处理。一般呼叫接续过程大致分为以下几个阶段:

(1)主叫摘机到交换机送拨号音;

(2)收号和数字分析,分析接续去向是本局呼叫、出局呼叫、长途呼叫、特服呼叫等;

(3)路由选择:出局呼叫时,则从相应路由中选择一条空闲的中继线,本局呼叫时,直接检测被叫用户的忙闲状态;

(4)向被叫振铃,向主叫送回铃音;

(5)被叫应答,双方通话;

(6)话毕挂机,拆线复原。

呼叫处理流程如图 1-2-4 所示。

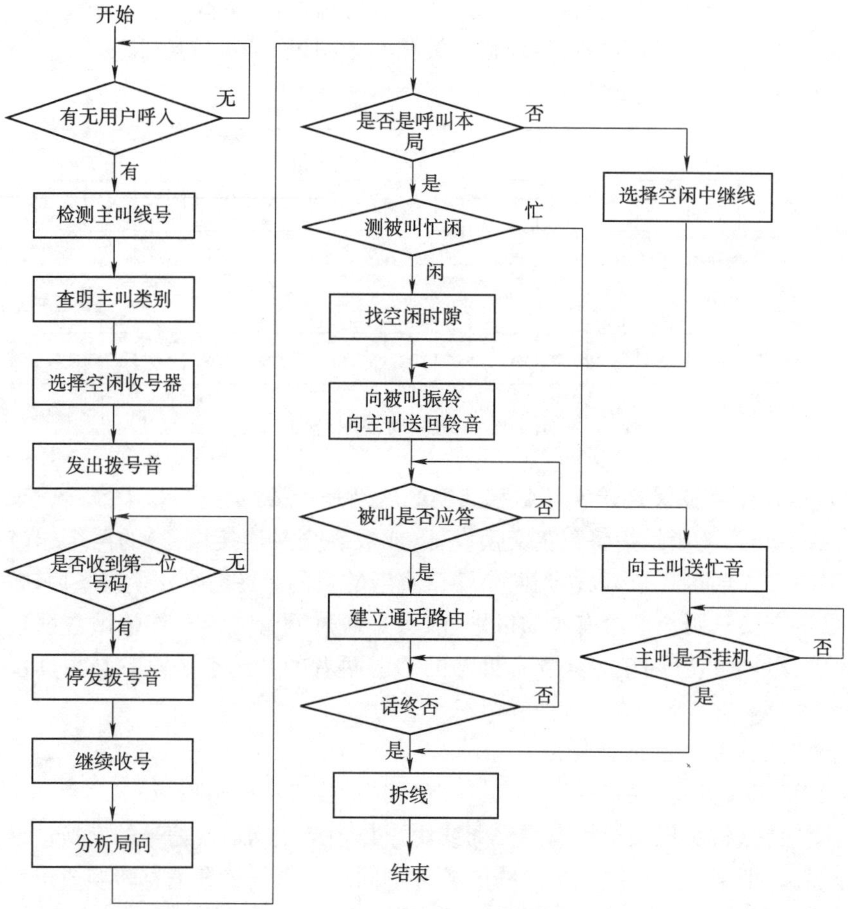

图 1-2-4 呼叫处理流程

8. 在铁路调度交换机中主要采用了哪些关键性技术?

答:铁路调度通信要求调度台/值班台具有双通道、调度台为定位受话,可为其他相关通信业务提供点对点或一点对多点的数字共线通道,为此,采用了以下主要的关键性技术:

(1)采用数字会议电路实现数字共线和多方用户全双工会议交换;

(2)采用回波抵消技术实现调度指挥的全双工通信;

(3)采用数字锁相环技术,解决系统间的同步问题;

(4)利用数字交叉连接,在系统内为其他业务提供数字通道。

9. 数字会议电路的基本原理是什么?

答:数字会议电路的基本原理:由于 PCM 编码为非线性码无法实现直接相加,必须将 PCM 信号变成模拟信号或者线性编码信号后进行相加,相加后的模拟信号经过编码再变成 PCM 信号。如图 1-2-5 所示，有 A、B、C 三个用户需要进行全双工会议，将 PCM 信号变成模拟信号，相加后再变成 PCM 信号。

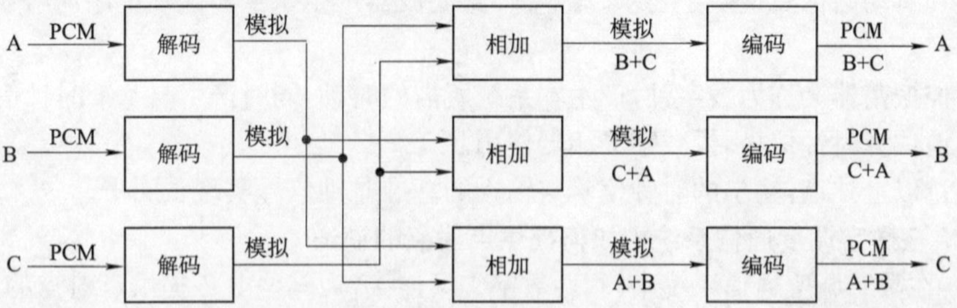

图 1-2-5　PCM 信号变成模拟信号后相加

10. 调度台/值班台主通道如何解决啸鸣问题？

答：调度台/值班台要实现主通道的全双工通话，必须解决啸鸣问题，引起啸鸣的原因是话音的回波。在一次通话过程中，回波成分往往很复杂，有空间回波和线路回波，空间回波是指从扬声器出来的声音又通过麦克风进去返回给讲话的人；线路回波是指发出去的声音在电路或线路上传输时，由于二/四线变换等因素，部分声音又返回给讲话的人。采用回波抵消技术可防止主通道啸鸣，实现调度指挥的全双工通信。

回波抵消技术，一般采用 DSP（数字信号处理）技术，对回波信号进行自适应预估而提前将之消除。要成功实现这一点，必须考虑多种因素，并采用先进的技术和算法，如自适应滤波算法、自动增益控制、背景噪声过滤等，同时考虑空间回波、线路回波和非线性回波、啸鸣检测、快速跟踪回声环境变化等。

回波抵消效果与自适应滤波时长关系较大。当然，自适应滤波时长越长，效果越好，但对 DSP 要求越高，算法也越复杂。所以，这项技术到目前还在不断发展。

11. 数字调度通信系统间如何实现同步？

答：利用数字锁相环技术，可以使本系统时钟相位与上级时钟源的相位同步，从而达到两个系统同步的目的。数字锁相环的基本原理如图 1-2-6 所示。

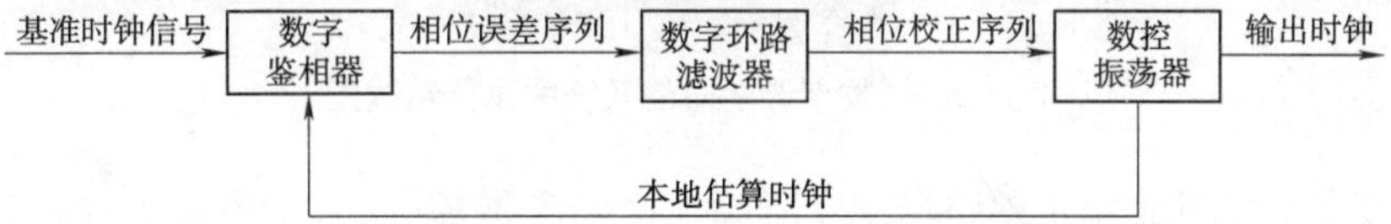

图 1-2-6　数字锁相环基本原理

图中基准时钟信号即由上级时钟源提供的同步时钟信号，该时钟信号一般从数字接口的信号码流中提取，频率一般为 8 kHz 或 2.048 MHz。

数字鉴相器将基准时钟信号和本地估算时钟信号的相位进行比较，并将两者的相位差信号(相位误差序列)输出,输入到数字环路滤波器。

数字环路滤波器对输入的噪声起抑制作用,并且对环路的校正速度起调节作用,保证相移和抖动指标满足一定要求。数字环路滤波器产生一个相位校正序列给数控振荡器使用。

数控振荡器又称为数字钟,产生本系统所需的时钟,同时产生与基准时钟信号同频率的本地估算时钟信号,供数字鉴相器使用。

经过以上处理,输出的时钟信号与输入的基准时钟信号实现了同步。

12. 在数字调度通信系统中如何提供点对点的通道?

答:在数字调度通信系统中,利用数字交叉连接,为其他业务提供点对点的(64k 或 $N \times 64$k)通道,如站内、邻站间或任意两个站间的通道。同时,由于区段数字调度系统的主系统和分系统有丰富的会议资源,还可以为其他业务(如无线列调大三角)提供数字共线通道。

13. 数字调度通信系统的总体结构是什么?

答:数字调度通信系统的总体结构由调度所交换机、车站调度交换机、传输网络和用户终端组成。传输网络由主用 2 M 链路从始端站逐站串接到末端站环回的备用 2 M 链路组成。用户终端包括调度台、值班台、各种电话机及网管终端。数字调度通信系统的总体结构如图 1-2-7 所示。

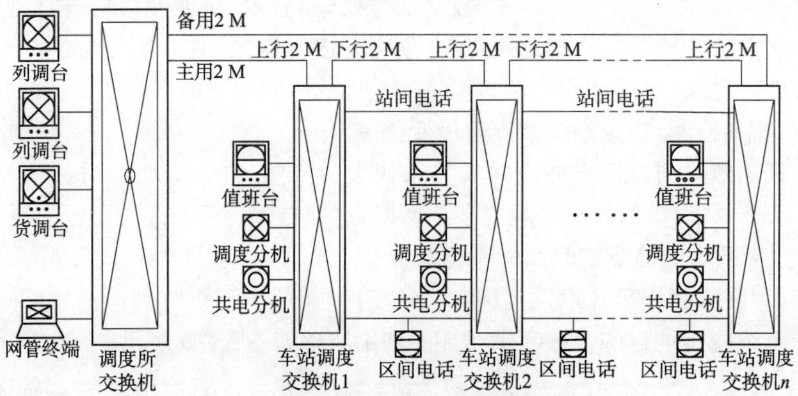

图 1-2-7　数字调度通信系统的总体结构图

调度所交换机放置于铁路局调度所或大型调度指挥中心,主要用于接入各种调度台和调度电路,是整个系统的核心,与用户终端和网管终端组成主系统。

车站调度交换机放置于调度台管辖范围内各车站(场、所),通过传输通道与调度所交换机相连,主要用于接入车站值班台、远端调度分机、站间电话、区间电话、站场电话等,与用户终端组成分系统。

14. 什么是数字交换机的信令系统？如何分类？

答：为保证通信网的正常运行，完成网络内各部分之间信息正确传输和交换，以实现任意两个用户之间的通信，必须要有完善的信令系统。

信令系统是通信网中交换局和用户终端之间及各交换局间在完成各种呼叫接续时所采取的一种通信语言。如交换局和用户终端之间，用户摘机、听拨号音、拨号、听回铃音、向用户振铃等就是交换机与用户间相互交互信息的一种语言，是信令方式的一种。

各种信令方式的分类，主要按工作区域、信令的功能、信令号的传递途径划分。

(1)按工作区域划分：

①用户线信令

用户线信令是用户话机和交换局之间的信令，包括用户状态信令(即摘挂机信令)、用户拨号所产生的数字信息及铃流和信号音。信号音是交换机向用户发送的各种提示信号，主要包括拨号音、忙音、回铃音、空号音、长途通知音、催挂音等，它们都在用户线上传送，所以统称为用户线信令。

②局间信令

局间信令是两个交换局间在中继设备上传递的信令，如中国 1 号信令系统、7 号信令系统，是用来控制局间呼叫的接续和拆线等。局间信令按信令的传递方向可分为前向信令和后向信令。前向信令是指从主叫用户所在局指向被叫用户所在局所传递的一切信令；后向信号其信号流向与前向信令正好相反。

(2)按信令的功能划分

①线路信令

又称监视信令。它是用来监视或改变线路上的呼叫状态或条件，反映呼叫进程，以控制接续的进行。

②选择信令

又称路由信令，它主要由主叫用户发出的数字信号(即被叫的地址)信息组成。

③操作信令

又称管理信令，用于电话网的管理和维护。

(3)按信令的传递途径划分

①随路信令

是用话路本身传递的各类信令。即用传送话音信息的通道传送电话接续过程中所需的各种业务信令，如占用、应答、拨号、拆线等信息。用户线信令、局间线路信令、局间多频记发器均为随路信令，中国 1 号信令系统是典型的随路信令系统。

②公共信道信令方式

又称局间公共信道信令方式，是将话音信号和局间信令分别在不同的信道上传送。7 号信令系统采用的就是公共信道信令方式。

15. 在数字调度通信系统中有哪些信令？如何运用？

答：同一型号的数字调度通信系统均采用生产厂家的专用信令，如 Hicom 调度交换机之间采用 CorNET 信令。不同型号的数字调度通信系统的主系统之间采用 DSS1 信令（1 号数字信令系统），目前不同型号的分系统之间不能互联。数字调度交换机与 GSM-R 的 MSC（移动交换中心）之间采用 DSS1 信令。

（二）调度交换机的硬件结构

1. 调度交换机由哪些模块组成？

答：调度交换机（俗称后台、主机）由电源模块、控制模块、时钟模块、资源模块、交换模块和接口模块等组成。其组成如图 1-2-8 所示。

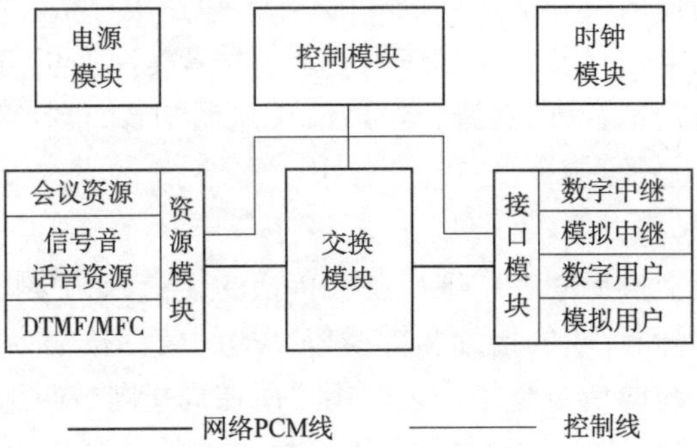

图 1-2-8 调度交换机的组成图

2. 调度交换机电源模块有什么功能？

答：电源模块实际上是一块二次电源板，即输入为－48 V，经 DC/DC 转换后，为其他模块提供各种工作电源，主要为±5 V、±12 V、铃流等。如现场没有－48 V 电源，则需另配一次电源系统。

电源板必须是一主一备，并具有实时热备份功能。供电方式有的采用分层供电，即每个机框配置一主一备两块电源板；也有的采用两个机框合用一组电源板；还有的每个模块配备独立的二次电源，模块间互为备份方式。

3. 调度交换机控制模块、时钟模块、交换模块和资源模块各有什么功能？

答：控制模块实现对调度主机的交换网络、各种资源、各种接口的控制及管理，以及各种信令的处理。

时钟模块为系统提供所需的各种时钟、时序信号。时钟模块是数字交换的核心和基础。与数字交换相关的各部分包括交换网络、各接口和各资源、各种串行控制信号等均是在时钟模块提供的统一时钟、时序下协同工作，从而完成系统的交换功能。

交换模块实现全系统的网络交换功能。各接口和各资源通过网络总线（PCM 线）

连接到交换网络上，在控制模块（一般由主处理机直接控制）的控制下，完成两个接口间或某接口和某资源间的音频信号或数据交换。

资源模块提供系统所需的各种公共资源，所谓公共资源是指挂在交换网络上的任意接口均可使用的资源。主要有：(1)会议资源：用以实现系统所需的各种会议功能，包括数字共线、全呼、组呼、会议呼等功能；(2)双音多频（DTMF）资源：用以实现对各接口终端设备（如双音频话机）的双音频收发功能；(3)多频互控（MFC）资源：用以实现采用中国1号信令的局间数字中继的多频互控收发功能。

4. 调度交换机控制模块、交换模块、资源模块和时钟模块的组成方式是什么?

答:这四种模块的组成方式，各种机型不太一样，有的由一块主控板组成，也有的由主控、会议、资源三块电路板组成，还有的由主控模块和资源模块两个机框组成。

5. 调度交换机有哪些接口？各种接口的用途是什么?

答:调度交换机的接口有中继接口和用户接口两大类，中继接口主要用于系统间的互联，用户接口连接各种用户终端，接口名称和用途如表1-2-1所示。

表 1-2-1 调度交换机的接口用途表

类别	接口名称	用 途
中继接口	E1 接口	在本系统内，主、分系统之间用 2 M 中继互联，采用内部专用信令
	PRI 接口	不同型号主系统之间，与 GSM-R 之间用 30B+D 中继互联，采用 DSS1 信令
	共总/共分	不同型号分系统之间互联，一端用共总，另一端用共分接口
	环路中继	不同型号分系统之间互联
用户接口	U 接口	用 2B+D 接数字用户调度室/值班台，采用内部信令
	E1 接口	用 2 M 接数字用户调度台，采用内部信令
	Z 接口	连接模拟用户，接自动电话机
	上行区间	连接上行区间电缆回线，供区间电话使用
	下行区间	连接下行区间电缆回线，供区间电话使用
	二/四线	为无线列调提供数字共线通道
	磁石接口	连接模拟用户，接磁石电话机
	选号接口	连接模拟用户，接音频选号调度分机
	数据接口	提供 V. 35 接口和 RS-232 接口

6. 调度交换机的基本配置是什么？如何估算调度交换机的容量?

答:电源板和主控板是调度交换机的基本配置。根据运用需要选配各种接口，例如每一个数字环，主系统要配置主用2M和备用2M两个E1接口，分系统要配置上行2M和下行2M两个E1接口。用户接口和中继接口也是根据实际需要选配。

调度交换机的容量取决于交换网络的大小，目前主系统的交换网络大部分为

1 024×1 024,分系统的交换网络都是 512×512,可分配的最大容量按网络交换时隙的 80%来估算,交换机在运用时不宜满负荷运用,可按最大容量的 60%来估算交换机可使用的容量,因此主系统可配置端口 480 个,分系统可配置端口 240 个。《铁路有线通信维护暂行规则》3.4 和 3.5 规定:调度所交换机带载数量不应超过设备最大容量的 85%。

7. 数字调度通信系统有哪些功能?

答:(1)铁路数字调度通信系统可以全面实现铁路各项专用通信业务,包括调度通信、站场通信、站间通信、区间通信、其他专用通信等。

(2)同时利用该系统可实现一系列扩展业务,包括为其他业务提供通道,如无线列调数字共线通道,以及点对点、点对多点、广播型的半固定接续等。

(3)具有 PBX 和自动电话延伸功能。

(4)具有通道保护功能,如数字环自愈功能、断电直通功能、利用模拟线路对数字通道进行备份功能。

(5)具有集中维护管理功能。

8. 4k 调度交换机有哪些主要特点和功能?

答:(1)4k 调度交换机的电路板件与既有数字调度通信系统的电路板件基本相同,但硬件结构和软件不同。可以兼容既有数字调度通信系统中的分系统,但一个数字环内必须采用同一型号的分系统,支持与原有调度交换机混合组网。

(2)4k 调度交换机采用模块化设计,全分散控制,分布式结构,TDM/IP 双网络结构,大容量高性能,调度台采用双接口双网运用,更安全可靠。

(3)系统主要功能:涵盖了既有数字调度通信系统的所有功能,如单呼、组呼、全呼、强插、强拆等调度功能,会议、广播、通播的会议功能,以及呼叫保持、等待、转移、转接等 PBX 新业务功能;还具有号码分析、转发、路由选择、迂回及汇接功能;系统可以设置多个不同优先级呼叫,提供紧急呼叫功能;与 GSM-R 移动用户可按 MSISDN 号码或功能寻址进行呼叫,调度台/值班台使用功能寻址呼叫时,可直接使用字母和数字,无需输入一长串的功能号码;还可以用短号码呼叫;具有拨号盘拨号功能,可以实现全路统一编号。

(三)键控式调度台/值班台的硬件结构

1. 键控式调度台/值班台由哪几部分组成?

答:键控式调度/值班台由键盘、显示、控制、接口和通话回路等五部分组成,如图 1-2-9 所示。

2. 键控式调度台/值班台键盘部分有什么功能?

答:键盘部分为调度(值班)员提供操作界面。一般分为呼叫键区,数字键区和功能键区。

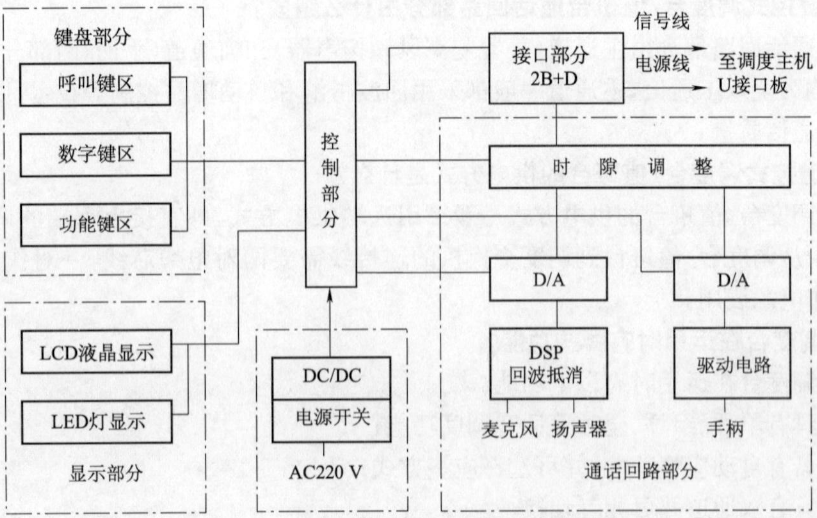

图 1-2-9 键控式调度/值班台的组成图

呼叫键区为调度(值班)员提供单键呼叫功能,有单呼键和组呼键,同时具备应答和挂机功能。该键区一般分为 48 键和 24 键两种规格,键区内任何键均可根据现场需要任意定义。

数字键区为呼出拨号和菜单选择、参数设置键区。

功能键区为调度(值班)员提供其他特定的功能,如键权、主辅切换、转移、保留、会议、全呼、录音、放音等功能。

3. 键控式调度台/值班台显示部分有什么功能?

答:显示部分显示调度台/值班台的运行状态和各种呼叫状态,一般分为灯显示和液晶显示两部分。灯显示通过指示灯的不同颜色和不同的闪烁频率提示当前各种状态;液晶显示则可以直观地显示更多的状态信息。

4. 键控式调度台/值班台控制部分有什么功能?

答:控制部分实现调度台/值班台内各部分的管理和控制、调度台/值班台的呼叫处理、与调度交换机的信令交互等功能。

5. 键控式调度台/值班台接口部分有什么功能?

答:接口部分完成调度台/值班台与调度交换机的接口功能。采用 2B+D 接口,传输码型为 2B1Q 码。为调度台/值班台与调度交换机之间提供两个 64 kbit/s 的话音和数据通道,以及一个 16 kbit/s 的信令通道。两个 64 kbit/s 通道分别对应调度台/值班台的主辅通道,而调度台/值班台与调度交换机之间各种信令交互则是通过 16 kbit/s 的信令通道完成。

6. 键控式调度台/值班台通话回路部分由什么组成?

答:通话回路部分由主通道(外置麦克风和扬声器)和辅通道(手柄)两部分组成,两个通道均为全双工通信,主通道一般都采用回波抵消和自动增益控制等技术,以防止啸鸣,提高通话质量。

7. 键控式调度台/值班台的供电方式是什么?

答:调度台/值班台的供电方式一般采用远端供电方式,即直接由远端的调度交换机供电。从调度台/值班台到调度交换机的连接线需要两对电缆芯线,一对作信号线,另一对作电源线用。

8. 调度台在运用时有哪些功能?

答:调度台在运用时有以下功能:

(1)具有单呼、组呼、全呼等话音调度功能;

(2)具有自动应答功能,并可选择应答方式;

(3)具有双通道并可相互切换;

(4)具有会议功能,可临时组织会议,调度台兼作会议主席台;

(5)具有呼叫等待、呼叫保持、呼叫转接功能。

9. 如何使用调度台的应急分机?

答:调度台的备用应急分机,实际上是一台自动电话机接入调度交换机的音频用户端口,平时不使用,一旦调度台、调度交换机的 2B+D 接口板或调度台与调度交换机的连接线发生故障,调度台不能使用时,会自动倒向应急分机,这时如果有呼入,应急分机响铃,摘机通话。如果需要呼出,可拨"键位号";如呼叫 1 号键位的用户,拨"01";呼叫 31 号键位的用户拨"31";拨组呼键的键位号同样能发起组呼。

(四)触摸屏调度台/值班台硬件结构

1. 什么是触摸屏调度台/值班台?有哪些特点?

答:触摸屏操作台是用手指直接点击触摸显示器进行操作的调度台/值班台。

触摸屏操作台有以下特点:

(1)操作简便。触摸屏技术提供了简单、方便的人机交互方式,只需要用手指轻触屏幕上的图形按钮,便可进入操作界面。

(2)一键完成。有些操作需要输入多项指令,如需要用功能号呼叫机车台,需要输入字母和数字,用键控式操作台要按很多个键还容易出错,有些操作需要输入复杂指令,如要用拨号盘呼叫、回拨、紧急呼叫等操作,键控式操作台无法实现,而触摸屏操作台采用计算机编程,很多操作可以一键完成。

(3)扩充性好。键控式操作台键盘的数量和定义是固定的,而触摸屏操作台是一种电脑输入设备,利用图形按钮可重新配置、翻页,容易按需要升级。

2. 触摸屏调度台/值班台由哪几部分组成?

答:触摸屏调度台/值班台分别用于调度所和车站值班室,两者在硬件结构上相同,通过数据设置完成不同的使用功能。

触摸屏调度台/值班台由液晶显示屏、主机(工控机)和通话装置(手柄和耳麦)等三部分组成。这三部分可以装在一起,组成一体化触摸屏调度台/值班台,同时还可配置麦克及鼠标,并支持触摸与鼠标同时操作。与调度交换机之间通过 2B+D 或 2M 接口连接,支持主辅两个通道,其中右手柄或麦克、扬声器为主通道,左手柄为辅通道,其外观如图 1-2-10 所示。

图 1-2-10 一体化触摸屏调度台/值班台

如果三部分分开设置,便是一台分体式调度台/值班台,如图 1-2-11 图所示。

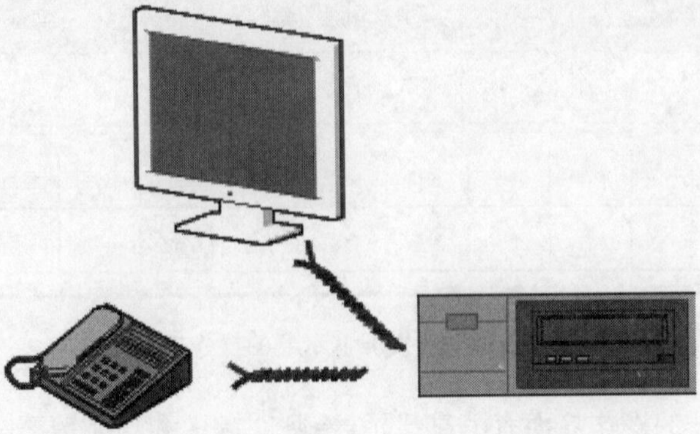

图 1-2-11 分体式触摸屏调度台/值班台示意图

分体式触摸屏调度台/值班台的外观如图 1-2-12 所示。

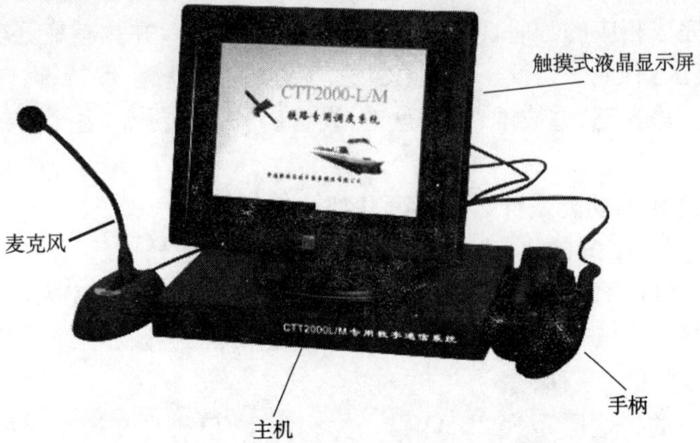

图 1-2-12 分体式触摸屏调度台/值班台的外观图

3. 触摸屏显示器的操作界面由哪几部分组成?

答:触摸屏显示器的操作界面如图 1-2-13 所示。

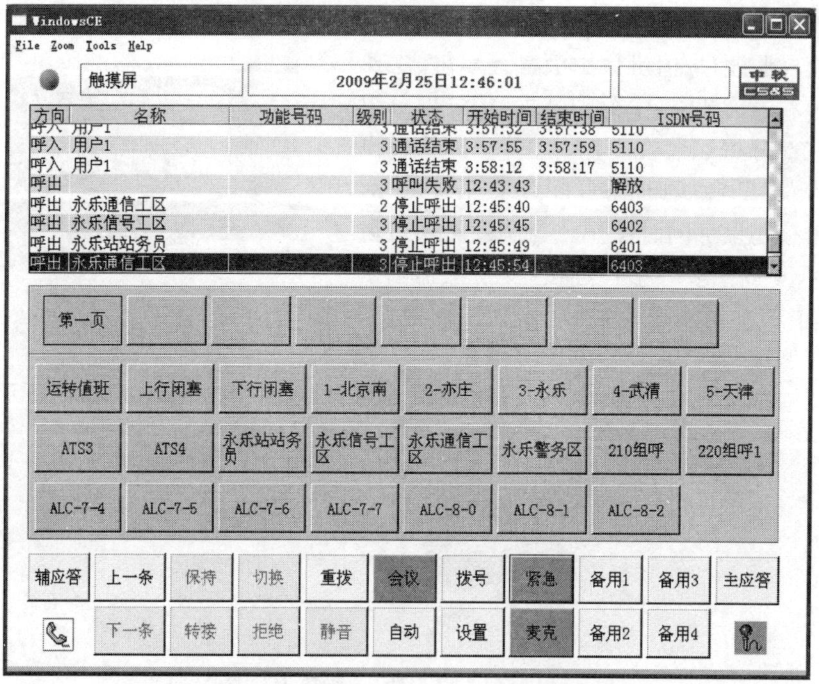

图 1-2-13　触摸屏显示器的操作界面图

触摸屏显示器的操作界面有消息显示区、呼叫键区和功能键区等三部分:

(1)消息显示区:显示各种呼叫状态和信息。可显示呼叫方向、中文名称、功能号码、优先级、呼叫状态、通话开始时间、结束时间、ISDN 号码等信息。

(2)呼叫键区:有单呼、组呼按键。包含若干个单呼按键、组呼按键、语音广播按键,各个按键用于完成相应的呼叫,同时显示相应的呼叫状态,并具有翻页功能。

(3)功能键区:有上一条键、下一条键、主应答/主挂机键、保持键、转接键、切换键、拒绝键、自动键、静音键、重拨键、拨号盘键、设置键和会议键等,各个按键用于完成相应的功能。

4. 触摸屏主机的功能是什么? 由哪几部分组成?

答:功能是实现接口控制、呼叫处理、显示处理和通话处理。

其组成分为接口部分、控制部分、通话回路部分、显示控制部分和电源部分。

(1)接口部分:接口部分完成调度台与调度交换机的接口功能。分 2B+D 接口、2 M接口和双 2 M 接口三种。

2B+D 接口的传输码型为 2B1Q 码。为调度台/值班台与调度交换机之间提供两个 64 kbit/s 的话音通道,以及一个 16 kbit/s 的信令通道。两个 64 kbit/s 通道分别对应调度台/值班台的主辅通道，而调度台/值班台与调度交换机之间各种信令交互则是通过 16 kbit/s 的信令通道完成。

2 M 接口的传输码型为 HDB3 码，为调度台/值班台与调度交换机之间提供两个或多个 64 kbit/s 的话音通道，以及一个 64 kbit/s 的信令通道。两个 64 kbit/s 通道分别对应调度台/值班台的主辅通道，64 kbit/s 的信令通道完成调度台/值班台与调度交换机之间各种信令交互。为了完成某些特定功能，话音通道可以多于两个。

双 2 M 接口的主要功能与 2 M 接口相同。两个 2 M 接口可以分别接入互为备份的两套调度交换机，或同一个调度交换机的两个模块，以实现调度台的双接口备份。

(2)控制部分：实现调度台/值班台内各部分的管理和控制、调度台/值班台的呼叫处理、与调度交换机的信令交互等功能，并且对触摸屏显示器的控制和显示驱动。

(3)通话回路部分：分为主通道和辅通道两部分，两个通道均为全双工通信，两个通道都采用回波抵消和自动增益控制等技术，以防止啸鸣，提高通话质量，主用通道同时具备噪声抑制功能。

(4)电源部分：一般采用 220 V 交流供电，也可采用 48 V 直流供电为主机提供所需的各种工作电源，如 12 V、5 V、3 V 等。

5. 触摸屏调度台/值班台的通话装置是什么？

答：触摸屏调度台/值班台的主辅两个通道都支持使用外置麦克风、扬声器或手柄，并可任意分别使用麦克风、扬声器和手柄。

两个通道还都支持头戴式耳机和耳麦，均支持摘挂机功能、支持 PTT(Push-To-Talk)功能，支持通话装置在位信息提示功能。

6. 触摸屏调度台/值班台与键控式调度台/值班台有何相同和不同之处？

答：两者的接口、控制部分及通话回路部分完全一样，所不同的是供电方式。触摸屏调度台所需的各种工作电源有直流 12 V、5 V、3 V 等，一般采用 220 V 交流供电，也可采用 48 V 直流供电。键控式调度交换机采用直流 48 V 供电，给交换机直接供电。

触摸屏调度台除了具有键控调度台所有的功能之外，还有强制与静音、双通道双向音量可调、双通道 PTT、双通道摘挂机、双通道通话装置在位信息提示等功能。

(五)数字调度通信系统的应用

1. 数字调度通信系统呼叫的通信方式有什么特点？

答：(1)呼叫与通话是在不同通道中进行，在模拟调度系统中，调度总机与所辖的调度分机在同一对调度回线上，调度台呼叫调度分机时，是通过发送不同的双音频组合来呼叫不同的分机，调度分机呼叫调度总机则是采用定位受话方式即不需发送呼叫信号，通话与呼叫是在同一个通话(电路)中进行的。在数字调度通信系统中，呼叫与通话是在不同的通道中进行，每一个调度台与所辖的所有调度分机分配一个专用的话音通道，这就是常说的“数字共线”通道。呼叫信号和通信信息是通过另一个专用通信通道(一般占 3 或 4 个时隙)传送的。

(2)信令通道呈总线式结构,该专用通信通道自主系统贯穿所有分系统,即在总线型组网方式下传送信令。主系统和各分系统间通信为典型的总线式结构,如图 1-2-14 所示。

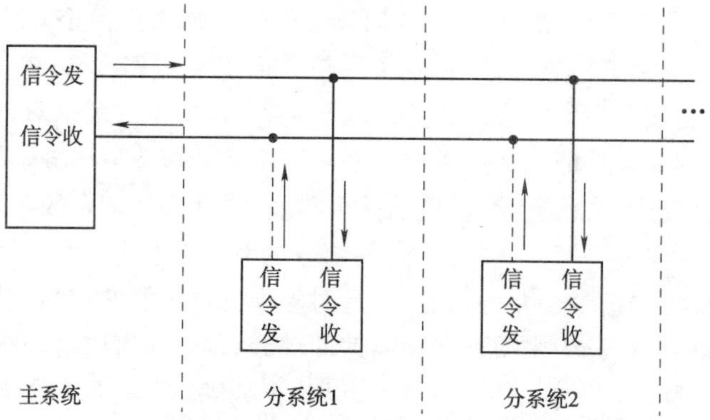

图 1-2-14 主系统与分系统间通信示意图

(3)以主系统为主导,其他分系统处于从属地位,主系统对各分系统采用分时轮循的访问方式,专用通信通道的管理权归主系统。通信由主系统发起,即主系统通过信令发口发送各种消息,其中包含被访问分系统的地址信息,所有的分系统的信令收口均随时处于接收状态,并分析主系统是否访问自己。当被访问分系统确认自己为被访问对象时,通过交换网络将该分系统的信令发口连至主系统的信令收总线,从而实现主系统与该分系统间通信。

(4)主系统和分系统间采用专用信令因此主系统和分系统必须配套使用。

2. 数字调度通信系统如何实现数字共线运用方式?

答:数字调度通信系统自主系统到各分系统呼叫信令的专用信道呈典型的数字共线运用方式。

分系统的话路部分平时不接入语音通道,只有当分系统的控制部分确认是呼叫本系统内的用户时,命令交换网络接通主被叫端口,才将话路部分接入语音通道,并通过会议电路实现数字共线运用方式,如图 1-2-15 所示。

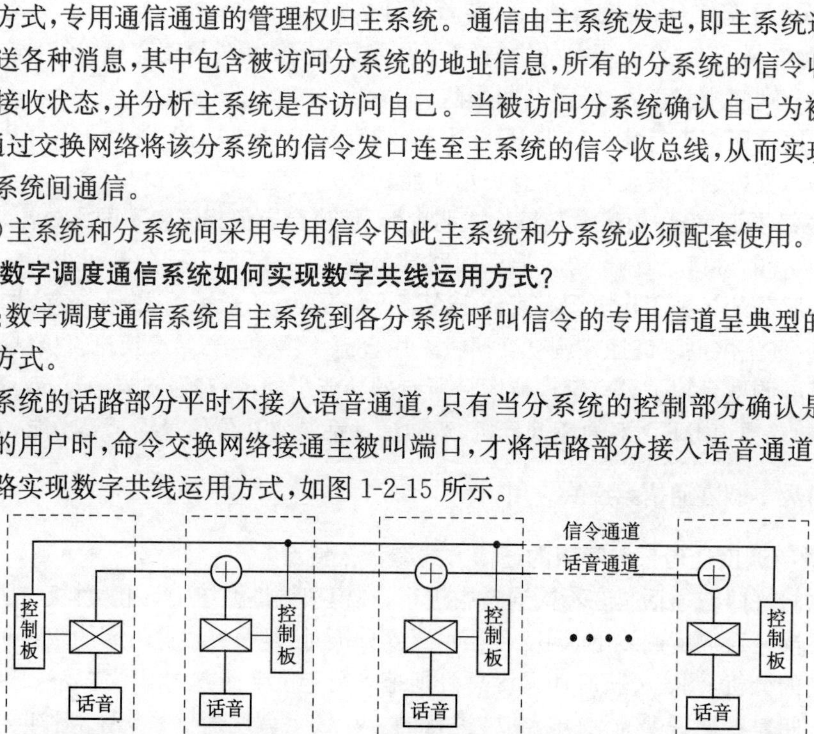

图 1-2-15 数字共线运用方式

3. 数字调度通信系统的单呼通信过程是什么?

答:所谓单呼通信过程,是指调度员发起呼叫→值班员摘机应答→双方通话的三个流程。反之,值班员呼叫调度员的通信过程与此相同,也叫单呼通信过程。

(1)调度员发起呼叫:在调度台上按下某一呼叫键,键位灯闪烁,显示屏上显示"正在呼叫"并听回铃音;被叫值班台键位灯闪烁并响铃。具体流程如图 1-2-16(a)所示。

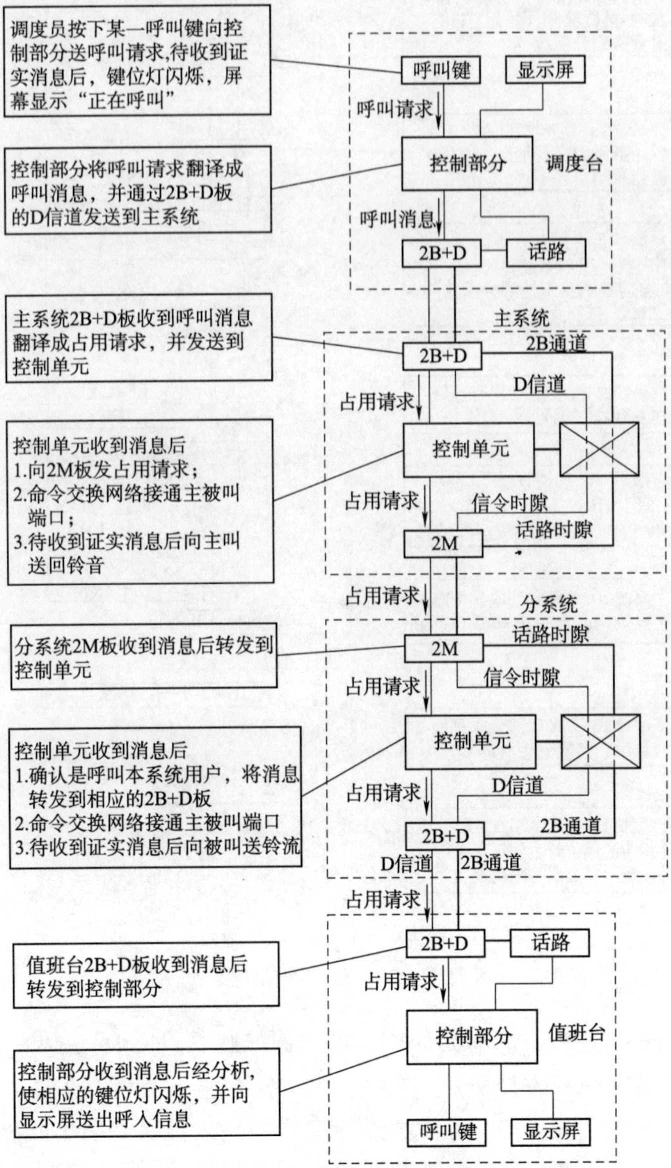

(a)调度员发起呼叫的通信流程

图 1-2-16

(2)值班员摘机应答:在值班台上按键应答,停止响铃,键位灯由闪烁变为长亮,并停发回铃音,具体流程如图 1-2-16(b)所示。

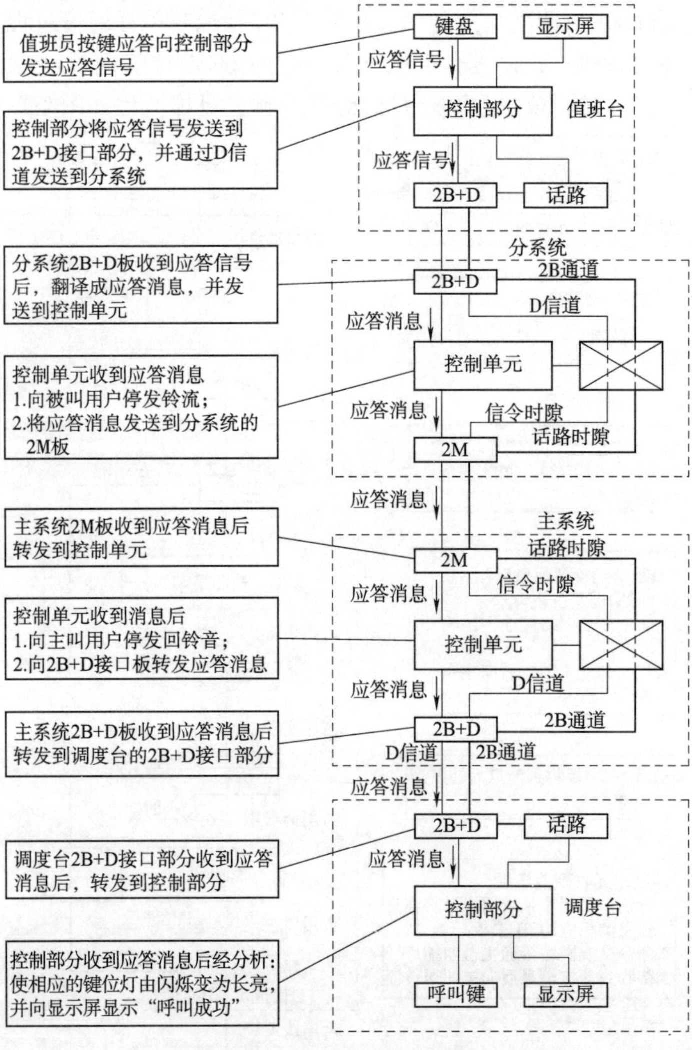

(b)值班员摘机应答的通信流程

图 1-2-16 单呼通信流程

(3)双方通话和话毕挂机:主被叫用户进入通话状态,控制单元不断监视主被叫用户是否挂机,通话完毕一方挂机后,挂机方所属系统(主或分系统)向对方发“挂机(拆线)消息”,未挂机方所属系统收到该“挂机消息”后,向未挂机终端送忙音。上述发起呼叫或挂机过程中,如果调度员当前呼叫通道内有其他用户,则不向调度员送回铃音或忙音。

4. 数字调度通信系统的组呼(全呼)通信过程是什么?

答:(1)调度台发起组呼(全呼)

调度员组呼或全呼时,主系统在专用通信通道上发“组呼(全呼)消息”,相应分系统收到该“组呼(全呼)消息”后,向相应终端发出呼叫信号,值班台或话机振铃,调度员听回铃音。

(2)被叫应答

当某一被叫分机摘机应答后,其所属分系统向主系统发送被叫“应答消息”,然后主系统和该分系统将通道接通,调度员与之通话,其他用户陆续摘机后自动加入通话。

(3)话毕挂机

部分分机挂机后,自动退出通话。只有当调度员或所有分机都挂机后,该呼叫才拆除。

5. 数字调度通信系统如何保证无阻塞通信和不间断通信?

答:每一个调度台分配一条专用的数字共线时隙,作为语音通道,专线专用,独立封闭,调度台处于定位受话状态,保证无阻塞通信。从主系统到各分系统采用 2M 自愈环的组网方式,当主用 2M 链路故障,便自动倒向备用 2M 链路,保证不间断通信。此外,当某一个分系统断电,该分系统的上、下行 2M 便自动连通,采用断点迂回、断电直通来保证不间断通信。

6. 数字调度通信系统如何实现站间电话业务?其呼叫径路是什么?

答:站间电话业务是指相邻车站值班员相互之间的呼叫通话,是点对点的通信,由相邻车站的分系统进行呼叫接续,以 2M 链路中的站间时隙作为两交换机局间的用户中继电路,同时以站间实回线作为备用电路,是典型的两交换机之间的用户呼叫接续。呼叫径路如图 1-2-17 中的粗线所示。

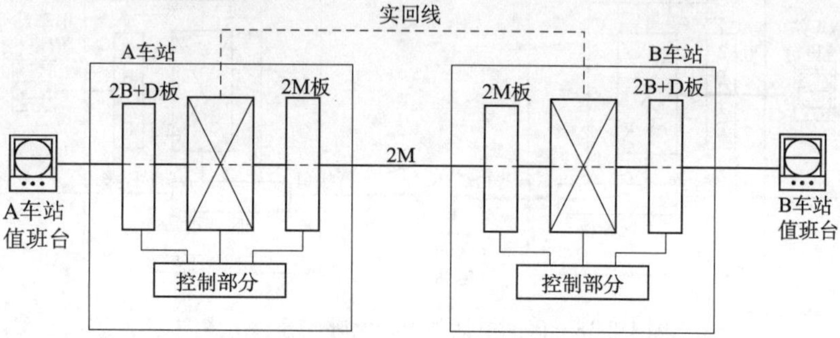

图 1-2-17　站间电话呼叫径路

7. 数字调度通信系统如何实现站场通信业务?其呼叫流程是什么?

答:站场通信业务包括车站(场)集中电话、驼峰调车电话、平面调车电话、货运电话、列检电话、车号电话和商检电话等。站场通信是铁路专用通信的重要组成部分,上与调度电话、专用电话联系，下与铁路车站站场内不同用户保持联系。

数字调度通信系统内的分系统都是一个独立的调度交换机，可以用 2B+D 接口连接一个或多个车站值班台，可以通过共电接口、共分接口或磁石接口连接站场内的其他用户。站场广播系统可通过共分接口接入。调度电话、专用电话可以用数字接口接入，如果没有数字通道时也可以用选号接口或共分接口接入。通过分系统的全数字无阻塞时隙交换网络、多方会议电路方便灵活地组成了站场通信，值班员可以通过值班台上的按键任意实现单呼、组呼、会议呼。

站场通信是相对封闭独立的车站内部通信，是一个典型的小交换局，与 2M 链路无关，由分系统独立完成站内用户之间的呼叫接续，其呼叫流程与程控交换机的呼叫流程类似。

8. 区间电话用户之间如何实现相互呼叫？

答：利用分系统区转板的下行接口（馈电），区间电话用户摘机，分系统收到摘机信号便向下行区间接口送出拨号音，用户听到拨号音后拨“1”，再由分系统向同一区间回线上所有的区间电话发送铃流，任一被叫用户响铃摘机，便可参与通话。

9. 区间电话与上行站之间如何实现相互呼叫？

答：利用上行车站分系统区转板的下行接口（馈电），区间电话用户摘机，如图1-2-18中 A 车站分系统收到摘机信号，便向下行区间接口送出拨号音，用户听到拨号音后拨“2”，分系统收到“2”的“呼叫信息”后，通过交换网络将车站值班台的 2B+D 接口与区转板的下行区间接口连通，并向值班台振铃，值班台应答双方通话。呼叫径路如图1-2-18中的粗线所示。

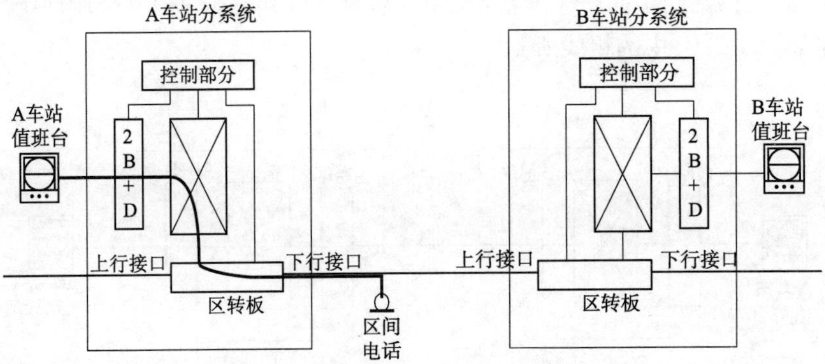

图 1-2-18 区间电话与上行站呼叫径路示意图

反之，A 车站值班台呼叫下行区间电话：按[下行区间]键，由 A 车站分系统向所有下行区间电话发送铃流，任一用户摘机便通话，如有多个用户摘机，都能与车站值班台通话。

10. 区间电话如何呼叫下行车站值班站？

答：利用上行车站分系统、下行车站分系统及区间电缆实回线构成通路，区间电话用户摘机，如图 1-2-19 中 A 车站分系统收到摘机信号，便向下行区间接口送出拨号音，用户听到拨号音后拨“3”，A 车站分系统收到“3”的“呼叫信息”后，启动区转板中的 5 000 Hz振荡器工作，并向 B 站发送 5 000 Hz 振荡频率，B 站区转板 5 000 Hz 接收器工作，由 B 站分系统通过控制单元和交换网络，将上行接口与 2B+D 接口连通，并向值班台振铃，值班员按键应答，双方通话。呼叫径路如图 1-2-19 中的粗线所示。

车站值班台不能呼叫上行区间电话，如果需要呼叫，必须配置 1 条站间电路，同时配置相应数据。由 A 和 B 车站调度交换机共同完成呼叫接续。

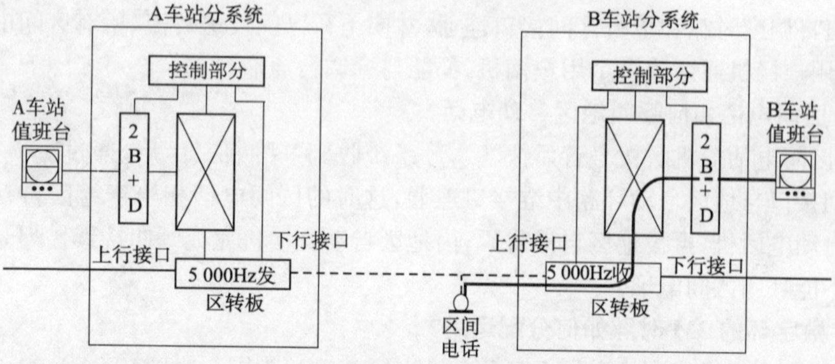

图 1-2-19　区间电话呼叫下行与站值班站径路示意图

11. 区间电话与列车调度台之间如何实现相互呼叫？

答：利用上行车站分系统和主系统实现相互呼叫。

区间电话呼叫列调台：区间用户摘机向上行站分系统发送摘机信号，分系统收到摘机信号便发送拨号音，区间用户听到拨号音后，拨“4”，分系统收到“4”的“呼叫信息”后，通过交换网络，将下行区间接口与列车调度电话时隙连通，并向主系统发送“呼叫信息”，调度台应答双方通话。呼叫径路如图 1-2-20 中的粗线所示。

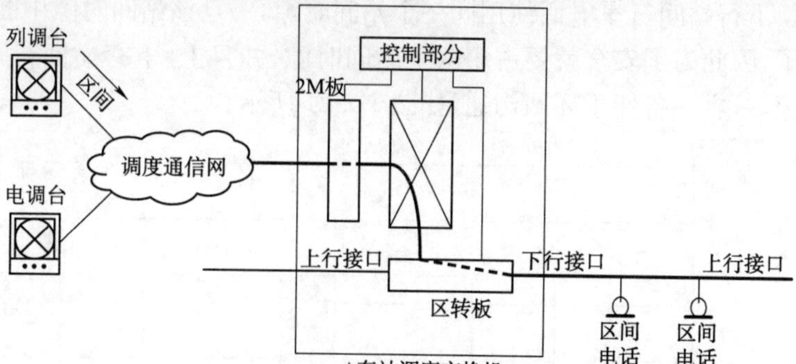

图 1-2-20　调度电话与区间电话呼叫径路示意图

反之，列车调度台呼叫区间电话(指相应站下行接口的区间电话)，目前有两种方式：

(1)方式一:在列调台的键盘上配置该区段所有车站的区间键,调度员需要呼叫某一区间的用户,例如A站的下行区间用户,按[A站区间]键,A站分系统收到呼叫区间用户的信息,便通过交换网络将调度时隙和下行区间接口连通,并向下行区间发送铃流,所有区间电话都振铃,任一用户摘机通话或多个用户摘机,都能与列调台通话。

(2)方式二:在列调台上只配置一个[区间]键,调度员按[区间]键呼叫时,主系统默认曾呼叫过的当前分机,例如图1-2-20中的A车站下行区间电话先呼叫过调度台,主系统只向A车站发送"呼叫区间信息",A站分系统收到呼叫区间用户的信息,便通过交换网络将调度时隙和下行区间接口连通,并向下行区间发送铃流,所有区间电话都振铃,任一用户摘机通话或多个用户摘机,都能与列调台通话。

12. 区间电话如何呼叫地区自动电话?

答:区间电话摘机听拨号音后拨"0",分系统收到"呼叫信息"后,通过交换网络,将下行区间接口与地区自动环路中继接口连通,这时的区间电话相当于地区自动交换机的一台自动电话机,再拨地区自动号码,由地区自动交换机完成呼叫接续。但是地区自动电话不能呼叫区间电话。

13. 数字环的2M时隙如何分配运用?

答:区段调度通信网络采用PCM 30/32传输,TS_0为同步时隙,TS_{16}为专用信号时隙,$TS_1 \sim TS_{15}$及$TS_{17} \sim TS_{31}$为30个话路时隙,区段调度通信网络采用2M逐站串接方式,其内部信令控制线需占用3或4个时隙,一般安排在$TS_{28} \sim TS_{31}$,还有26个时隙可用于各种调度通信、站间通信和区间通信等。

2M时隙的运用:列调、货调、电调、无线列调等各种调度通信使用共线时隙;上行、下行站间行车电话使用2个站间时隙,可分段使用;如果需要将调度台延伸至远方某站的远程调度台,要用3个直达时隙。

14. 上行、下行站间行车电话为什么要占用两个站间时隙?

答:上行、下行站间行车电话使用同一个站间时隙,一旦该站间时隙中断,站间行车电话便不通了,因此为了安全就要占用两个站间时隙,并且上、下行站间行车电话不安排在同一时隙,一主一备便于环回构通,如图1-2-21所示。

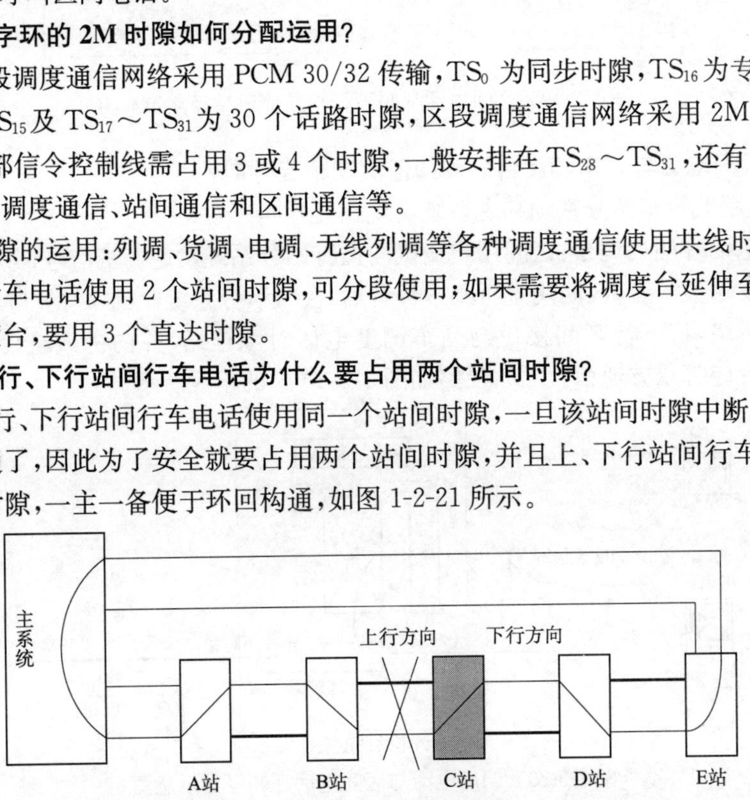

图1-2-21　站间行车电话回线中断环回示意图

图中粗线为主用的站间时隙，细线为备用时隙，每个站将上、下行方向的备用时隙作固定连接，主系统和环回车站也将备用时隙作固定连接，形成一个闭合的大环。当主用 2M 通道中断，两条站间时隙全部中断，这时闭合大环的备用时隙打开，便由备用的站间时隙迂回构通。如图 1-2-21 中的 B 站与 C 站之间 2M 线路中断，C 站上行闭塞也中断，便由下行方向环回构通。

三、铁路调度通信网络

(一)调度通信网络的组成

1. 铁路调度通信网的网络结构是什么?

答:铁路调度通信网的网络结构为两层结构,分别为铁道部干线调度通信网和铁路局区段调度通信网。

2. 铁道部干线调度通信网络如何组成?

答:铁道部干线调度通信网络目前由设在铁道部的 Hicom 382 数字调度交换机为汇接中心,与设在各铁路局的 14 台 Hicom 372 数字调度交换机和 4 台其他型号数字调度交换机用 2M 数字中继通道相连接,相邻铁路局的数字调度交换机之间也以 2M 数字中继通道相连作为直达路由,从而构成一个复合星型网络的干线调度通信网。干线调度通信网络如图 1-3-1 所示。

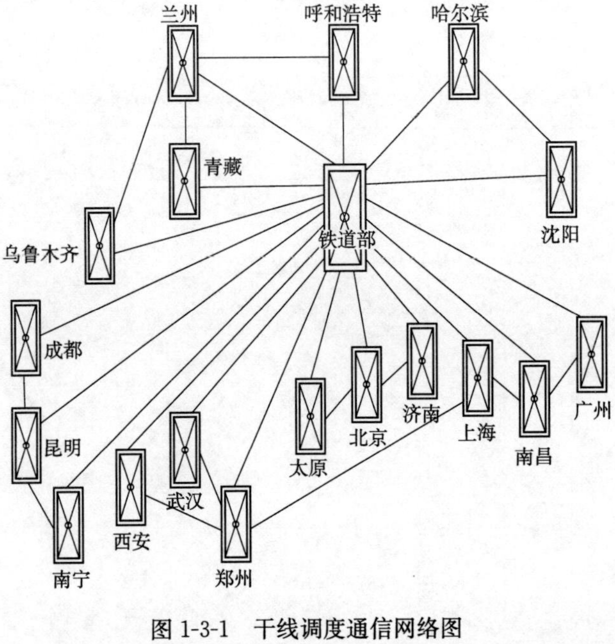

图 1-3-1 干线调度通信网络图

3. 铁路局区段调度通信网络有哪些特点?

答:铁路局区段调度通信网络是根据调度通信业务性质、地理位置,以及安全可靠性的特殊要求等多方面因素来组建通信网络,概括起来有两大特点:

(1)数字共线型的通信网络

调度业务性质为一点对多点的调度指挥,地理位置又呈链状结构,为有效利用传输通道,仍沿用模拟通信时的共线方式,因此是一个数字共线型的通信网络。

(2)以数字环组成区段调度通信网络

区段调度业务包括列车调度、货运调度、牵引供电调度。每一类调度分别占用 2M 传输通道中的一个时隙,一个 2M 数字通道从始端站至末端站按上下行逐站串接,末端站又从另一层传输网中的一个 2M 返回至铁路局调度所交换机,从而构成一个数字环。逐站串接的 2M 为主用,末端站迂回的 2M 为备用。当区段通信线路在某一点中断,从断点至末端站可由迂回的 2M 接通,所以又称之为 2M 自愈环。

4. 铁路局区段调度通信网络如何组成?

答:区段调度通信组网是根据数字传输通道和铁路运输区段的实际情况,综合考虑如何由数字环的组成。根据计算,在保持同步和呼叫响应时间不大于 50 ms 要求下,一个数字环可以稳定串接 50 个分系统,但在实际运用中,一般一个行车调度区段由一个数字环组成可串接 15～20 个分系统。在运输繁忙的主干线路和客运专线的一个列车调度区段由多个数字环组成。

一台主系统可配置多个调度台和多个数字环,如图 1-3-2 所示。

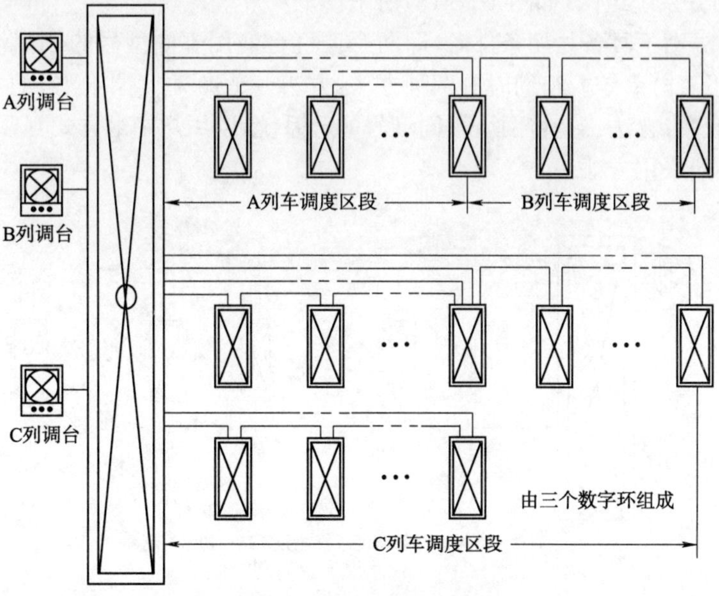

图 1-3-2 区段调度通信组网图

5. 有分支(分流)铁路线的区段通信网络如何组成?

答:调度区段内如果有分支或分流铁路线,根据线路传输情况,可以将分支线车站的分系统串入数字环内,也可以用级连的方法,将分支(分流)线车站分系统自行组成一个数字环,并接入分支站分系统。

如图 1-3-3 中的 F 车站为分支站,有三个方向的铁路线,两个数字环在该站相切,一个级连的数字环也接入分支站的分系统,该分系统必须具有三个 2M 环接口。

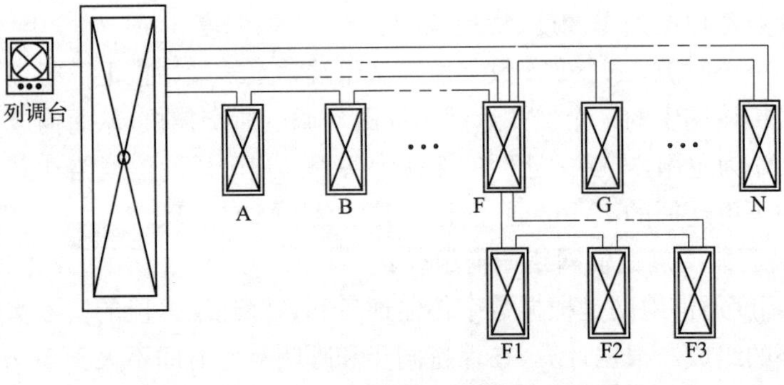

图 1-3-3 有分支铁路线的区段调度通信组网图

6. 区段调度通信组网时,对相邻两个列调台的分界车站如何组网?

答:(1)当相邻调度区段的数字环在分界站具备相切条件时,在分界站采用多个 2M 环接口的分系统组网,如图 1-3-4(a)所示。

(2)在分界站不具备相切条件时,即两个调度台使用不同型号的数调设备,那么在分界站分别设置分系统。组网时有两种方法:方法一是将两个不同型号的主系统,以数字中继方式互联;方法二是将两个不同型号的分系统,以用户中继方式互联,如图 1-3-4(b)所示。一般采用方法一。

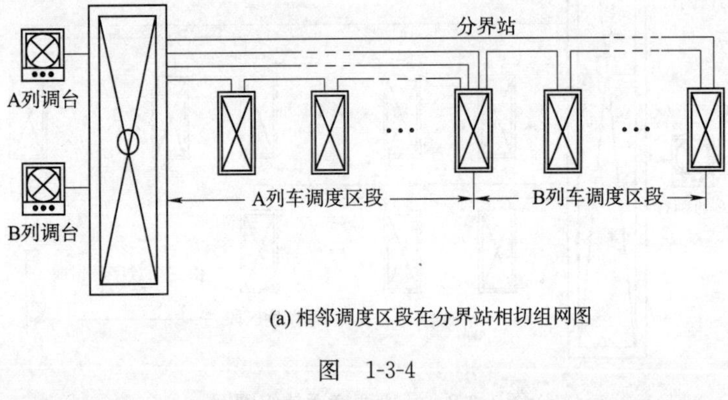

(a) 相邻调度区段在分界站相切组网图

图 1-3-4

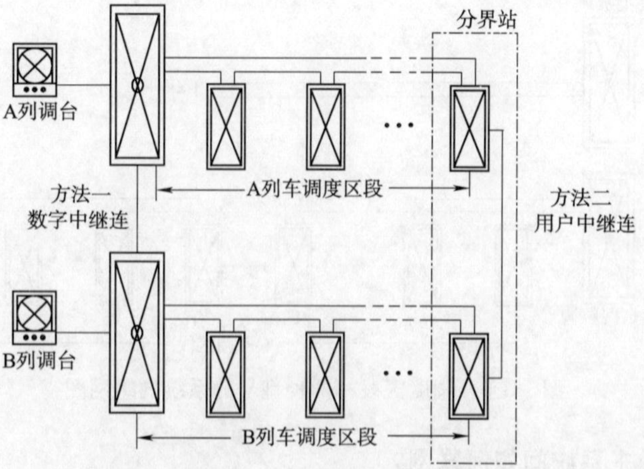

(b) 相邻调度区段在分界站不相切组网图

图 1-3-4 相邻调度区段在分界站组网图

7. 相邻两个调度台同时管辖多个车站,如何组网?

答:相邻两个调度台同时管辖多个车站,如图 1-3-5 中 A、B、C、D 四个站都受 A、B 两个调度台管辖,两个数字环的相切点,宜选择在相交段两端的 A 站或 D 站。

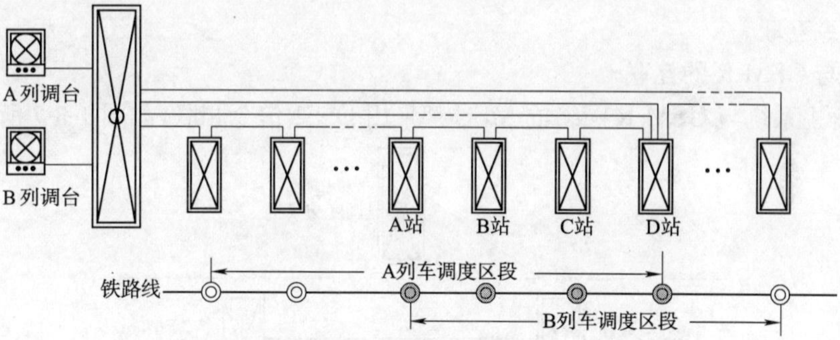

图 1-3-5 相邻调度台同时管辖多个车站的组网图

8. 调度台管辖的车站,有两种型号的分系统如何连接?

答:铁路调度通信系统的主系统和分系统之间采用内部专用信令,都是配套使用,因此组网时调度台和管辖的车站值班台,都在同一种机型设备内,但是在实际运用中,调度区段有时要调整,便有可能出现调度台管辖的车站,有两种型号的分系统。如图 1-3-6中 F_1、F_2、F_3、F_4 四个站,原来在 F 型号调度设备内,现在划归 C 调度台管辖,这时只要将 C 型和 F 型的主系统用 2M 数字链路相连,采用 DSS1 信令;C 调度台呼叫 F_1、F_2、F_3、F_4 车站时,通过局间中继,由 F 型主系统进行呼叫接续。C_n 站和 F_1 站之间的区间通信仍由分系统进行呼叫接续。

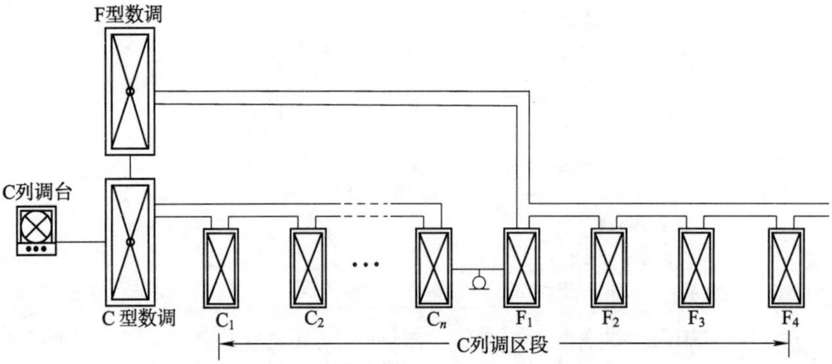

图 1-3-6 调度区段有两种型号分系统的组网图

9. 调度所内主系统间如何联网？

答：铁路局调度所有多种型号、多台主系统，联网方法建议为：

(1)所有主系统间互联

首先将相同型号的主系统内部信令互联，选择其中一台作为汇接交换机，然后将不同型号的汇接交换机用 DSS1 互联。

(2)与铁道部干线调度交换机互联

在不同型号的汇接交换机中选择其中一台与铁道部调度交换机可采用内部信令或 DSS1 信令互联。

(3)与 GSM-R 的互联

所有主系统与 GSM-R 网络的 MSC 都采用 DSS1 信令相联，如图 1-3-7 所示。

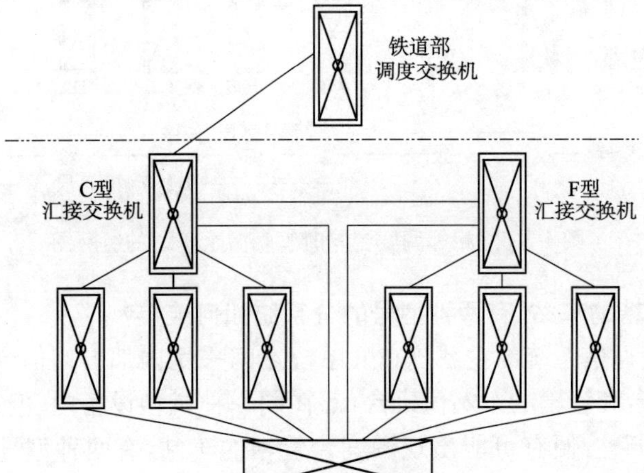

图 1-3-7 铁路局调度所内调度交换机的组网图

10. 区段调度通信网的组网原则是什么？

答：根据目前数字调度通信系统的运用情况，组网时的原则要求：

(1)根据行车调度区段的划分进行组网，可以由多个数字环组成，并将备用调度所交换机串接在数字环内。调度台宜采用双接口调度台，分别接入主备用调度所交换机。

(2)在一个数字环内串接的车站调度交换机不宜超过 15 台；在 GSM-R 区段不宜超过 10 台；在客运专线区段以 5～8 台为宜。

(3)数字环方向，原则上按铁路线下行方向车站的站序顺序串接，对枢纽调度(集中调度)可以根据线路传输的实际情况，将多个方向的车站串接后组环。

(4)数字环的相切点，宜选择在相邻两个行调区段的分界站，当两个行调台同时管辖多个车站时，宜选择在两端的某一车站。

(5)相邻两个行调区段在分界站的数字环不具备相切条件时，相邻车站交换机以数字中继方式相连，采用 DSS1 信令。

(6)当车站有多个数字环相切时，应采用具有多个数字中继接口的车站交换机，绝对避免采用多台车站交换机来解决多方向接入问题。原则上一个车站只设一台车站交换机。

(7)业务繁忙的大型编组场，可根据需要设置多台车站交换机，单独组环。

(8)充分合理运用 2M 数字时隙，不得接入与调度业务无关的其他通信业务，对远程调度台宜采用 2M 接口接入调度所交换机，不再占用数调时隙。

(9)对所有调度业务，统一接入数调时隙，不再为某一项调度业务单独设置一套系统。

(10)客运专线调度业务，一般单独组网，也可以与普速调度业务合用一套主备用调度所交换机。

(二)调度电话的编号

1. 铁路调度电话的编号规则是什么？

答：为实现全路统一编号，采用 $H_0H_1H_2$ABCDE 8 位十进制编码。$H_0=7$ 为固定调度电话的标识号码；H_1H_2 为铁道部、各铁路局所在地的调度区号码；ABCDE 为调度电话的用户号码，ABCDE 中的前 3 位 ABC 为调度所交换机和车站调度交换机的局向号码，DE 为调度交换机下的用户号码。

2. 为什么要实行全路统一编号？

答：铁路调度通信网的网络结构，分铁道部干线调度通信网和铁路局区段调度通信网两层结构，调度用户分铁道部、铁路局、站段三级用户，每一个调度用户要赋予一个电话号码。电话号码是用户身份的象征，从号码可知道用户的业务性质、所在地点、挂在哪个交换机上等信息，有了号码才能拨号呼叫。要实现全路调度用户、调度与司机之间相互拨号呼叫，提高通信网的管理水平，就必须要求全路调度电话统一编号。

3. 目前调度电话号码的运用情况怎样？

答：目前在GSM-R区段和全国铁路公安调度通信系统，固定用户的ISDN号码采用8位码（$7H_1H_2$ABCDE）的编号，7为固定调度用户的标识号；H_1H_2为调度区号；ABCDE为用户号，在GSM-R网络编号计划中，规定首位A表示路局内的调度所交换机局向，末位E为用户的业务属性。

各铁路局的调度区号与铁路自动电话的长途引示号一致，见表1-3-1。

表1-3-1 H_1H_2调度区号分配表

H_1 \ H_2	0	1	2	3	4	5	6	7	8	9
0										
1									南昌	
2	铁道部	北京						太原		
3		沈阳		哈尔滨						
4		上海		济南						
5		武汉		郑州		西安		广州		
6		成都						昆明		南宁
7		兰州		乌鲁木齐		青藏				
8		呼和浩特								
9										

注：空格处的H_1H_2为备用。

铁道部干线调度系统采用ABCDE五位码编号，AB为调度区号，与表1-3-1中的H_1H_2调度区号一致，CDE为用户号。铁道部和各铁路局的干调用户及调度台纳入干调电话号码系统，分别由铁道部和铁路局干线调度交换机放号。

铁路局区段调度通信网络的调度分机暂未统一编号，使用系统内部号，由所辖调度台单键直拨。

（三）GSM-R网络编号

1. GSM-R网络内包括哪些类型的号码？

答：在GSM-R网络内包括以下类型的号码：

（1）国内GSM-R网络用户号码：用于同一国家GSM-R网络内注册的用户之间的呼叫；

（2）国际GSM-R网络用户号码：用于不同国家GSM-R网络内注册的用户之间的呼叫；

（3）短号码：用于GSM-R网络内快速拨号；

(4)引示号:用于 GSM-R 网络用户呼叫其他网络用户的分隔码;

(5)移动用户及固定用户号码:用于 GSM-R 网络用户之间、其他通信网络的用户与 GSM-R 网络用户之间的呼叫;

(6)特服号:用于特服业务呼叫;

(7)GSM-R 网络设备编号:用于标识 GSM-R 网络设备;

(8)IP 地址:用于 GPRS 网络设备、终端设备以及网管设备的 TCP/IP 寻址;

(9)信令点编码:用于采用 No. 7 信令方式的信令点寻址。

2. 国内 GSM-R 网络用户号码的结构是什么?

答:国内 GSM-R 网络用户号码的结构由呼叫类型(CT)和用户号码(UN)两部分组成,呼叫类型为 2、3、4、5、6、91 的用户号码(UN)又由用户识别号码(UIN)和功能码(FC)组成,如图 1-3-8 所示。

图 1-3-8 国内 GSM-R 网络用户号码结构

3. 呼叫类型(CT)有什么作用? 如何组成?

答:呼叫类型(CT)用来区分 GSM-R 网络内不同类型的呼叫,提示网络如何解释用户所拨打的号码。

呼叫类型(CT)由 1～3 位数字组成,其定义见表 1-3-2。

表 1-3-2 呼叫类型定义

呼叫类型	用　途	呼叫类型	用　途
1	短号码	6	维修、调车组成员
2	车次功能号	7	固定用户号码 ISDN
3	机车功能号	8	移动用户号码 MSISDN
4	车号功能号	91	调度用户功能号码
50	语音组呼	92～98	预留
51	语音广播	99	保留公众紧急呼叫
52～55	保留国际使用	0、00	公网引示号
56～59	保留国内使用	901	接入铁路专用电话网

4. 什么是用户识别号(UIN)? 如何规定?

答:用户识别号是标志用户的特征,规定如下:

(1)车次号(TN):标识特定旅程的列车车次号码;

(2)机车号(EN):永久标识牵引机车的号码(含机车类型代码和编号),在 GSM-R 网络内,机车号功能号在全路范围内管理是唯一的;

(3)车号(CN):永久标识车辆的号码,在 GSM-R 网络内,车号在全路管辖范围内管理是唯一的;

(4)调车组位置号码(STLN):标识调车组位置;

(5)维修组位置号码(MTLN):标识维修组位置;

(6)调度员和值班员位置号码(TCLN):标识各类调度员和值班员的位置;

(7)组位置号码(GLN):标识在 GSM-R 网络内划定的组呼业务区。

5. 什么是功能码(FC)?有几种功能码?

答:功能码(FC)用来识别列车上或站场内的人员、设备,或者某给定区域内的特定编组。

有三种功能码:

(1)车次、机车、车号功能码;

(2)与位置有关的维修及调车组人员的功能码;

(3)与位置有关的调度、值班人员的功能码。

6. 请列出几种常用的车次、机车、车号功能码?

答:常用的车次、机车、车号功能码见表 1-3-3。

表 1-3-3　CT=2、3、4 的常用功能码 FC

功能码	功能描述	功能码	功能描述
01	本务机司机	28	乘检人员
02～05	补机司机	29	列检人员
08	车内广播	30	铁路安全服务领导
10	列车长 1	31	乘警长
11	列车长 2	62	旅客服务广播室
20	餐车主任	86	运转车长

7. 车次功能号(TFN)是如何组成的?

答:车次功能号由呼叫类型(CT)、车次号(TN)和功能码(FC)三部分组成。

(1)呼叫类型 CT=2;

(2)车次号 TN 由 CCCC XXXXX 共 8～12 位数字组成:

CCCC 表示车次的 0～2 位字母转换的 4 位数字,符合 ASCII 码转换规则,无字母的车次 CCCC 为 0000,一位字母的为 00CC。常见的车次字母见表 1-3-4。

表 1-3-4 常见的车次字母及转换后的值

车次字母	G	C	D	Z	T	K	L
数字	0071	0067	0068	0090	0084	0075	0076

XXXXX 为 1～5 位，可变长，代表车次的数字。

(3)功能码 FC 见表 1-3-3。

例如：D301 次列车长 1 的功能号为 2 0068 301 10；

G202 次乘警长的功能号为 2 0071 202 31；

Z1 次列车司机的功能号为 2 0090 1 01；

1301 次餐车主任的功能号为 2 0000 1301 20。

8. 机车功能号(EFN)是如何组成的?

答：机车功能号共 7～11 位数字，由呼叫类型(CT)、机车号(EN)和功能码(FC)三部分组成。

(1)呼叫类型 CT＝3。

(2)机车号 EN＝TTT XXXXX。TTT 为 3 位数字的机车类型代码，例如：动车组 CRH_1 的机车类型代码为 301。XXXXX 为机车编号，1～5 位数字可变长，个别机车需要区分 A、B 端，可用末位数字 X 表示，X＝0 为 A 端；X＝1 为 B 端。

(3)功能码 FC 见表 1-3-3。

9. 车号功能号(CFN)是如何组成的?

答：车号功能号共 6～12 位数字，由呼叫类型 CT、车号 CN 和功能码三部分组成。

(1)呼叫类型 CT＝4。

(2)车号 CN＝CC XXXXXXX。CC 为车种标识字母转换的 2 位数字，符合 ASCII 码转换规则。XXXXXXX 为车号，1～7 位可变长。

(3)功能码 FC 见表 1-3-3。

10. 什么是位置号(LN)? 位置号是如何规定的?

答：位置号(LN)用以确定被叫方的注册位置，包括调度辖区、车站(场)、编组场(分场)。

位置号(LN)＝$L_1L_2L_3L_4L_5$，由 5 位数字组成：L_1L_2 为调度区号，全路按照铁道部、铁路局、地区统一分配；L_3 表示位置区类别；L_4L_5 表示位置区编号，详见表 1-3-5。

表 1-3-5 位置号(LN)编号表

L_1L_2	L_3 位置区类别	L_4L_5 位置区编号
H_1H_2	1　调度区	01～99　调度辖区编号
	2～8　车站(场)及其管辖区域	01～99　车站(场)编号
	9　编组场(分场)及其管辖区域	01～99　编组场(分场)编号

例如:京津城际列车调度区的位置号LN为21 1 01;北京南站辖区的位置号LN为21 2 01;天津站辖区的位置号LN为21 2 05。

11. 调车组人员的功能码是如何规定的?

答:调车组人员的功能码(FC)由4位数字组成,FC=TYXX,T为组类型,Y为组成员,XX为组编号,见表1-3-6。

表1-3-6 CT=6的调车组人员功能码(FC)

T组类型	Y组成员	XX组编号
5	调车长0、调车员1~3、调车司机4、连接员(连接确认员)5、其他6~9	01~29调车组编号 30~99保留

12. 维修及调车组成员的功能号是如何组成的?

答:维修及调车组成员的功能号由呼叫类型CT、位置号LN和功能码FC三部分组成。

(1)呼叫类型CT=6;

(2)位置号(LN)根据用户所在的调度区号、位置区类别和位置编号确定,详见第10题位置号的规定;

(3)功能码(FC)由4位数字组成。

13. 调度、值班人员的功能码是如何规定的?

答:调度、值班人员的功能码(FC)按工种划分,由00~99的两位数字组成,详见表1-3-7。

表1-3-7 CT=91调度员和值班员功能码(FC)

功能码	人员	举例
01~29	列车调度、值班人员	列车调度员01、主信号楼值班员05
30~39	机务调度、值班人员	机车调度员30、机务段调度员31、折返段调度员32、机务段值班员33、折返段值班员34、救援列车主任37
40~49	货运调度、值班人员	货运调度员40、中间站货运室值班员41、中间站货运员42
50~6x	牵引供电调度、值班人员	牵引供电调度员50、牵引变电所值班员51、接触网工区值班员54、开闭所值班员55、分区所值班员56、自耦变电所值班员57
70~79	站场其他人员	货运计划员71、列检值班员72、红外线值班员73、红外线调度74、内勤车号员75
80~89	其他工种调度、值班人员	电务80、车务81、工务82、供电83、水电84、机务85、车辆86、公安87
90~99	应急救援人员	应急中心指挥员90、现场指挥员91

14. 调度员、值班员的功能号是如何组成的?

答:调度员、值班员的功能号由呼叫类型(CT)、位置号(LN)和功能码(FC)三部分组成。

(1)呼叫类型(CT=91);

(2)位置号(LN)根据用户所在的调度区号、位置区类别和位置编号确定,详见表1-3-5位置号的编号表;

(3)功能码(FC)调度、值班人员的功能码(FC)按工种划分,由00~99的两位数字组成,详见表1-3-7调度、值班人员功能码。

例如:京津城际列车调度台的功能号为:91 21101 01;京津城际供电调度台的功能号为:91 21101 50;北京南车站值班员的功能号为:91 21201 05;天津站主配电所的功能号为:91 21205 57。

15. 什么是语音组呼和语音广播的呼叫类型、业务区号(SA)和组标识(GID)?

答:(1)语音组呼的呼叫类型CT=50;语音广播的呼叫类型CT=51。

(2)业务区号(SA)为$S_1S_2S_3S_4S_5$共5位数字,用以确定组呼和广播呼叫的有效区域。目前共有调度辖区、车站(场)基站区、相邻三车站及区间、相邻三基站小区、调车场(分场)基站区等类型的SA。调度辖区的SA=1+H_1H_2调度区号+管内调度确定序号。

车站(场)基站区、相邻三车站及区间、相邻三基站小区、调车场(分场)基站区等类型SA的首位号S_1分别为3、4、5、8,后4位由MSC管辖范围内统一分配。

(3)组标识(GID)为3位数字,用以表示组呼发起方、组呼成员、组呼区域和优先级。例如组标识GID:

202表示列车调度员发起组呼,3级优先级,组成员为列车调度员、机车司机;

203表示列车调度员发起组呼,2级优先级,组成员为列车调度员、车站值班员、中间站站务员、机车司机;

571表示列车调度员发起组呼,3级优先级,组成员为列车调度员、车站值班员、中间站站务员;

220为相邻三车站及站间区间组呼(2级优先级);

299为相邻三小区组呼(铁路紧急呼叫组呼2级优先级)。

16. GSM-R网络的短号码的作用是什么?如何组成、并列举几个常用的短号码?

答:短号码用于GSM-R网络内快速拨号,对某些功能,终端可以使用标准短号码发起呼叫。

短号码由4位数字组成,首位号为1,在全国范围内统一定义。

常用短号码:1200,连接最适当的列车调度员;1300,连接最适当的车站值班员;1400,连接最适当的牵引供电调度员;1933,客运调度员。

(四)调度电话业务的呼叫流程

1. 铁道部调度台呼叫铁路局调度台的呼叫径路是什么?

答:铁道部调度台与铁路局调度台之间的相互呼叫,由部调度交换机和局调度交换机通过局间数字中继电路,完成呼叫接续。呼叫径路如图1-3-9中的粗实线所示。当中继电路中断时，由邻局迂回接通，如图 1-3-9 中细虚线所示，这时由三个调度交换机完成呼叫接续。

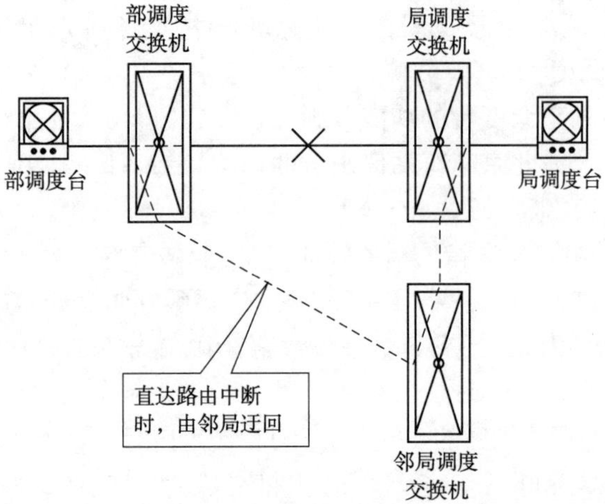

图 1-3-9 铁道部与铁路局呼叫径路示意图

2. 相关铁路局调度台相互呼叫径路是什么？

答：相关铁路局调度台之间的相互呼叫，由主叫和被叫的局调度所交换机通过局间数字中继电路完成呼叫接续，呼叫径路如图 1-3-10 中的粗实线所示。当局间无直达路由或直达路由中断时，由铁道部调度交换机迂回接通，如图 1-3-10 中细虚线所示，这时由三个调度交换机完成呼叫接续。

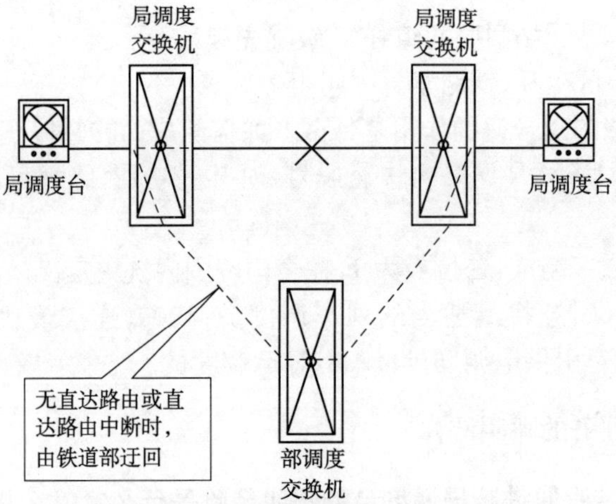

图 1-3-10 相关铁路局调度台之间呼叫径路示意图

3. 铁路局调度台呼叫管辖范围内,车站值班台的业务流程是什么?

答:调度员按键呼叫值班台,调度所交换机向相应的车站调度交换机发出呼叫信息,车站调度交换机确认是呼叫本系统,将值班台接入交换网络,由调度所交换机和车站调度交换机完成呼叫接续,呼叫径路如图 1-3-11 中的粗线所示。

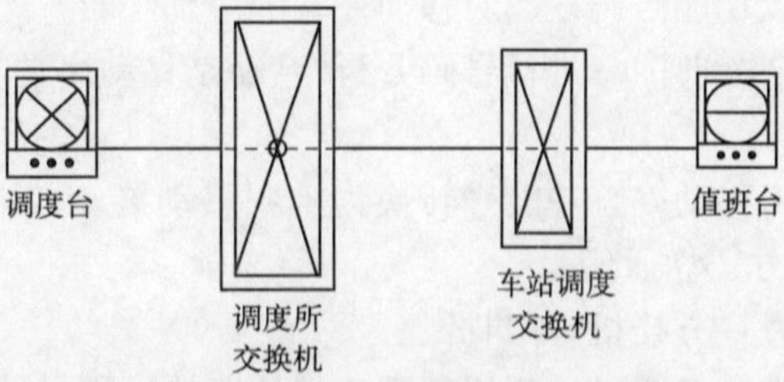

图 1-3-11 调度台与值班台之间的呼叫径路

4. 相邻车站值班台之间的呼叫径路是什么?

答:相邻车站是同一型号的数调设备,则由主被叫车站调度交换机通过交换机之间的用户中继电路(站间时隙或电缆实回线)完成呼叫接续。如果相邻车站是不同型号的数调设备,则由主被叫的调度所交换机通过交换机之间的数字中继链路,完成呼叫接续,其呼叫径路如图 1-3-12 中的粗线所示。

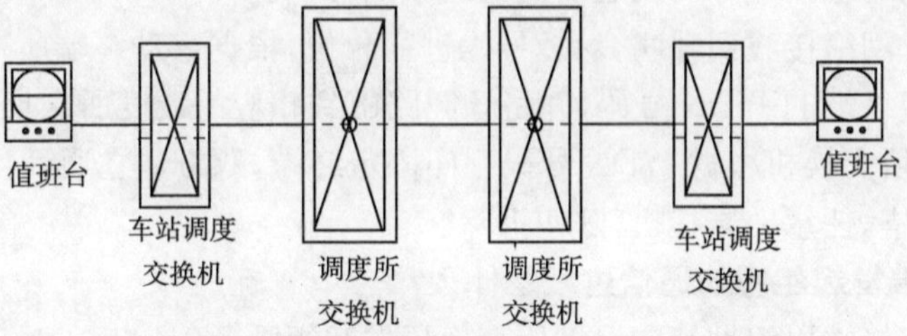

图 1-3-12 不同型号值班台之间的呼叫径路

(五)与 GSM-R 网络的通信过程

1. 固定终端呼叫固定终端通信过程是什么?

答:(1)固定终端以被叫固定终端 ISDN 号码发起呼叫;

(2)调度所交换机收到呼叫后,根据 ISDN 号码呼叫被叫固定终端,双方建立通信;

(3)通话完毕,任意一方挂机,呼叫拆除。

2. 固定终端按 MSISDN 号码呼叫移动终端通信过程是什么?

答:(1)固定终端以 MSISDN 号码对移动终端发起呼叫;

(2)调度所交换机收到 MSISDN 号码,进行号码分析,判断是移动终端 MSISDN

号码后，把呼叫路由到 GSM-R 网络，并把 MSISDN 号码发给 GSM-R 网络；

(3)GSM-R 网络根据 MSISDN 号码呼叫移动终端，双方建立通信；

(4)通话完毕，任意一方挂机，呼叫拆除。

3. 固定终端按功能寻址呼叫移动终端通信过程是什么？

答：(1)固定终端以功能号码发起对移动终端的个别呼叫；

(2)调度所交换机收到呼叫，进行号码分析，判断是移动终端功能号码后，会把呼叫路由到 GSM-R 网络；

(3)GSM-R 网络将移动终端功能号转换为被叫移动终端的 MSISDN，并以 MSISDN 呼叫移动终端，双方建立通信；

(4)通话完毕，任意一方挂机，呼叫拆除。

4. 移动终端按 ISDN 号码寻址呼叫固定终端的通信过程是什么？

答：(1)移动终端以被叫固定终端的 ISDN 号码发起呼叫。

(2)GSM-R 网络收到 ISDN 号码，进行号码分析后，把呼叫路由到相关的调度所交换机，并发送被叫固定终端 ISDN 号码。

(3)调度所交换机根据 ISDN 号码呼叫固定终端，双方建立通信。

(4)通话完毕，任意一方挂机，呼叫拆除。

5. 移动终端按位置寻址呼叫固定终端的通信过程是什么？

答：(1)移动终端以短号码发起对固定终端的呼叫。

(2)GSM-R 网络接收到呼叫，对短号码进行分析，根据移动终端所在位置把短号码转换为被叫固定终端的 ISDN 号码，并将呼叫路由到相应的调度所交换机。

(3)由调度所交换机根据 ISDN 号码呼叫固定终端，双方建立通话。

(4)通话完毕，任意一方挂机，呼叫拆除。

6. 固定终端发起组呼的通信过程是什么？

答：(1)固定终端以组地址向调度所交换机发起组呼。

(2)调度所交换机收到组地址，进行号码分析。

(3)当只有该固定终端为调度身份的组成员时，应在组呼寄存器(GCR)中预定义该固定终端的 ISDN 号码作为调度身份的组成员。调度所交换机将呼叫路由到 MSC，并以主叫的 ISDN 号码作为主叫号码，以组呼类型、组呼区域号、组呼 ID 号作为被叫号码发送给 MSC，由 MSC 完成组呼。

(4)当有两个或两个以上的固定终端为调度身份的组成员时，由调度所交换机组织有线组呼，呼叫预定义的各固定终端进入有线组呼状态，并把呼叫类型、组呼区域号、组呼 ID 号作为主叫号码发送到固定终端，以便固定终端显示正确的组呼呼入。如果该组呼成员中包含移动终端，调度所交换机将呼叫路由到 MSC，并以对应的虚拟用户号码作为主叫号码，以组呼类型、组呼区域号、组呼 ID 号作为被叫号码发送给 MSC。

(5)MSC 根据组地址向属于该组的移动终端发起 GSM-R 组呼，使处于组呼区域内的移动终端进入 GSM-R 组呼状态。

(6)具有调度身份的固定用户可进行全双工通话,无需 PTT 操作。

(7)移动终端越出 GSM-R 组呼区域时,则自动退出 GSM-R 组呼。

(8)通话完毕,发起组呼的固定终端挂机,组呼拆除。

7. 移动终端发起组呼的通信过程是什么?

答:(1)移动终端以 GSM-R 组 ID 向 GSM-R 网络发起组呼。

(2)GSM-R 网络根据主叫移动终端所在小区选择相应的 GSM-R 组呼区域,按 GSM-R 组 ID 向属于该组的移动终端发起 GSM-R 组呼,使处于组呼区域内的移动终端进入 GSM-R 组呼状态。

(3)当只有一个固定终端为调度身份的组成员时,应在组呼寄存器(GCR)中预定义该固定终端的 ISDN 号码作为调度身份的组成员,由 MSC 完成组呼。

(4)当有两个或两个以上的固定终端为调度身份的组成员时,应在组呼寄存器(GCR)中预定义虚拟用户号码作为调度身份的组成员。MSC 把呼叫路由到调度所交换机,并把虚拟用户号码作为被叫号码,把呼叫类型、组呼区域、组呼 ID 号作为主叫号码发送到调度所交换机。调度所交换机根据虚拟用户号码组织有线组呼,呼叫预定义的各固定终端进入有线组呼状态,并把呼叫类型、组呼区域号、组呼 ID 号作为主叫号码发送到固定终端。

(5)具有调度身份的固定用户可进行全双工通话,无需 PTT 操作。

(6)移动终端越出 GSM-R 组呼区域时,如果该移动终端是发起者,则自动拆除 GSM-R 组呼;如果不是发起者,则自动退出 GSM-R 组呼。

(7)通话完毕,发起组呼的移动终端挂机,组呼拆除。或者在规定时间内组内无通话时,由系统自动拆除组呼。

8. GSM-R 广播呼叫的通信过程是什么?

答:(1)发起方以 GSM-R 组地址发起 GSM-R 广播呼叫。

(2)预定义为广播小组成员的固定用户和处于组呼区域内被预定义为广播小组成员的移动终端接收到 GSM-R 广播通知后,进入接收 GSM-R 广播状态。

(3)移动终端越出组呼区域时自动退出接收 GSM-R 广播状态。

(4)广播完毕,发起广播呼叫的终端挂机,广播拆除。

四、日常维护与常见故障(障碍)案例分析

(一)日常维护与故障(障碍)处理

1. 调度电路是如何规定的?

答:根据铁运〔2010〕193号《铁路有线通信维护暂行规则》中3.4.2.1调度电路规定如下:

(1)干调电路:铁道部调度所交换机至各局调度所交换机之间的直达数字电路以及铁路局间的迂回数字电路。

(2)区段调度电路:区段调度电路分为两类,一类是数字区段调度电路;另一类是音频区段调度电路。

数字区段调度电路:铁路局调度机械室调度交换机至各车站调度交换机并环回的数字电路。

音频区段调度电路:调度交换机至各音频调度分机间的电路。

2. 调度系统的维护分界是如何划分的?

答:(1)调度系统与传输系统的界面:以引入室内第一连接处DDF外线插座为界,连接器(含)至调度设备由调度工区负责维护;外线侧由通信(电务)段指定的维护部门负责。

(2)调度系统与通信线路的界面:以引入室内第一连接处VDF保安器外线端子(含)为界,端子以外由线路维护部门负责。

(3)调度设备与行车记录仪的界面:以记录仪输入插座(不含)为界,记录仪由路局指定单位负责。

(4)调度设备与电源设备的界面:以引入室内电源设备第一连接处端子为界,端子以内由调度工区负责维护。

3. 调度电路的运用有哪些规定?

答:调度电路运用应符合以下规定:

(1)区段调度通信系统必须环型组网,采用不同路由的传输电路进行迂回保护;

(2)数字调度电路符合ITU-T中G.703标准,误码与抖动指标应控制在标准范围内;

(3)电路各连接点的阻抗应匹配,电平符合标准。

4. 对数调设备维护工作有哪些要求?

答:(1)设备维护一般要求

①数字调度通信系统的维护主要依靠网管进行。网管值班人员应熟悉网管操作，具备相应维护能力，现场维护人员必须在网管指导下进行日常维护作业和故障处理。

②数字调度通信系统的日常维护应以网管监测为主、现场巡视为辅。在备品备件可以保证的基础上，采取日常维护与集中检修相结合的维修方式。

(2)设备维护作业要求

①建立告警日分析制度，每班对网管告警进行分析，得出结论写入交班日志，对惯性告警应向上级主管部门汇报并积极组织查找。调度机械室值班人员应及时观察网管，监视设备运行状态。重点查看系统工作状态、数字环状态及历史告警信息。发现设备运行状态异常时，及时进行处理。

②局调度机械室每月通过网管进行一次数字环通道保护试验，每半年进行一次通道保护人工切换试验。

③各级维护单位要建立适合本单位的调度通信应急预案，根据网络变化和业务发展情况，随时修订补充。

④在自然灾害、防汛或重要繁忙运输任务等期间，应加强设备检查，强化网管监控和设备巡视工作。

⑤检修工作应安排在天窗时间，减少对运输通信的干扰。

5. 对网管系统的数据有哪些要求?

答:网管系统的数据应定期备份；修改设备配置参数应实行一人操作，一人复核的制度。修改设备配置参数前须备份原配置参数，修改参数须反复检查，确认无误后方可执行；严格执行"三不动、三不离"制度，不得擅自改变设备数据。

6. 对调度所调度交换机的日常维护有哪些要求?

答:(1)设备清扫：每天进行机架表面浮灰清扫，每月设备内外部清扫，每半年进行交换机风扇清扫或更换；

(2)附属设备及缆线检查：每月一次；

(3)日巡检：系统运行状态、电源电压状态；

(4)网管：每 2h 重点检查系统工作状态，数字环状态，历史告警信息。每月通过网管进行一次数字环通道保护试验；网管杀毒软件升级，查杀病毒；系统数据核对；每季对系统数据进行备份存盘；

(5)测试与试验：每季进行电源电压测试，电源板、控制板倒换试验，每半年进行系统主备通道切换试验。

7. 对车站调度交换机的日常维护有哪些要求?

答:(1)设备清扫：每月一次；

(2)附属设备及连线检查：每月一次；

(3)月巡检：交换机运行指示检查确认，风扇运行检查确认，区间自动拨叫试验；

(4)测试与试验：每月进行邻站调度分机试验，每季进行电源电压测试，电源板、主控板主备切换试验，每半年配合进行系统主备通道保护人工切换试验。

8. 对操作台的日常维护有哪些要求？

答：(1)外观检查：要求表面无污渍、液晶显示正常、外壳无破损；

(2)接口、连线检查：要求各接口坚固，线缆无扭曲、破损；

(3)呼叫通话试验：每月进行操作台呼叫试验(主辅通道切换和功能试验)，站间行车电话备用呼叫试验，每季进行应急分机通话试验和调度台、台联试验。

9. 对调度所交换机的巡视包括哪些内容？

答：(1)系统告警：包括交换机的板件告警、2M 数字环告警等；

(2)电源和风扇：电源输出设备有无异常现象，电压供给是否正常，系统风扇是否运转良好；

(3)配线：检查配线是否完好；

(4)维护台是否运行正常；

(5)调度台和各种电话机是否运用良好；

(6)设备是否干净整洁。

10. 对车站调度交换机的巡检包括哪些内容？

答：(1)电源和风扇：电源输出设备有无异常现象，电压供给是否正常，系统风扇是否运转良好；

(2)系统指示灯是否正常；

(3)配线：检查配线是否完好；

(4)值班台和各种电话机是否运用良好；

(5)设备是否干净整洁。

11. 如何进行数调 2M 电路的主备用切换试验？

答：(1)进行数调 2M 电路的主备用切换试验前先通知相关传输室；

(2)在 DDF 架上断开相应主环 2M 电路的 2M 插头；

(3)在数调网管上查看主环是否断开，并开始使用备环；

(4)到调度所进行呼叫试验，确认备环使用正常。

12. 如何对调度所调度交换机的主备板件进行更换(切换)？

答：(1)进行主备板件切换前应先通知调度所可能会短时间影响业务；

(2)打开机柜门，对相应板件进行更换；

(3)检查更换板件后系统的运行状态，板件的运行指示灯是否正常；

(4)到调度所进行呼叫试验，确认更换的板件运行正常。

注：具体的主备板件更换，详见本书“设备篇”。

13. 如何对车站调度交换机出现故障的板件进行复位、拔插、更换？

答：当单板出现故障或单板与主控板通信发生故障，可尝试进行单板的复位及重新拔插单板的操作，操作方法如下：

复位:按下相应单板的复位按钮,便可对该板进行复位;

拔插:一定要先佩戴防静电手腕才能拔插单板,拔板时,适度用力下压单板面板下部的扳手,使单板退出槽位;插板时,将单板顺着槽道平稳推入,至板手发出"咔"的锁定声。

更换单板操作方法:

(1)确认需要更换的单板版本,要保持一致或可用;

(2)从防静电袋取出单板,勿用手接触元器件,确认单板处于干燥状态;

(3)确认单板上的各种跳线器和小开关位置与需要更换的单板完全一致;

(4)与网管联系,按规范对单板进行拔插;

(5)网管确认单板运行正常;

(6)旧板作好标签,放于防静电袋内。

14. 如何对车站调度交换机进行电源电压测试?

答:用万用表在电源板的电压测试孔测量电源电压,注意电表的正负极不要接反。

15. 如何对分车站调度交换机进行接口和配线检查?

答:(1)各配线缆插头与背板相应插槽是否接触良好,有无松动;

(2)各配线缆外皮有无破损;

(3)2M 线接头与背板上 2M 接口有无松动;

(4)背板上电源插座与电源线插头是否卡接牢固。

16. 如何更换模拟用户模块?

答:(1)将接口模块母板(多功能板)从机框中拔出,水平放置在工作台上;

(2)将故障用户模块从插槽中拔出,拔时用力要均匀,防止把模块的插针弄弯、弄断;

(3)插入新模块,注意方向,防止插错或未插入槽内等现象;

(4)将接口模块母板(多功能板)重新插入机框。

17. 故障处理的一般原则是什么?

答:在一般情况下,系统故障应按照"先外后内、先软后硬"的原则进行判断、处理。当发生故障后,先判断是系统外部问题还是系统内部问题,在排除系统外部问题后,再判断是系统软件问题还是系统硬件问题。

18. 故障处理的程序如何?

答:主系统维护人员接到故障申告后,首先利用万用表等测量仪表在系统接口上进行初步判断是系统内部故障还是系统外部故障,然后利用倒、代、换措施进行故障定位。

分系统维护人员判断故障范围在系统内部时,应积极向主系统维护人员寻求技术支持,主系统维护人员根据系统告警和分系统维护人员对故障的描述,判断故障可能的原因。如果是软件问题,采取传送数据、复位等方法处理;如果是硬件问题,告知相关人员进行更换。

严格执行制定的数调系统故障处理流程:先抢通业务,再进行故障定位;在定位故障时,先从数调全网入手,依次判断系统级单板,可以参照单板指示灯状态来进行判断用户级单板、线路、前台是否故障。

大多数故障为设备硬件自身损坏，一般根据故障现象更换相应的备件即可。在处理顺序上一般先了解故障现象，再查看指示灯是否正常，有无告警，再询问网管了解设备状态，有条件的情况下可在室内挂机进行试验，然后根据情况更换相应备件及查找线路。

对分系统的故障处理程序如图 1-4-1 所示。

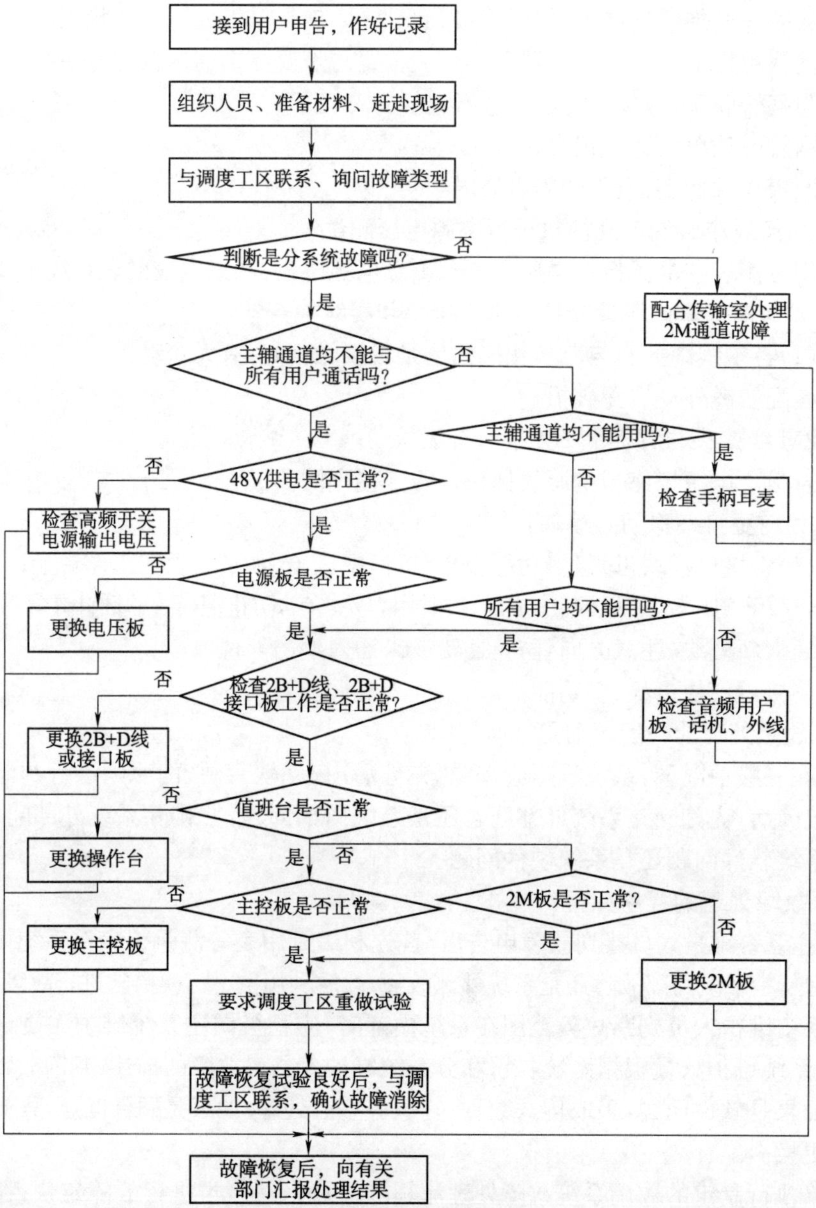

图 1-4-1　分系统障碍处理程序

19. 如何对故障进行分类分级判断?

答:(1)判断是单站故障还是多站故障;

(2)判断是通道故障还是设备故障;

(3)判断是单个用户故障还是部分或者全部用户故障;

(4)判断是内线故障还是外线故障;

(5)联系网管说明故障现象,让网管查看设备状态,在网管指挥下复位故障板或更换故障板,故障排除后由网管确认,并由现场人员确认业务正常。

20. 在处理故障时有哪几种常用的处理方法?

答:(1)一般采用万用表测量法。在后台面板灯显正常的状态下,用万用表在配线模块上测量有馈电的接口(如音频用户接口、下行区间接口)应有 48 V 电压,如果量不到电压,则为模块故障。测量磁石接口时,呼叫应有交流 75 V 输出,无电压为模块故障。

(2)采用携带机判断法。将携带机接在配线模块环路中继接口端,摇动携带机手柄送出交流电压 50 V 左右,该用户亮灯、响铃,如用户无反映,表示模块故障。

(3)板件复位法:到达故障现场后,检查后台各板件显示良好时,可采取逐板复位,但必须在网管的配合下进行。如数字通道讲话杂音,模拟通道杂音,可分别复位主控板、2M 数字板、2B+D 接口板。

(二)调度台/值班台方面的常见障碍案例

1. 值班台告警如何处理?

答:若网管报某车站值班台通信告警,说明此车站与主系统之间的通信正常;若此车站发现本站值班台离线通过主控板报告给主系统再从网管上报,说明值班台未能与此车站主控板通信上。

车站值班台通信告警,通常是电源、U 口板或连接线的问题,处理过程如图 1-4-2 所示。

故障是否恢复的判断方法:(1)U 口板上相对应的灯会闪烁;(2)值班台显示屏会显示时间;(3)值班台业务恢复正常。

2. 值班台告警且应急分机不能使用如何处理?

答:网管侧如果能够上报值班台告警,说明分系统与主系统之间通信是正常的,从而证明了分系统与主系统之间的硬件连接也没有问题。问题还是出现在车站。先用应急分机测试与站场用户的通信,如果通信不正常那么问题就定位到了主控板,查看应急分机数据及重新下发应急分机数据,包括确认应急分机所接端口是否和数据所配置端口一致,应急分机的使用是否有问题,处理过程如图 1-4-3 所示。

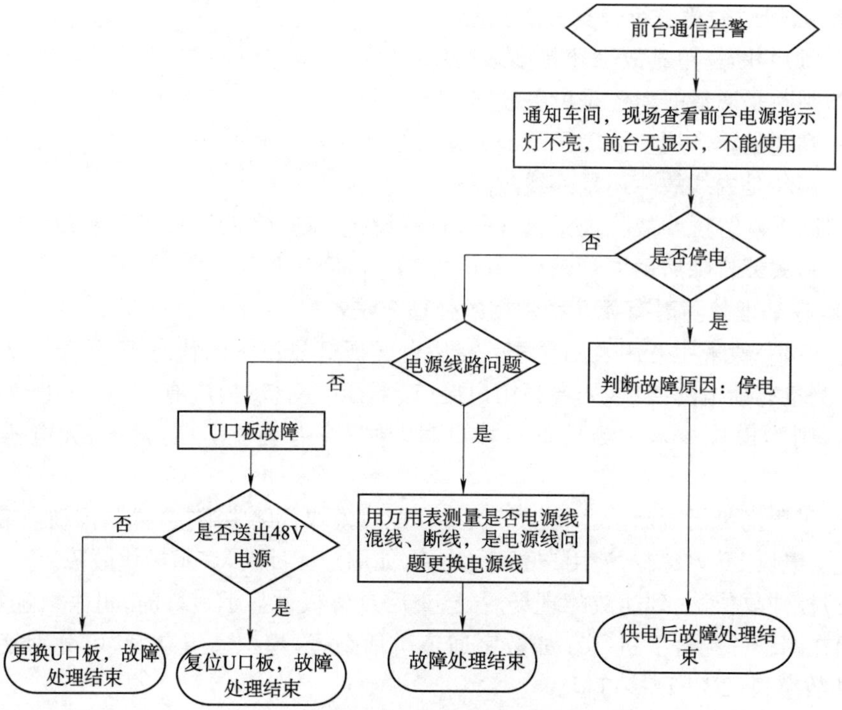

图 1-4-2 值班台通信告警处理程序

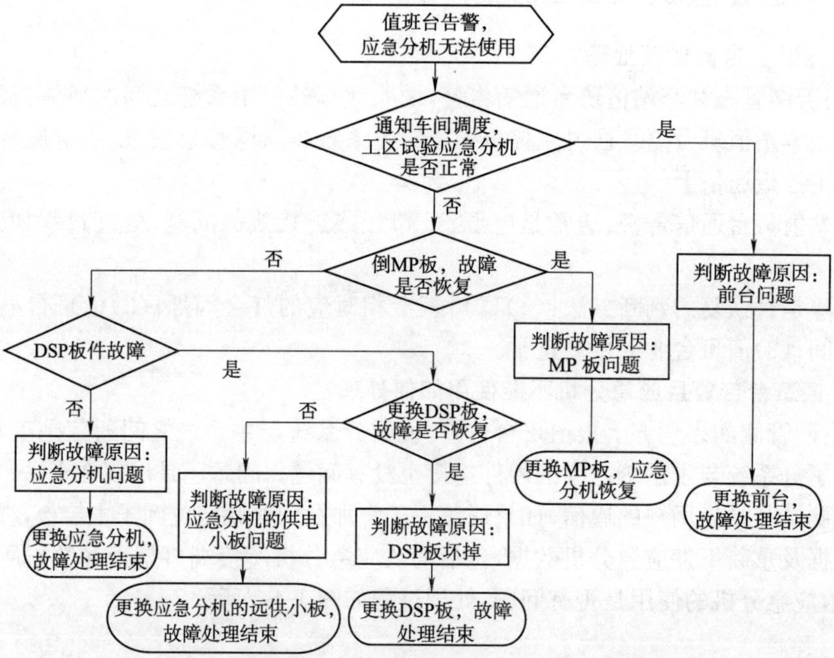

图 1-4-3 值班台告警并且应急分机无法使用处理程序

3. 同一分系统内值班台之间不能通话如何处理?

答:先试验两个值班台与其他用户是否通话正常,如果与其他用户通话均正常而只是这两个前台之间不能通话,那么问题出现在这两个前台互相呼叫的数据上。这属于台联业务,在网管上查看这两个值班台按键表上的数据是否是对方的值班台号,加载数据不恢复,更换按键,复位主控板可以恢复。

4. 相邻站值班台之间不能通话,但分系统内通话正常如何处理?

答:首先从网管上查看这两个车站是否告警,如果没有告警说明两个分系统设备是正常的,而出现邻站之间通话不好有两种可能:一是呼叫产生忙音,产生忙音是指消息不通,消息不通问题主要在数据配置上,可以加载车站侧数据和主系统侧号码表数据,障碍可以恢复;二是呼叫后对方响铃,而语音不通,问题出现在数字环时隙设置上,可以加载数字环时隙的数据,如果不恢复,可以更换时隙,并且生成、加载数据,障碍可以恢复。处理过程如图 1-4-4 所示。

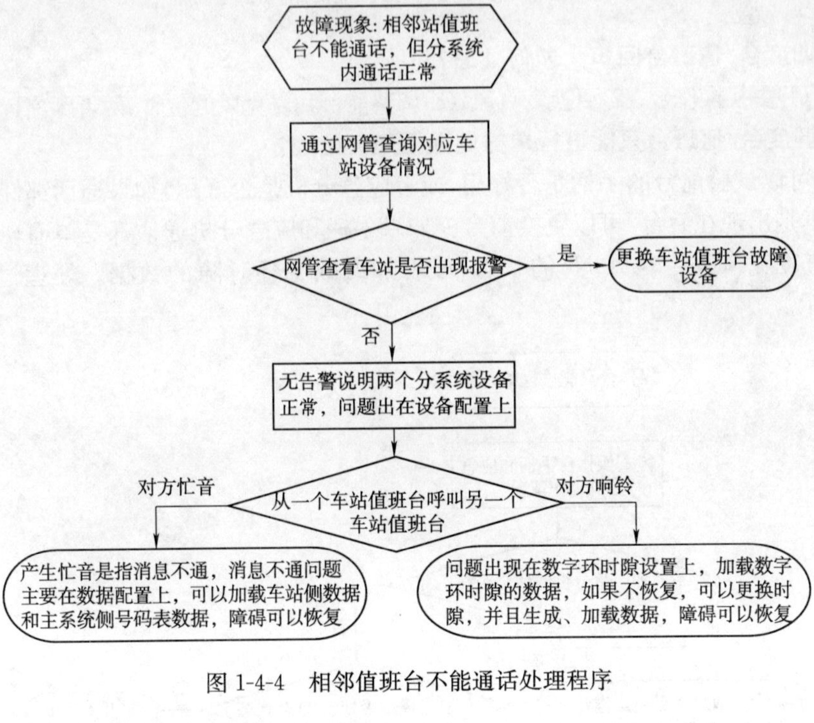

图 1-4-4　相邻值班台不能通话处理程序

5. 调度台/值班台一直初始化如何处理?

答:如果调度台/值班台电源灯显示正常,信号灯是灭的,总是初始化状态,说明前台与 U 口板的连接不正常,可以检查 2B+D 线的信号线是否连接好,障碍不恢复,可以更换 U 口板来处理。处理过程如图 1-4-5 所示。

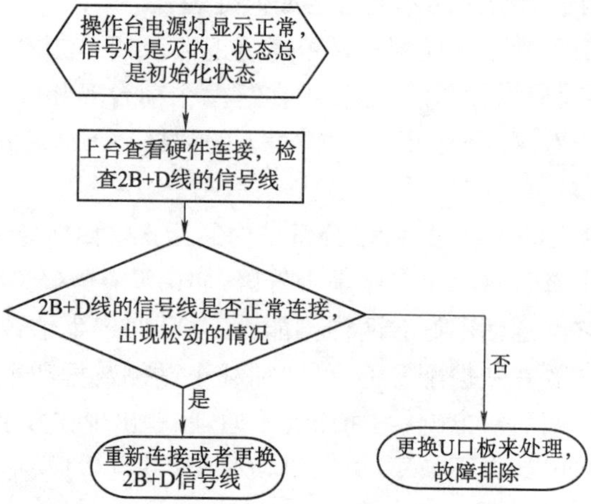

图 1-4-5　调度台/值班台一直初始化处理程序

6. 调度台/值班台回声大如何处理?

答:(1)更换操作台;(2)更换麦克风;(3)调整前台和麦克风的位置,两者距离远一些。

7. 调度台/值班台只能进行单方向通话如何处理?

答:可以试验前台的手柄是否好用,或者应急分机是否好用,如果通话都好,那么问题肯定不是出现在后台,可以更换前台。如果手柄和应急分机通话都是单通现象,那么可以检查麦克风是否在“ON”的状态,或者加载数字环时隙的数据。处理过程如图1-4-6所示。

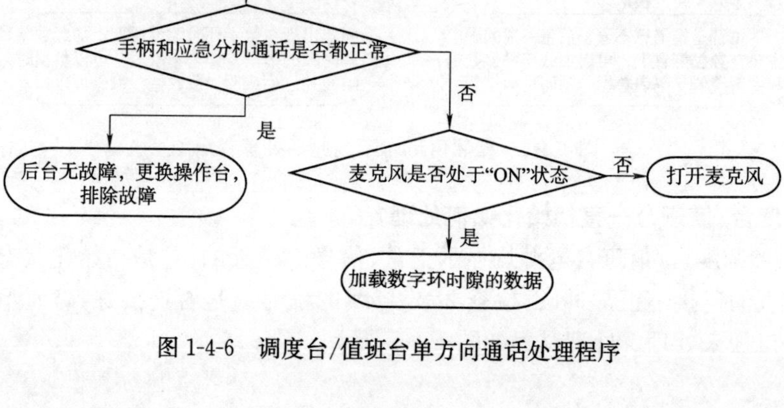

图 1-4-6　调度台/值班台单方向通话处理程序

8. 值班台听调度员声音小如何处理?

答:上台试验,所有用户听调度员的声音都小,更换麦克后恢复。如果只是个别用户听调度员声音小可以增加车站音量,或者适当提高调度员的送话音量。处理过程如图 1-4-7 所示。

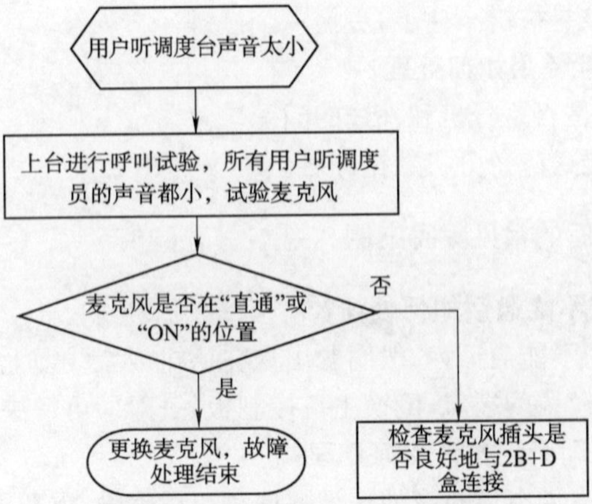

图 1-4-7 值班台接听声音小处理程序

9. 调度台/值班台麦克送不出话音,手柄正常如何处理?

答:如果调度台/值班台手柄正常,麦克有故障,问题肯定不是出现在后台,因为后台不识别手柄和麦克。针对前台进行处理,处理过程如图 1-4-8 所示。

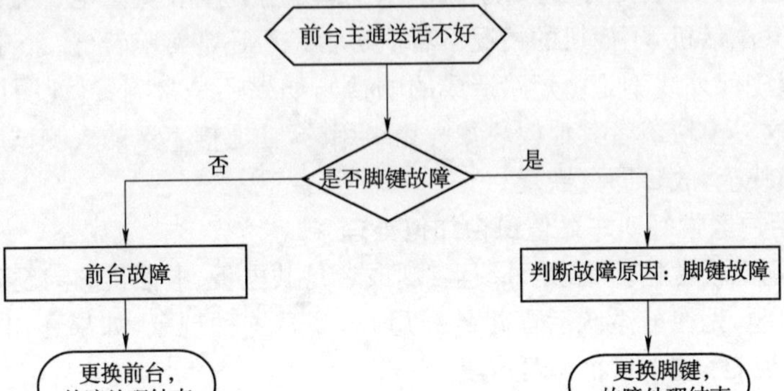

图 1-4-8 调度台/值班台主通不好处理程序

10. 调度台/值班台与所有用户不能通话、指示灯乱闪如何处理?

答:(1)更换一个前台;

(2)加载该前台的相关数据;

(3)将主系统主数字环数据全部下发一次。

11. 值班台不响铃如何处理?

答:如果是所有用户呼入时都不响铃,那么更换值班台,如果是个别用户,可以更换按键,或者查看数据,加载数据。

12. 值班台自动呼叫用户如何处理?

答:自动呼叫应该是按键卡住了,更换一个按键。

13. 应急分机不能使用如何处理?

答:(1)首先排除是否是分机和外线的问题;

(2)若不是重新传送应急分机数据即可。

(三)音频用户方面的常见障碍案例

1. 共电用户之间不能通话如何处理?

答:共电用户之间不能通话,一般问题出现在话机或者线缆上。在排除线路原因后更换相应用户模块或模块的端口,倒换主备控制板,一般即可解决。

2. 共电话机摘机即听到忙音如何处理?

答:(1)将此共电直通电话对应的按键数据清空后重做,重新下发一下;

(2)将此按键上的数据定义到其他按键上;

(3)检查共电话机所接端口是否正确,更换共电板。

3. 某车站共电用户经常响铃如何处理?

答:此问题比较常见,一般是外线混线,或者是共电板或电话机的问题。

首先,让通信工区在车站分系统该路的内部端用万用表测量电压是否为 48 V,如果是,接一个共电话机,不摘机的情况下看值班台是否还常常响铃(注意:接话机的插片要断开外线以确保外线不是由短路造成的响铃),如果还是常响铃,证明该路坏。网管修改数据,在这一模块或者其他模块找一路未用的,让通信工区的人测试后把外部线卡在新的一路模块上,故障即可恢复。

4. 站内用户经常呼叫车站值班台如何处理?

答:此问题比较常见,一般是外线混线,或者是共电板、电话机的问题。可以用逐段查找法找出问题,先在分系统后面将外线甩开,观察这种现象,如果还出现,更换共电板。反之,查找外线和电话机即可恢复。

5. 某站(站场)电话均不通,但传输电路良好如何处理?

答:站场用户不涉及传输,问题出现在主控板,可以分别单独使用两块主控板,排查是哪块主控板不好,更换即可。

(四)区间电话方面的常见障碍案例

1. 区间电话摘机无拨号音(有电压 48 V)如何处理?

答:更换下行区间接口模块或重传数据,并查看数据是否正确。

2. 区间话机一摘机就听忙音或拨完号听忙音如何处理?

答:(1)如果拨“2”、“4”听忙音要将数据重新下发一下,初始化下行区间接口模块;(2)如果拨“1”、“3”听忙音要初始化下行区间接口模块。并查看数据是否正确。

3. 区间电话不能呼叫下行车站值班台如何处理?

答:区间电话呼叫下行车站值班台时,与车站交换机的控制板、上行区间接口模块有关,从网管查看数据,重传数据或更换模块。

4. 区间电话不能呼叫自动电话网用户如何处理?

答:区间电话呼叫自动电话网用户时,与分系统的控制板、下行区间接口模块、环路中继接口模块有关,或不能呼叫,就从网管查看数据,重传数据或更换模块。

5. 区间板告警如何处理?

答:外线是否有电压,断开外线再观察。处理过程如图 1-4-9 所示。

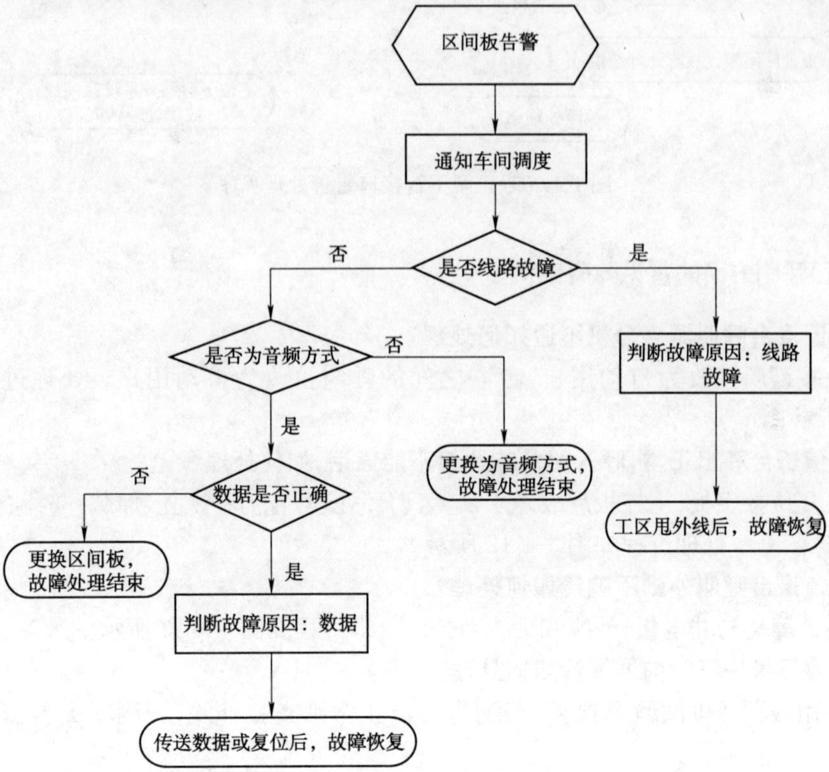

图 1-4-9 区间板告警处理程序

6. 区间下行接口告警指示灯常亮如何处理?

答:查看外线,并复位区间板。处理过程如图 1-4-10 所示。

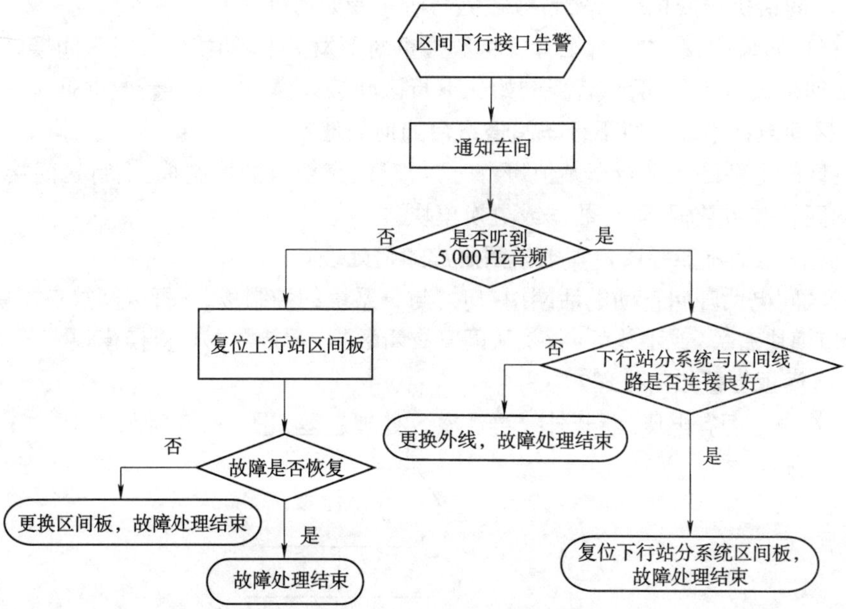

图 1-4-10　区间下行接口告警处理程序

(五)呼叫方面的常见障碍案例

1. 调度台呼叫调度分机不通如何处理?

答:按键属性改为自动用户,台联之间的呼叫也改为自动用户。处理过程如图1-4-11所示。

2. 值班台呼出正常,呼入时能响铃但不能通话,如何处理?

答:复位数字板、主控板后故障未恢复,切环处理,若仍不恢复,加载环时隙、车站时隙后故障恢复。处理过程如图 1-4-12 所示。

3. 值班台呼叫外勤不响铃如何处理?

答:此障碍与共电板、外线和话机有关。处理过程如图 1-4-13 所示。

4. 磁石模块不能向外振铃如何处理?

答:用磁石话机试验测铃流,若测得铃流正常则查找外线;若测得无铃流则更换模块。

5. 值班台不能呼叫站内共电用户,但共电用户能呼叫值班台如何处理?

答:此故障与共电板、外线和话机有关系,处理过程:

(1)判断是共性故障还是个性故障;

(2)若是共性故障应检查分系统电源板的铃流是否正常;

(3)若是个性故障应检查共电分机的响铃元件和共电板的接口元件。

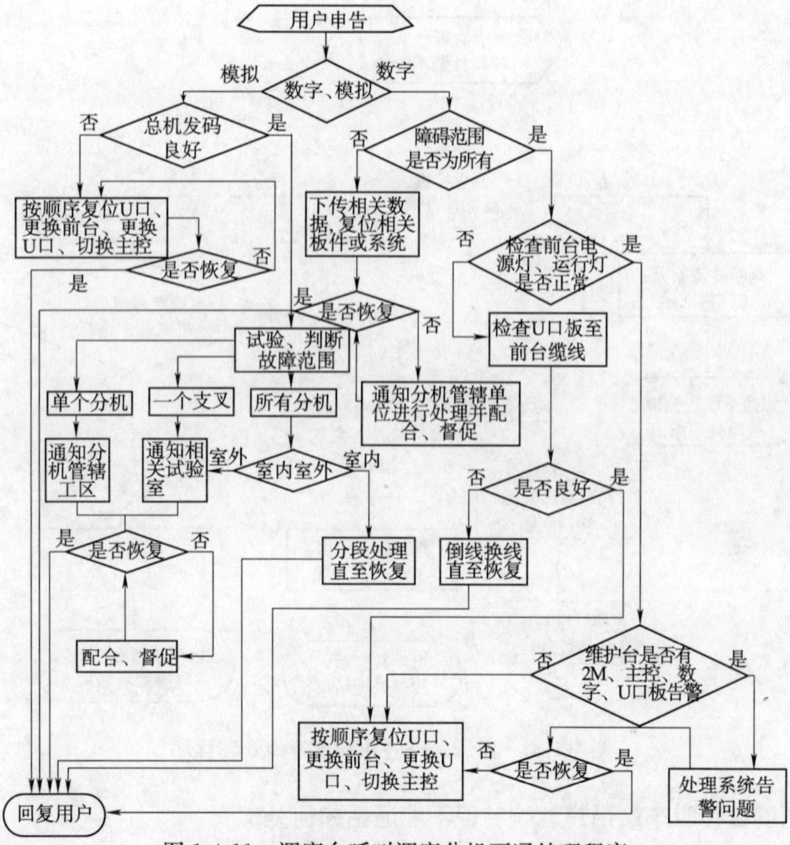

图 1-4-11 调度台呼叫调度分机不通处理程序

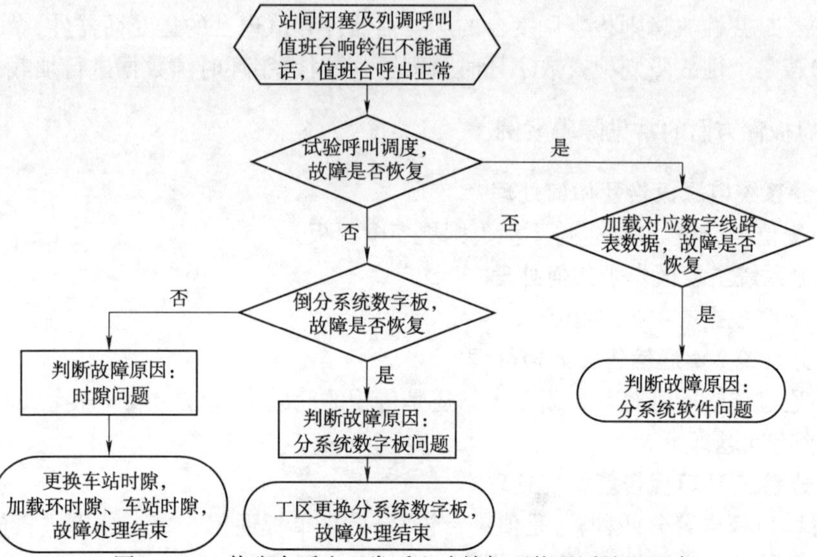

图 1-4-12 值班台呼出正常呼入响铃但不能通话处理程序

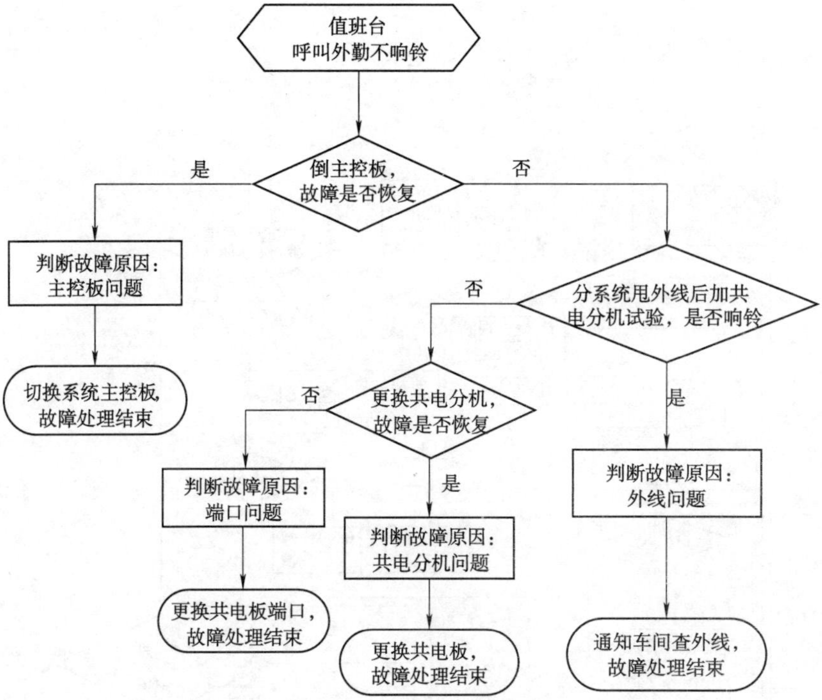

图 1-4-13　值班台呼叫外勤不响铃处理程序

6. 调度台呼叫车站用户能响铃但不能通话如何处理？

答：(1)首先判断是共性故障还是个性故障；

(2)若是共性故障则检查调度台的送受话器件和值班台的送受话器件；

(3)若是个性故障则检查数字环时隙配置，并对数字环时隙数据进行加载。

(六)板件方面的常见障碍案例

1. 分系统电源板告警如何处理？

答：复位电源板，如果告警不消失则更换电源板。

2. 分系统主控板告警如何处理？

答：加载数据或更换主控板。

3. 分系统 2M 通信告警如何处理？

答：通过传输网管打环判断是本站还是传输的问题，如果是本站，查找 2M 线和 2M 端口是否有问题即可。

4. 分系统 U 口板告警如何处理？

答：U 口板告警分两种，一是值班台告警；二是单板通信告警。分别进行值班台处理和 U 口板更换处理即可。处理过程如图 1-4-14 所示。

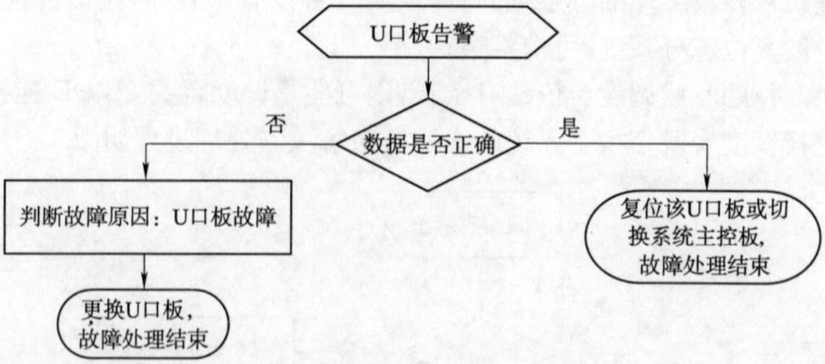

图 1-4-14 U口板告警处理程序

5. 分系统模拟用户板告警如何处理？

答:(1)检查外线是否有电压,此故障一般是外线有高电压引起;

(2)复位用户板,如果告警不消失则更换模拟用户板。

6. 四线音频接口模块通信不良如何处理？

答:(1)和网管互测收发电平,调节四线音频的电平;(2)检查外线;(3)更换接口模块。

7. 磁石接口模块通信不良如何处理？

答:(1)首先甩开外线,用磁石电话机试验测铃流;

(2)如果仍不能使用,更换磁石插板来解决;如果使用良好,那么查找外线及磁石话机。

8. 主控板或电源板主备用不能同时插上如何处理？

答:两块主控板要同时互为主备用。在背板上需要有一个 DB9 针的自环线,必须将自环线插上,两块主控板之间才能进行通信,从而达到一主一备的功能。电源板如果不能同时使用就是背板有问题。

9. 数字板不能切换如何处理？

答:数字板不能切换的处理办法:一是查看数字板版本是否统一,主备板的拨码开关连接环线是否正常;二是查看是否有一块数字板出现了故障。

(七)串、杂音方面的常见障碍案例

1. 通话有杂音如何处理？

答:(1)首先判断是哪个数字环上有杂音,杂音一般来自某个车站,从而造成整个数字环有杂音;

(2)通过车站静音的方式找到有杂音的车站,复位数字板和主控板,也可以将此环所有车站数字板和主控板全部复位。

2. 调度台有杂音如何处理？

答:(1)首先判断杂音来自数字环还是调度台,若该调度台涉及多个数字环业务,可逐一复位数字板,当调度台杂音消失时,则杂音一定来自正在复位的数字环。

(2)可逐一对该数字环的分系统静音，当调度台没有杂音时，则故障应在正在静音的分系统，一般复位该分系统，可消除杂音。

(3)如果复位的时候调度台依然有杂音，则可能是调度台的 2B+D 连接线假焊，可查找线缆、更换调度台及切换主系统的主控板来解决。处理过程如图 1-4-15 所示。

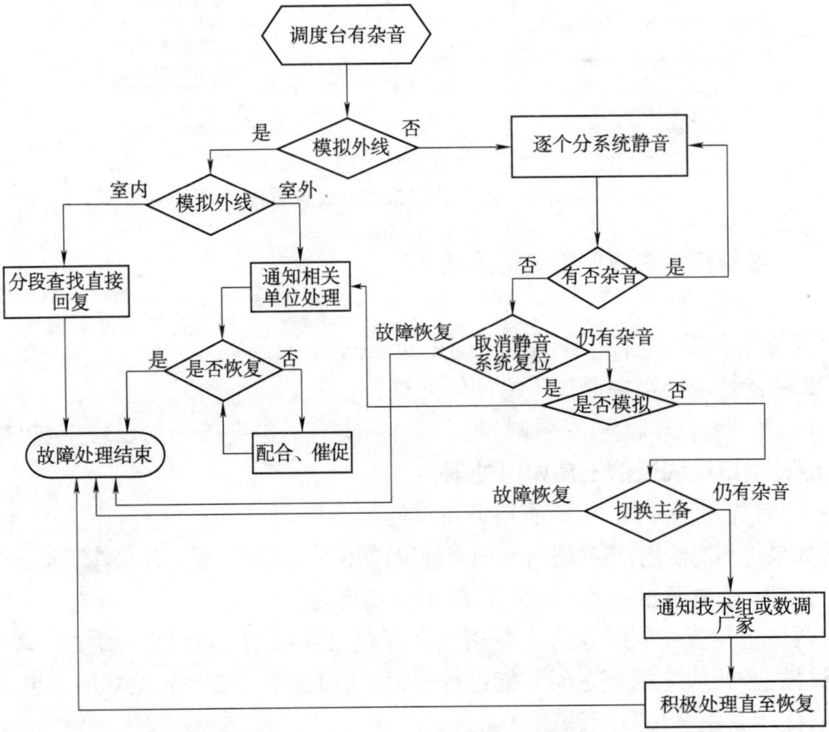

图 1-4-15　调度台杂音障碍处理程序

3. 调度台有串音如何处理？

答：如果发生串音的两个调度台均有模拟线路，且模拟线路又从同一机械室经过，一般可考虑是由于模拟线路造成串音。如果排除这种可能，可考虑为数字串音，一般是因为维护台数据错误造成串音，下发相应环的主系统数字板数据。处理过程如图 1-4-16 所示。

4. 通信记录仪常录音如何处理？

答：用磁石电话机到 U 口板对应的端口听一下是否有声音或杂音过来，若记录仪没有故障，将车站所有与 U 口板有关的数据重新下发再复位 U 口板或更换 U 口板。

5. 值班台的广播通话不好如何处理？

答：用排除法，我们可以找一个磁石话机接在共分口，或者找一个自动电话接到共电口，判断障碍是否出现在分系统侧。如果能够通话，证明障碍不在分系统侧，是广播的问题。处理过程如图 1-4-17 所示。

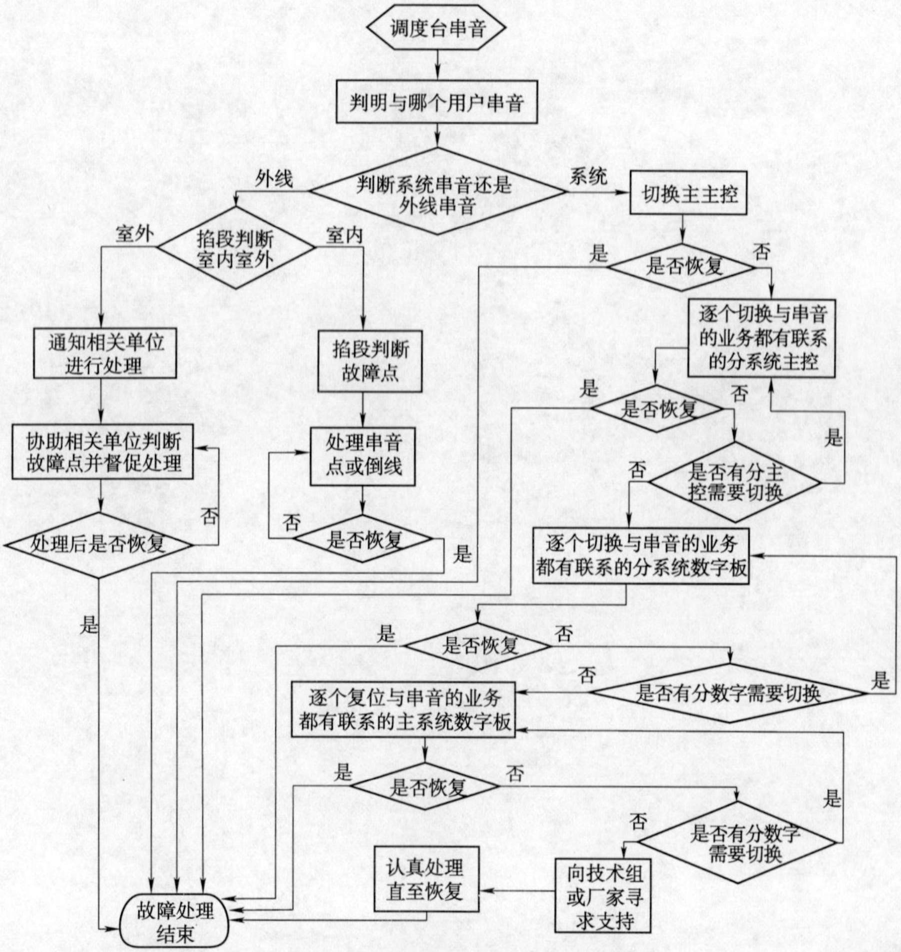

图 1-4-16 调度台串音障碍处理程序

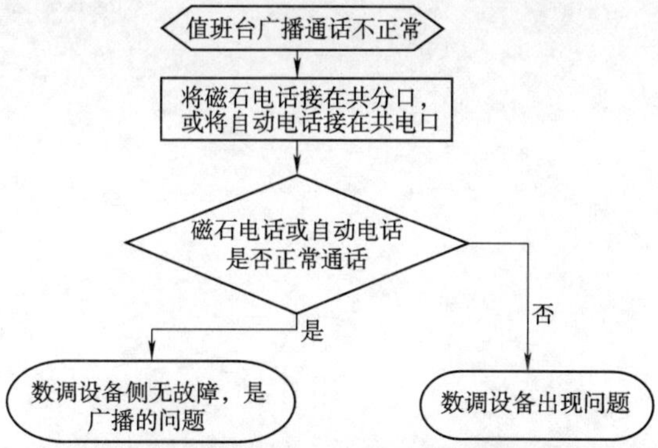

图 1-4-17 值班台广播通话障碍处理程序

第二篇

设备篇

一、CTT 系列数调设备

(一)CTT 系列数调设备概述

1. CTT 系列调度交换机有哪些类型？类型之间有什么不同？

答:CTT 系列调度交换机主要分为 CTT2000 型和 CTT4000 型两大类。类型之间的区别如表 2-1-1 所示。

表 2-1-1 CTT 系列调度交换机的区别

类型	硬件	软件	交换容量	主要用途
CTT2000L	相同	不同	1 024×1 024	主系统侧或较大的分系统侧
CTT2000M			512×512	分系统侧或较小的主系统侧
CTT2000L-G		不同	1 024×1 024	GSM-R 区段主系统侧或较大的分系统侧
CTT2000M-G			512×512	GSM-R 区段分系统侧或较小的主系统侧
CTT4000	不同	不同	4 k,最大 16 k	GSM-R 区段主系统侧和分系统侧

2. 不同型号数调设备运用方式是什么？如何混合组网？

答:各种型号调度交换机运用方式如表 2-1-2 所示。

表 2-1-2 各种型号调度交换机的运用方式

型 号	运 用 方 式
CTT2000L/M	CTT2000L 与 CTT2000M 可同环组网
CTT2000L/M-G	CTT2000L-G 与 CTT2000M-G 可同环组网,也可与 CTT2000L/M 混合组网
CTT4000	可与 CTT2000L/M、CTT2000L/M-G、CTT4000 型混合组网

组网时同一数字环的车站调度设备必须是同类型的交换机。

3. 中软键控调度台/值班台有哪几种？有什么不同？

答:键控调度台/值班台(以下简称键控调度台)从硬件来区分,分为 25 键和 48 键两种,使用不同的软件,可以分别应用于 CTT2000L/M、CTT2000L/M-G 和 CTT4000 调度交换机。

4. 中软触摸屏调度台/值班台有哪几种？有什么不同？

答:中软触摸屏调度台/值班台(以下简称触摸屏调度台)从结构上区分,分为分体式触摸屏调度台和一体式触摸屏调度台；从接口上区分，分为 2B+D 单口触摸屏调度台、2M 单口触摸屏调度台和 2M 双口触摸屏调度台。

分体式触摸屏调度台可以根据用户的需要，选择 15 英寸/17 英寸显示屏，一体式触摸屏调度台目前使用 15 英寸显示屏。

每种类型使用不同的软件，可以分别应用于 CTT2000L/M、CTT2000L/M-G 和 CTT4000 调度交换机。

(二)CTT2000 调度交换机的硬件结构

1. CTT2000 调度交换机的结构组成是什么？系统容量是多少？

答：(1)CTT2000 调度交换机（也称调度主机、后台）由风扇框、主控框、扩展框组成。主控框包括电源板(PWR)、主处理机板(MP)、数字中继处理机板（DTP，简称数字中继板）、数字用户信令处理机板（DSP，简称数字用户板）、接口模块母板（ALC）等单板。电源板和主处理机板 1∶1 备用，是必须选配的基本配置，其他接口板根据实际需要选配。

(2)系统容量见表 2-1-3（均为最大值）。

表 2-1-3 CTT2000 调度交换机系统容量

名称	CTT2000L	CTT2000M
交换容量	1024×1024	512×512
模拟接口	512 个（包括 V.35，64 k 同向及子速率接口）	256 个（包括 V.35，64 k 同向及子速率接口）
数字用户	256 个	128 个
调度台	64 个	32 个
数字中继	32 个 A 口	16 个 A 口
会议资源	4×64	2×32
DTMF 资源	64 套	32 套
MFC 资源	64 套	32 套
信号音	16 种	16 种
语音	8×8 s	8×8 s

2. 请画出 CTT2000 调度交换机的面板图。机框各槽位如何运用？

答：CTT2000 调度交换机面板图如图 2-1-1 所示。

高度 2 m 机架有四层机框（子框），最上一层为主控框，下面三层均为扩展框，机框正面横条上对应插板位置贴有标识，从右到左依次排列 MPA、MPB、ALC0、ALC1、…、ALC8 等。面对机架背面，槽位从左到右依次排号，从 0 到 12 有 13 个槽位。槽位的运用如表 2-1-4 所示。

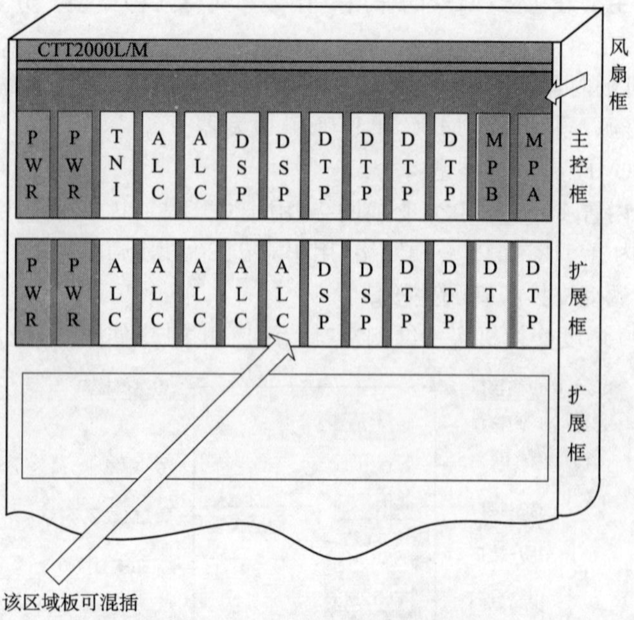

图 2-1-1 CTT2000 调度交换机面板图

表 2-1-4 CTT2000 机框槽位运用

机框名称	背面槽位	正面横条标识	插板名称
主控框	0、1	MPA、MPB	只能插 MPU 或 MPS
	2～10	ALC0～ALC8	可插 DTP、DSP、ALC 及 TNI 板
	11、12	PWR	只能插 PWR 电源板
扩展框	0、1、2	DTP0～DTP2	只能插 DTP 或 ASP 板
	3～10	ALC0～ALC7	可插 DTP、DSP、ALC 及 TNI 板
	11、12	PWR	只能插 PWR 电源板

电源板(PWR)、主处理机板(MP)插在固定槽位。数字中继板(DTP)位置相对固定,插 DTP 板的位置,其背板上必须有同轴插座。一般情况下主控框的 ALC0、ALC1 出厂时配有同轴插座,运用时如果不够,可根据需要在背板上配置扩展同轴插座。所以 DTP 板的位置相对固定,其他板件可随意混插,但开通运用配置数据后,不能随便更换位置。

3. CTT2000 电源板(PWR 板)的作用是什么?电源采用哪种备份方式?

答:电源板(PWR 板)为调度主机提供所需的±5 V 电源及铃流。

每框配两块电源板,两板的±5 V 电源工作于并联热供方式,铃流互为热备份,其中一路发生故障时,另一路会自动切换。

4. CTT2000 主处理机板(MP)的作用是什么？共有几种类型？分别说明其特点和使用区别。

答：主处理机板内置网络资源、管理子处理机板和模拟接口，为系统提供时序、信号音、语音和会议资源，同时提供 MFC 和 DTMF 收发器。

主处理机板(MP)有两种类型：

(1)MPU 板内置 1024×1024 交换网络，用于 CTT2000L 调度主机；

(2)MPS 板内置 512×512 交换网络，用于 CTT2000M 调度主机。

5. CTT2000 调度交换机有哪些接口？

答：CTT2000 调度交换机有中继侧接口和用户侧接口，如图 2-1-2 所示。

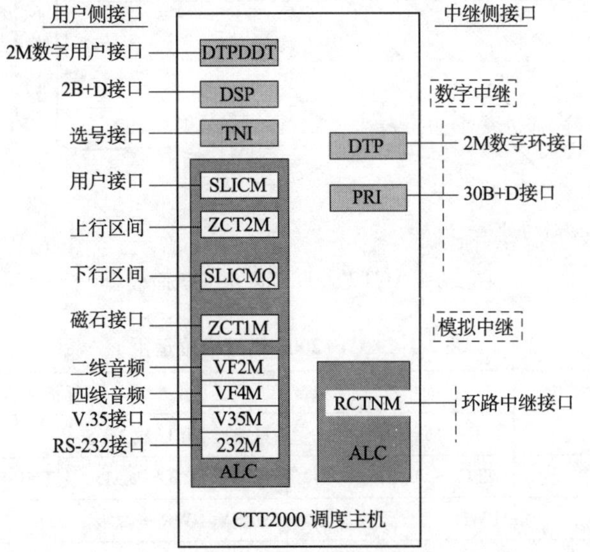

图 2-1-2 CTT2000 调度交换机接口示意图

(1)中继侧接口包括：2M 数字环接口、30B+D 数字中继接口、环路中继接口。

(2)用户侧接口包括：2M 数字用户接口、U 接口(2B+D 接口)、选号接口、用户接口、上/下行区间接口、磁石接口及二/四线接口等。

6. CTT2000 数字中继处理机板的作用是什么？共有几种类型？请分别说明其特点和使用区别。

答：数字中继处理机板完成系统专用共线信令(私有信令)的处理，主要用来接入数字环，每板提供两个 2M 数字环接口(E1 接口)。

数字中继处理机板有两种类型：DTP1 和 DTP。

DTP1 板主要用在主系统侧的交换机，每板占用一条 PCM 线(32 路)；

DTP 板主要用在分系统侧的交换机，每板占用两条 PCM 线(64 路)。

7. CTT2000 PRI 接口板(30B+D 板)的作用是什么？每板可提供几个 30B+D 接口？如何定义网络侧和用户侧？

答:PRI 接口板(30B+D 板)完成 DSS1 信令的处理,主要用于跨系统互联。每板提供两个 30B+D 接口。通过板上的 8 位波特开关定义网络侧和用户侧。

波特开关的第 2 位代表 2M1,OFF 为用户侧、ON 为网络侧;

波特开关的第 3 位代表 2M2,OFF 为用户侧、ON 为网络侧。

8. CTT2000 2M 数字用户接口板(DTPDDT 板)的作用是什么？每板可提供几个接口？

答:2M 数字用户接口板(DTPDDT 板,DTP 表示 2M 接口,DDT 表示调度台)完成 2M 数字用户接口信令的处理,用来连接 2M 触摸屏调度台或数字话机。每板提供两个 A 接口。

9. CTT2000 数字用户信令处理机板(DSP)的作用是什么？共有几种类型？请分别说明其特点。

答:数字用户信令处理机板(DSP 板)完成标准 U 口信令及 2B+D 调度台接口信令处理,用来连接键控式调度台/值班台和 2B+D 触摸屏调度台/值班台。分为两种类型,一种每板提供两路 2B+D 接口,一种每板提供四路 2B+D 接口。

10. CTT2000 接口模块母板(ALC 板)的作用是什么？如何运用？

答:(1)为了减少接口板的种类,将各种模拟用户及数据接口做成接口模块,每一个接口模块为一个用户电路,可混插在 ALC 板上,每板可提供 8 个接口模块插座。

(2)使用时,只需将相应接口模块插入 ALC 板的某个模块槽位,同时修改对应的数据并下载,即可使用。实际运用中使用最多的是 SLICM 模块,该模块可以接自动电话机或者共电电话机。需要注意的是,有些模块,如 VF4M、DC-7、64KM、远供模块等,只能使用 ALC 板的最后两路。

有关接口模块的型号、名称及用途,如表 2-1-5 所示。

表 2-1-5 CTT2000 接口模块型号、名称、用途对照表

模块型号	接口名称	用　　途
SLICM	用户接口	连接自动用户或共电用户
ZCT1M	磁石接口	连接磁石话机或车站电话集中机的磁石盘
ZCT2M	上行区间接口	连接上行站方向的区间实回线
SLICMQ	下行区间接口	连接下行站方向的区间实回线
RCTNM	环路中继接口	以环路中继方式与其他交换机互联
VF2M	二线音频接口	提供两线音频通道
VF4M	四线音频接口	提供四线音频通道
V35M	V. 35 接口	提供 V. 35 接口
232M	高速率接口	提供 RS-232 接口
64KM	64 k 同向接口	提供 64 k 数据通道

11. CTT2000 音频选号接口板的作用和分类是什么?

答:(1)音频选号接口板主要用于接入老式模拟调度回线或各专用电话回线,每路具有总机和分机的收发频率功能,做总机还是分机以及号码的分配都由网管数据决定,无需外接铃箱,每板提供四路音频选号总机/分机接口。

(2)主要分为两种类型:TNIN 板,二线音频选号接口板,通常用来做分机接口,只支持双音频模式;TNINB4 板,四线音频选号接口板,通常用来做总机接口,即可支持双音频模式(YD-2、YD-3 系列),也可支持数字模式(DC-7 系列)。

12. CTT2000 系统背板有几种类型?

答:CTT2000 系统背板主要分为两大类:主控框背板和扩展框背板。主控框背板包括主系统侧常用的 PCMB10、PCMB20 以及分系统侧常用的 PCMB12;扩展框背板主要是 PCMB11。

13. CTT2000 调度交换机采用哪种同步方式?

答:CTT2000 调度交换机采用主从同步方式。各分系统通过锁相环电路从数字环 2M 信号中提取时钟信号作为本系统的基准时钟;主系统通常从 bits 中提取时钟信号为基准时钟,当外部时钟中断时,也可采用内部三级时钟信号为基准时钟。

(三)CTT4000 调度交换机的硬件结构

1. CTT4000 调度交换机的结构组成是什么? 系统容量是多少?

答:CTT4000 调度交换机由风扇单元、模块框、时钟/以太框等组成。

CTT4000 系统容量:最大模块数 16 个;分布式网络容量:8192 时隙。

单模块容量如表 2-1-6 所示。

表 2-1-6 CTT4000 调度交换机单模块容量

名称	数量	名称	数量
交换容量	16 k×16 k	信号音	64 种
会议资源	256 方	2M 接口	24 个
DTMF	64 套	用户接口	256 路(含 Z 接口、2B+D、磁石、环路、2/4 线接口等)
语音	32 种		

2. CTT4000 调度交换机的面板如何? 机框各槽位如何运用?

答:(1)其面板图如图 2-1-3 所示。

(2)机框槽位运用:

时钟/以太网框内 ENT 板和 CLK 板位置固定。

模块框内除 PWR 板和 MPU 板位置固定外,其他槽位均可混插多种接口板,包括 DTU 板、30B+D 板、DDU 板、DSU 板、ALC 板等。

在条件允许的情况下,建议将 DTU 板、30B+D 板放在 ADLC0~ADLC5 槽位,而将 DDU 板、DSU 板、ALC 板等需要用户线的单板放在 ADLC6～ADLC11 槽位。

图 2-1-3　CTT4000 调度交换机面板图

3. CTT 系列调度交换机机框间通信采用什么方式？CTT4000 的通信方式有何优点？

答：CTT2000 调度交换机机框间通信采用主控框—扩展框方式，需通过机框间控制线及数据总线在 MP 板内部进行交换处理。

CTT4000 调度交换机采用全分散控制，每个模块框都是一个相对独立的交换单元，模块间通信通过以太网及高速总线实现呼叫处理。相比之下，CTT4000 调度交换机最多可支持 16 个模块，扩展性更高；一个模块故障不会影响其他模块，安全性更好；每个模块均拥有 256 方会议资源，资源更丰富。

4. CTT4000 调度交换机时钟板(CLK 板)如何配置？有何作用？

答：CTT4000 调度交换机的时钟/以太网框配置两块时钟板(CLK 板)，两块时钟板在物理上完全独立，每块时钟板设计有单独的电源，时钟源完全同步，并行输出。为各模块提供基准同步时钟源。

5. CTT4000 调度交换机以太网板有几种类型？有何区别？

答：以太网板提供 100M 以太网接口。有 ENT 和 ENT8 两种类型：

(1)ENT 板插在时钟/以太网框，配置两块，在物理上完全独立，并行运行，每板设计有单独的电源，每板提供 24 个 100 M 以太网接口。

(2)ENT8 板插在模块框，使用电源板提供的电源。每板提供 8 个 100 M 以太网接口。

6. CTT4000 电源板(PWR 板)的作用是什么？电源采用哪种备份方式？

答：电源板(PWR 板)提供系统所需的±5 V、+3 V 电源及铃流。每个模块框配两块电源板，两板的±5 V、+3 V 电源工作于并联热备方式，铃流互为热备份，其中一路发生故障时，另一路会自动切换。

7. CTT4000 模块处理机板(MPU 板)如何配置？作用是什么？

答：每个模块框配置两块模块处理机板(MPU 板)，并行处理方式。内置 16 k×16 k大型数字交换网络，256 方会议资源，64 套 DTMF 资源，个性化语音 32 种，信号音 64 种，并为本模块提供全系统同步的各种时钟和时序；完成模块内和模块间的网络交换、呼叫处理和控制。

8. CTT4000 数字中继处理机板(DTU 板)的作用是什么？CTT4000 主系统下挂 CTT4000 分系统和 CTT2000 分系统时有何区别？

答：数字中继处理机板(DTU 板)完成系统专用共线信令(私有信令)的处理，主要用来接入数字环，每板两个 E1 口。

CTT4000 主系统下挂 CTT4000 分系统和 CTT2000 分系统时，DTU 板需要运行不同的软件程序，且两种类型的分系统要单独组环。

9. CTT4000 PRI 接口板(30B+D 板)的作用是什么？如何定义网络侧和用户侧？

答：PRI 接口板(30B+D 板)完成 DSS1 信令的处理，主要用于跨系统互联。每板提供两个 30B+D 接口。通过网管数据定义网络侧和用户侧。

10. CTT4000 2M 数字用户接口板(DDU 板)的作用是什么？

答：2M 数字用户接口板(DDU 板)完成 2M 数字用户接口信令的处理，用来连接 2M 触摸屏调度台或数字话机。每板提供两个 A 接口。

11. CTT4000 数字用户信令处理机板(DSU 板)的作用是什么？

答：CTT4000 的数字用户信令处理机板(DSU 板)完成标准 U 口信令及 2B+D 调度台接口信令处理，用来连接键控式调度台和 2B+D 触摸屏调度台。每板提供两路 2B+D 接口。

12. CTT4000 接口模块母板(ALC 板)的作用是什么？如何运用？

答：(1)接口模块母板(ALC 板)为子板(接口模块)提供载体。每板含有 8 个模块槽位，提供 8 个接口。

(2)使用时,只需将相应接口模块插入 ALC 板的某个模块槽位,同时修改对应的数据并下载,即可使用。

有关接口模块的型号、名称及用途,如表 2-1-7 所示。

表 2-1-7 CTT4000 接口模块型号、名称、用途对照表

模块型号	接口名称	用　途
SLICM4	用户接口	连接自动用户或共电用户
ZCTIM V4.2	磁石接口	连接磁石话机或车站电话集中机的磁石盘
SLICM4Q	区间接口	连接区间实回线
VF24M V4.0	二四线音频接口	提供两线/四线音频通道
RCTNM V4.2	环路中继接口	以环路中继方式与其他交换机互联

13. CTT4000 调度交换机主系统侧和分系统侧的单板及子板是否有区别?

答:CTT4000 调度交换机主系统侧和分系统侧的所有单板和子板都是一致的,没有区别,只是容量大小不同,可根据实际需要配置模块框数量。

14. 画出 CTT4000 双中心系统组网示意图。双主系统之间的主备控制是如何实现的?

答:CTT4000 双中心系统组网示意图如图 2-1-4 所示。

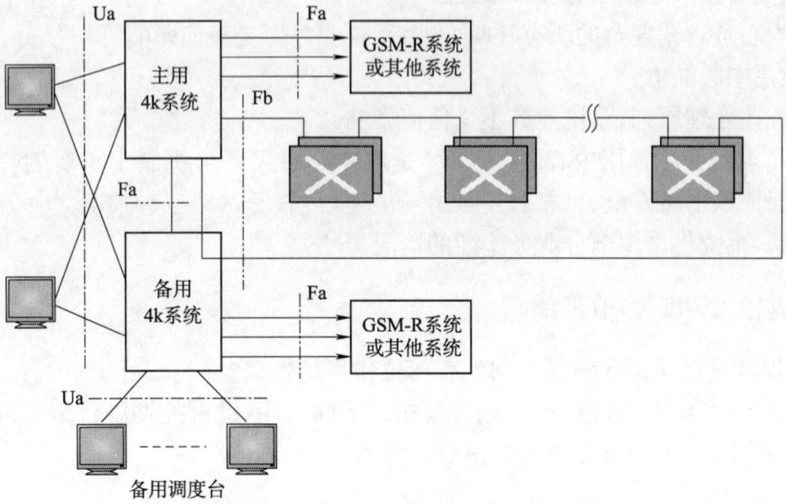

图 2-1-4 CTT4000 双中心系统组网示意图

主用中心(主用主系统)和备用中心(备用主系统)各提供两块以上的 HDLC 板(30B+D 板),之间通过两条以上 2×2 Mbit/s 电路互联,为业务迂回(内部信令控制)提供电路。倒换过程如下:

(1)数字环接入主用中心的 2M 通道中断

发生上述情况时,备用中心接管该数字环并处理来自数字环中分系统的所有呼叫,系统所有业务均不受任何影响。呼叫过程如下:

①车站呼叫调度:该呼叫先到达备用中心,然后直接从备用中心的端口接入调度台;

②调度呼叫车站:该呼叫先到达主用中心,经主用中心判别后经 HDLC 电路迂回至备用中心,再经备用中心路由至数字环;

③车站呼叫移动用户:该呼叫直接从备用中心与 MSC 互联的 2M 中继线出中继;

④移动用户呼叫车站:该呼叫先到达主用中心,经主用中心判别后经 HDLC 电路迂回至备用中心,再经备用中心路由至数字环。

(2)主用中心与外部交换网络互联的 2M 中继线全部故障

发生上述情况时,系统用户与外部交换网络间的呼叫都经 HDLC 电路迂回至备用中心,从备用中心与外部交换网络互联的中继线出局,系统所有业务不受任何影响。呼叫过程如下:

①固定用户呼叫移动用户:调度台或值班台呼叫移动用户时,呼叫先到达主用中心,经主用中心判别后经 HDLC 电路迂回至备用中心,再经备用中心路由至 MSC;

②移动用户呼叫固定用户:MSC 自己判别,启用备用中继线。

(3)调度台接入主用中心的 2M 通道中断

备用中心负责调度台的所有呼叫处理,系统业务不受任何影响。

(4)主用中心断电

按照上述处理原则,系统业务不受任何影响。

HDLC 电路是主备用中心间的桥梁,是双中心容灾备份机制中重要的一环,电路分配时应保证该电路安全、可靠。一旦出现上述(1)、(2)、(3)三种情况之一,而 HDLC 电路又中断,系统将出现部分业务中断的情况。

(四)键控式调度台/值班台

1. 键控调度台正面示意图如何?各部位作用是什么?

答:键控调度台有 48 键、25 键两种规格。下面以 48 键键控调度台为例进行说明,如图 2-1-5 所示为 48 键键控调度台正面示意图。

其中:

(1)数字键区:作为呼出拨号和数据设置输入的键区。

(2)液晶显示器(LCD):用于显示系统各种数据及运行情况。

(3)扬声器:键控调度台的第一语音通道受话器。

(4)麦克:键控调度台的第一语音通道送话器(与扬声器构成键控调度台的主用语音通道)。

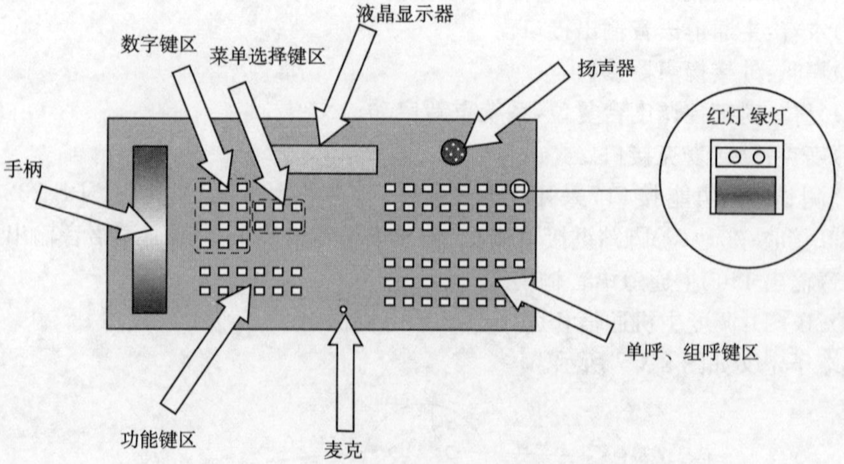

图 2-1-5 48 键键控调度台正面示意图

(5)手柄:键控调度台的第二语音通道(辅通道),同时含有送、受话器各一个。

(6)功能键区:12 个功能键。

(7)菜单选择键区:6 个,可选择或查看系统各种数据。

(8)单呼、组呼键区:其中每个键可对应一个小站或用户,也可以对应组呼。键号顺序是固定的,48 键键控调度台每行 8 个,从左到右排列,共 6 行,键号依次为 1,2,…,47,48。

(9)键位灯:对于功能键区、单呼、组呼键区,每个键上都有红色、绿色两个发光二极管,这两个灯的亮灭表示相应键的运行状况。

2. 画出键控调度台后侧外接插口的示意图。各端口作用是什么?

答:键控调度台后侧外接插口的示意图如图 2-1-6 所示。

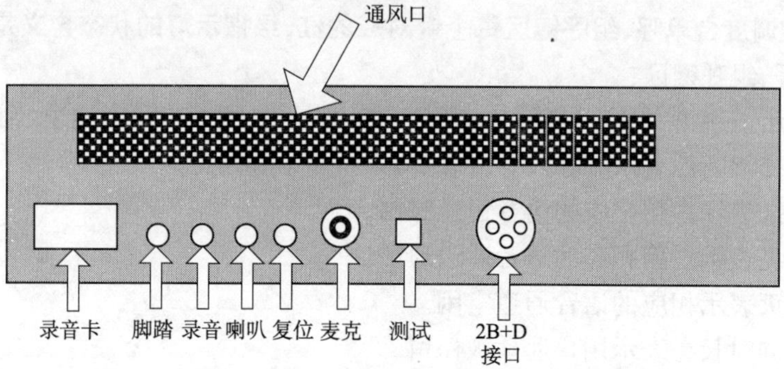

图 2-1-6 键控调度台后侧外接插口示意图

(1)脚踏:原设计为接入老式脚踏键,现已改造成辅通道录音输出。

(2)录音:主通道语音输出接口。

(3)喇叭:外接扬声器接口。

(4)复位:对键控调度台复位,系统重新启动。

(5)麦克:外接麦克接口。

(6)测试:多功能接口,采用 RJ45 插头,8 芯网线的运用为:①RS-232 发送;②RS-232接收;③地;④脚踏键接口线;⑤辅通道语音输出 1;⑥辅通道语音输出 2;⑦主通道语音输出 1;⑧主通道语音输出 2。

(7)2B+D:调度主机通信和远端−48 V 电源供电。

其端子定义如图 2-1-7 所示。

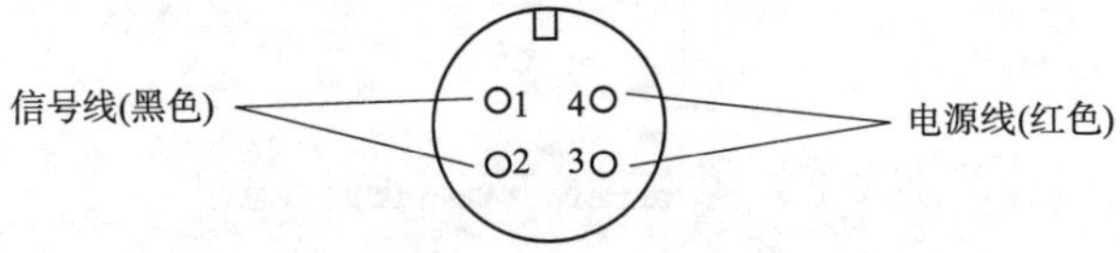

图 2-1-7 键控调度台 2B+D 端子定义图

3. 键控调度台的功耗是多少?电源的供电方式有哪几种?

答:键控调度台功耗小于或等于 10 W。分为 48 V 供电和远端供电(远供)两种供电方式:

(1)48 V 供电方式:当调度台/值班台距离后台主机较近时,可以使用 48 V 直流供电(不分极性)。根据线缆的线径不同,传输的距离也不同,一般 0.5 mm 线径传输距离在 200 m 左右。加大线径可以传输得更远。

(2)远端供电方式:当调度台/值班台距离后台主机较远时,宜采用远供方式,该方式需在后台增加一个远供模块(PRM),一般放置在 ALC 板上。0.5 mm 线径最远供电距离可达 5.5 km。

4. 键控调度台单呼、组呼键区每个键对应的红、绿指示灯的状态含义是什么?

答:单呼、组呼键区:

红灯表示占用第一语音通道(主通道);绿灯表示占用第二语音通道(辅通道)。

红绿灯交替闪烁表示有呼入等待应答,未占用语音通道。

单灯闪烁表示占用相应的语音通道呼出。

单灯长亮表示占用相应的语音通道通话。

单灯长灭表示相应的语音通道空闲。

红绿灯同时长亮表示用户通话被保留。

5. 键控调度台有哪些功能键?其用途是什么?

答:功能键区共有 12 个功能键,各功能键的用途见表 2-1-8。

表 2-1-8　键控式调度台功能键的用途

键名称	用　途
自动	选择对于外线呼入的应答方式，按下为自动应答
键权	决定面板上有关键的操作是对哪一个语音通道作用
转移	对于某呼入用户转接到另一用户
强制	决定是否对用户声音静音（关闭受话）（只对主用语音通道有效）
录音	提供一个类似复读机的功能（只对主用语言通道有效）
放音	播放复读录制的声音（只对主用语音通道有效）
主辅	切换正通话的语音通道
保留	对于正在通话的用户保留
会议	用来组织多方会议
全呼	用来同时呼出所有配置的单呼键用户
挂机	用来对于主用语音通道所有占线用户挂机
应答	人工应答方式时，占用主用通道应答呼入用户

6. 如何启动或关闭键控调度台？并说明启动时屏幕显示状态。

答：键控调度台需通过 2B+D 接口与调度主机连接，出于安全考虑，键控调度台未设电源开关，当 2B+D 插头插入或拔下时，相当于电源开、关操作。

（1）电源打开或按复位按钮，重新启动系统，片刻后屏幕会显示“正在初始化 U 接口请等待…”；

（2）系统初始化数秒后，若系统正常，屏幕提示“调度台与主处理机通信正常…”；

（3）几秒钟后，进入系统主屏幕，如图 2-1-8 所示。

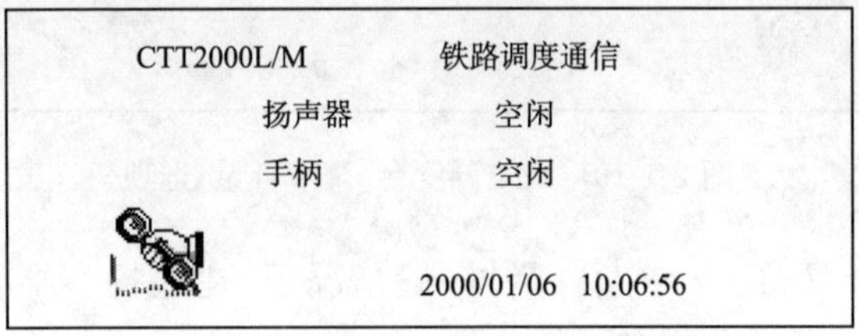

图 2-1-8　键控调度台系统主屏幕

屏幕上的  图标闪烁，表示系统运行正常；否则表示与后台主机通信有故障。

（4）系统初始化数秒后，若系统有问题，屏幕会提示“调度台与通信主处理机通信故障…”，这时只能进行一些与外线无关的操作，如播放录音，查看或设置数据等，要检查故障原因，或拔出 2B+D 插头重新启动系统。

7. 如何进入、退出系统主菜单和选择主菜单上的功能选项？

答：(1)在系统主屏幕下用键盘键入密码可进入主菜单，主菜单如图 2-1-9 所示。

进入运行	调节音量	调节亮度
查看数据	播放录音	设置数据
修改口令	设置系统	测试系统
	2000/01/06 10:06:56	

图 2-1-9 键控调度台主菜单

主菜单上面的三行为系统功能选项(共 9 项)，最下一行为当前日期和时间。

(2)可用←、↑、→、↓键选择各种功能选项，按[确认]进入下一级子菜单，按[返回]返回上一级菜单。

(3)选中主菜单上的[进入运行]选项，按下键盘[确认]键，便可退出系统主菜单。

8. 如何调节扬声器的音量？

答：(1)在主菜单下，用←、↑、→、↓键选中[调节音量]选项，按[确认]键系统进入该功能。屏幕显示“1. 调节扬声器音量；2. 退出”，系统默认选择[1. 调节扬声器音量]选项，再按[确认]键，屏幕显示如图 2-1-10 所示。

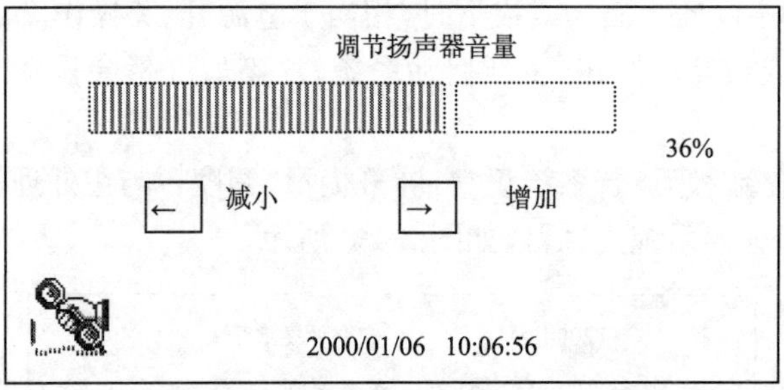

图 2-1-10 键控调度台[调节音量]选项

(2)用←减小音量；用→增大音量；一般情况下，建议扬声器音量设置在 30%～42%之间。按[返回]键可返回主菜单。

9. 如何调节液晶屏幕的亮度(对比度)？

答：在主菜单下，用←、↑、→、↓键选中[调节亮度]选项，按[确认]键系统进入该功能。屏幕显示[综合接入系统 对比度调节]，再用↓键可加大 LCD 的对比度；用↑键减小 LCD 的对比度，系统会自动保存。按[返回]键可返回系统主屏幕。

10. 如何更改键控调度台单工/双工功能？

答：键控调度台工作模式分单工和双工两种方式。

单工方式要配合脚踏键一起使用，设置该功能是为了更好地兼容老式集中机。简单概括为:调度员在踩下脚踏键时说;在抬起脚踏键时听。该功能只在接入较多模拟回线,而且传输效果较差的情况下才使用。

双工方式和普通的自动电话类似,送话和受话独立传输,互不影响。

更改键控调度台单工/双工功能的操作方法如下:

在主菜单下,用←、↑、→、↓键选中[设置系统]选项,按[确认]键系统进入该功能。屏幕提示如图 2-1-11 所示。

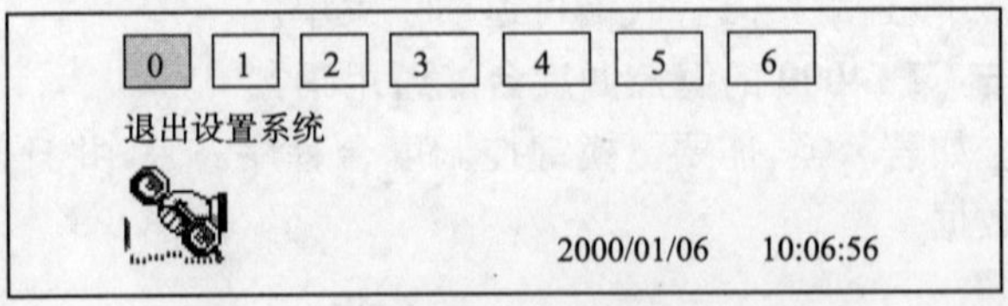

图 2-1-11 键控调度台[设置系统]选项

用←、→键将光标定位到[2],按[确认]键执行相应的功能。屏幕提示如图 2-1-12 所示。

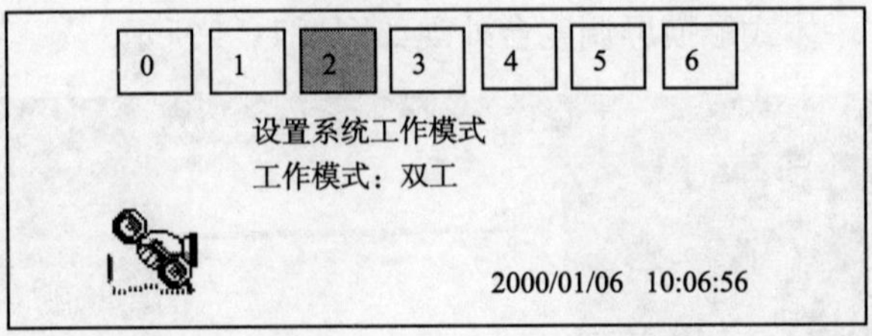

图 2-1-12 键控调度台[设置系统工作模式]子选项

按下[确认]键,激活该功能,通过↓、↑键修改工作模式,最后按下[确认]键,存入结果。然后通过←、→键选择[0],按[确认]键返回系统主菜单。更改单工、双工后最好将键控调度台复位或重启。

11. 如何查看未接电话和通话记录等数据?

答:(1)在主菜单下,用←、↑、→、↓键选中[查看数据]选项,按[确认]键系统进入该功能。屏幕提示如图 2-1-13 所示。

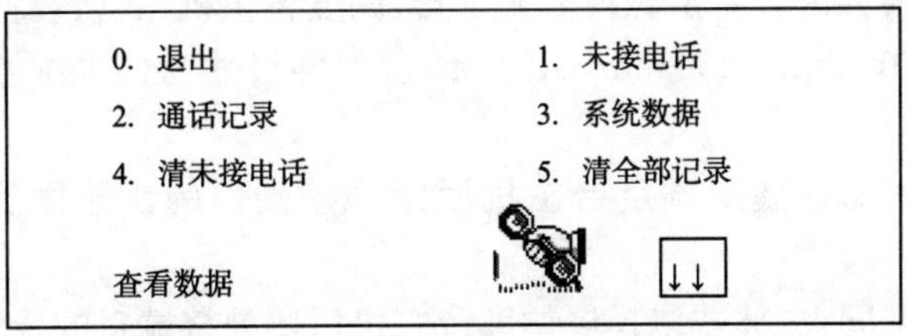

图 2-1-13 键控调度台[查看数据]选项

(2)用←、↑、→、↓键选中［1. 未接电话］选项，按［确认］键，进入查看未接电话子菜单。该菜单依次显示那些呼入或呼出而未应答的信息，系统最多可保存32条这样的记录，超过记录条数系统自动覆盖。

(3)用←、↑、→、↓键选中［2. 通话记录］，按［确认］键，进入查看通话记录子菜单。该菜单依次显示那些正常通话的信息，系统最多可保存32条这样的记录，超过记录条数系统自动覆盖。

(4)在上述屏幕下，连续按［返回］键可返回主菜单。

12. CTT2000与CTT4000的键控调度台能通用吗？

答：不能通用。如若替换，需要更换键控调度台程序芯片，并且连接到新调度主机后，需要重新下载数据。

(五)触摸屏调度台/值班台

1. 一体式触摸屏调度台的特点是什么？

答：一体式触摸屏调度台将触摸屏显示器、调度台主机、通话装置、调度台应急电话整合在一起，具有结构紧凑、接线简单、更换方便的优点，并具有与分体式触摸屏调度台同样的操作界面。一体式触摸屏调度台外观如图2-1-14所示。

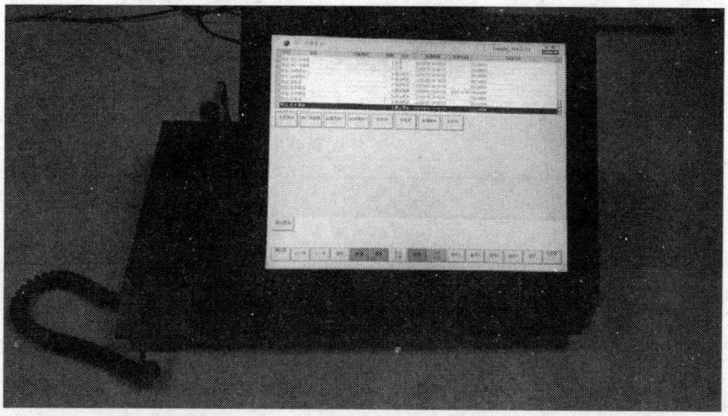

图2-1-14　一体式触摸屏调度台外观图

2. 分体式触摸屏调度台由哪几部分组成？主机的尺寸是多少？

答：分体式触摸屏调度台由触摸屏显示器、调度台主机、通话装置三部分组成。

主机尺寸为：400 mm×250 mm×45 mm；触摸屏尺寸为标准配置15英寸/17英寸(尺寸大小可选)。

3. 请画出分体式触摸屏调度台主机后侧外接端口的示意图。各端口的作用是什么？

答：由于版本不同，分体式触摸屏调度台主机后侧外接端口的标识和用途会有细微差别，但是物理接口是一样的，接口如图2-1-15所示。

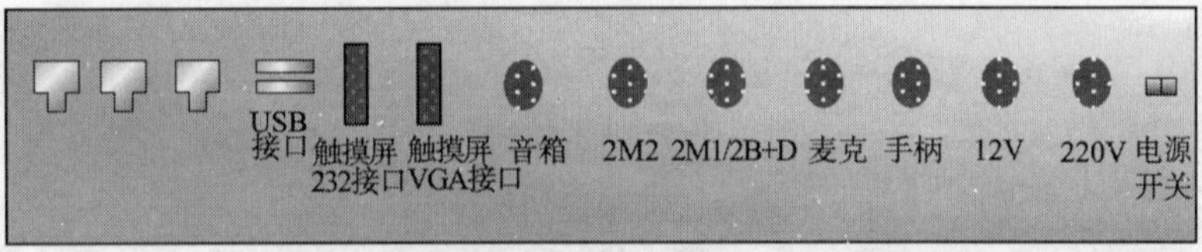

图 2-1-15 分体式触摸屏调度台主机后侧外接端口示意图

(1)电源开关(ON/OFF):通过该开关可以对调度台主机进行重启。

(2)220 V/电源/POWER:为电源接口,可以接 DC48 V 或 AC220 V。

(3)12 V / 脚踏:12 V 表示调度台主机提供 DC12 V 电源给触摸屏使用;脚踏表示可以外接脚踏键提供单工功能。

(4)手柄 / HANDSET:辅用语音通道接口,外接手柄。

(5)麦克 / EARPHONE:主用语音通道送话接口,外接麦克风。

(6)2B+D/2M1:接入 2B+D 信号或 2M 信号。对于 2M 双口触摸屏调度台主机而言,此接口为主用 2M 通道。

(7)2M2 / FPTT:对于 2M 双口触摸屏调度台主机而言,此接口为备用 2M 通道。

(8)音箱 / AUDIO:主用语音通道受话接口,外接音箱。

(9)触摸屏 VGA 接口 / VGA:触摸屏显示器图像输出接口。

(10)触摸屏 232 接口 / RS-232:触摸屏显示器串口控制接口。

(11)USB 接口 / USB:USB 接口,外界存储器或鼠标。

4. 触摸屏调度台的功耗是多少?电源采用何种供电方式?

答:功耗小于 150 W/台(含主机和触摸屏)主机可以采用 220 V 交流供电和 48 V 直流供电方式;触摸屏可以采用 220 V 交流供电和 12 V 直流供电方式。

5. 触摸屏显示器的操作界面主要包括哪几个功能区域?

答:触摸屏显示器操作界面如图 2-1-16 所示,主要包括消息显示区、呼叫键区和功能键区三个功能区域。

6. 消息显示区能显示哪些状态和信息?

答:消息显示区显示各种呼叫状态和信息,可显示呼叫方向、中文名称、功能号码、优先级、呼叫状态、通话开始、结束时间、ISDN 号码等信息。

7. 呼叫键区包括哪些呼叫键?按键状态表示的含义是什么?

答:呼叫键区包括若干个单呼按键、组呼按键、语音广播按键,各个按键用于完成相应的呼叫,同时显示相应的呼叫状态。

呼叫键区具有翻页功能,通过呼叫键区底部“第一页”、“第二页”等分页按键进行翻页。按键有四种显示状态,其含义如表 2-1-9 所示。

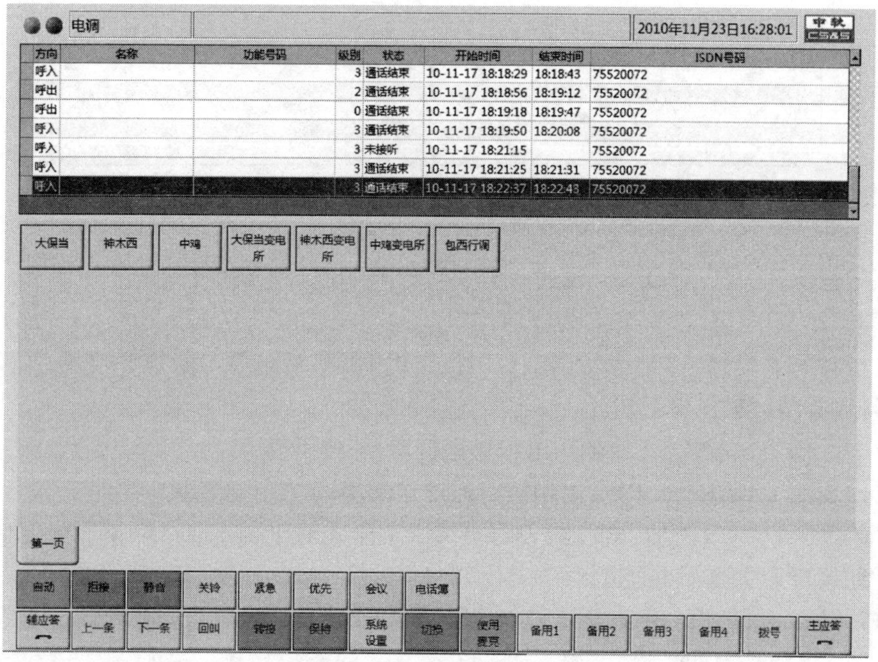

图 2-1-16 触摸屏显示器操作界面

表 2-1-9 触摸屏调度台按键状态表示的含义

按键显示的颜色	呼叫状态的含义
按键为灰色,与界面颜色一致	表示空闲状态
按键的一半显示黄颜色	表示呼出状态
按键的一半显示黄颜色并闪烁	表示呼入状态
按键全部变为绿色	表示主用语音通道通话状态
按键全部变为黄色	表示辅用语音通道通话状态

8. 功能键区有哪些功能键？各代表什么功能？

答:功能键区包含上一条键、下一条键、主应答/主挂机键、辅应答/辅挂机键、保持键、转接键、切换键、拒接键、自动键、静音键、会议键、重拨键、拨号键、系统设置键、紧急键、麦克/手柄选择键、备用键等功能键组成。各功能键的名称及功能如表 2-1-10 所示。

9. 分体式触摸屏调度台与键控调度台的通话装置有何相同和不同之处？

答:两种调度台的通话装置都是由主用语音通道(麦克风和扬声器)和辅用语音通道(手柄)两部分组成。不同之处是接口不同,不能通用,并且键控调度台的扬声器是内置式的,分体式触摸屏调度台的扬声器是外置音箱。

表 2-1-10 触摸屏调度台功能键名称及功能

功能键名称	功 能
上一条	选择上一条通话记录
下一条	选择下一条通话记录
主应答/主挂机	接听或挂断主通道(麦克、音响)呼叫
辅应答/辅挂机	接听或挂断辅通道(手柄)呼叫
保持	保持当前通话
转接	转接当前通话到第三方
切换	用于主辅通道切换
拒接	拒接当前呼入
自动	自动应答选择
静音	用于将对方的麦克屏蔽,使对方听不到已方的声音
重拨	自动重拨上次的呼出
会议	组织会议
拨号	显示拨号盘
系统设置	实现音量调节、振铃音设置、功能键设置、呼叫限制等
紧急	进行 GSM-R 紧急呼叫
麦克/手柄选择	选择当前操作对麦克风还是手柄有效
备用(共 4 个备用键)	如果呼入的号码在调度台上没有对应按键,在四个备用键中选择一个空闲备用键显示对方号码,并可使用该键应答

10. 如何查看触摸屏调度台操作界面的程序版本?

答:(1)在触摸屏显示器的功能键区,点击[系统设置]键,弹出[系统设置]的窗口,如图 2-1-12 中央区域显示的设置界面。

(2)在[系统设置]的窗口,选择[其他设置]键即进入从中可以看到触摸屏调度台操作界面的版本号,如图 2-1-17 中的版本为 1.0.3.5。

11. 如何调节触摸屏调度台主辅通道送话和受话的增益?

答:(1)在触摸屏显示器的功能键区,点击[系统设置]键,弹出如图 2-1-17 所示中央区域显示的[系统设置]界面。

(2)在[系统设置]的窗口,选择[其他设置]键即进入从中可以看到触摸屏调度台的设置界面,喇叭图标代表受话音量,麦克风图标代表送话音量;左机指辅通道手柄;右机指主通道(麦克风和外置音箱);按 [<] 键或 [>] 键便可调整音量大小。

12. 如何判断触摸屏调度台接口通信状态?

答:单接口触摸屏调度台操作界面左上角有一个圆球,双接口触摸屏调度台操作界面左上角有两个圆球,从圆球的颜色可以判断触摸屏调度台的接口通信状态,对应关系如表 2-1-11 所示，其中，双接口调度台系统默认 2M1 通道做主用。

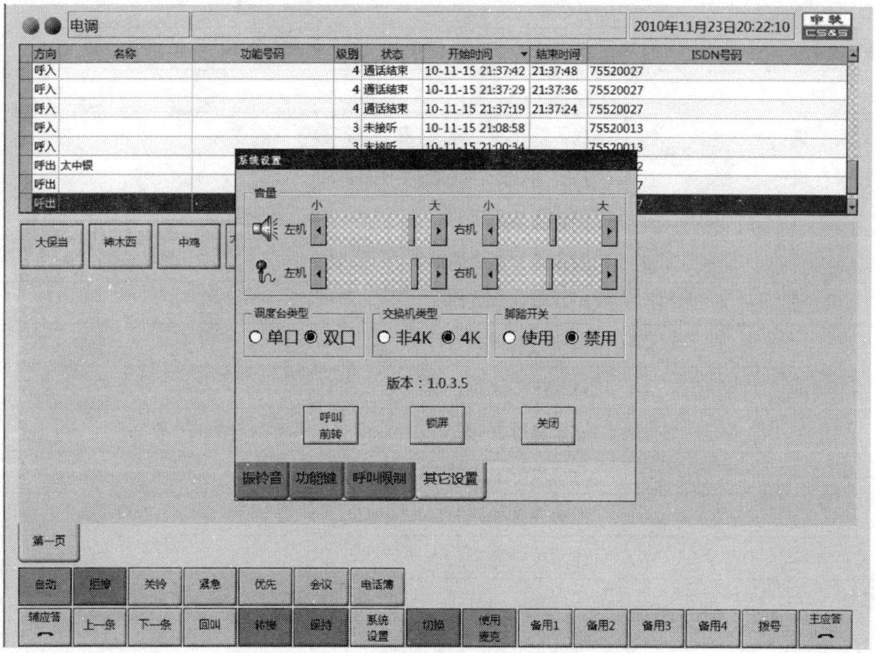

图 2-1-17　触摸屏调度台操作界面程序版本

表 2-1-11　触摸屏调度台圆球颜色与接口通信状态的对应关系

调度台	圆球	绿色	黄色	红色
单接口	单圆球	2M/2B+D 通信正常	无此状态	通信故障
双接口	左侧球	2M1 主用通信正常	2M1 备用通信正常	通信故障
	右侧球	2M2 主用通信正常	2M2 备用通信正常	通信故障

13. 在 GSM-R 区段，触摸屏调度台呼叫机车有几种方式？分别如何操作？

答：呼叫机车有三种方式，分别为 ISDN 号呼叫、车次功能号呼叫和机车功能号呼叫。

(1)ISDN 号呼叫

在触摸屏显示器操作界面中点击[拨号]键，在弹出的拨号盘中输入对方的 ISDN 号，然后点击[呼出]键，移动用户的 ISDN 号以 149 开头。

(2)车次功能号呼叫

在弹出的拨号盘中输入列车车次→选择车上人员→点击[呼出]键。如图 2-1-18 所示。

(3)机车功能号呼叫

在弹出的拨号盘中选择相应的机车类型→输入机车编号→选择车上人员→点击[呼出]键，如图 2-1-19 所示。

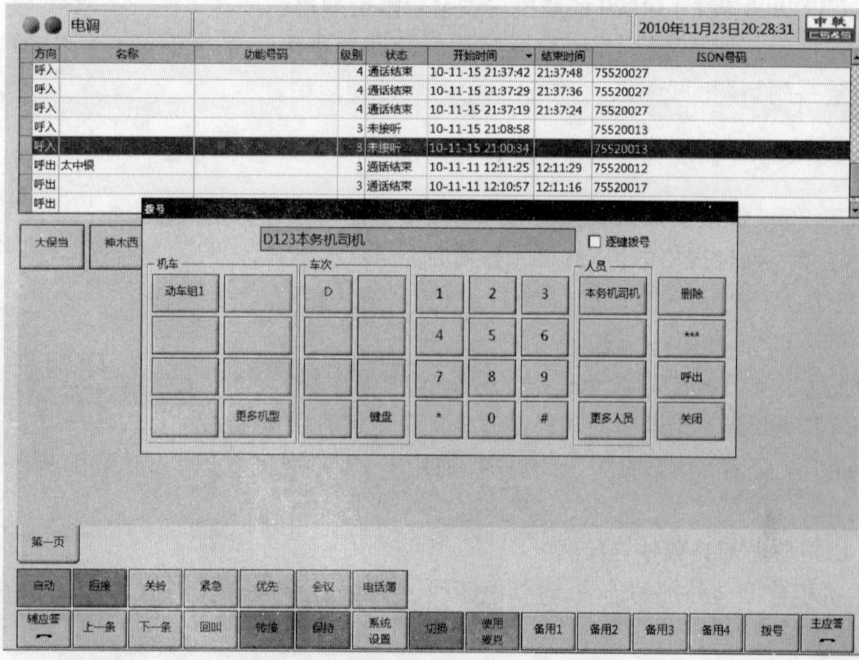

图 2-1-18 车次号呼叫机车操作示意图

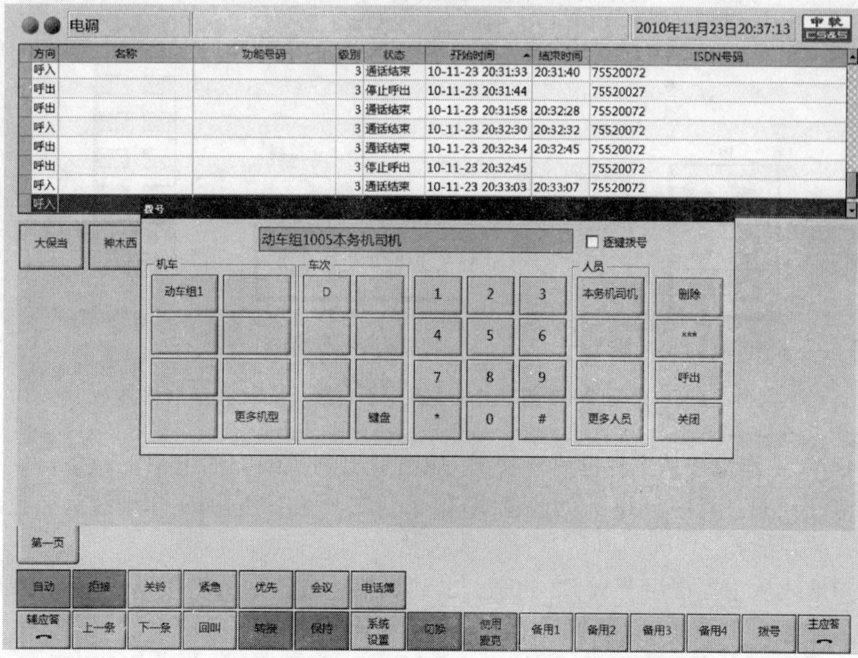

图 2-1-19 机车功能号呼叫机车操作示意图

14. CTT2000 与 CTT4000 的触摸屏调度台能否通用？

答：不通用。如若替换，需要更换触摸屏调度台主机程序芯片和操作界面应用程序，并且连接到新调度交换机后重新下载数据，才能运用。

(六)CTT2000 调度交换机硬件配置与调试

1. CTT2000 调度交换机机架有哪几种规格？结构尺寸分别为多少？

答：主要有两种规格的机架；尺寸分别为：

大机架：600 mm×600 mm×2 000 mm(长×宽×高)；

小机架：600 mm×460 mm×1 300 mm(长×宽×高)；

机框尺寸：435 mm×320 mm×355 mm(长×宽×高)。

2. CTT2000 调度交换机的功耗是多少？采用何种供电方式？

答：每框(配满)小于或等于 100 W，采用－48 V 直流电压，允许范围为 －36～－72 V。

3. 机柜与外部有哪些连接线？

答：机柜背面与外部的连线，包括电源线、2M 线、用户线(含 2B＋D 线)、网管终端串口通信线等。

4. 如何连接外部电源线？

答：外部电源线有三根：－48 V、工作地线、保护地线。如图 2-1-20 所示。

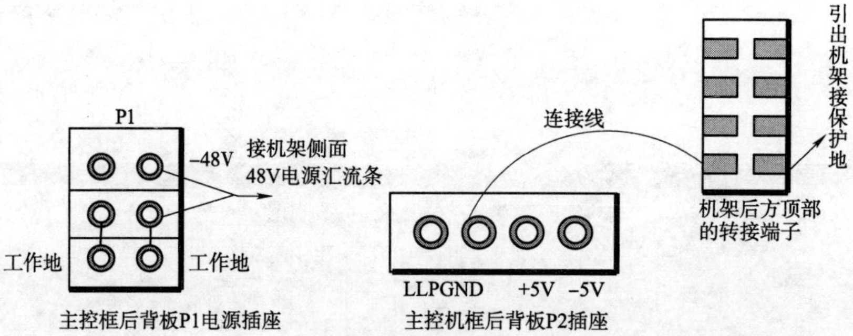

图 2-1-20　CTT2000 调度主机主控框后背板 P1、P2 插座示意图

－48 V、工作地线从主控框后背板 P1 插座引出到机架侧面电源汇流条，再引至机架后面空气开关。其中－48 V 为蓝色线，位于空气开关右插孔；工作地线为黑色线，位于空气开关左插孔。

保护地线从主控框后背板 P2 插座引出到机架后方顶部的转接端子。保护地线为黄色线。注意：CTT2000 系统保护地与机壳不相连。

调度所交换机建议使用 10 mm^2 以上电源线，车站调度交换机建议使用 6 mm^2 以上电源线。保护地线铜鼻大小：孔径 8 mm、外径不大于 15 mm。

5. 2M 线如何配置与连接?

答:在某一槽位插上 DTP 板,与槽位对应的背板有两种情况:

(1)槽位对应的背板上有一组 2M 接口,连接方法如图 2-1-21 所示。

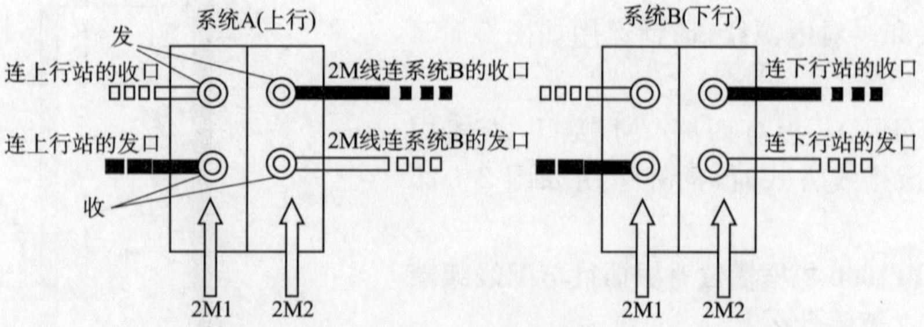

图 2-1-21　CTT2000 调度主机后背板 2M 接口示意图

一组 2M 接口由两个同样的 2M 接口(2M1 和 2M2)组成,每个 2M 接口包括一个收接口和一个发接口。一般情况下,2M1 连接上行站的 2M 接口,2M2 连接下行站的 2M 接口。图 2-1-21 中给出的是系统 A 和系统 B 之间的连接实例,其他系统的连接请参照此实例。值得注意的是,主系统侧与分系统侧的主备环方向是相反的,主系统侧主环方向为 2M2,分系统侧主环方向为 2M1。连接器型号:CC3-J 同轴连接器;配接同轴电缆:SYV-75-1-1、SYV-75-2-1、SYV-75-2-2。

(2)槽位对应的背板上没有 2M 接口,则在此槽位对应的背板插槽上插一个带继电器的 2M 扩展座(出 2 个 2M 接口),将 2M 信号引出,外部的 2M 线插到扩展座的 2M 座上,如图 2-1-22 所示。

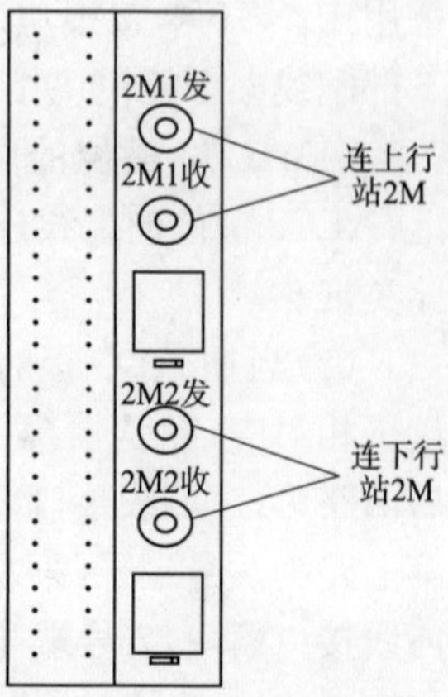

图 2-1-22　CTT2000 2M 扩展座(带继电器)示意图

6. CTT2000 机框后背板插针与 ALC、DSP、DTPDDT 板端子的对应关系是什么?

答:(1)机框后背板上每个槽位对应的位置都有插针座,采用上 2×32、下 2×32 的插针座,上插针座编号从上到下排列,左列为 A1～A32、右列为 B1～B32;下插针座编号左列为 C1～C32、右列为 D1～D32。

(2)作端子输出时只使用上面 8 位 A1～A8、B1～B8,以及下面 8 位 C25～C32、D25～D32,即用户线所插位置。其余插针不做端子输出。插针的运用要根据插板的用户接口而定,例如:

①ALC 接口模块母板,对每个接口分配了四个插针,分别为四线发和四线收,当

该接口为二线时，使用编号较大的两个插针。如 ADLC5 插入 ALC 板（接口模块母板）时，其中的 1～4 路为二线运用，5～8 路为四线运用，插针的运用如图 2-1-23 所示。

②DSP 板有四路 2B+D 接口，每一路有一对信号线和一对电源线，插针运用如图 2-1-24 所示。

③DTPDDT 板有四路 2M 接口，当使用 120 Ω 平衡接线方式时，插针运用如图 2-1-25 所示。

7. CTT2000 机框槽位背板插针与配线架端子的对应关系是什么？

答：槽位背板插针通过机架内部配线电缆（用户线）连接到机框下方的配线架上，配线架采用 10×10 卡接模块。每个机框槽位与机架下部配线架卡接模块相对应，一般规则如下：

(1) ALC2 槽位的配线连接到第二个模块上，ALC8 槽位的配线连接到第八个模块上，依此类推。

(2) 当插 ALC 板时，接口的每一路与模块端子相对应，默认情况下，前六路为二线接口，后两路为二/四线接口。当插二线接口模块时，第七路为 7 号端子，第八路为 9 号端子；如果插四线接口模块，7 号端子为第七路收、8 号端子为第七路发，9 号端子为第八路收、10 号端子为第八路发。

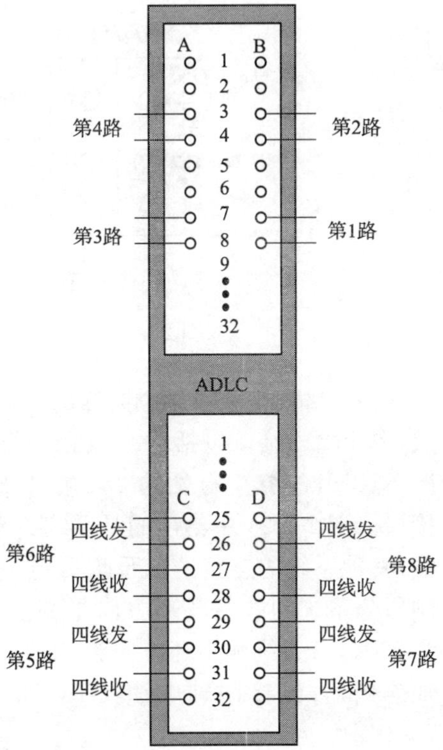

图 2-1-23 CTT2000 后背板插针与 ALC 板端子对应关系

(3) 当插 DSP 板时，1 号端子为第一路信号，2 号端子为第一路电源，3 号端子为第二路信号，4 号端子为第二路电源，依此类推。

8. CTT2000 调度交换机与网管终端（维护台）如何连接？

答：在调度交换机 MP 板对应的背板上有两个 RS-232 串行通信口，即维护台接口与调试接口，如图 2-1-26 所示。

维护台接口用于与网管终端的通信服务器相连，传送命令以及数据等。调试接口用于调试程序使用，一般情况下不使用。

维护台串口通信线的做法为：后背板 C1 针对应串口线 5 号端子，C2 针对应串口线 2 号端子，C3 针对应串口线 3 号端子。

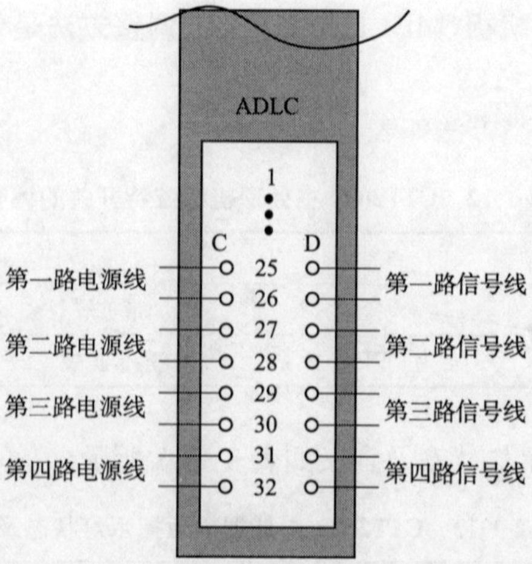

图 2-1-24 CTT2000 后背板插针与 DSP 板端子对应关系

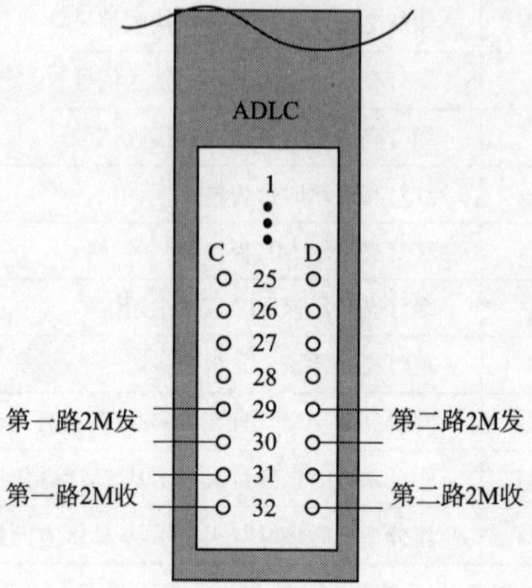

图 2-1-25 CTT2000 后背板插针与 DTPDDT 板端子对应关系

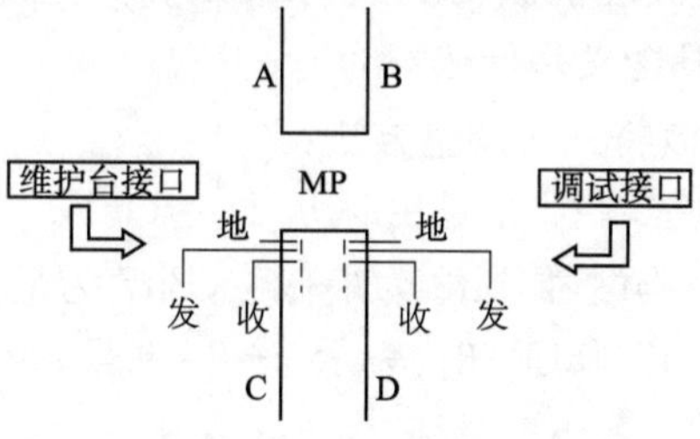

图 2-1-26 CTT2000 维护台接口与调试接口示意图

9. CTT2000 主处理机板(MP)上波特开关的调整方法是什么？指示灯的状态及含义是什么？

答:(1)波特开关调整方法如表 2-1-12 所示。

表 2-1-12 CTT2000 主处理机板波特开关的调整方法

Bit 位	1～6	7	8
ON		带扩展	主系统侧
OFF	常为 OFF	不带扩展	分系统侧

(2)主处理机板指示灯状态及含义如表 2-1-13 所示。

表 2-1-13 CTT2000 主处理机板指示灯状态及含义

代号	名称	状态及含义
TT	测试器信号发送灯	绿灯亮表示测试器正在发送信号
TR	测试器信号接收灯	绿灯亮表示测试器正在接收信号
AT	应答器信号发送灯	绿灯亮表示应答器正在发送信号
AR	应答器信号接收灯	绿灯亮表示应答器正在接收信号
CK	时钟告警灯	红灯亮表示时钟告警
AL	MP 板告警灯	红灯亮表示 MP 板告警
M	主用指示灯	绿灯亮表示该 MP 板做主用
S	备用指示灯	黄灯亮表示该 MP 板做备用
00～05	MP 板运行灯	同时亮两个绿灯且在 00～05 间循环闪烁，表示该 MP 板主用运行正常
S0	2M1 方向时钟指示灯	作分系统时该绿灯灭表示从 2M1 方向提取外时钟
S1	2M2 方向时钟指示灯	作分系统时该绿灯灭表示从 2M2 方向提取外时钟

注：主系统侧 MP 板 S0、S1 灯常亮，分系统侧 MP 板 S0、S1 灯只能灭一个，正常情况下 S0 灯灭，S1 灯亮。

10. CTT2000 数字中继处理机板(DTP 板、DTP1 板)上波特开关、跳线器的调整方法是什么？指示灯的状态及含义是什么？

答:(1)DTP、DTP1 板波特开关调整方法：

Bit1＝ON 为主备用控制，在非主备用时 Bit1 ＝ OFF。

Bit2～Bit7 为二进制编码站号，Bit2 为最低位，Bit7 为最高位，从低到高依次为 1、2、4、8、16、32。如 Bit2 和 Bit5 为 ON 时，表示 1＋8＝9 号站。

Bit8＝OFF。

(2)数字中继处理机板跳线器调整方法如表 2-1-14 所示。

(3)数字中继处理机板指示灯状态及含义如表 2-1-15 所示。

表 2-1-14　CTT2000 数字中继处理机板跳线器调整方法

功能	跳线器状态
阻抗为 120 Ω	TX1 短路、TX2 开路、TX3 短路、TX4 开路
阻抗为 75 Ω	TX1 开路、TX2 短路、TX3 开路、TX4 短路
选 E8K	TX6、TX7 左侧短路，右侧为开路
选 E2M	TX6、TX7 左侧开路，右侧为短路

注：TX5 短路，TX8 上侧短路，下侧开路。一般情况下选 E8K 功能。

表 2-1-15　CTT2000 数字中继处理机板指示灯的状态及含义

代号	名称	状态及含义
AL	DTP 板告警灯	红灯亮表示该 DTP 板告警
M	主用指示灯	绿灯亮表示该 DTP 板为主用
S	备用指示灯	黄灯亮表示该 DTP 板为备用
00～05	DTP 板运行灯	三个灯亮并在 00～05 间循环闪烁，表示该 DTP 板与主系统通信正常
		两个灯亮并在 00～05 间循环闪烁，表示该 DTP 板与 MP 通信正常，2M 环通信故障
		一个灯亮并在 00～05 间循环闪烁，表示该 DTP 板与 MP 通信故障，2M 环通信故障
		没有灯循环闪烁，表示该 DTP 板运行故障
S0	2M1 码流指示灯	绿灯灭表示 2M1 方向收到码流
S1	2M2 码流指示灯	绿灯灭表示 2M2 方向收到码流

注：正常情况下 DTP 板运行灯三个灯亮并在 00～05 间循环闪烁，S0、S1 灯都灭。

11. CTT2000 数字用户信令处理机板(DSP 板)的跳线器、波特开关如何调整？指示灯状态及含义是什么？

答：(1)数字用户信令处理机板上的跳线器和波特开关的调整方法如表 2-1-16 所示。

表 2-1-16　CTT2000 数字用户信令处理机板上的跳线器和波特开关的调整方法

功能	波特开关、跳线器调整方法	调度台侧连接方法
2 线远供	TX8～TX11 的 2、3 短接，6、7 短接	DDTDY 板和 DDT2 板用 2 芯连线相连
4 线远供	TX8～TX11 的 3、4 短接，7、8 短接	调度台电源线从远供模块引出
4 线 48 V	TX8～TX11 的 3、4 短接，7、8 短接	调度台电源线从 DSP 板电源端口引出
主备用	Bit1＝ON 为主备用控制，非主备用时 Bit1～Bit8 全为 OFF	

说明：DSP 板第一路调整 TX8，第二路调整 TX9，第三路调整 TX10，第四路调整 TX11。

(2)数字用户信令处理机板指示灯状态及含义如表 2-1-17 所示。

表 2-1-17 CTT2000 数字用户信令处理机板指示灯状态及含义

代号	名称	状态及含义
DL0	第一路告警灯	红灯亮表示该路 2B+D 端口故障
DL1	第二路告警灯	红灯亮表示该路 2B+D 端口故障
DL2	第三路告警灯	红灯亮表示该路 2B+D 端口故障
DL3	第四路告警灯	红灯亮表示该路 2B+D 端口故障
AL	DSP 板告警灯	红灯亮表示 DSP 板告警
M	主用指示灯	绿灯亮表示该 DSP 板作主用
S	备用指示灯	黄灯亮表示该 DSP 板作备用
00～07	DSP 板运行灯	00～07 一个灯从上往下循环灭表示 DSP 板运行正常
		00～07 一个绿灯亮，循环从下往上闪烁表示 DSP 板与 MP 通信发生故障
		00～07 没有灯轮转表示 DSP 板发生故障

12. 磁石接口模块(ZCT1M)跳线器的作用和调整方法是什么?

答: 线路特性阻抗为 600 Ω 时，TX1 跳线器 1、2 短接；线路特性阻抗为 1 400 Ω 时，2、3 短接。

13. 音频四线接口模块(VF4M、E/M)跳线器的作用和调整方法是什么?

答:音频四线接口模块的跳线器要根据接口运用确定调整方法，如表 2-1-18 所示。

表 2-1-18 CTT2000 音频四线接口模块跳线器调整方法

接口运用方式	跳线器 TX1	跳线器 TX2
与载波机对接	1、3 短接，输出－14 dB	2、4 短接，输出－4 dB
与终端设备对接	2、4 短接，输出 0 dB	1、3 短接，输出 0 dB

14. 音频二线接口模块(VF2M)跳线器的作用和调整方法是什么?

答:音频二线接口模块的跳线器可调整接口阻抗和确定运用，如表 2-1-19 所示。

表 2-1-19 CTT2000 音频二线接口模块跳线器的作用和调整方法

TX1 跳线器		TX2 跳线器	
1、2 短接	接口阻抗为 600 Ω	1、2 短接	正常使用
3、4 短接	接口阻抗为可调	2、3 短接	做录音输出，输入接地
5、6 短接	接口阻抗为高阻		

15. 音频二/四线接口模块(VF2/4M)跳线器的作用和调整方法是什么?

答:(1)四线运用时：TX2、TX3、TX4 短接标识 4X 的两根插针，TX1 短接标识 2、3

两根插针；

(2)二线运用时：TX2、TX3、TX4 短接标识 2X 的两根插针，TX1 短接标识 1、2 两根插针；

(3)做录音输出时：建议按照 4 线运用的方法进行短接。

16. 如何对 CTT2000 相应单板进行手动复位？

答：CTT2000 的主处理机板、数字中继处理机板、数字用户信令处理机板的面板正面安装有复位按钮，可通过相应的复位按钮进行手动复位。各单板按钮的名称及作用如表 2-1-20 所示。

表 2-1-20 CTT2000 单板按钮的名称及作用

作用 按钮 单板	RST	MRST	ABT
主处理机板(MP)	单板复位	整机复位	调试用
数字中继处理机板(DTP)	单板复位		调试用
数字用户信令处理机板(DSP)	单板复位		调试用

17. CTT2000 哪些单板支持热插拔？

答：除了电源板不宜热插板，其余单板均支持热插拔。

18. 电源板的开关机顺序是什么？

答：开机：先开±5 V 开关，等待 0.5 min，再开 LL 开关(铃流开关)；

关机：先关 LL 开关，再关±5 V 开关。

19. CTT2000 调度交换机的区间转接板有哪些改进？

答：原先区间转接板(简称区转板)的上行接口和下行接口不一样，下行接口馈电并内置 5 000 Hz 振荡器，当区间电话呼叫下行车站值班台时，振荡器工作通过区间电缆实回线向下行站发送 5 000 Hz 信号，启动下行站区转板的 5 000 Hz 振荡接收器，从而接通下行车站值班台。实际运用时，在长大区间会有问题的，当区间距离超过 20 km 甚至达到 40 km 以上时，5 000 Hz振荡信号会发生严重的衰减，或被其他信号严重干扰而导致下行站 5 000 Hz 接收器不能正常接收，因此改进采用自动电话方式，即不分上下行接口，区间电话接口为一个音频接口(馈电)，区间电缆实回线在中间断开，呼叫本站值班台时直接由本站调度交换机呼叫接续，呼叫另一个车站值班台时，通过 2M 数字环中的站间时隙由两个站的调度交换机完成呼叫接续。

区间电话的呼叫径路如下：

(1)呼叫本站

A 区间电话呼叫 A 车站值班台，如图 2-1-27 所示。在地理位置上为呼叫上行站值班台：摘机听到拨号音后拨“20”，A 车站调度交换机收到呼叫信息后，通过交换网络将车站值班台的2B+D接口与区间转接板的相应区间接口连通，并向值班台振铃，值班台应答双方通话。

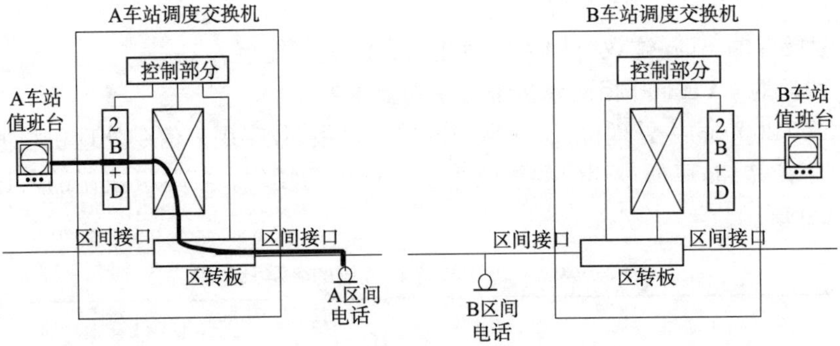

图 2-1-27 A区间电话与上行站(A车站)值班台之间呼叫径路示意图

(2)呼叫对方站

A区间电话呼叫B车站值班台，如图2-1-28所示。在地理位置上为呼叫下行站值班台，摘机听到拨号音后拨“30”，A车站调度交换机收到呼叫信息后，通过交换网络连接到下行2M通道的一个固定时隙上，并向B车站发送呼叫信号，B车站调度交换机收到呼叫信息后，通过交换网络将该时隙与车站值班台的2B+D接口连通，并向值班台振铃，值班台应答双方通话。

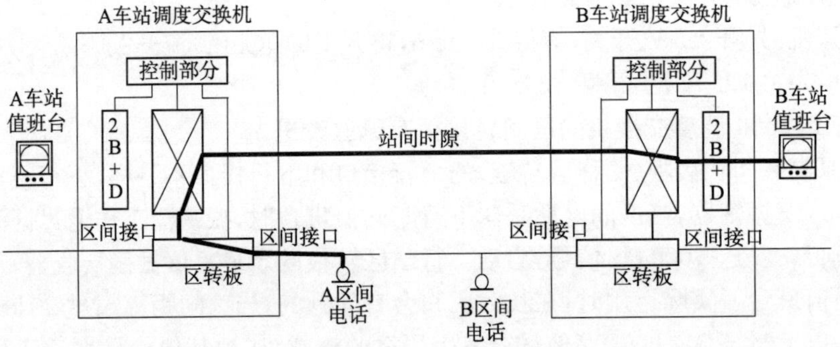

图 2-1-28 A区间电话与下行站(B车站)值班台之间呼叫径路示意图

区间电话呼叫同一区间电话、自动网用户和调度网用户都由本站调度交换机完成呼叫接续。

(七)CTT4000调度交换机硬件配置与调试

1. CTT4000调度交换机的机架有哪几种规格？结构尺寸分别为多少？

答：主要有三种规格的机架：

600 mm×800 mm×2 200 mm(长×宽×高)(主系统侧);

600 mm×600 mm×2 200 mm(长×宽×高)(分系统侧);

600 mm×600 mm×2 000 mm(长×宽×高)(分系统侧)。

2. CTT4000 系统各部分的功耗是多少？电源采用何种供电方式？

答:调度主机每模块(配满)小于或等于 300 W；键控调度台小于或等于 10 W；触摸屏调度台小于或等于 50 W。调度主机和键控调度台采用−48 V 直流供电,允许范围为 −36～−72 V;触摸屏调度台主要采用 220 V 交流供电。

3. CTT4000 系统如何连接外部电源线?

答:连接方式如图 2-1-29 所示,主系统侧建议使用 10 mm^2以上电源线;分系统侧建议使用 6 mm^2以上电源线。

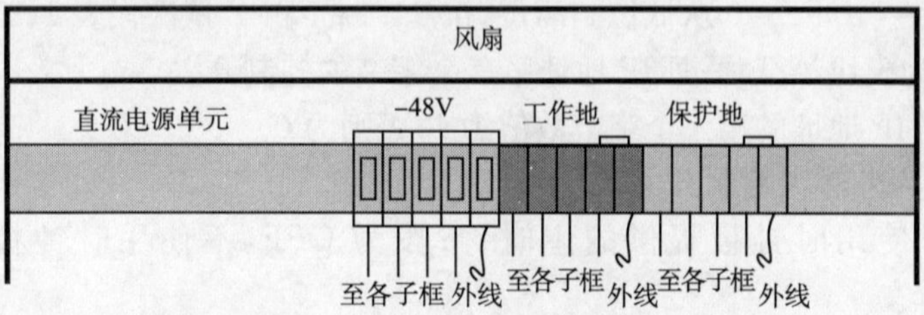

图 2-1-29　CTT4000 外接电源线示意图

4. 如何配置与连接 2M 线?

答:若某一槽位插 DTU 板,则在此槽位对应的背板插槽上插一个带继电器的 2M 扩展座(出 2 个 2M 接口),将 2M 信号引出,外部的 2M 线插到扩展座的 2M 座上。一般情况下,2M1 连接上行站的 2M 接口,2M2 连接下行站的 2M 接口,如图 2-1-30 所示。

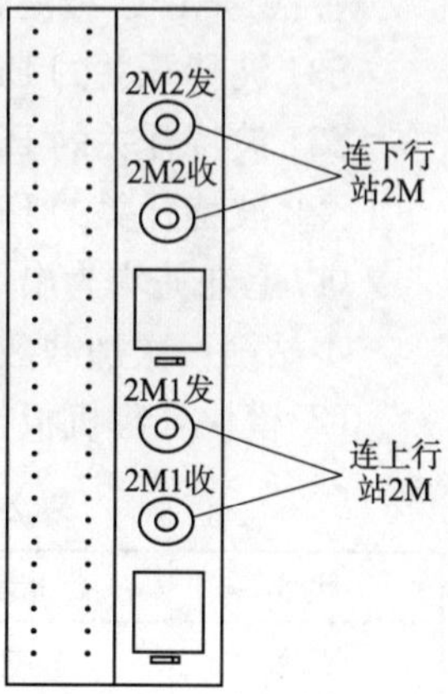

图 2-1-30　CTT4000 2M 扩展座(带继电器)示意图

连接器型号:CC3-J 同轴连接器;配接同轴电缆:SYV-75-1-1、SYV-75-2-1、SYV-75-2-2。

5. CTT4000 机框后背板插针与 ALC、DSU、DDU 板端子的对应关系是什么?

答:CTT4000 机框后背板插针与 ALC、DSU、DDU 板端子的对应关系同 CTT2000 机框后背板插针与 ALC、DSP、DTPDDT 板端子的对应关系,参见上一节第 6 题。需注意的是,DSU 板每板两路,与 DSP 板第一路、第二路的插针对应;DDU 板的第一路对应 DTPDDT 板第二路的插针,第二路对应第一路的插针。

6. CTT4000 调度交换机与 2M 触摸屏调度台有几种连接方式?

答:有两种接线方式:

(1)采用 75 Ω 非平衡方式:在对应的背板插槽上插一个不带继电器的 2M 扩展座,将 2M 信号引出,连接到 2M 触摸屏调度台上,如果距离较远,可经过传输设备再连接到 2M 触摸屏调度台上。

(2)采用 120 Ω 平衡方式:通过内部用户线,将 2M 信号引到配线模块上,再通过外线连接到 2M 触摸屏调度台上。

7. CTT4000 调度交换机与网管终端(维护台)如何连接?

答:CTT4000 调度交换机与维护台通过以太网口进行通信,CTT4000 调度交换机以太网板(ENT 板)的以太网口与网管终端主机的以太网口用 5 类线相连。

8. CTT4000 调度交换机模块框背板上的 S0 拨码开关的作用是什么?

答:(1)Bit1～Bit4 定义模块编号

拨为 ON=1、OFF=0 从低位到高位,按 8421 码编码,依次代表 1、2、4、8。

(2)Bit7 为模块 A、B 平面 IP 地址第三个字节的控制开关

拨为 ON,IP 地址的第三个字节数值为 1;否则为 0。

(3)Bit 8 为外时钟控制开关

拨为 ON 使用时钟板提供的主时钟;拨为 OFF,不使用时钟板提供的时钟信号。

9. CTT4000 模块处理机板(MPU 板)上波特开关的调整方法是什么? 指示灯的状态及含义是什么?

答:(1)MPU 板波特开关的运用:

S31 波特开关的 Bit 8 拨为 ON,其余为 OFF;

S21 波特开关的 Bit 6、Bit 7 为 OFF,其余为 ON;

S22 波特开关的 Bit 1、Bit 3 为 OFF,其余为 ON。

(以上开关均为出厂设置)

小站第一次加载数据 MPU S31 的 Bit 7 拨为 ON,加载完交换机数据后拨回。

(2)模块处理机板指示灯的状态及含义见表 2-1-21。

表 2-1-21 CTT4000 模块处理机板指示灯的状态及含义

代号	指示灯状态	含 义
RUN	绿灯闪烁	表示单板运行正常
AL	红灯亮	表示 MPU 板告警
ET1	绿灯闪烁	表示 MPU 板网口 1 工作(正常时只有一个网口工作)
ET2	绿灯闪烁	表示 MPU 板网口 2 工作(正常时只有一个网口工作)
PA	绿灯亮	表示 MPU 板 A 平面工作
PB	绿灯亮	表示 MPU 板 B 平面工作

10. CTT4000 数字中继处理机板(DTU 板)上波特开关、跳线器的调整方法是什么？指示灯的状态及含义是什么？

答：(1)DTU 板波特开关：

Bit 1 为主备用控制开关，做热备时拨为 ON，不做热备时拨为 OFF；

Bit 2～Bit 6 定义分系统在环上位置，按二进制编码确定车站号，拨为 ON＝1、OFF＝0，从低位到高位，依次代表 1、2、4、8、16；

Bit 7 用于区分主备用中心，ON 代表备用中心，OFF 代表主用中心；

Bit 8 为双中心控制开关，采用双中心组网时，8 为 ON，否则为 OFF。

(2)数字中继处理机板跳线器的作用和调整方法见表 2-1-22。

表 2-1-22 CTT4000 数字中继处理机板跳线器的作用和调整方法

跳线器名称	作用	调整方法
TX1 TX2	选择 2M1 接口阻抗	TX1 短接为 120 Ω(平衡)；TX2 短接为 75 Ω
TX3 TX4	选择 2M2 接口阻抗	TX3 短接为 120 Ω(平衡)；TX4 短接为 75 Ω
TX6 TX7 TX5	取外时钟	TX6 和 TX7 右侧短接，TX5 不短接

(3)数字中继处理机板指示灯的状态及含义见表 2-1-23。

表 2-1-23 CTT4000 数字中继处理机板指示灯的状态及含义

代号	指示灯状态	含 义
RUN	绿灯快闪	表示与 MPU 板通信正常
	绿灯慢闪	表示与 MPU 板通信故障，或不在数字环上、与数字环通信故障
AL	红灯亮	表示 DTU 板告警
M	绿灯亮	表示此板为主用 DTU
S	黄灯亮	表示此板为备用 DTU
S0	绿灯灭	表示 2M1(主系统侧为备用 2M，分系统侧为上行 2M)有码流
	绿灯亮	2M1 无码流，表示与上行站通信故障
S1	绿灯灭	表示 2M2(主系统侧为主用 2M，分系统侧为下行 2M)有码流
	绿灯亮	2M2 无码流，表示与下行站通信故障

11. CTT4000 2M 数字用户接口板(DDU 板)上跳线器的调整方法是什么？指示灯的状态及含义是什么？

答：(1)DDU 板上跳线器的作用和调整方法：

2M 数字用户接口板有 2 个 2M 接口，分别为 2M1 和 2M2，用跳线器确定接口阻抗如表 2-1-24 所示。

表 2-1-24 CTT4000 2M 数字用户接口板上跳线器的作用和调整方法

跳线器名称	作用	调整方法
TX1 TX2	选择 2M1 接口阻抗	TX1 短接为 120 Ω(平衡);TX2 短接为 75 Ω
TX3 TX4	选择 2M2 接口阻抗	TX3 短接为 120 Ω(平衡);TX4 短接为 75 Ω

(2)2M 数字用户接口板上指示灯的状态及含义见表 2-1-25。

表 2-1-25 CTT4000 2M 数字用户接口板上指示灯状态的含义

代号	指示灯状态	含 义
RUN	绿灯快闪	表示与 MPU 板通信正常
	绿灯慢闪	表示与 MPU 板通信故障
AL	红灯亮	表示 DDU 板告警
M	绿灯亮	表示此板为主用 DDU
S	黄灯亮	表示此板为备用 DDU
S0	绿灯灭	2M1 有码流,表示 DDU 板 1 口与触摸屏主机通信线路正常
	绿灯亮	2M1 无码流,表示 DDU 板 1 口与触摸屏主机通信线路故障
S1	绿灯灭	2M2 有码流,表示 DDU 板 2 口与触摸屏主机通信线路正常
	绿灯亮	2M2 无码流,表示 DDU 板 2 口与触摸屏主机通信线路故障

12. CTT4000 数字用户信令处理机板(DSU)指示灯状态的含义是什么?

答: 数字用户信令处理机板指示灯的状态及含义见表 2-1-26。

表 2-1-26 CTT4000 数字用户信令处理机板指示灯的状态及含义

代号	指示灯状态	含 义
RUN	绿灯快闪	与 MPU 板通信正常
	绿灯慢闪	与 MPU 板通信故障
AL	红灯亮	表示 DSU 板告警
M	绿灯亮	表示此板为主用 DSU
S	黄灯亮	表示此板为备用 DSU
DL0	绿灯亮	第一路 2B+D 连接发生故障(或未配数据)
DL1	绿灯亮	第二路 2B+D 连接发生故障(或未配数据)

13. 音频二/四线接口模块(VF2/4M)跳线器的作用和调整方法是什么?

答: (1)四线运用时:J1、J2 短接标识 4X 的两根插针,J3 短接标识 2/4X 的两根插针;

(2)二线运用时:J1、J2 短接标识 2X 的两根插针,J3 短接标识 2/4X 的两根插针;

(3)做录音输出时:J1、J2 建议短接标识 4X 的两根插针,J3 短接标识 2/4X 的两根插针。

14. 调度所交换机有多个子框,配置 DTU、DDU、DSU 板时需遵循的原则是什么?

答:主要的原则是调度台和所辖数字环尽量在同一个模块框内,减少模块间联络。也即 DDU、DSU 板尽量和有主要业务关系的 DTU 板在同一个模块框内。

(八)网管终端操作与日常维护

1. CTT 系列数调设备的网管终端(维护台)主要有哪几种类型?简要说明各自的特点和应用。

答:(1)CTT 系列数调设备的网管终端(维护台)主要有 4 种类型(以安装目录的名称区分):CTT2000L/M 维护台、CTT2000L/M-G 维护台、CTT2000L/M V3.0 维护台和 CTT4K 维护台。各种类型采用同样的界面风格和逻辑思路,区别不大,以下以 CTT4K 维护台为例进行介绍。

(2)CTT2000L/M 维护台和 CTT2000L/M-G 维护台是早期版本,现在大都已升级。CTT2000L/M V3.0 维护台是目前通用的 CTT2000 主系统维护台版本。CTT4K 维护台适用 CTT4000 主系统,具有 GSM-R 功能,能兼容 CTT2000 分系统。

2. 如何启动 CTT4K 通信服务器和维护台?

答:在网管终端桌面上双击图标 ,或在程序安装目录下双击通信服务器程序 CommServer4K.exe,即启动 CTT4K 通信服务器。然后在网管终端桌面上双击图标 ,或在程序安装目录下双击维护台程序CttClient4K.exe,即进入维护台登录窗口,如图 2-1-31 所示。默认的用户名 101,输入密码 111,单击[登录]按钮进入维护台主窗口,如图 2-1-32 所示。

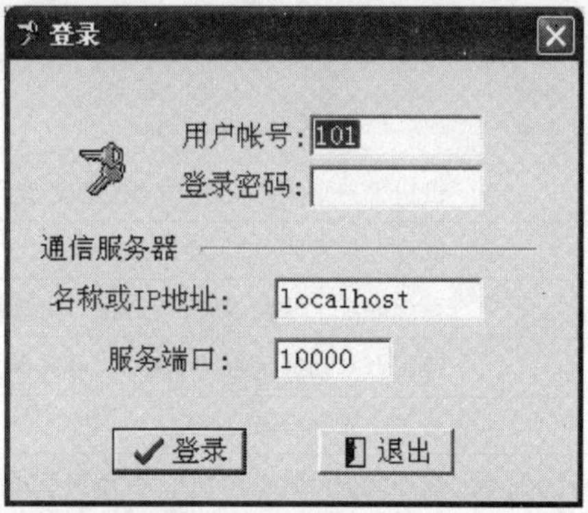

图 2-1-31 CTT4K 维护台登录窗口

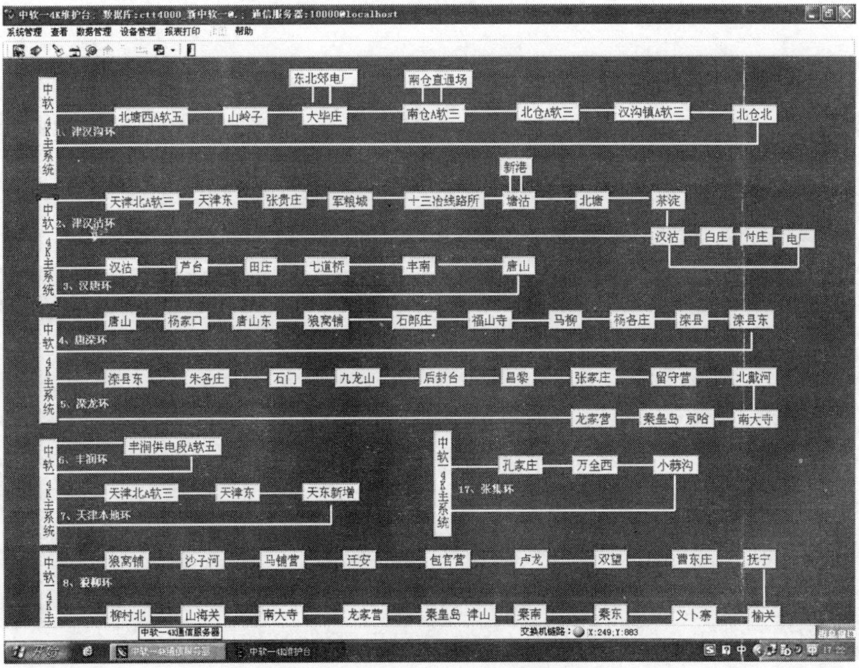

图 2-1-32 CTT4K 维护台主窗口

3. CTT4K 维护台主窗口主要包括哪几个区域?

答:CTT4K 维护台主窗口主要包括标题栏、主菜单栏、工具栏、拓扑图界面、状态栏等区域。

4. 维护台的主菜单和子菜单的内容及功能是什么?

答:主菜单有[系统管理]、[查看]、[数据管理]、[设备管理]、[报表打印]、[作图]、[帮助]等项,每一项又包含若干子菜单,具体如表 2-1-27 所示。

表 2-1-27 CTT4K 维护台主菜单和子菜单的内容及功能

主菜单	子菜单	工具栏按钮	快捷菜单	功能
系统管理	用户管理	有		设定了三个用户级别,添加、修改、删除用户
	更改密码			修改登录密码
	告警声音			系统规定了四种告警声音,用户可选择告警声音
	显示报警对话框			维护台自动显示报警对话框,可选择关闭
	禁止告警			可关闭告警声音
	监控/作图模式			选择维护台的工作方式,有监控模式和作图模式两种模式
	退出	有		退出维护台

续上表

主菜单	子菜单	工具栏按钮	快捷菜单	功能
查看	设备运行状态	有	有	查看某系统运行状态,包括单板、用户模块、端口等状态
	程序、数据版本	有		查看系统内所有站MP板程序版本、数据版本的历史信息
	系统日志			查看用户对网管系统进行的所有操作
	显示环状态			在系统组网图上显示环状态线,可查看2M通路状态
	编辑快速移动	有		快速移动/定位系统组网图
数据管理	配置环数据	有		打开配置环数据窗口,可按提示逐步配置环数据
	配置车站数据		有	打开配置车站数据窗口,可按提示逐步配置车站数据
	自动电话接入			用于将自动电话接入本系统
	拷贝车站数据		有	将A车站的数据拷贝到B车站,前提是B车站的数据为空
	查看车站数据		有	查看系统所配置的数据,只能查看,不能修改
	备份数据库	有		(不建议使用该功能)
设备管理	批量加载程序			可同时连续加载几个站的MP板程序
	批量加载数据			可同时连续加载几个站的数据
	校对系统时间		有	维护台向某系统发出校时命令,使该系统时间与维护台时间一致
	取系统时间		有	用来查看某系统的系统时间
	半固定连接			用于临时连接某系统两个端口,不需下载数据,复位该系统后失效
	固定连接			用于永久连接某系统两个端口,需下载数据,复位该系统后仍然有效
	监听指定设备			利用系统内某一设备监听本系统内的其他设备
	允许/禁止配置调度台			指定某系统某键控调度台/值班台是否可以使用用户密码登录调度台主菜单,不需下载数据,该调度台复位后失效
	调试			厂家作调试时使用
报表打印	环时隙配置表			生成某环环时隙配置表供打印
	环分机配置表			生成某环分机配置表供打印
	车站时隙配置表			生成某站时隙分配表供打印
	系统统计			生成系统资源统计表供打印
	单板配置表			生成某站单板配置表供打印
	ALC端口配置表			生成某站ALC端口配置表供打印
	TNI端口配置表			生成某站TNI端口配置表供打印
	DSP端口配置表			生成某站DSP端口配置表供打印
	缩位拨号表			生成某站缩位电话表供打印
	电话号码表			生成某站电话号码表供打印
	调度台键盘配置表			生成某站调度台键盘配置表供打印

续上表

主菜单	子菜单	工具栏按钮	快捷菜单	功能
报表打印	历史告警记录			生成系统历史告警记录
	告警统计			按月份进行告警统计
作图	调入			调入某地图文件(在作图模式下有效)
	保存			保存地图文件(在作图模式下有效)
	背景位图			添加背景位图(在作图模式下有效)
	删除背景			删除背景位图(在作图模式下有效)
	添加车站	有		添加车站图标(在作图模式下有效)
	添加环状态线	有		添加环状态线(在作图模式下有效)
	图纸大小			定义地图尺寸(在作图模式下有效)
	标注文字			添加标注文字(在作图模式下有效)
	画标注线			添加标注线(在作图模式下有效)
	对齐	有		对齐车站图标、环状态线(在作图模式下有效)
帮助	关于			维护台版本信息

5. 如何进入维护台快捷菜单？快捷菜单的内容是什么？

答:将鼠标移至主系统或某个分系统图标上右键单击,即弹出快捷菜单。

快捷菜单有[设备运行状态]、[查看车站数据]、[配置车站数据]、[拷贝车站数据]、[加载系统程序]、[校对系统时间]、[取系统时间]、[模块复位]、[强制主用]、[强制备用]等。如图 2-1-33 所示。

6. 如何查看维护台和通信服务器的版本号？

答:(1)查看维护台版本号有两种方法:一是单击主菜单[帮助]→[关于],出现如图 2-1-34 所示窗口,显示版本号 3.6.2.3;二是右键单击安装目录下的 CttClient4K.exe 文件,单击[属性],选择[版本],出现如图 2-1-35 属性框,显示版本号 3.6.2.3。

(2)查看通信服务器版本号同样有两种方法:一是单击主菜单[系统]→[关于],在提示框中可以看到版本号;二是右键单击安装目录下的 CommServer4k.exe 文件,单击[属性],选择[版本],也可以看到版本号。

7. 维护台有哪两种工作模式？如何进行切换？

答:维护台有监控模式和作图模式两种工作模式。在监控模式下才能对系统状态进行监视;在作图模式下能对系统的组网图进行编辑,但不能监视系统运行状态。系统的数据配置在两种模式下都可以应用。

在监控模式中,在主菜单[系统管理]中选择[作图模式]选项,可以进入作图模式;在作图模式中,在主菜单[系统管理]中选择[监控模式]选项,可以进入监控模式。在进入监控模式前，系统会询问是否保存当前作图文件，如未改动图，单击[否]；如改动图，单击[是]，进入保存界面，单击[保存]，覆盖原来的图文件，或者输入新的图文件名称，单击[保存]即可。

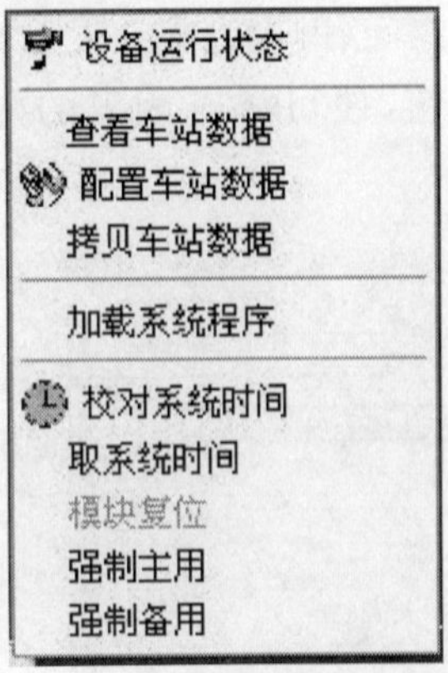

图 2-1-33　CTT4K 维护台快捷菜单

图 2-1-34　通过主菜单查看 CTT4K 维护台版本号

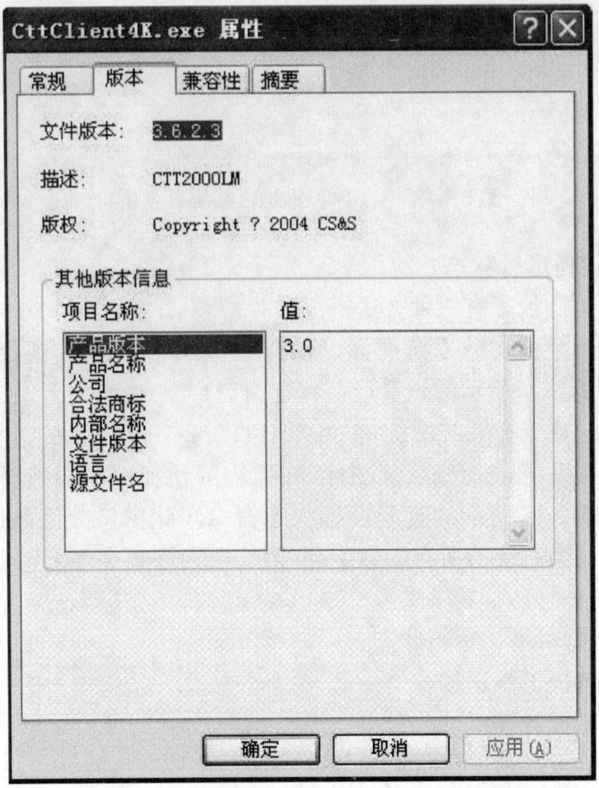

图 2-1-35　通过文件属性查看 CTT4K 维护台版本号

8. 如何查看系统日志?

答:在维护台主菜单[查看]中选择[系统日志]一项,将弹出如图 2-1-36 所示的窗口。在此窗口中,提供了两种查询操作日志的方法:

(1)根据时间段查询。开始时间应小于或等于结束时间(即设为同一天)。

(2)根据用户名 + 时间段查询。单击[打印]按钮,便可将查询出的内容打印出来。

图 2-1-36 CTT4K 维护台系统日志窗口

9. 如何查看设备运行状态?

答:查看设备运行状态有三种方法:

(1)先单击主系统或者分系统图标,然后在主菜单[查看]中选择[设备运行状态]项,便可弹出如图 2-1-37 所示的查看设备状态窗口;

(2)双击主系统或者分系统图标,也可弹出如图 2-1-37 所示的查看设备状态窗口;

(3)右键单击主系统或者分系统图标,在弹出的快捷菜单中选择[设备运行状态]项,也可弹出如图 2-1-37 所示的查看设备状态窗口。此窗口分为两部分,左侧为目录树,目录树的第一层为系统的所有的数字环,第二层为该数字环上包含的所有车站。右侧为状态显示区。

从单板的颜色便可看出运行状态:

绿色:表示该单板工作正常;

红色:表示该单板告警;

黄色:表示该单板当前工作状态为备用;

灰色:表示该单板未插或故障;

白色:表示该槽位未配置单板。

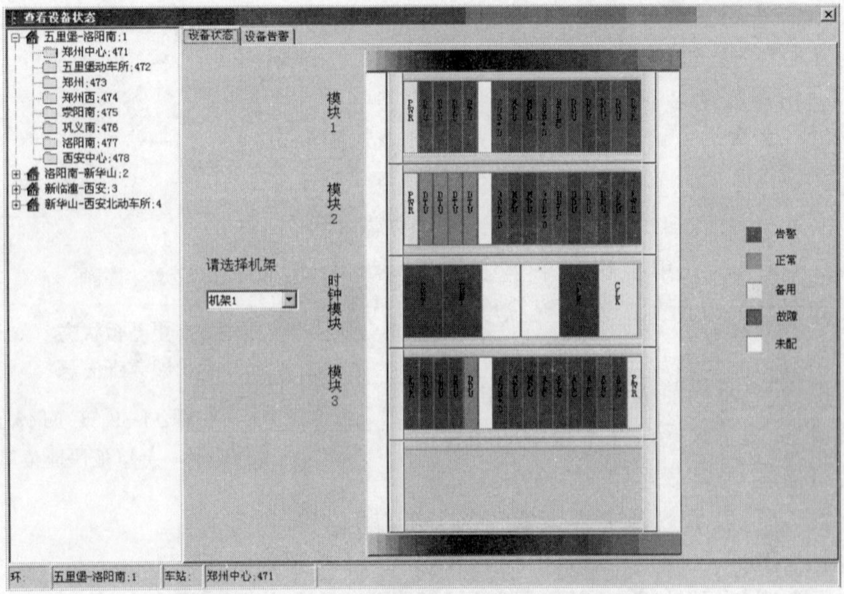

图 2-1-37　CTT4K 维护台查看设备状态窗口

10. 如何查询告警信息?

答:在 CTT4K 维护台查看设备状态窗口中,在右侧状态显示区上方选择[设备告警]选项卡,将出现如图 2-1-38 的告警信息界面。如果在目录树上点击某个数字环名称,则可以查询当前环上某一时间段内的所有站的告警信息,并可将查询结果打印出来。

图 2-1-38　CTT4K 维护台告警信息界面

11. 如何查看某站单板状态？举例说明。

答：在 CTT4K 维护台查看设备状态窗口中，右键单击某单板，会出现如图 2-1-39 所示的单板快捷菜单。其中黑色为可选项，灰色为不可选项，不同的单板对应不同的可选项。选择[取详细信息]项，即可查看该单板状态。

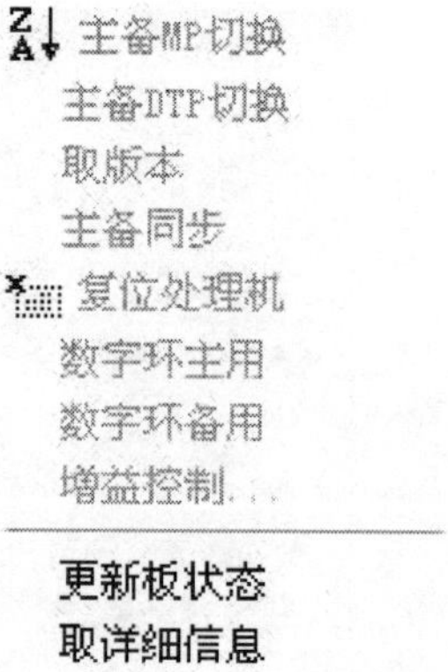

图 2-1-39　CTT4K 维护台单板快捷菜单

例如：若想查看接口模块母板(ALC 板)的端口状态，右键单击该 ALC 板，在单板快捷菜单中单击[取详细信息]项，出现如图 2-1-40 所示的接口模块母板端口状态窗口。

其中：

[槽位号]表示当前板在模块框中的位置；

[端口号]表示该端口在本板中的序号；

[端口描述]通常表示该端口的用途；

[配置类型]表示数据中为该端口配置的端口类型，包括普通用户、磁石、区间上行、区间下行、环路、E/M 接口等；

[实际类型]表示该端口实际所插的子板类型，通过此项与配置类型的对比，可判断端口所插的子板是否与配置一致；

[状态]一项表示用户接口的状态，例如普通用户接口的状态有空闲、摘机等。

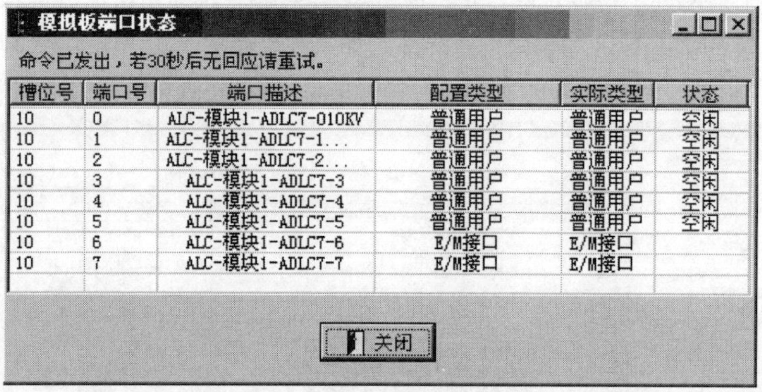

图 2-1-40　CTT4K 维护台接口模块母板端口状态窗口

12. 如何查询 MP 板程序版本和数据版本？

答：在 CTT4K 维护台查看设备状态窗口中，右击 MP 板，在出现的单板快捷菜单中选择[取版本]，在弹出的对话框中选择查询类型，确认即可。这个命令的作用是查询 MP 板当前使用的程序版本和数据版本，CTT4000 型系统版本类型包括模块数据版本、程序版本、组呼数据版本、号码数据版本、局向数据版本；CTT2000LM 型系统版本类型包括数据版本、程序版本。利用该命令可以判断 MP 板程序的版本号，数据是何时加载、即加载是否成功。

13. 如何查询 DTP 板程序版本?

答:首先,在通信服务器的主菜单[系统]选项中选择[本地连接]子选项([本地连接]前面会出现"√"),如图 2-1-41 所示。然后在[调试]选项中选择[取子处理机程序版本]子选项,出现如图 2-1-42 所示的选择子处理机板窗口。在该窗口中分别选择数字环、车站、DTP 板槽位,单击[确认]按钮,即可查询 DTP 板程序版本。

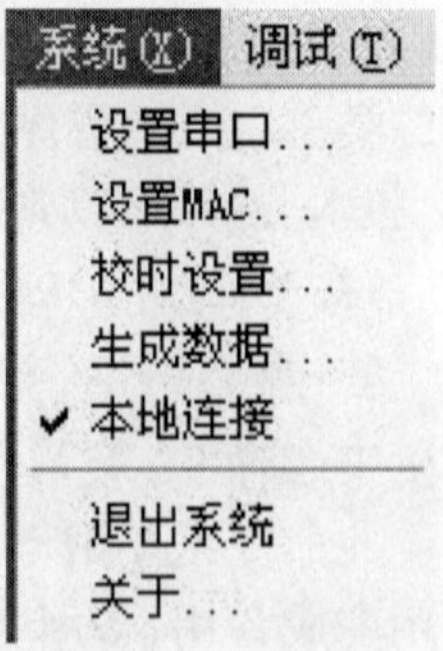

图 2-1-41 CTT4K 通信服务器主菜单

14. 为什么主备用 MP 板的数据/程序必须保持同步?如何同步?

答:(1)由于系统加载的程序或数据只能写在加载时所选择的 MP 板上,造成了主备 MP 板程序或数据的不一致,若此时主备 MP 板进行倒机,将会导致系统工作不正常。因此正常使用过程中,主备 MP 板的程序或数据必须保持同步。

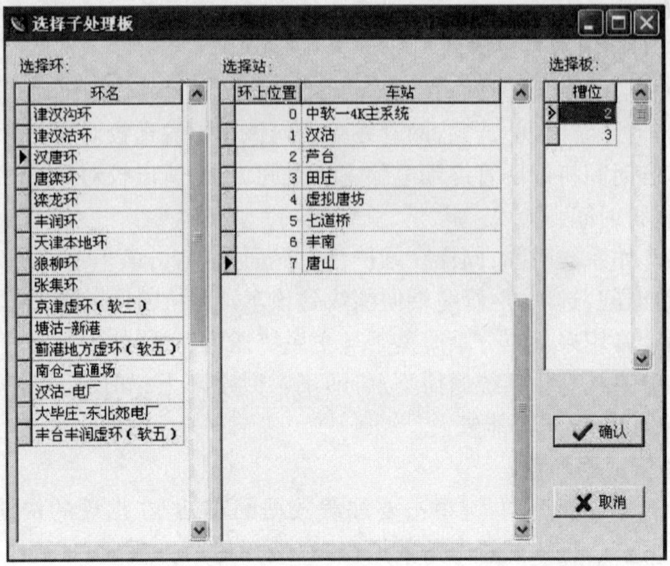

图 2-1-42 CTT4K 通信服务器选择子处理机板窗口

(2)同步方法:

①CTT4000 型:右键单击已更新程序或数据的 MPU 板,在单板快捷菜单中选择[主备同步]选项,在弹出的对话框中选择要同步的类型(模块数据、程序、组呼数据、号码数据、局向数据),然后单击[确认]按钮即可。同步完成后,会返回提示对话框。利用[取版本]选项可以判断该命令是否执行成功。

②CTT2000 型:右键单击已更新程序或数据的 MP 板(要使更新程序或数据的

MP 板作主用)，在单板快捷菜单中选择[主备同步]选项，在弹出的对话框中选择要同步的类型(数据、程序)，然后单击[确认]即可。同步完成后，会返回提示对话框。利用[取版本]选项可以判断该命令是否执行成功。

15. 如何对 MP 板进行主备切换?

答:在 CTT4K 维护台查看设备状态窗口中，右键单击 MP 板，在出现的单板快捷菜单中选择[主备 MP 切换]选项，网管终端便向该系统发出 MP 切换命令。

此命令主要用于 MP 板热备份时主用板与备用板工作状态的倒换。执行该命令后主用变成备用，备用变成主用。

16. 如何对某站 MP、DTP、DSP 板进行复位处理?

答:在 CTT4K 维护台查看设备状态窗口中，右键单击 MP / DTP / DSP 板，在单板快捷菜单中选择[复位处理机]选项，在确认提示框中单击[确认]后，网管终端便向该车站发出复位命令。通常等待 5～10 s 后，手动关闭查看设备状态窗口，退回到主画面，然后再次双击该车站，重新进入查看设备状态窗口，查看被复位单板的状态，如果状态变化，则说明发送的复位命令执行成功。复位成功后，在告警信息栏中将有相应的信息提示。

17. 如何校对和提取系统时间?

答:(1)校对某车站系统时间:在维护台主界面上，右键单击该车站，在出现的快捷菜单中，选择[校对系统时间]选项，网管终端便向该车站发送校对时间命令。

注意:该基准时间将以网管终端电脑主机时间为准，所以校对车站时间前请先校准网管终端电脑主机时间。

(2)提取某车站系统时间:同样在维护台主界面上，右击该车站，在出现的快捷菜单中，选择[取系统时间]选项，网管终端便能收到该车站系统时间的提示框。

注意:该命令常用来检测分系统是否与主系统通信正常，如回复迅速，则通信良好;如无回复，则该分系统与主系统通信不上，即不在数字环上;如反应很慢，时好时坏，则 2M 通道可能有问题，误码可能较大。

18. 如何进行数据加载?

答:在维护台主界面上，右键单击要加载数据的车站，在出现的快捷菜单中，选择[配置车站数据]选项，进入配置车站数据窗口，选择最后一项[拨号数电/完成]。对于 CTT4000 系统，需要依次加载系统数据、GSM-R 组呼数据、号码数据及出局数据，如图 2-1-43 所示。点击其中一项后，在随后出现的选择窗口中选择要加载的 MPU 板，如图 2-1-44 所示。在得到系统的允许加载的回应之后，维护台将弹出加载进程对话框，同时网管终端向该站加载数据。加载完成后，系统将数据写入 flash 芯片，写入成功后，加载进程对话框中会提示“写入××成功”。

对于普通 CTT2000 系统，只需加载系统数据;对于具有 GSM-R 功能的 CTT2000 系统，需加载系统数据和 GSM-R 组呼数据。加载时，不用选择 MP 板，默认加载到当前主用 MP 板上。

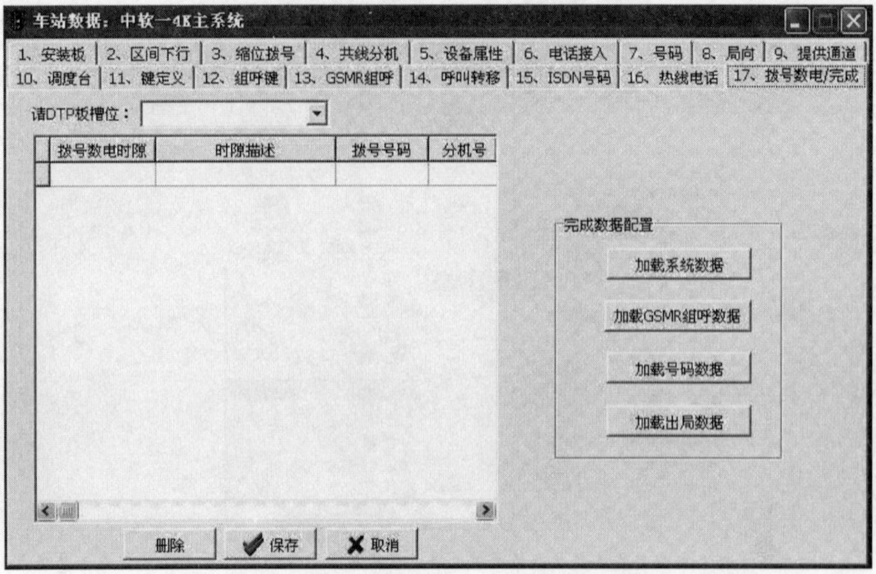

图 2-1-43　CTT4K 维护台配置车站数据窗口[拨号数电/完成]项

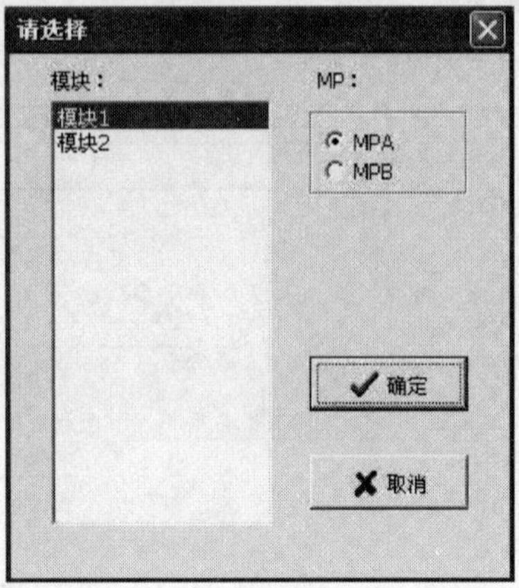

图 2-1-44　CTT4K 维护台 MPU 板选择窗口

19. 如何备份数据库？

答：第 1 步：单击[开始]→[程序]→[Microsoft SQL Server]→[企业管理器]。

第 2 步：单击[控制台根目录]下的 ⊞，直至选中数据库下的 ⊞ CTT2000LM，即当前网管终端（维护台）所使用的数据库。

第 3 步：右键单击该选项，依次选定[所有任务]→[备份数据库(B)]，然后单击[备份数据库(B)]，如图 2-1-45 所示，接下来出现[备份数据库窗口]，如图 2-1-46 所示。

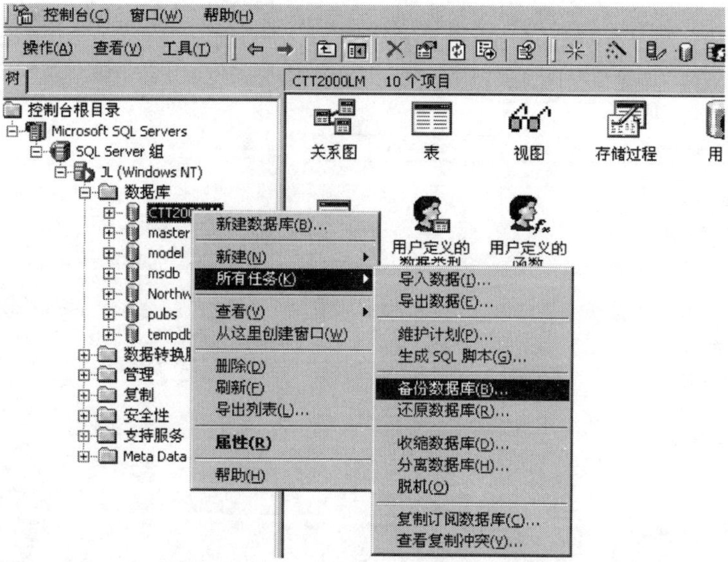

图 2-1-45 企业管理器窗口

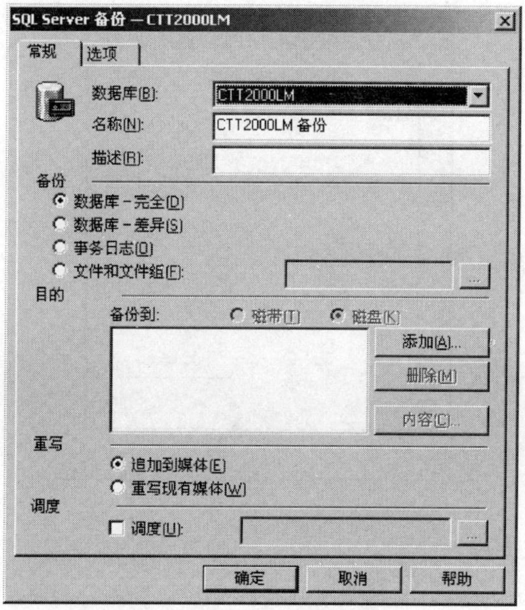

图 2-1-46 备份数据库窗口

第 4 步:单击[添加(A)]按钮,将数据库要备份的文件名及路经正确写入栏内,或点击右侧的按钮从本地磁盘内查找并备份至合适的位置。如图 2-1-47 所示。

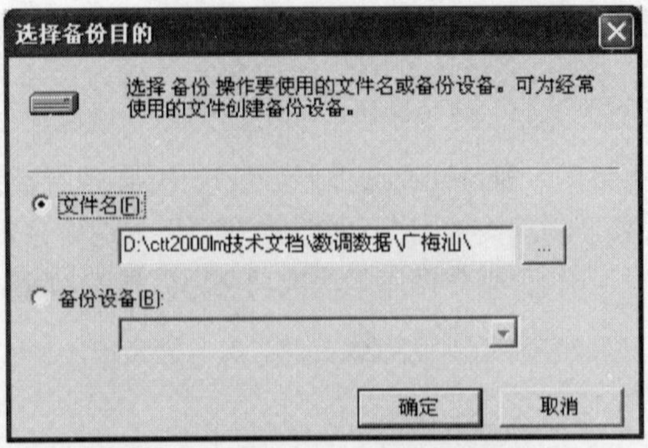

图 2-1-47　备份数据库选择备份目的窗口

第 5 步：单击[确定]按钮，出现备份进度对话框，等对话框自行消失后，备份数据库的工作即全部完成。

20. 怎样恢复数据库？

答：如果系统数据遭到破坏，就需要在数据库服务器上恢复最新备份的数据。恢复数据库首先退出所有的客户端、通信服务器，如果系统中还有客户端与数据库相连，数据库恢复将失败。具体步骤如下：

第 1 步：单击[开始]→[程序]→[Microsoft SQL Serve]→[企业管理器]。

第 2 步：单击“控制台根目录”下的 ⊞，逐级往下点开菜单，选中数据库下的 ⊞ CTT2000LM，即当前网管终端(维护台)所使用的数据库。

第 3 步：右键单击该选项，依次选定[所有任务]→[还原数据库(R)]，然后单击[还原数据库(R)]，出现“还原数据库窗口”，如图 2-1-48 所示。

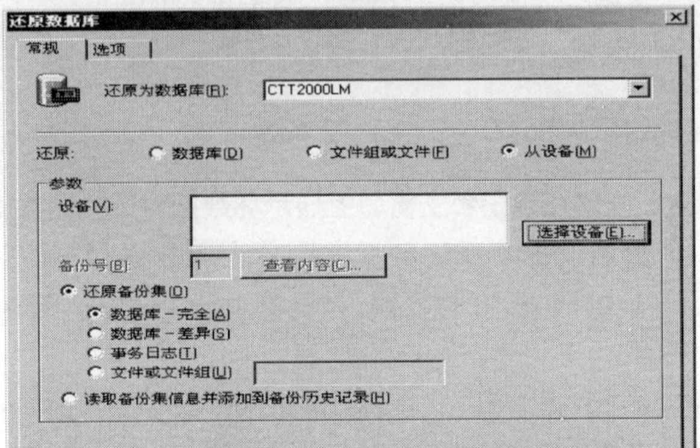

图 2-1-48　还原数据库窗口[常规]选项卡界面

第 4 步：选择[从设备(M)]单选框，然后单击[选择设备(E)]按钮，在出现的“选择还原设备窗口”中单击[添加(A)]按钮，接下来出现“选择还原目的窗口”，将要还原的备份文件名及路经写入栏内，或单击右侧的按钮从本地磁盘内查找。选择完毕后单击[确定]按钮。

第5步：进入“还原数据库窗口”的[选项]界面，选中[在现有数据库上强制还原(F)]复选框。然后将右侧[移至物理文件名]下的路径修改为本地硬盘安装数据库的路径名，此处的地址一定要填写正确，否则数据库无法成功还原数据库，如图2-1-49所示。

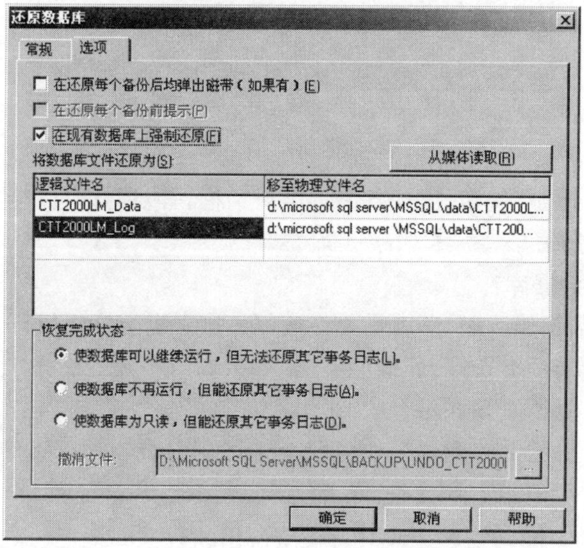

图2-1-49 还原数据库窗口[选项]选项卡界面

第6步：单击[确定]按钮，还原时会出现还原进度对话框，等对话框自行消失后，还原数据库的工作即全部完成。

(九)CTT4K维护台数据配置

1. 什么是环数据？如何在维护台主窗口上显示环数据窗口？环数据包括哪些选项卡？

答：(1)CTT系列数调设备的系统数据主要分为环数据和车站数据两部分。环数据就是跟数字环(也就是组网)相关的数据，是具有共性相通、互相影响的一类数据，是车站数据的前提和基础。

(2)在维护台主菜单[数据管理]中选择[配置环数据]选项，或直接单击主菜单下一行快捷图标中的“配置环数据”快捷图标，即可进入环数据窗口，如图2-1-50所示。

(3)在环数据窗口的选项栏中，可看到环数据分为：[车站基本信息]、[机框数据]、[安装板]、[定义环]、[配置环]、[配置电话]、[远程调度台]、[接入通道]、[电话接入]、[生成数据]、[车站级联]等选项卡。

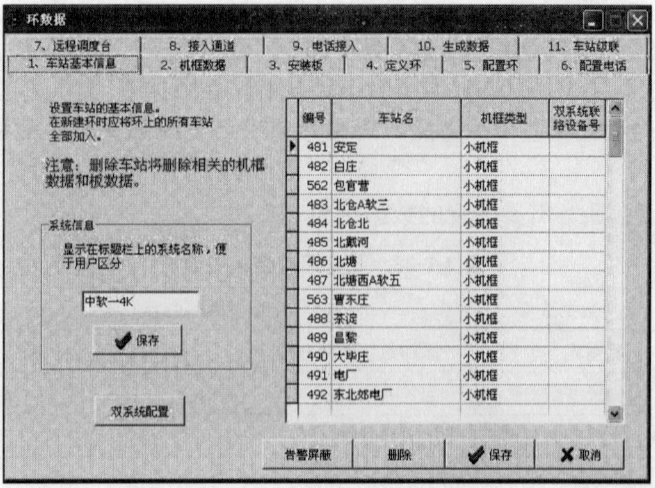

图 2-1-50　CTT4K 维护台环数据窗口

2. 什么是车站数据？如何在维护台主窗口上显示车站数据窗口？车站数据包括哪些选项卡？

答：(1)车站数据是指某一车站与数字环没有直接关联，主要对本站内业务进行配置的数据。具体地讲，为某一车站配置除数字中继板(DTP、DTU)的各种板卡、各类电话属性和系统号码、以及调度台/值班台的键定义、设置组呼键等，都属于车站数据。

(2)在维护台主界面上，右键单击要配置数据的车站，在出现的快捷菜单中，选择[配置车站数据]选项，便进入配置车站数据窗口，如图 2-1-51 所示。

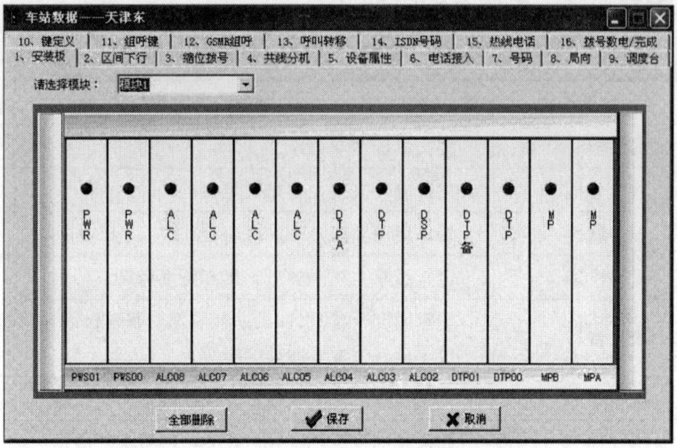

图 2-1-51　配置车站数据窗口

(3)在车站数据窗口上方的选项栏中，可看到车站数据分为：[安装板]、[区间下行]、[缩位拨号]、[共线分机]、[设备属性]、[电话接入]、[号码]、[局向]、[调度台]、[键定义]、[组呼键]、[GSM-R 组呼]、[呼叫转移]、[ISDN 号码]、[热线电话]、[拨号数电/完成]等项。注意:主系统的车站数据比分系统的车站数据多[提供通道]这一选项卡。

3. 对调度台要配哪些相关数据?对车站值班台要配哪些相关数据?二者的主要区别在哪里?

答:(1)调度台通常需要配置的数据见表 2-1-28。

表 2-1-28 配置调度台相关数据

步骤	数据类别	数据选项	配置数据内容	备注
1	环数据	配置环	添加数字共线时隙	
2		配置电话	配置共线分机	
3		生成数据	生成环数据	
4	主系统侧车站数据	安装板	定义调度台端口	
5		设备属性	数字共线时隙立接上调度台	
6		号码	定义数字共线时隙号码组和调度台端口号码	
7		调度台	配置调度台参数,如果是触摸屏型调度台需在触摸屏调度台子窗口中配置触摸屏按键	
8		键定义	如果是键控型调度台需在此项配置用户按键	
9		组呼键	如果是键控型调度台可在此项配置组呼数据	可选
10		GSM-R 组呼	如果是 GSM-R 区段,需在此配置 GSM-R 组呼数据	
11		ISDN 号码	定义调度台 ISDN 号码	可选

(2)车站值班台通常需要配置的数据见表 2-1-29。

表 2-1-29 配置车站值班台相关数据

步骤	数据类别	数据选项	配置数据内容	备注
1	分系统侧车站数据	安装板	定义调度台端口	
2		共线分机	共线分机立接上车站值班台	
3		设备属性	站场用户立接上车站值班台	
4		号码	定义数字共线时隙号码组和调度台端口号码	
5		调度台	配置调度台参数,如果是触摸屏型调度台需在触摸屏调度台子窗口中配置触摸屏按键	
6		键定义	如果是键控型调度台需在此项配置用户按键	
7		组呼键	如果是键控型调度台可在此项配置组呼数据	可选
8		GSM-R 组呼	如果是 GSM-R 区段,需在此配置 GSM-R 组呼数据	
9		ISDN 号码	定义调度台 ISDN 号码	可选

(3)二者的区别主要是调度台相关数据还包括部分环数据，而车站值班台相关数据没有环数据；另外就是调度台的主系统侧车站数据没有[共线分机]选项的内容，车站值班台的分系统侧车站数据有[共线分机]选项的内容。

4. 如何更改键控调度台某一用户呼叫键的位置？

答：由于物理损坏等原因，键控调度台/值班台某一按键可能无法正常使用，须将该按键的用户更改到其他按键去。具体操作是：

(1)打开相应的车站数据窗口，选则[键定义]选项卡，如图 2-1-52 所示。

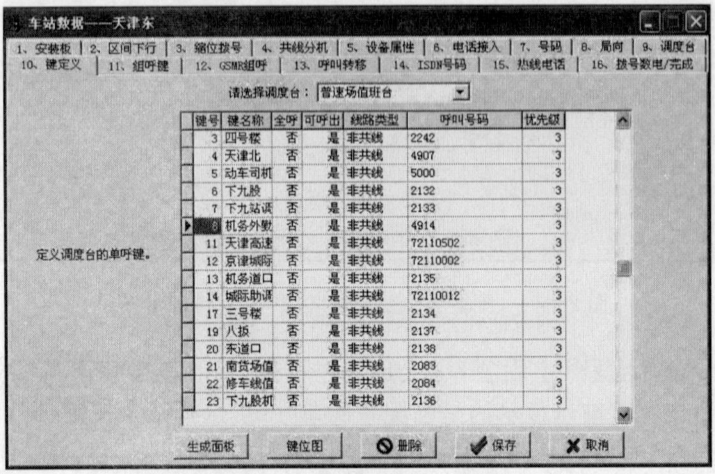

图 2-1-52　配置车站数据窗口[键定义]选项卡

(2)选中要更改的用户，将键号更改为新的键号即可(25 键调度台键号范围为 1～25，48 键调度台键号范围为 1～48，键号不可重复)，如键号从“8”更改为“9”，然后单击[保存]按钮。

(3)修改后，为保证数据校验并加载成功，最好修改一处无关紧要的键名称，如将“八板”修改为“八号扳道”，然后单击[保存]按钮。这样确保调度台/值班台数据加载成功。

(4)对于普通型 CTT2000L/M 系统的调度台/值班台而言，选择[拨号数电/完成]选项卡，单击[加载交换机数据]按钮，待数据加载成功，MP 板会自动向调度台/值班台加载新数据。对于 CTT2000L/M-G 和 CTT4000 系统的调度台/值班台而言，选择[组呼键]选项卡，选中相应的调度台/值班台，单击[加载按键数据]按钮，直接向调度台/值班台加载新数据。

5. 如何为键控调度台配置组呼键？

答：(1)打开相应的车站数据窗口，单击[组呼键]选项卡。

(2)选择[组呼键号]空白栏，会出现一下拉图标，单击该下拉图标，如图 2-1-53 所示，假定选择 10 号键为组呼键，注意该按键必须未使用，即在[键定义]选项卡中未配置该键。

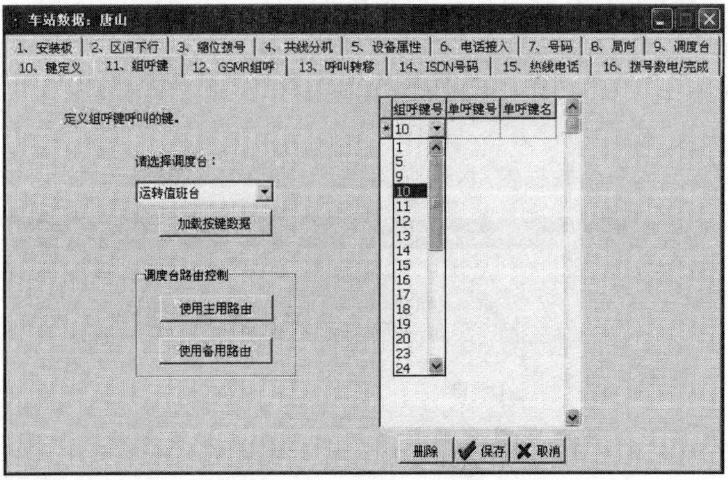

图 2-1-53 配置车站数据窗口[组呼键]选项卡界面

(3)选择[单呼键号] 空白栏，也会出现一下拉图标，单击该下拉图标，弹出如图 2-1-54 所示窗口。该窗口显示的是已配置的单呼键，选择某个按键(即组呼键成员必须先配置为单呼键)，单击[确定]按钮，返回[组呼键]选项卡，用↓键另起一行，重复本步骤，直到选中所有参与组呼的单呼键，最后在[组呼键]选项卡中单击[保存]按钮。

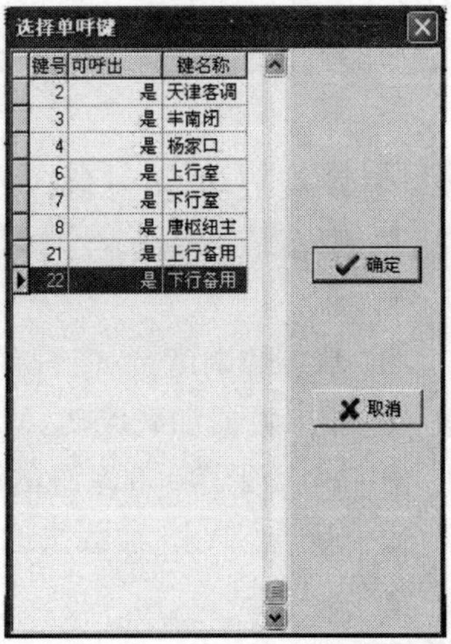

图 2-1-54 配置车站数据窗口选择单呼键子窗口

(4)加载数据，对于普通型 CTT2000L/M 系统的调度台/值班台而言，选择[拨号数电/完成]选项卡，单击[加载交换机数据]按钮，待数据加载成功，MP 板会自动向调度台/值班台加载新数据。对于 CTT2000L/M-G 和 CTT4000 系统的调度台/值班台而言，选择[组呼键]选项卡，选中相应的调度台/值班台，单击[加载按键数据]按钮，直接向调度台/值班台加载新数据。

6. 如何为触摸屏调度台配置组呼键?

答:触摸屏调度台的组呼键数据，是在配置触摸屏调度台子窗口中进行配置的。

(1)在车站数据窗口中单击[调度台]选项卡，选中相关触摸屏调度台，再单击下面的[触摸屏调度台]按钮，进入配置触摸屏调度台子窗口。

(2)单击[电话簿]选项卡，定义一个组呼键名称及号码，其中号码为任意号码，但不能与既有号码重复，也不能设置为可出局的号码。

(3)单击[组呼号码]选项卡，选择左侧[组呼号码]空白栏，会出现一下拉图标，单击该下拉图标，弹出如图 2-1-55 所示窗口，选中刚才定义的组呼键，单击[确定]按钮，返回配置触摸屏调度台字窗口[组呼号码]选项卡界面。

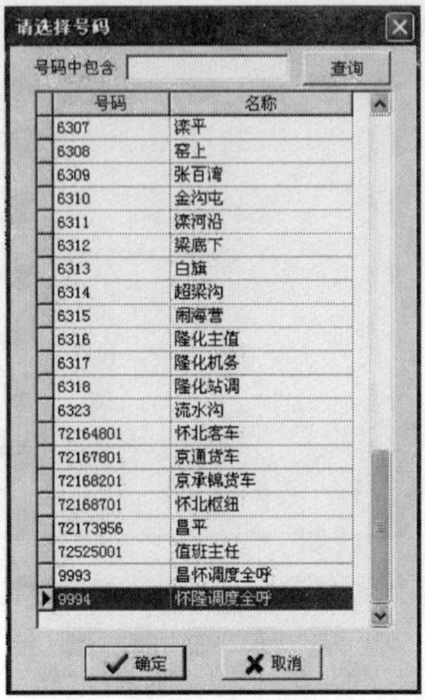

图 2-1-55　配置触摸屏调度台子窗口请选择号码子窗口

(4)选择右侧[单呼号码]空白栏，也会出现一下拉图标，单击该下拉图标，仍弹出如图 2-1-55 所示窗口，选择某个按键，单击[确定]按钮，返回[组呼号码]选项卡界面，用↓方向键另起一行，重复本步骤，直到选中所有参与组呼的单呼键，最后在[组呼号码]选项卡中单击[保存]按钮，如图 2-1-56 所示。

(5)选择[按键配置]选项卡，对按键进行配置，如图 2-1-57 所示。

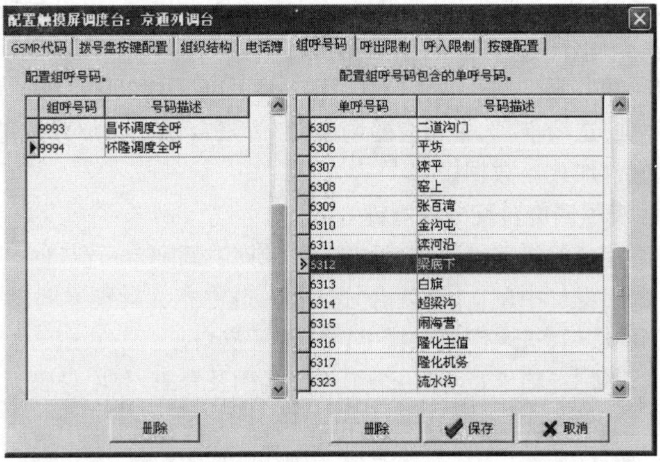

图 2-1-56　配置触摸屏调度台子窗口[组呼号码]选项卡界面

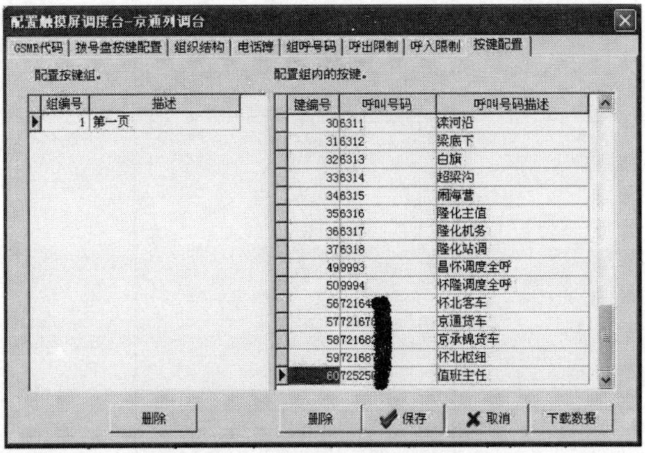

图 2-1-57　配置触摸屏调度台子窗口[按键配置]选项卡界面

(6)最后单击[下载数据]按钮，向触摸屏调度台加载数据。

7. 如何打开或关闭一个无线列调分机接口？

答：在配置车站数据窗口中，选择[共线分机]选项卡，激活无线列调分机所在行的[固定连接]项，选择"是"即打开无线列调分机接口，选择"否"即关闭无线列调分机接口，然后加载车站数据即可。

8. 怎样在调度所调度交换机增加一台调度分机？

答：在调度所调度交换机增加一台调度分机通常需要配置相关的数据，具体的数据如表 2-1-30 所示，

表 2-1-30　在主系统增加一台调度分机相关数据

步骤	数据类别	数据选项	配置数据内容
1	主系统侧车站数据	安装板	定义调度分机端口
2		设备属性	调度分机端口立接上调度台
3		号码	更新调度分机端口号码描述
4		调度台	触摸屏型调度台需在配置触摸屏调度台子窗口中配置触摸屏按键,类型可选择[共线]
5		键定义	键控型调度台需在此项配置用户按键,线路类型可选择[本地上共线]或[数字]

对于 CTT2000L/M 系统,如果是键控调度台,只需加载主系统数据即可;如果是触摸屏调度台,需加载主系统数据和触摸屏数据。

对于 CTT2000L/M-G 和 CTT4000 系统,无论是何种调度台,均需加载主系统数据和调度台数据。

9. 怎样在车站调度交换机增加一台调度分机?

答:在车站调度交换机增加一台调度分机通常需要配置相关的数据,具体的数据如表 2-1-31 所示,

表 2-1-31　在车站调度交换机增加一台调度分机相关数据

步骤	数据类别	数据选项	配置数据内容
1	环数据	配置电话	增加共线调度分机
2		生成数据	生成环数据
3	主系统侧车站数据	号码	更新数字共线时隙号码组
4		调度台	触摸屏型调度台需在配置触摸屏调度台子窗口中配置触摸屏按键,类型可选择[共线]
5		键定义	键控型调度台需在此项配置用户按键,线路类型可选择[数字]
6	分系统侧车站数据	安装板	如果分机是电话,在此定义调度分机端口
7		共线分机	共线分机立接上调度分机端口或车站值班台
8		号码	更新数字共线时隙号码组和调度分机端口号码描述
9		调度台	触摸屏车站值班台需在配置触摸屏调度台子窗口中配置触摸屏按键,类型选择[普通]
10		键定义	如果是键控型车站值班台需在此项配置用户按键,线路类型选择[非共线]

对于 CTT2000L/M 系统,如果增加的是键控调度台,只需加载主系统数据和分系统数据即可;如果增加的是触摸屏调度台,需加载主系统数据、分系统数据和触摸屏数据。

对于 CTT2000L/M-G 和 CTT4000 系统，无论是何种调度台，均需加载主系统数据、分系统数据和调度台/值班台数据。

10. 怎样在车站调度交换机添加一个站场用户？

答：在车站调度交换机增加一个站场用户需要配置相关的数据，具体的数据如表 2-1-32 所示。对于 CTT2000L/M 系统，如果是键控值班台，只需加载分系统数据即可；如果是触摸屏值班台，需加载分系统数据和触摸屏数据。对于 CTT2000L/M-G 和 CTT4000 系统，无论是何种值班台，均需加载分系统数据和值班台数据。

表 2-1-32 在车站调度交换机增加一个站场用户相关数据

步骤	数据类别	数据选项	配置数据内容
1	分系统侧车站数据	安装板	定义站场用户端口
2		设备属性	站场用户立接上车站值班台
3		号码	更新站场用户端口号码描述
4		调度台	触摸屏型车站值班台需在配置触摸屏调度台子窗口中配置触摸屏按键，类型选择[普通]
5		键定义	键控型车站值班台需在此项配置用户按键，线路类型选择[非共线]

11. 怎样在车站调度交换机更改一个站场用户端口位置？

答：在车站调度交换机更改一个站场用户端口位置需要配置相关的数据，具体的数据如表 2-1-33 所示。

表 2-1-33 在车站调度交换机更改一个站场用户端口位置相关数据

步骤	数据类别	数据选项	配置数据内容
1	分系统侧车站数据	安装板	重新定义该站场用户端口
2		设备属性	该站场用户新端口立接上车站值班台，同时删除旧端口立接上车站值班台的数据
3		号码	更新该站场用户新旧端口号码描述
4		调度台	触摸屏型车站值班台需在配置触摸屏调度台子窗口中更改该用户号码
5		键定义	键控型车站值班台需在此项更改用户号码，建议修改一处无关紧要的键名称

对于 CTT2000L/M 系统，如果是键控值班台，只需加载分系统数据即可；如果是触摸屏值班台，需加载分系统数据和触摸屏数据。

对于 CTT2000L/M-G 和 CTT4000 系统，无论是何种值班台，均需加载分系统数据和值班台数据。

12. 如何配置闭塞电话?

答:配置闭塞电话有三种情况:

(1)办理闭塞的A站和B站在数调系统中位于同一个数字环,且站号相邻,需要配置的数据见表2-1-34。

表2-1-34 配置同一数字环相邻站闭塞电话的相关数据

步骤	数据类别	数据选项	配置数据内容
1	环数据	配置环	添加闭塞电话(右键单击选定[添加闭塞电话B])
2		生成数据	生成环数据
3	A站B站车站数据	设备属性	上下行闭塞电话时隙立接上调度台
4		号码	定义闭塞电话号码组(建议用49号码组)
5		调度台	触摸屏型车站值班台需在配置触摸屏调度台子窗口中配置触摸屏按键,类型选择[普通]
6		键定义	键控型车站值班台需在此项配置用户按键,线路类型选择[非共线]

(2)A站和B站在数调系统中位于同一个数字环,站号不相邻,需要配置的数据见表2-1-35。

表2-1-35 配置同一数字环不相邻车站闭塞电话的相关数据

步骤	数据类别	数据选项	配置数据内容
1	环数据	配置环	添加数字电话时隙(右键单击选定[添加数字电话S])
2		配置电话	定义该数字电话时隙连接车站A和车站B
3		生成数据	生成环数据
4	A站B站车站数据	设备属性	数字电话时隙立接上调度台
5		号码	定义数字电话时隙号码(仍用49号码组)
6		调度台	触摸屏型车站值班台需在配置触摸屏调度台子窗口中配置触摸屏按键,类型选择[普通]
7		键定义	键控型车站值班台需在此项配置用户按键,线路类型选择[非共线]

(3)A站和B站在数调系统中位于不同的数字环,需要配置的数据见表2-1-36所示。

对于CTT2000L/M系统,如果是键控值班台,需加载主系统、A站、B站分系统数据即可;如果是触摸屏值班台,需加载主系统、A站、B站分系统数据和触摸屏数据。

表 2-1-36 配置不同数字环两站间闭塞电话的相关数据

步骤	数据类别	数据选项	配置数据内容
1	环数据	配置环	在两个数字环中分别添加数字电话时隙(右键单击选定[添加数字电话S])
2		配置电话	定义数字电话时隙连接主系统和车站A、主系统和车站B
3		生成数据	生成环数据
4	主系统侧车站数据	设备属性	两个数字电话时隙互相立接
5	A站B站车站数据	设备属性	数字电话时隙立接上调度台
6		号码	定义数字电话时隙号码(仍用49号码组)
7		调度台	触摸屏型车站值班台需在配置触摸屏调度台子窗口中配置触摸屏按键,类型选择[普通]
8		键定义	键控型车站值班台需在此项配置用户按键,线路类型选择[非共线]

对于CTT2000L/M-G和CTT4000系统,无论是何种值班台,均需加载主系统、A站、B站分系统数据和值班台数据。

(十)CTT2000系统故障处理

1. 维护台不能正常登录如何处理?

答:可能的原因及处理办法如下:

(1)数据库服务管理器没有启动服务或没有打开程序

解决办法:启动服务或打开服务管理器程序。打开程序的方法是单击[开始]→[程序]→[Microsoft SQL Server]→[服务管理器],程序打开后会在电脑右下角显示服务管理器的图标。

(2)没有连接到正确的数据库

解决办法:打开网管终端程序安装目录,双击CTT2000LM.udl文件,出现如图2-1-58所示窗口。选择正确的数据库,单击[测试连接]按钮,系统回复"测试连接成功"提示框。

(3)维护台用户名、密码不正确

解决办法:使用正确的用户名、密码。如图2-1-31所示的维护台登录窗口。如果维护台和通信服务器在同一台电脑上,在[名称或IP地址]项中要填"localhost";如果一台电脑上安装多个通信服务器,[服务端口]项不能重复,可选择"10000"、"10001"、"10002"等。

(4)用户被锁定(针对非CTT4K网管终端)

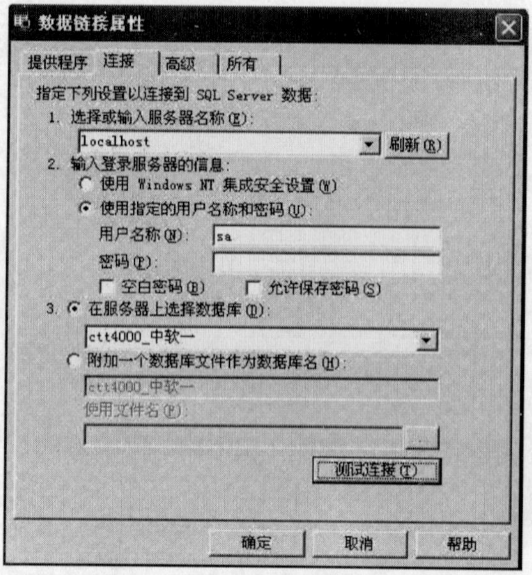

图 2-1-58　数据连接文件属性窗口

解决办法:在数据库的表“UserInfo”中更改失败次数。

(5)网管终端没有正确安装

解决办法:重新安装网管终端。

2. 维护台不能连接到通信服务器如何处理?

答:如果维护台下方交换机链路状态显示为红色小球,或状态栏中显示“断开与通信服务器的连接”,表示维护台没有与通信服务器正确通信。产生此错误可能的原因及处理办法如下:

(1)通信服务器没打开

解决办法:启动通信服务器程序。

(2)通信服务器程序死机

解决办法:关闭通信服务器程序,再重新启动通信服务器。如果单击通信服务器的主菜单[系统]的[退出]选项没有反应的话,在键盘上按[Ctrl+Alt+Del]组合键进入Windows 的“任务管理器”的[进程]监视界面,如图 2-1-59 所示。在映像名称下找到“CommServer4k. exe”(CTT4K 网管终端)或“CommServer. exe”(非 CTT4K 网管终端),单击窗口右下方的[结束进程]按钮,强行退出通信服务器。

(3)维护台故障

解决办法:先退出维护台,再重新启动维护台。

(4)网管终端没有正确安装

解决办法:重新安装网管终端。

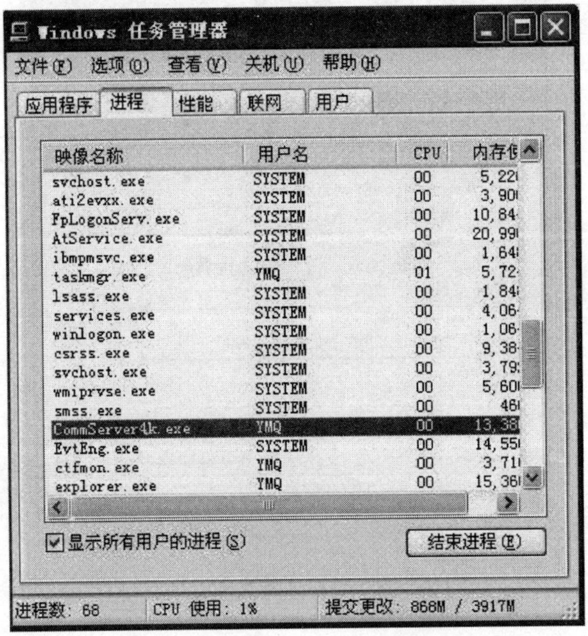

图 2-1-59 Windows 任务管理器窗口

3. 系统死机或不能正常退出如何处理?

答:系统运行过程中,可能由于某种原因导致系统死机或不能正常退出,解决方法是强制结束网管终端(含维护台和通信服务器)。

在键盘上按[Ctrl+Alt+Del]组合键进入 Windows 的"任务管理器"的[进程]监视界面,在映像名称下找到"Cttclient4k. exe"和"CommServer4k. exe",(或"Cttclient. exe"和"CommServer. exe")单击窗口右下方的[结束进程]按钮,强行退出维护台及通信服务器。

4. 如何从数据库中删除过期的告警信息?

答:打开查询分析器,方法是单击[开始]→[程序]→[Microsoft SQL Server]→[查询分析器],在连接窗口单击[确定]按钮。

进入查询分析器主窗口后,选择相应数据库,如图 2-1-60 圈线所示,根据需要在文本框输入如下两条命令之一:

delete Alarm (删除所有告警记录)。

delete Alarm where DATEDIFF(day, time, getdate())>30; (删除大于 30 天以上的所有告警记录,其中 30 可根据需要更换为 90、180)。

输入完毕后,单击[查询]→[执行(E)],即删除告警信息。

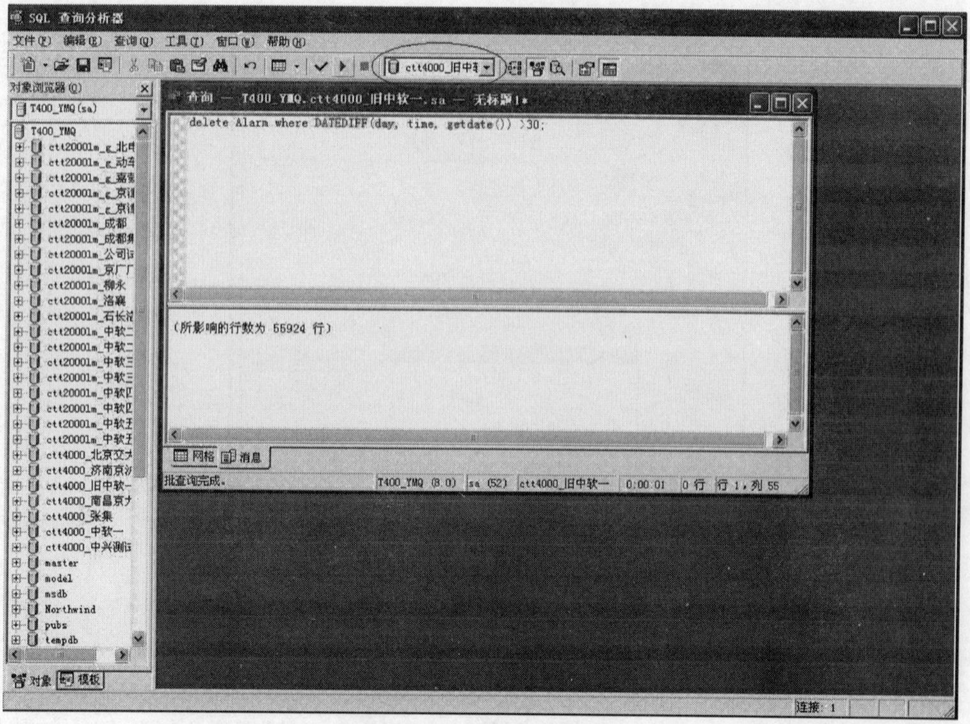

图 2-1-60　查询分析器窗口

5. 为何数据备份文件越来越大？如何进行压缩？

答：数据库备份文件越来越大的原因一是告警记录越来越多，二是数据库日志越来越大，如日常维护中的查看、复位、更改数据等操作都会写进数据库日志文件。如果数据库过大，轻则耗费系统资源，导致系统运行变慢，重则导致数据库崩溃。

对数据库进行压缩精简也可以从两个方面着手：一是删除时间过久的告警信息；二是备份事务日志。删除告警信息的操作参见上一题，下面重点讲解如何备份事务日志。

打开企业管理器，方法是单击电脑[开始]→[程序]→[Microsoft SQL Server]→[企业管理器]，弹出企业管理器主窗口。在企业管理器主窗口中依次单击[Microsoft SQL Servers]→[SQL Server 组]→[(local)(Windows NT)]→"数据库"，右击当前数据库，选择[所有任务]→[备份数据库]，进入备份数据库窗口。在备份数据库窗口，选择[事务日志]单选项和[重写现有媒体]单选项，如图 2-1-61 所示。单击[添加(A)]按钮，将事务日志备份文件的文件名及路经正确写入栏内，或单击右侧的按钮从本地磁盘内查找并备份至合适的位置。单击[确定]按钮，等对话框自行消失后，备份事务日志的工作即完成。再次备份数据库时备份文件将不再包含以前的事务日志。

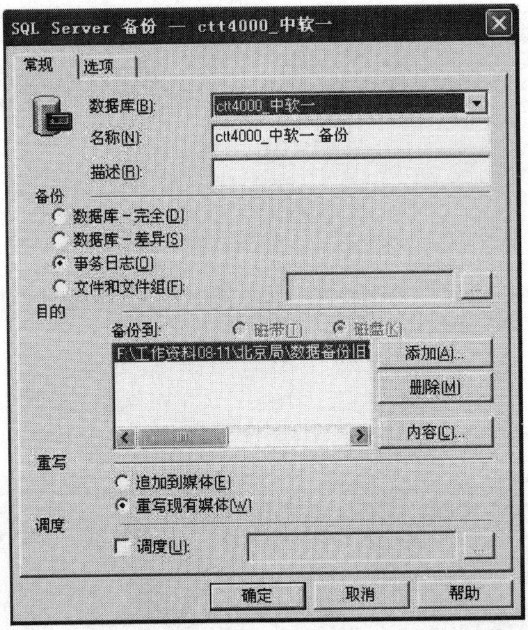

图 2-1-61 企业管理器备份数据库窗口

经过上述两个步骤后，数据库备份文件将大幅缩小，一般情况下，CTT4K 的数据库备份文件为十几兆左右，CTT2000L/M 的数据库备份文件不超过十兆。

6. 维护台显示某站 2M 端口告警，但是相邻站不告警，如何处理？

答：首先查看该站（B 站）DTP 板端口状态，检查是 2M1 告警还是 2M2 告警。

如果是 2M1 告警，借助传输网管查看是该站传输端口告警还是前一站（A 站）传输端口告警，如果传输 A 站告警，则故障点位于 A 站数调下行 2M2 发线；如果传输不告警，则故障点位于 B 站数调上行 2M1 收线。如果是 2M2 告警，借助传输网管查看是该站传输端口告警还是后一站（C 站）传输端口告警，如果传输 C 站告警，则故障点位于 C 站数调上行 2M1 发线；如果传输不告警，则故障点位于 B 站数调下行 2M2 收线。

如果 2M 线没有问题，也可能是 DTP 板故障，更换 DTP 板即可，判断方法同上。另外也可由现场维护人员到 B 站在 DDF 架上环回，也可测出故障点。

7. 用户申告某远程调度台呼叫不到所有用户，如何处理？

答：出现这种情况，一般的原因是远程调度台没有和主系统通信上，需要将远程调度台的管理端（主系统）DSP 板和连接端（分系统）DSP 板同时复位。如果不清楚端口位置，可以在配置环数据窗口选择[远程调度台]项，选择相应数字环后，右侧会显示远程调度台的管理端和连接端，如图 2-1-62 所示。

在图中显示有两个远程调度台（一个远程调度台占用 3 个时隙），再分别进入主系统和分系统的配置车站数据窗口，选择[设备属性]项，查看这些时隙立接的 DSP 板设备号，即可找到远程调度台在主系统和分系统的端口。

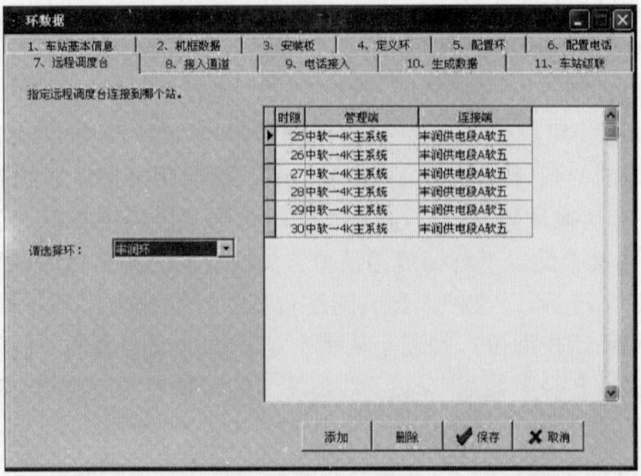

图 2-1-62　CTT4K 维护台环数据窗口[远程调度台]选项卡界面

建议维护人员将远程调度台管理端（主系统）和连接端（分系统）的 DSP 板端口描述写清楚，出现故障可迅速定位。

8. 更换主处理机板/模块处理机板是否需要重新下载数据？如需重新下载，方法是什么？

答：更换主处理机板/模块处理机板必须重新下载数据。方法有两种：一是由维护台同步 MP 板数据，将在用 MP / MPU 板的数据同步到新换 MP / MPU 板中，（如果是 CTT2000 型设备，新换的 MP 板要做备用）；二是从网管终端重新下载数据。（如果是 CTT2000 型设备，新换的 MP 板要做主用）

9. 更换键控调度台是否需要重新下载数据？如需重新下载，方法是什么？

答：在 CTT2000L/M 系统内更换键控调度台不需要重新下载数据。在 CTT2000L/M-G 系统和 CTT4000 系统内更换键控调度台需要重新下载数据，下载方法是在配置车站数据窗口选择[组呼键]项，选中相应键控调度台，单击[加载按键数据]按钮即可。

10. 更换触摸屏调度台是否需要重新下载数据？如需重新下载，方法是什么？

答：更换触摸屏调度台都需要重新下载数据，下载方法是在配置车站数据窗口选择[调度台]项，选中相应触摸屏调度台，单击[触摸屏调度台]按钮，在弹出的配置触摸屏调度台子窗口中选择[按键配置]项，单击[下载数据]按钮即可。

11. 设备巡检时发现某块 ALC 板某路 R 红灯长亮，如何处理？

答：ALC 板 R 红灯亮表示相应接口收到呼入信号。如果该接口插的是普通用户模块，可能的原因有两个：一是外线摘机或短路；二是小模块故障。一般处理方法是先在机柜侧断开外线，看红灯是否灭。如果灭了多数是外线或电话的问题，查看外线和电话。如果不灭多数是模块的问题，可尝试更换模块。也可断开外线接个电话看通话是否正常，进而检测模块是否正常。

12. 数字中继板不能切换如何处理?

答:首先可以重新下载车站数据，然后将 2M 线和 DTP 热备线(位于机柜 DTP0、DTP1 槽位后面，形如用户线的连接线)重新插紧，并尝试将两块 DTP 板交换槽位。通常情况下，有故障的 DTP 板会抢主，不能做热备。然后用确定良好的 DTP 板分别更换其中的一块后进行切换试验，找出故障板。若不行再更换两块 DTP 板。

13. 数字环中某个站以下与调度通话单方向或双向无声音但呼叫正常，如何处理?

答:出现这种情况后，请维护人员到调度台依次呼叫该数字环中所有车站的用户，(每个车站呼叫一个用户即可)，判断是从哪个站开始出现问题的。假定从 B 站开始通话出现问题，B 站的上一个站是 A 站，那么最大的可能性是 A 站或 B 站的 MP 板或 DTP 板出现问题。

还可以做一个试验验证一下:在主系统侧将该数字环主环断开，维护人员再依次呼叫该数字环中所有车站的用户，看看是不是从该数字环第一个车站到 A 站或 B 站通话出现问题，如果是，故障点肯定是 A 站或 B 站。请现场维护人员分别到 A 站和 B 站更换 MP 板或 DTP 板进行排障处理。

(十一)CTT4000 系统故障处理

1. 跨模块间通话不良，模块内通话正常，如何处理?

答:出现这种现象可能有三个原因，一是 4K 机框数据可能有错误。在配置环数据窗口中选择[机框数据]项，单击下方的[4K 机框数据]按钮，进入配置 4K 机框数据子窗口，如图 2-1-63 所示，请检查数据是否与图中一致。对于单机架 4 子模块的 4K 系统而言，至少要保证方框内的数据是一致的。

第二可能的原因是背板后面的高速总线及附属串口驱动器松动或故障，请重新插紧或更换相应的高速总线及附属串口驱动器。

第三可能是两个模块中的模块处理机板(MPU 板)故障，可复位或者更换(建议同一模块中的两块 MPV 板要同时复位)。

2. 维护台监测不到新增的 DDU 板，应如何处理?

答:首先要确定数据是否加载，DDU 板是否插到位。如果还监测不到，复位同模块的两块 MPU 板，待系统重新启动后，故障可恢复。

3. 工作正常的 MPU 板，突然加载不了数据，如何处理?

答:出现这种情况，首先确认一下单击加载数据后有没有错误提示，如果有错误提示，是数据配置出现错误，请检查新改动的数据。如果没有错误提示，只是进度条不动或者回复“写入 Flash 失败”，请复位该 MPU 板，待系统重新启动后，重新加载数据尝试。

模块号	JJ1	JJ2	JJ3	JJ4	JJ5	JJ6	JJ7	JJ8	JJ9	JJ10	JJ11	JJ12	JJ13	JJ14	JJ15
1	2	3	4	5	6	7	8	9	10	11	12	13	14	15	16
2	1	3	4	5	6	7	8	9	10	11	12	13	14	15	16
3	1	2	4	5	6	7	8	9	10	11	12	13	14	15	16
4	1	2	3	5	6	7	8	9	10	11	12	13	14	15	16
5	1	2	3	4	6	7	8	9	10	11	12	13	14	15	16
6	1	2	3	4	5	7	8	9	10	11	12	13	14	15	16
7	1	2	3	4	5	6	8	9	10	11	12	13	14	15	16
8	1	2	3	4	5	6	7	9	10	11	12	13	14	15	16
9	1	2	3	4	5	6	7	8	10	11	12	13	14	15	16
10	1	2	3	4	5	6	7	8	9	11	12	13	14	15	16
11	1	2	3	4	5	6	7	8	9	10	12	13	14	15	16
12	1	2	3	4	5	6	7	8	9	10	11	13	14	15	16
13	1	2	3	4	5	6	7	8	9	10	11	12	14	15	16
14	1	2	3	4	5	6	7	8	9	10	11	12	13	15	16
15	1	2	3	4	5	6	7	8	9	10	11	12	13	14	16

图 2-1-63　CTT4K 维护台配置 4K 机框数据子窗口

4. 录音接口无语音输出，如何处理？

答：(1)复位相应的 DDU 或 DSU 单板；(2)检查配线；(3)更换相应的 DDU 或 DSU 单板。(4)复位该模块框中的两块 MPU 板。

5. 触摸屏通话记录未按时间排序显示，如何处理？

答：单击通话记录显示区上端的[开始时间]或[结束时间]，即可按时间升序或降序显示。

6. 无法向当前语音通道中发送 DTMF 信号，如何处理？

答：首先检查触摸屏界面下方[会议]功能键是否激活，触摸屏处于会议状态时，无法向正在通话的通道中发送 DTMF 信号。然后检查拨号盘中[逐键拨号]是否选择(正常应不选择，但若想发送 DTMF 信号，必须选择此选项)。

7. 维护台监测不到某框，实际业务正常时，应如何处理？

答：观察 A、B 平面网络指示灯状态(ET1 或 ET2 闪亮)是否正常，若不正常，检查网线插头是否松动，若松动则重新插紧两侧插头，若仍监测不到则需更换网线。

二、FH98 系列及 MDS3400 数调设备

(一)佳讯飞鸿数调设备概述

1. 佳讯飞鸿数调交换机的型号有哪些?区别是什么?

答:佳讯飞鸿数调交换机的类型有:FH98、FH98-G、MDS3400。三者之间的区别如表 2-2-1 所示。

表 2-2-1 FH98、FH98-G 和 MDS3400 的区别

名称	硬件	软件	交换容量	功能比较	使用范围	接 MSC
FH98	相同	不同	1 k	较强	铁路	否
FH98-G		不同	1 k	强	铁路/部队	是
MDS3400	不同	不同	4 k	很强	铁路/部队/石油/及任何行业	是

2. 不同类型调度交换机如何混合组网?

答:各种类型调度交换机的组网方式如表 2-2-2 所示。

表 2-2-2 各种类型调度交换机的运用方式

型号	使用于不同地点的类型		组网方式
	主系统侧	分系统侧	
FH98	M 型	S 型	配套组网
FH98-G	M 型	S 型	配套组网
MDS3400	DL4X 型	DLX 型	配套组网,可下挂 FH98/FH98G(S 型)

说明:组网时同一数字环的车站调度设备必须是同类型的交换机

3. 佳讯飞鸿键控式调度台/值班台的型号有哪些?区别是什么?

答:佳讯飞鸿键控式调度台/值班台的类型有:JK24 键、JK48 键、KDT40/104/144 键。键控式调度台/值班台之间的区别如表 2-2-3 所示。

表 2-2-3 键控式调度台/值班台的区别

名称	硬件	软件	功能比较	使用地点
JK24	不同	不同	支持 U 接口	车站
JK48	不同	不同	支持 U 接口	调度所/车站
KDT	不同	不同	支持 U/E1 接口	调度所/车站

4. 佳讯飞鸿触摸屏调度台/值班台型号有哪些？区别是什么？

答：佳讯飞鸿触摸屏调度台/值班台的型号有一体化Ⅰ型、一体化Ⅱ型、一体化Ⅲ型。

触摸屏调度台/值班台之间的区别如表 2-2-4 所示。

表 2-2-4　键控式调度台/值班台的区别

名称	硬件	软件	功能比较	使用地点
一体化Ⅰ型	不同	不同	支持 U 接口，双手柄	调度所/车站
一体化Ⅱ型	不同	不同	支持 U/E1 接口，双手柄	调度所/车站
一体化Ⅲ型	不同	不同	(1)支持 U/E1 接口，单手柄 (2)液晶显示屏可以上下调节角度	调度所/车站

(二)FH98 /FH98-G 调度交换机的硬件结构

1. FH98/FH98-G(M 型)调度交换机由哪些模块层组成？画出面板图。

答：FH98/FH98G(M 型)调度交换机由主控模块层、数字模块层和接口模块层组成。面板如图 2-2-1 所示。

2. FH98/FH98-G(M 型)调度交换机主控模块层的单板是如何组成的？画出板位示意图。

答：FH98/FH98-G 调度交换机(M)型的主控模块层采用 A、B 两个平面，A、B 平面均由电源板、音源板、主控板、会议板组成。主控模块层板位示意图如图 2-2-2 所示。

3. FH98/FH98-G(M 型)调度交换机数字模块层配满时安装单板数量是多少？单板的类型及其用途如何？

答：数字层配满时，可安装 14 块单板，包括两块电源板-B 和 12 块数字板，其中电源板-B 固定安装在最左边的两个槽位。如表 2-2-5 所示。单板的类型和用途如表 2-2-5 所示。

表 2-2-5　FH98/FH98G(M 型)数字板类型和用途

类型	提供信令和接口	用　　途
数字板 N	专用信令数字环接口	挂接车站数字环
数字板 Y	DSS1 信令用户侧协议接口	与 DSS1 信令网络侧接口对接
数字板 W	DSS1 信令网络侧协议接口	与 DSS1 信令用户侧接口对接
数字板 Q	No. 1 信令接口	与 1 号信令数字中继接口对接

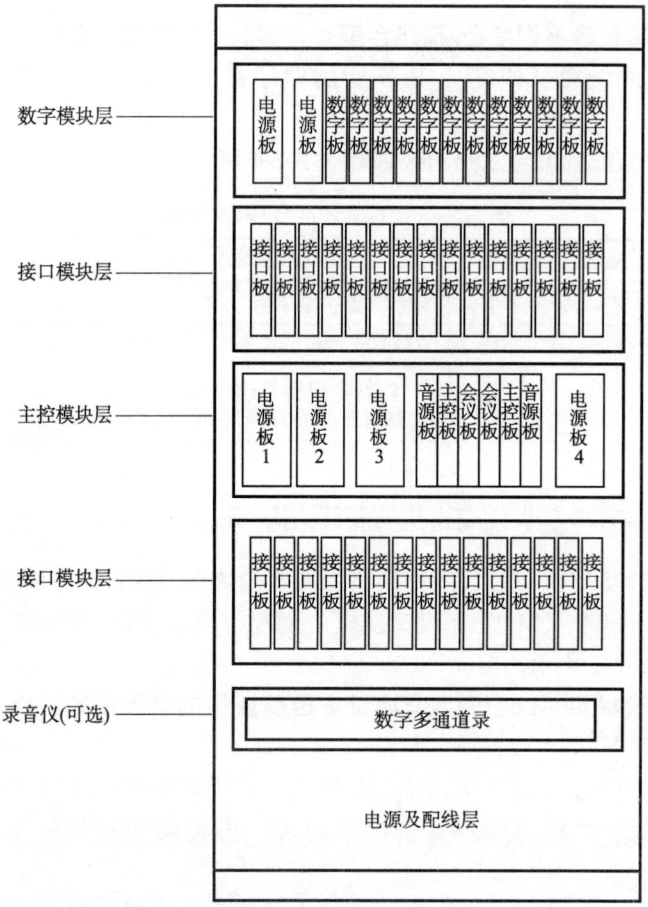

图 2-2-1　FH98/FH98-G 调度交换机面板图

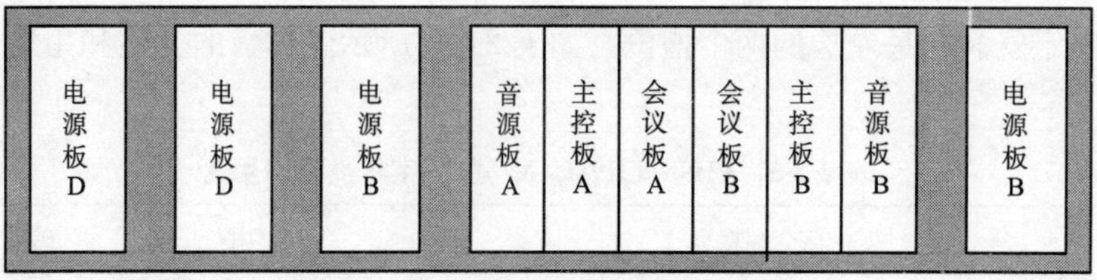

图 2-2-2　主控模块层板位示意图

4. FH98/FH98-G(M 型)调度交换机接口模块层配满时单板的数量及其类型有哪些?

答:(1)接口模块层一层满配 15 块单板,FH98/FH98-G(M 型)调度交换机最多可以提供两层接口模块层,即配满时可以安装 30 块单板。

(2)单板类型有:U 口板-2、用户板-6、多功能接口板-6(可插接模调、音频、磁石、共分、环路、共总接口小插板)、区间板、数据通信板。

5. FH98/FH98-G(M 型)调度交换机电源板有哪些类型? 如何为各模块层供电?

答:电源板有两种:

(1)电源板 B 不提供铃流信号,为无铃流电源板。在主控模块层安装 2 块,分别为该层 A、B 两平面供电。在数字模块层安装 2 块,1∶1 备份,为数字模块层供电。

(2)电源板 D 提供 25 Hz、75 V 铃流信号,为有铃流电源板。在主控模块层安装 2 块,1∶1 备份,为接口模块层供电。

6. FH98/FH98-G(S 型)调度交换机由哪几层组成? 画出面板图及单板的配置。

答:(1)FH98/FH98-G(S 型)调度交换机由标准配置层、扩展配置层、电源和配线层组成。

(2)面板图如图 2-2-3 所示。

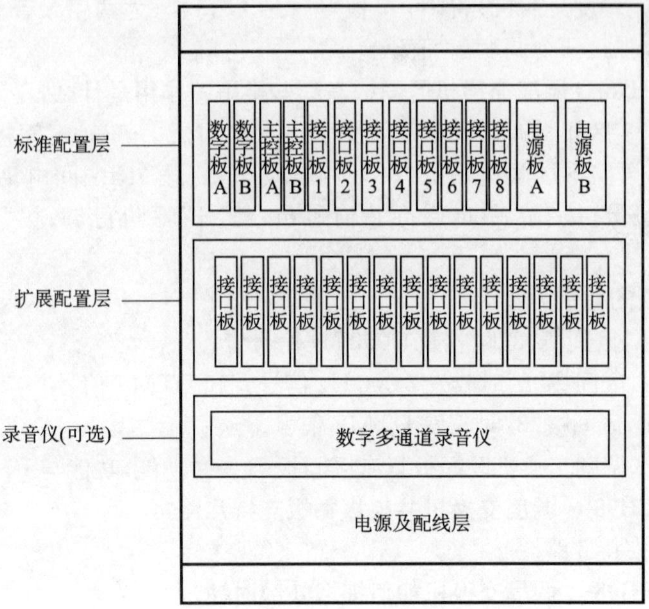

图 2-2-3　FH98/FH98-G(S 型)调度交换机面板图

(3)标准层配满时安装 14 块单板,其中两块分数字板-S(1∶1 备份)、两块分主控板-S(1∶1 备份)、两块有铃流电源板-D(1∶1 备份)为基本配置,其余 8 块接口板根据需要选配,接口板包括 U 口板-2、用户板-6、接口板-6、选号板-3(选号板提供选号分机,是与 M 型交换机的模调/音频小插板互联,实现模拟调度的功能)、区间板-4、数据通信板。

7. FH98/FH98-G(S 型)调度交换机数字板-H、数字板-T 的区别是什么?

答:(1)数字板-H 为 4E1 数字板,可以实现数字环的环切环,即可以实现一个车站挂接到两个数字环内；

(2)数字板-T 为 4E1 数字板，可以实现环套环，即可以实现该车站通过 2M 再下挂一个数字环挂接车站。

8. FH98/FH98-G 调度交换机 U 口板有哪些类型？作用是什么？

答：(1)FH98 调度交换机的 U 口板有：

①U 口板-1(单路录音 U 口板、提供 1 路 2B+D 接口)；

②U 口板-2(双路录音 U 口板，提供 2 路 2B+D 接口)；

③U 口板-3(三路 U 口板，提供 3 路 2B+D 接口，无录音接口)；

④U 口板-A(双路远主 U 口板，用在 M 系统，与 U 口板-B 配合使用)；

⑤U 口板-B(双路远分 U 口板，用在 S 系统，与 U 口板-A 配合使用)；

⑥U 口板-C(单路远主 U 口板，用在 M 系统，与 U 口板-D 配合使用)；

⑦U 口板-D(单路远分 U 口板，用在 S 系统，与 U 口板-C 配合使用)。

(2)FH98-G 调度交换机只有 U 口板-2 一种 U 口板，为两路录音 U 口板，提供两路 2B+D 接口，挂接两个调度台/值班台。

9. FH98/FH98-G 调度交换机区间板有哪些类型？作用是什么？

答：(1)FH98 区间板有区间板-A、区间板-4、区间板-B，三种区间板均可取代原有区转机的功能，可实现区间电话拨“0”呼叫自动电话；拨“1”区间电话自振铃；拨“2”呼叫上行站值班员；拨“3”呼叫下行站值班员；拨“4”呼叫行调；拨“5”呼叫电调等功能。

三种区间板的差别为：

①区间板-A，区间拨“3”时收发 5 000 Hz 信号音；

②区间板-4，区间拨“3”时收发 5 000 Hz 信号音和 DTMF 信号“*”；

③区间板-B，区间拨“3”时收发 DTMF 信号。

(2)FH98-G 调度交换机区间板只有区间板-B 一种功能，功能与 FH98 相同。

10. FH98/FH98-G 调度交换机共电板每板支持几路？

答：共电板支持 6 路。

11. FH98/FH98-G 调度交换机如何提取外部时钟？

答：(1)有两种方式提取外部时钟 FH98/FH98-G(M 型)，可以通过主控板硬件设置主控板自由振荡时钟；

(2)也可以设置成提取数字板时钟(FH98 调度交换机可取 33 或 34 模块数字板时钟，FH98-G 调度交换机可取 32 模块数字板时钟)，数字板可设置成提取数字板自身自由振荡时钟或通过 2M 通道提取外部 BITS 时钟。

12. FH98/FH98-G 调度交换机的系统容量是多少？

答：FH98/FH98-G 调度交换机的系统容量如表 2-2-6 所示。

表 2-2-6　FH98/FH98-G 调度交换机的系统容量

配置接口名称	FH98(M 型)	FH98-G(M 型)	FH98(S 型)	FH98-G(S 型)
E1 数字接口	24 个	24 个	2/4 个	2/4 个
30B+D 接口	12 个	12 个		
2B+D 接口	60 个	60 个	46 个	46 个
模拟接口	180 个	180 个	128 个	128 个
最多配接调度/值班台数	48 个	48 个	15 个	20 个
最多可接入数字环数	12 个	12 个	1/2 个	1/2 个
一个“数字环”最多挂接 S 系统数	50 个	30 个		

(三)MDS3400 调度交换机的硬件结构

1. MDS3400 调度交换机硬件部分由哪几部分组成?

答: MDS3400 调度交换机硬件部分由机柜、直流配电单元、扩展层插箱、风扇单元、控制层插箱、导风单元、交流配电单元组成,如图 2-2-4 所示。

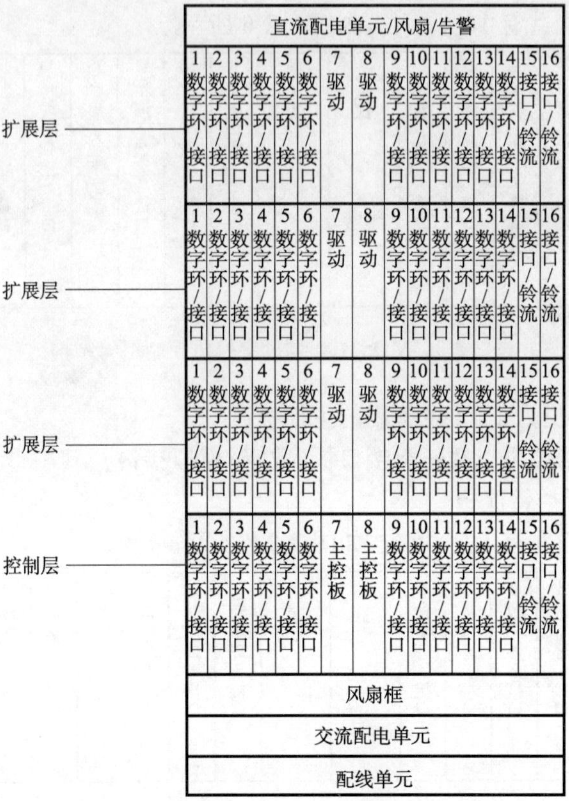

图 2-2-4　MDS3400 调度交换机硬件组成

2. MDS3400 调度交换机硬件的结构化层次图如何?

答:MDS3400 调度交换机硬件的结构化层次图如图 2-2-5 所示。

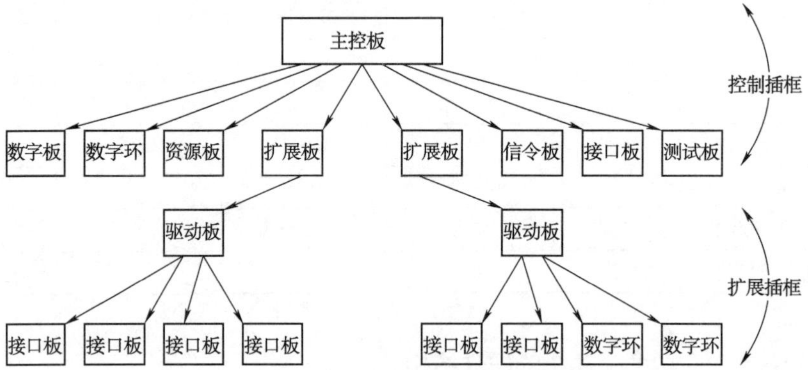

图 2-2-5 MDS3400 交换机硬件的结构化层次图

3. MDS3400 调度交换机控制层和扩展层的结构如何?

答:MDS3400 调度交换机采用标准的 19 英寸机柜,为插箱插板式结构。

(1)控制层插箱共有 16 个槽位,如图 2-2-6 所示。

1	2	3	4	5	6	7	8	9	10	11	12	13	14	15	16
扩展/数字/接口	扩展/数字/接口	扩展/数字/接口	扩展/数字/接口	扩展/数字/接口	扩展/数字/接口	主控	主控	扩展/数字/接口	扩展/数字/接口	扩展/数字/接口	扩展/数字/接口	扩展/数字/接口	扩展/数字/接口	扩展/数字/接口/铃流	扩展/数字/接口/铃流

图 2-2-6 MDS3400 调度交换机控制层的结构

①其中 7、8 槽位为 1+1 主备用的主控板;

②其余 14 个槽位可以插任意接口板(数字、模拟接口),其中带扩展层时需要插扩展板,15、16 槽位可插铃流板。

(2)扩展层插箱共有 16 个槽位,如图 2-2-7 所示。

1	2	3	4	5	6	7	8	9	10	11	12	13	14	15	16
数字环/接口	数字环/接口	数字环/接口	数字环/接口	数字环/接口	数字环/接口	驱动	驱动	数字环/接口	数字环/接口	数字环/接口	数字环/接口	数字环/接口	数字环/接口	接口/铃流	接口/铃流

图 2-2-7 MDS3400 调度交换机扩展层的结构

①其中 7、8 槽位为 1+1 主备用的驱动板。

②其余 14 个槽位可以插任意接口板，15、16 槽位还可插铃流板。除 15、16 槽位外其余 12 个槽位还可以插高速板，如数字环板等。

4. MDS3400 调度交换机扩展层分为哪两种？

答：MDS3400 调度交换机扩展层分为数字扩展层和混合扩展层。

5. MDS3400 调度交换机提供的接口有哪些？其特性指标有哪些？

答：MDS3400 调度交换机提供的接口包括以下几种：

(1)30B+D 接口和数字 E1 接口：物理/电气性能符合 ITU-T G. 703；帧结构和复帧结构符合 ITU-T G. 704 建议的满足 YDN 065-1997 附录 8 中 2048 kbit/s 接口要求。

(2)U 接口（2B+D 接口）：发送脉冲幅值：±3.5 V；接收脉冲幅值：±4 V±800 mV。

(3)环路中继接口：标称阻抗：200 Ω+(680 Ω//0.1 μF)；工作频带：300～3 400 Hz；接口相对电平：输出 −3.5 dBr、允差 −0.7～+0.3 dB，输入 0 dBr、允差 −0.3～+0.7 dB；接收灵敏度：频率 15～25 Hz，电压≥15 V，时间≥0.5 s 时保证动作；发送双音多频号码：符合国际标准 CCITT Q. 517。

(4)共电接口：标称阻抗：200 Ω+680 Ω//0.1 μF；工作频带：300～3 400 Hz；接口相对电平：输出−3.5 dBr 、允差−0.7～+0.3 dB，输入 0 dBr、允差−0.3～+0.7 dB；环路电阻≤2 000 Ω 时，保证识别摘机；铃流：频率 25 Hz±3 Hz、电压 75 V±15 V(负载为 1 kΩ时，电压≥60 V)；馈电电压：−48 V；馈电电流：20 mA±4 mA；发送铃流方式：连续 1 s送，4 s 断。

(5)磁石接口：标称阻抗：600 Ω；工作频带：300～3 400 Hz；接口相对电平：输出 −3.5 dBr、允差−0.7～+0.3 dB，输入 0 dBr、允差−0.3～+0.7 dB；接收灵敏度：频率 15～25 Hz，电压≥15 V，时间≥0.5 s 时保证动作；铃流频率 25 Hz±3 Hz、电压 75 V±15 V(负载为 1 kΩ 时，电压≥60 V)。

(6)选号接口：输入阻抗≥18 kΩ；输出阻抗 600 Ω；发送电平 +2.6 dB±2.6 dB (600 Ω负载)；接收电平：−30 dB。

(7)区间电话接口−A 下行接口：馈电电压：−48 V；允许环路电阻≤2 000 Ω；抗干扰能力：交流干扰 50 Hz、1 V 不误动；铃流：25 Hz、空载时电压 75 V±15 V(负载为 1 kΩ 时，电压≥60 V)；拨号脉冲要求：每秒 10 个±1 个；5 000 Hz 信号频率稳定度：≤±100 Hz；5 000 Hz 信号输出电平 4.3～6 dBm。

上行接口：5 000 Hz 接收器：−20 dB 以上保证接收，摘机挂机、拨号音及铃流均不误动。

(8)区间电话接口−B 下行接口：馈电电压−48 V；允许环路电阻小于 2 000 Ω；抗干扰能力：交流干扰 50 Hz、1 V 不误动；铃流：25 Hz、空载时电压 75 V±15 V(负载为 1 kΩ 时，电压≥60 V)；拨号脉冲要求：每秒 10 个±1 个。

上行接口：DTMF 接收器：－20 dB 以上保证接收。

(9)YD 型模拟调度总机接口：外线特性阻抗：600 Ω(或 1 400 Ω 可选择)；选叫信号电平值＋5 dB±1 dB；选号信号频率偏差≤±0.4%；第一选叫信号持续时间 2 s±0.2 s；第二选叫信号持续时间 2 s±0.2 s。

(10)DC 型模拟调度总机接口外线特性阻抗：600 Ω 或 1 400 Ω；选叫信号电平值：二线是＋5 dB±2 dB、四线是－20 dB±2 dB；选号信号频率偏差≤±10 Hz。

(11)二线音频接口标称阻抗：600 Ω 平衡型；工作频带 300～3 400 Hz；接口相对电平：输出－3.5 dBr(±6 dBr 可调)、允差－0.7～＋0.3 dB，输入 0 dBr(±6 dBr 可调)、允差－0.3～＋0.7 dB。

(12)四线音频接口标称阻抗：600 Ω 平衡型；工作频带：300～3 400 Hz；接口相对电平：输出－4 dBr(±6 dBr 可调)、允差－0.7～＋0.3 dB，输入－4 dBr(±6 dBr 可调)、允差－0.3～＋0.7 dB。

(13)V.35 接口：符合 ITU-T V.35 建议。

(14)子速率接口：符合 ITU-T V.24/V.28 建议。

(15)64k 同向接口：符合 ITU-T G.703 建议。

(16)以太网接口：符合 IEEE 802.3(u)标准。

6. MDS3400 调度交换机常用单板缩略语的中文名称是什么？

答：单板缩略语和中文名称对照表如表 2-2-7 所示。

表 2-2-7 单板缩略语和中文名称对照表

缩略语	中文名称	缩略语	中文名称
MPU	主控板	DSL	数字用户板
DLL	数字环板	ASL	模拟用户板
DTL	数字中继板	EDSL	标准数字用户板
RES	资源板	MIL	多功能接口板
DCU	网管通信板	DCL	数据通信板

7. MDS3400 调度交换机高、低速板有哪些？

答：(1)高速板(占用一个 8M 母线)有：DLL、DTL、RES、DCU 等板；

(2)低速板(占用一个 2M 母线)有：ASL、DSL、EDSL、MIL、DCL 等板。

8. MDS3400 调度交换机主控单板(MPU 板)的功能是什么？

答：MDS3400 主控单板的作用为：

(1)系统主处理机，双网双机热备份；

(2)提供 4 k×4 k 时隙的无阻塞交换；

(3)提供 64 个数字信号音资源；

(4)提供 128 方会议；

(5)提供掉电能保持的实时时钟；

(6)提供保存数据的存储器；

(7)提供整个主机系统所需的 3 级时钟，具有自由振荡、跟踪、保持 3 种工作模式。

9. MDS3400 调度交换机数字环单板（DLL 板）的功能是什么？每板提供几路 E1 接口、几个数字环？

答：(1)数字环单板的功能为：

①E1 线支持断电直通功能（1 与 2 直通、3 与 4 直通、5 与 6 直通、7 与 8 直通）；

②提供 256/128/64 方会议，每个环 64 方；

③提取时钟；

④接口支持主备用；

⑤支持软件在线升级。

(2)每板可提供的 E1 接口：

①DLL-1 板每块可提供 2 个 E1 接口，1 个数字环；

②DLL-2 板每块可提供 4 个 E1 接口，2 个数字环；

③DLL-4 板每块可提供 8 个 E1 接口，4 个数字环。

10. MDS3400 调度交换机数字中继板（DTL 板）的功能是什么？每板提供几路 E1 接口？

答：(1)数字中继板的功能为：

①提取时钟；

②支持 No. 1、DSS1、No. 7 信令；

③接口支持主备用；

④支持软件在线升级。

(2)每板可提供的 E1 接口：

①DTL-2 板每块可提供 2 个 E1 接口；

②DTL-4 板每块可提供 4 个 E1 接口；

③DTL-8 板每块可提供 8 个 E1 接口。

11. MDS3400 调度交换机 E1 数字用户单板（EDSL 板）的功能是什么？EDSL-4 提供几路 E1 和录音接口？

答：(1)MDS3400 E1 口数字用户单板的功能为：

①提供模拟录音接口，支持 B1、B2 混合录音和分开录音（跳线设置）；

②支持佳讯公司现有的专用调度终端；

③在电路板上以过流、过压保护器件实现过电流、过电压防护；

④接口支持主备用；

⑤支持软件在线升级。

(2)每块 EDSL-4 单板可提供 4 路 E1 接口和 4 路模拟录音接口。

12. MDS3400 调度交换机数字用户单板（DSL 板）的功能是什么？每板提供几路 2B＋D 和录音接口？

答：（1）MDS3400 数字用户单板的功能为：

①提供模拟录音接口，支持 B1、B2 混合录音和分开录音（跳线设置）；

②支持佳讯公司现有的专用调度终端；

③在电路板上以过流、过压保护器件实现过电流、过电压防护；

④接口支持主备用；

⑤支持软件在线升级。

（2）每块板提供的接口：

①每块 DSL-4 单板可提供 4 路 2B＋D 接口和 4 路录音接口；

②每块 DSL-2 板可提供 2 路 2B＋D 接口和 2 路录音接口。

13. MDS3400 调度交换机模拟用户单板（ASL）的功能是什么？每板提供几路模拟接口？

答：（1）ASL 板的主要功能为：

①支持 DTMF 的收发，支持来电显示，能提供反极性信号，增益软件可调；

②在电路板上以过流、过压保护器件实现过电流、过电压防护，符合 YDN 065—1997《电话交换设备总技术规范书》的要求；

③支持主备用；

④支持软件在线升级。

（2）单板分 16 路和 8 路 ASL 板，分别可以提供 16/8 路。

14. MDS3400 调度交换机多功能接口板（MIL 板）的组成和子插板的类型如何？

答：多功能接口板由母板和子插板组成，每块母板可插 4 块子插板，支持插板类型：环路 HL（1 路）、磁石 CS（2 路）、二线音频 Y2P（2 路）、四线音频 Y4P（2 路）、选号 XH（2 路）、共电 GD（只用于区间功能，2 路）。

15. MDS3400 调度交换机的系统容量是多少？

答：MDS3400 调度交换机支持多种系列型号，其中应用在铁路中的有 DL4X 和 DLX，如表 2-2-8 所示。

表 2-2-8 调度交换机的系统容量

配置接口名称	DL4X	DLX
交换容量	4 096×4 096	512×512
E1 数字接口数	112	12
可接入数字环数	112	6
配接调度台/值班台数	128	32
模拟接口数	3 136	384
会议方数	64×m(m=2～30)	64

16. MDS3400 调度交换机系统支持组网方式有哪些？画出 1 种组网图。

答:(1)MDS3400 调度指挥系统具有灵活的组网功能,可支持多种组网方式,可以根据用户的实际情况和业务需求灵活采用链型方式、数字环方式、星型方式、树型方式和双中心网状方式等。

(2)数字环方式组网图如图 2-2-8 所示。

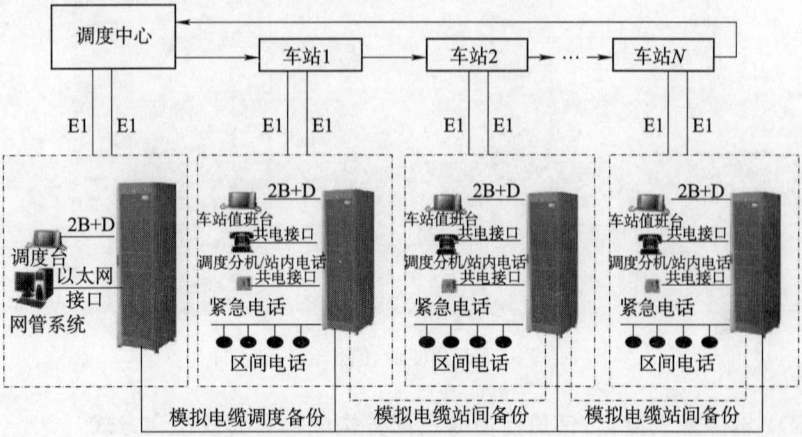

图 2-2-8 数字环方式组网图

(四)键控式调度台/值班台

1. KDT 和 JK24/JK48 键控式调度台/值班台有什么特点？

答:(1)KDT 键控式调度台/值班台:采用双接口设计,支持标准 BRI、E1、10/100Base-T接口,低功耗,采用可拼接积木式多模块结构,热键数量可扩充至 144,单机可作为 ISDN 数字话机使用。

(2)JK24/JK48 键控式调度台/值班台:采用单接口设计,操作简便,与后台连接复杂。

2. MDS3400 调度交换机是否可接 JK24、JK48 键控式调度台/值班台？

答:MDS3400 调度交换机可以支持接 JK24、JK48 键调度台/值班台,但是软件必须是-G 版本。

3. 24 键键控式调度台/值班台的键位序号排列是什么？

答:24 键键控式调度台/值班台的键位序号排列如图 2-2-9 所示,在网管也可以选择某车站来查询。

4. FH98、FH98-G、MDS3400 调度交换机是否可接 KDT 键控式调度台/值班台？

答:FH98、FH98-G、MDS3400 调度交换机可以接 KDT 键控式调度台/值班台。但是接 FH98 交换机时 KDT 调度台/值班台的软件版本必须是-TL 版本,接 FH98-G/MDS3400 交换机接 KDT 调度台/值班台的软件版本必须是-G 版本。

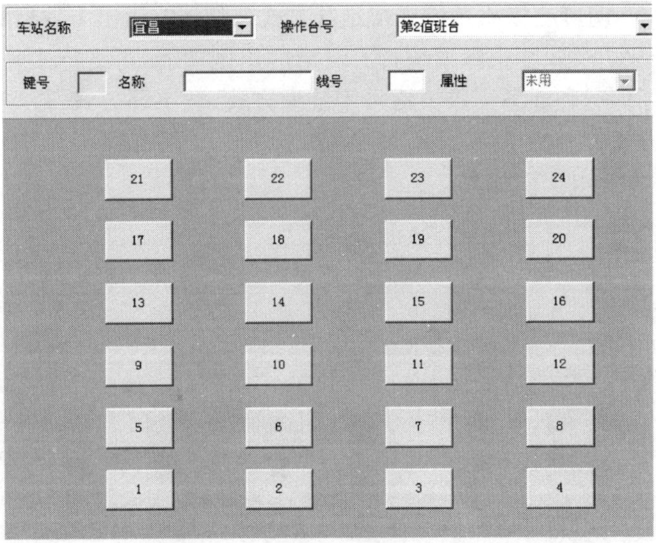

图 2-2-9 24 键调度台/值班台的键位序号

5. KDT 键控式调度台/值班台由哪三部分构成？有哪些组合方式？

答：(1)调度台/值班台由基本单元、扩展单元和对称单元三部分构成。基本单元可以独立工作，扩展单元和对称单元必须和基本单元进行级联后方可工作。

KDT 键控式调度台/值班台的外观图如图 2-2-10 所示。

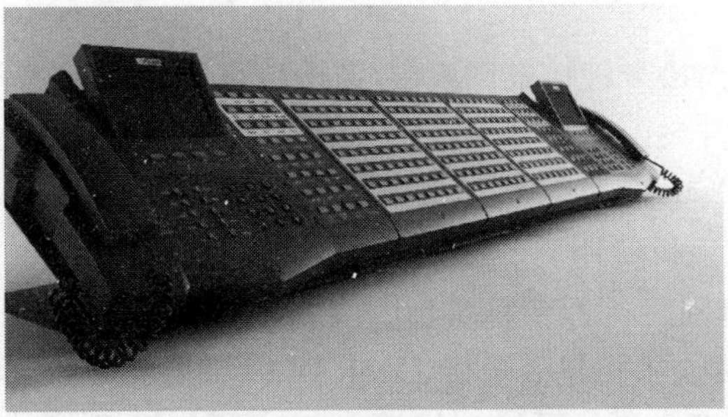

图 2-2-10 KDT 键控式调度台/值班台外观图

(2)调度台/值班台的各种组合方式包括：

①基本单元；

②基本单元＋扩展单元（扩展单元的数量可以是 1～4 个）；

③基本单元＋对称单元；

④基本单元＋扩展单元＋对称单元(扩展单元数量 1～4 个)。

6. KDT 键控式调度台/值班台基本单元的外观图如何？

答：基本单元外观图如图 2-2-11 所示。

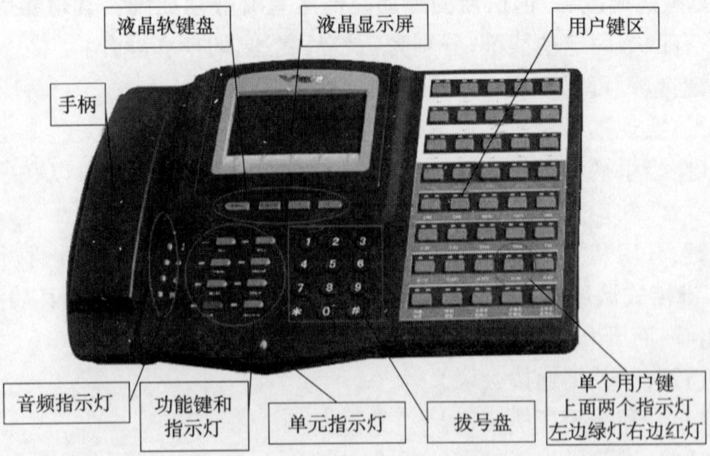

图 2-2-11　KDT 键控式调度台/值班台基本单元外观图

7. KDT 键控式调度台/值班台的用户键指示灯的状态含义是什么?

答:用户键区的每个按键对应红、绿两个灯,两个灯的不同闪烁方式代表不同的状态。

(1)绿灯闪烁:主通道呼出;

(2)红灯闪烁:辅通道呼出;

(3)红绿交替闪烁并响铃:外线正在呼入;

(4)绿灯长亮:主通道正在通话;

(5)红灯长亮:辅通道正在通话;

(6)红绿同亮:紧急电话通话;

(7)红绿交替急速闪烁并响铃:紧急电话呼入;

(8)红绿同时闪烁:对端挂机,为防止误呼出的一种挂机状态;

(9)红绿均灭:空闲状态。

8. KDT 键控式调度台/值班台的单元指示灯的状态含义是什么?

答:KDT 键控式调度台/值班台的单元指示灯的状态含义如表 2-2-9 所示。

表 2-2-9　KDT 键控式调度台/值班台的单元指示灯的状态含义

单元名称	灯状态	含　义
基本单元	绿灯长亮	调度台/值班台和后台交换机连接正常
	绿灯闪烁	调度台/值班台和后台交换机连接断开
	绿灯熄灭	调度台/值班台断电
扩展/对称单元	绿灯长亮	本单元和基本单元通信连接正常
	绿灯闪烁	本单元和基本单元通信连接异常
	绿灯熄灭	本单元断电

9. KDT 键控式调度台/值班台固定功能键区有哪些功能键？其功能是什么？

答：KDT 有四个固定功能键，分别为：录音、复述、切换和静音。

(1)录音键：按键可以实现在本机上的录音。

(2)复述键：实现本机录音的回放。

(3)切换键：当手柄和免提同时和不同的人通话时，按下该键可以在手柄及免提上切换通话。

(4)静音键：开启和关闭调度员麦克风，静音开启后用户将无法听到调度员说话。

10. KDT 键控式调度台/值班台配置功能键区包括哪些功能键？其功能是什么？

答：(1)组呼：召开和关闭组呼会议。

(2)通播：召开和关闭通拨会议。

(3)广播：召开和关闭广播会议。

(4)紧急呼叫：进行优先级较高的呼叫。

(5)主通道：实现主通道的接听和挂机功能。

(6)辅通道：实现辅通道的接听和挂机功能。

(7)切换：在通话过程中，可切换主辅通道。

(8)申请发言：会议中用户点击该键，发出申请发言的 DTMF 音。

(9)结束发言：会议中用户点击该键，发出结束发言的 DTMF 音。

(10)拒绝：拒绝选择的呼入。

(11)强制：在组呼会议中，强制会议成员只能听不能说。

(12)入会：重新加入会议。

(13)退会：暂时退出当前会议且不影响组内其他成员的正常会议。

(14)提示音：播放和停止提示语音或音乐。

(15)无人站：进入和退出“无人值守站”模式。

(16)用户键：每个用户键关联着一个或一组用户号码，按键可以实现关联号码的呼叫功能。

11. KDT 键控式调度台/值班台手柄下方的四个音频指示灯指示什么？

答：音频指示灯分别指示手柄、耳麦、免提(扬声器)和共电电话的状态。

(1)绿灯长亮：相应的音频通路占用；

(2)绿灯熄灭：相应的音频通路释放。

12. 如何启动或关闭 KDT 键控式调度台/值班台？启动时屏幕显示状态是什么？

答：(1)将调度台/值班台的基本单元的液晶屏向上翻起，看到位于液晶屏下方的电源开关，按动开关可以实现开关机的功能。

(2)分别显示“引导程序初始化”、“正在连接，请等待……”完成之后显示时间界面(显示的时间与北京时间基本一致，则表明 KDT 运行正常)。

13. KDT 键控式调度台/值班台发起呼叫有哪两种方式？如何发起呼叫？

答：有拨号呼出与用户键呼出两种方式。

(1)拨号呼出：在“主界面”模式下，按数字拨号键可以进入拨号界面。拨号完成后按下固定功能键区的“呼叫”键即可发起呼叫；

(2)用户键呼出：网管终端向 KDT 调度台/值班台的相关用户键配置数据。按下配有号码的用户键即可发起一次呼叫。

14. KDT 键控式调度台/值班台有哪两种应答方式？

答：当有用户呼入来电时，按下固定功能键区的［应答］键，或者按下指示灯正在红绿交替闪烁的用户键都可以实现接听功能。

15. KDT 键控式调度台/值班台设置的音量有哪些？如何设置？

答：KDT 键控式调度台/值班台可设置的音量有耳麦音量和手柄音量两种。

设置为：按基本单元的液晶软键盘的［MENU］键→进入［系统状态］菜单下→选中［音频设置］选项→按［确认］→［音量设置］→［耳麦音量］或［手柄音量］→单击［增大］或［减少］键来调节音量。

16. 如何查询 KDT 键控式调度台/值班台的未接/已接来电等信息？

答：查询方法为：按基本单元的液晶软键盘的［MENU］键→进入［系统状态］菜单下→选中［信息查询］→［未接来电］→按［确认］→［信息查询］，可查询未接来电、已接来电、已拨电话等信息。

17. KDT 键控式调度台/值班台与后台交换机可通过什么接口连接？

答：通过 2B+D 接口、E1 接口。

(五)触摸屏调度台/值班台

1. 触摸屏式调度台/值班台有哪些特点？

答：触摸屏调度台/值班台采用一体化结构设计，采用图形化的操作界面，功能扩展更为灵活，嵌入式操作系统带来长期安全稳定的运行。呼叫机车台比键控式操作台简单、直观。

2. 触摸屏调度台/值班台显示窗口分为哪几个区？每个区的作用是什么？

答：触摸屏调度台/值班台显示窗口有呼叫显示区、按键呼叫区和功能键区。

(1)呼叫显示区：显示调度台/值班台呼入、呼出对象的状态信息。可显示呼叫方向、对方名称、功能号码、呼叫级别、通话状态、开始及结束时间、对方号码等信息；

(2)按键呼叫区：可根据使用情况配置单呼键、导航键、组呼键、通播键和广播键；

(3)功能键区：用来完成呼叫保持、转接、会议等功能。

3. 触摸屏调度台/值班台通话记录区能显示哪些信息？

答：通话记录区能显示调度台/值班台呼入、呼出对象的状态信息，可显示呼叫方向、对方名称、功能号码、呼叫级别、通话状态、开始及结束时间、对方号码等信息。

4. 触摸屏调度台/值班台按键呼叫区可定义哪些呼叫键?

答:按键呼叫区可定义的按键有单呼键、组呼键、通播键、广播键等。

5. 触摸屏调度台/值班台功能键区有哪些功能键?各代表什么功能?

答:功能键区包括的功能键及其功能如下:

(1)录音:将当前通话录制保存。

(2)复述:播放已经录制的声音。

(3)主通道:当有用户来电时,选择主通道接听来电。

(4)辅通道:当有用户来电时,选择辅通道接听来电。

(5)保持:保持当前呼叫,当前用户听等待音乐。

(6)拒绝:拒绝当前的呼入。

(7)切换:在通话过程时,可切换主辅通道。

(8)转接:调度转接分机。当有用户来电时,需转接。

(9)返回:进入组呼键或导航键后,利用此键返回主页面。

(10)会议:发起临时会议。

(11)系统:完成系统配置。

(12)拨号盘:通过拨号方式发起呼叫。

(13)重拨:重拨选择的呼叫。

(14)静音:对主通道进行静音。

(15)上一页/下一项:该键用来对按键呼叫区进行翻页。

(16)呼叫 1、呼叫 2、呼叫 3、呼叫 4:如果呼入的电话号码在调度台/值班台上没有定义、从呼叫 1 到呼叫 4 中选择一个空闲的键来响应该呼叫,并进行号码翻译。

(17)申请发言:在会议中申请发言,可以讲话(组呼中使用)。

(18)结束发言:释放发言,结束讲话(组呼中使用)。

(19)紧急呼叫:发起紧急呼叫。

(20)群答:当多个用户同时呼入调度台/值班台时,该键用于将所有呼叫接入同一个组呼会议或通播会议,群答模式可以由网管终端设定,在用户参数界面可以查询。

(21)强拆:调度台/值班台呼叫的用户忙时,该键用于进行强拆呼出,调度台/值班台可以强行和用户进行通话,另一方被释放,听强拆提示音。

(22)强插:调度台/值班台呼叫的用户忙时,该键用于进行强插呼出,调度台/值班台可以强行和用户进行通话,形成三方通话。

6. 触摸屏调度台/值班台呼出的方式是什么?如何呼出操作?

答:有拨号呼出与用户键呼出两种方式。

(1)拨号呼出:在“主界面”模式下,按数字拨号键可以进入拨号界面。拨号完成后按下固定功能键区的[呼叫]键即可发起呼叫;

(2)用户键呼出:网管终端向调度台/值班台的相关用户键配置数据。按下配有号码的用户键即可发起呼叫。

7. 在触摸屏调度台/值班台呼叫机车的方式有哪些？如何呼叫？

答：在触摸屏调度台/值班台有4种方式呼叫机车。

(1)按呼叫键区中对应的车次号或机车号按钮，直接呼叫机车司机；

(2)使用拨号盘，按车次号呼叫机车司机；

单击拨号盘，输入需要呼叫的车次号，单击本务机司机，单击[呼叫]按钮。

(3)使用拨号盘，按机车号呼叫机车；

单击拨号盘，选择机车类型，输入机车号，单击本务机司机，单击[呼叫]按钮。

(4)使用拨号盘，按ISDN号呼叫机车。

单击拨号盘，输入机车的ISDN号码，单击[呼叫]按钮。

注：第(2)种呼叫方式为最常见

8. 触摸屏调度台/值班台采用什么供电方式？

答：触摸屏调度台/值班台的供电方式是本地交流220 V转换为−48 V直流供电。

9. 触摸屏调度台/值班台与后台连接的接口是什么？主、辅通道的通话装置是什么？

答：(1)触摸屏调度台/值班台与后台可通过2B+D或E1接口连接。

(2)主通道的通话装置：左手柄、麦克/扬声器；辅通道的通话装置：右手柄。

(六)FH98/FH98-G调度交换机硬件配置与调试

1. FH98/FH98-G调度交换机采用什么供电方式？规范的电源线、保护地线的规格是什么？接地电阻是多少？

答：(1)FH98/FH98-G调度交换机供电方式采用直流−48 V的供电。

(2)电源线均采用16 mm^2电源线，蓝色为−48 V电源负极，黑色为−48 V电源正极；保护地线采用25 mm^2黄绿色电源线。

(3)工作地接地电阻小于等于4 Ω；保护地线(机壳接地)接地电阻小于等于5 Ω。

2. FH98/FH98-G(M型)调度交换机电源空开的规格是什么？开机、关机顺序是什么？

答：(1)FH98/FH98-G(M型)调度交换机电源空开规格是10 A。

(2)开机、关机顺序是：

①开机顺序是：打开空开→打开主控层A平面的电源板开关→打开数字层的电源板开关→打开模拟层的电源板开关→打开B平面的电源板开关。

②关机顺序是：关闭模拟层电源板的开关→关闭数字层的电源板的开关→关闭主控层A平面的电源板的开关→关闭主控层B平面的电源板的开关→关闭空开。

3. FH98/FH98-G(S型)调度交换机电源空开的规格是什么？开机、关机顺序是什么？

答：(1)FH98/FH98-G(S型)调度交换机电源的空开的规格是6 A或10 A。

(2)开机、关机顺序是：

①开机顺序是：打开空开→打开电源板总开关→打开铃流开关；

②关机顺序是：关闭铃流开关→关闭电源板总开关→关闭空开。

4. FH98/FH98-G 调度交换机的 DB37 线的作用及插针与端子的对应关系是什么？

答：(1)FH98/FH98-G 调度交换机的 DB37 线的作用

每块 DB37 线为模拟板接口板从调度交换机的背板(共电/用户板、U 口板、区间板、接口/6 路模板、选号板、通信板)引出 9 对线到模块端子。

(2)插针与端子的对应关系见表 2-2-10。

表 2-2-10　插针与端子的对应关系表

模拟接口板	配线颜色	蓝	蓝黑	橘	橘黑	绿	绿黑	棕	棕黑	灰	灰黑	红	红黑	黄	黄黑	粉	粉黑	白	白黑
	DB37 指针	1	2	3	4	5	6	7	8	9	10	11	12	13	14	15	16	17	18
	MDF 端子	1	1	2	2	3	3	4	4	5	5	6	6	7	7	8	8	9	9

5. FH98/FH98-G(S 型)调度交换机标准层与扩展层如何连接？

答：分别从分主控 A、B 平面引出两条 40P 总线(驱动电缆)到扩展层背板。其作用是主控板与扩展层各个单板的通信。

6. FH98/FH98-G(S 型)调度交换机标准层背板 DB9 针头的作用是什么？

答：FH98/FH98-G(S 型)调度交换机主控板背板有两个 DB9 针插头，如图 2-2-12 所示。

图 2-2-12　DB9 针插头

(1)上面的 DB9 针头是从左侧(靠近数字板－S)为主控板接出，下面的 DB9 针头是从右侧主控板接出，用笔记本电脑串口分别连接可以传送主控板数据。

(2)如果不做数据使用需要将两个 DB9 针头用自环头环起来，达到主备通信的目的，实现主备切换。

7. FH98/FH98-G(S 型)调度交换机最多可以支持几个数字环？每个环有什么区别？

答：(1)FH98/FH98-G(S 型)调度交换机最多支持 2 个数字环，可实现环切换。

(2)其中从下至上数，最下面的两个 E1 所接的数字环为主环，所在环的网管终端可以管理该环数字环的数据和车站的主控数据；最上面的两个 E1 所接的数字环为备用数字环，所在环的网管终端只管理该环数字环的数据，不能管理主控板的数据，主控板的数据仍然由主数字环所接的网管终端管理。

8. FH98/FH98-G(S型)调度交换机的车站号如何设置?

答:在标准层背板的2个E1接口左侧分别有一组16位跳线块,用于确定车站在数字环中的位置,即车站号。使用8421码编码,短路为0,开路为1。从下到上为高位到低位,车站号从1开始到50。同一数字环中车站号根据接入物理位置顺序依次递增。

9. FH98/FH98-G调度交换机接线盒分为哪几种?与24键或48键调度台/值班台如何连接?

答:(1)FH98/FH98-G调度交换机接线盒分为有源、无源接线盒两种。有源接线盒可以替代无源接线盒,只要把有源接线的拨动开关拨为无源侧状态即可,但是无源接线盒不能替代有源接线盒。

①有源接线盒:当24/48键调度/值班台距离交换机机柜的位置较远时,电源小于−43 V的情况下,必须采用有源接线盒本地供电,本地电源220 V转换为−48 V直流电源,有源接线盒的拨动开关拨到有源侧。

②无源接线盒:当24/48键调度/值班台离交换机的位置较近时,电源大于−43 V的情况下,采用从交换机的U口板供电。

(2)U口板出线用两对音频线,第1对音频线与调度台/值班台接线盒的−48 V电源线白棕连接,第2对音频线与调度台/值班台接线盒的2B+D线白橙相连。把接线盒的DB15线的插头插到24/48键调度台/值班台的DB15插座,再拧紧插座。

10. FH98(S型)调度交换机应急分机的作用及其使用方法是什么?

答:(1)当调度台/值班台出现故障时可以用应急分机代替调度台/值班台来单呼用户,从而不影响业务使用。

(2)在使用应急分机时,将调度台/值班台关电或拔掉2B+D线(否则呼入仍到值班台),应急分机使用两位拨号的方式呼叫用户,呼出的号码为呼出按键号+19,如要呼叫1号键用户,应拨20即可。

注:应急分机不支持组呼功能。

11. FH98-G(S型)调度交换机应急分机的作用及其使用方法是什么?

答:(1)当调度台/值班台出现故障时可以用应急分机代替调度台/值班台,从而不影响业务使用。

(2)在使用应急分机时,将调度台/值班台关电或拔掉2B+D线(否则呼入仍到值班台),应急分机采用8位号的拨号方式,拨被叫用户的8位号码即可。

注:应急分机不支持组呼功能。

12. FH98(S型)调度交换机数字板指示灯的含义是什么?

答:FH98(S型)调度交换机有数字板-S、数字板-4两种,指示灯的含义如表2-2-11所示。

13. FH98(S型)调度交换机主控板指示灯状态的含义是什么?

答:主控板指示灯状态的含义如表2-2-12所示。

表 2-2-11 FH98(S型)调度交换机数字板指示灯的含义

板名	灯名称	颜色	含义及状态
数字板S	主备用指示灯	绿	常亮为主用,灭为备用
	误码指示灯	红	数字环有误码时闪烁,灭灯正常
	CPU运行灯	绿	闪烁正常
	方向指示灯	绿	亮为上行2M与主系统通信;灭为下行2M通信
	接收指示灯	绿	闪烁为接收主系统的消息正常
	发送指示灯	绿	闪烁为向主系统发送消息正常
	通信指示灯	绿	闪烁表示数字环与主控板通信正常
	音源指示灯	绿	闪烁正常
数字板4	主备用指示灯	绿	闪烁为主用,灭为备用
	告警灯1	红	闪烁为第一个数字环有误码时,灭灯正常
	告警灯2	红	闪烁为第二个数字环有误码时,灭灯正常
	方向1灯	绿	亮为第一数字环上行2M通信;灭为下行2M通信
	方向2灯	绿	亮为第二数字环上行2M通信;灭为下行2M通信
	通信1灯	绿	闪烁表示第一数字环与主控板通信正常
	通信2灯	绿	闪烁表示第二数字环与主控板通信正常
	音源指示灯	绿	闪烁正常

表 2-2-12 FH98(S型)调度交换机主控板指示灯状态的含义

灯名称	颜色	含义及状态
主备用指示灯	绿	常亮为主用,灭为备用
CPU运行灯	绿	闪烁正常
CPU告警灯	红	灭正常
电源告警灯	红	灭正常
时钟告警灯	红	灭正常
对机告警灯	红	灭正常
通信指示灯	绿	闪烁正常

14. FH98调度交换机U口板指示灯状态的含义是什么?

答:FH98调度交换机U口板指示灯状态的含义,如表2-2-13所示。

15. 如何判断调度台/值班台与交换机的连接状态?

答:通过FH98调度交换机调度台/值班台的指示灯来判断连接是否正常。

(1)48键/24键调度台/值班台显示屏上方的电源指示灯常亮、信号指示灯匀速闪烁为连接正常,否则故障。

表 2-2-13 U 口板指示灯

灯名称	颜色	含义及状态
工作指示灯	绿	闪烁表示第一路 U 接口工作正常
工作指示灯	绿	闪烁表示第二路 U 接口工作正常
工作指示灯	绿	闪烁表示第三路 U 接口工作正常
通信指示灯	绿	闪烁表示与主控板通信正常
CPU 运行灯	绿	闪烁表示 CPU 运行正常

(2)KDT 40 键调度台/值班台液晶显示屏上面的两个小方块图标表示 2B+D 信号,之间有连线为正常。连接线中间有一条横线为 2B+D 信号表示连接故障。

16. 在车站如何判断 FH98 的主控板/数字板的主备用切换操作是否成功?

答:(1)按主用主控板/数字板的复位按钮,主控板/数字板自动切换到备用主控板/数字板。

(2)大约 1 min 后,观察单板的通信灯、CPU 运行灯闪烁正常,则切换成功。

17. 在车站如何对 FH98 的单板手工复位? 如何是否判断成功复位?

答:FH98(S 型)调度交换机在车站侧对单板手工复位的操作为:按住单板复位按钮 1 s 后松手,约 10 s 后,观察单板的通信灯、CPU 运行灯,如闪烁正常,则复位成功。

18. 在车站侧如何判断 FH98-G 数字板主备用、数字环误码和数字环方向主备用的状态?

答:(1)主备灯为绿色,常亮表示为主用,灭为备用。

(2)误码指示灯为红色,闪烁时表示数字环有误码,灭为正常。

(3)数字环方向主备环判断:

①数字板接收、发送灯亮,表示数字环方向为主环;

②数字板接收、发送灯灭,表示数字环方向为备环。

19. 在车站侧如何判断 FH98-G 主控板的主备用状态?

答:分主控板-S:绿灯常亮表示主用,灭表示备用。

20. 在车站侧如何对 FH98-G 主控板/数字板主备用切换操作? 如何判断是否成功?

答:(1)分别按面板前面的黑色复位按钮对主控板/数字板做主、备用切换。

(2)大约 1 min 后,观察单板的通信灯、CPU 运行灯闪烁正常,则切换成功。

21. 在车站侧如何对 FH98-G 单板手工复位? 如何判断复位成功?

答:(1)在车站侧对单板手工复位:按住单板复位按钮 1 s 后松开手。

(2)大约 10 s 后,观察单板的通信灯、CPU 运行灯闪烁正常,则复位成功。

22. 如何判断 FH98-G(M 型)调度交换机数字环主备用状态?

答:FH98(M 型)调度交换机数字环主备用状态的判断是通过主数字板-N 接收灯、发送灯显示判断主备环状态。当主数字板-N 的第 1 个 2M 的接收灯、发送灯闪烁(绿色)时为备环状态;当第 2 个 2M 的接收灯、发送灯闪烁(绿色)时为主环状态。

23. 如何通过调度交换机 U 口单板的指示灯判断调度台/值班台运行状态？

答：U 口板上对应的端口指示灯间隔性闪烁表示运行正常，否则为运行故障。

24. 如何通过 24/48 键调度台/值班台的指示灯判断调度台/值班台运行状态？

答：24/48 键调度台/值班台的电源指示灯长亮，2B+D 指示灯闪烁均匀，则证明调度台/值班台运行正常，否则为运行故障。

25. 如何通过 KDT 键控调度台/值班台的指示灯判断调度台/值班台运行状态？

答：KDT 键控调度台/值班台上的基本单元指示灯长亮，显示屏右上角上面的电脑显示连接，则证明 KDT 键控调度台/值班台运行正常，否则为运行故障。

26. 如何通过一体化调度台/值班台的指示灯判断调度台/值班台运行状态？

答：在一体化调度台/值班台界面右上角显示在线状态，触摸准确，则证明一体化调度台/值班台运行正常，否则为运行故障。

27. FH98/FH98-G 调度交换机的调度台/值班台如何与录音仪连接？

答：(1)24 键/48 键调度台/值班台与录音仪连接有两种方式。

①从 U 口板-2 的 DB37 接线端的第 5 对或 6 对引出音频线线与录音仪的音频线相连。分别为第 1 调度台/值班台或第 2 调度台/值班台的录音口，为声控录音口。

②从 48/24 键调度台/值班台接线盒里标有 REC(必须拆开接线盒的外壳)的位置引出音频线与录音仪的音频线连接。

(2)KDT 键控/触摸屏键度台/值班台与录音仪连接两种方式。

①从 U 口板-2 的 DB37 接线端的第 5 对或 6 对引出音频线线与录音仪的音频线相连。分别为第 1 调度台/值班台或第 2 调度台/值班台的录音口，为声控录音口。

②从 KDT/触摸屏前台的录音口(Rec)与录音仪音频线连接。

(七)MDS3400 调度交换机硬件配置与调试

1. MDS3400 调度交换机系统的防雷分为几级防雷？

答：MDS3400 系统分为二级防雷。

第一级防雷：在 MDF 或机柜内的配线架增加防雷保安单元。

第二级防雷：各接口电路板上焊接安装了防雷器件。

2. MDS3400 调度交换机 19 英寸机框的地线如何安装？

答：直流配电单元引出 4 路 6 mm^2 的黄绿保护地线。每路保护地线的插针与每个 MDS3400 19 英寸插框背板的插孔连接，必须保证 6 mm^2 的黄绿地线与机框背板可靠的连接。

3. MDS3400 调度交换机机柜的保护地、电源线的规格是什么？如何安装？

答：(1)MDS3400 调度交换机机柜的保护地、电源线的规格如下：

①交换机−48 V 地线的规格：16 mm^2 黑色多股线。

②交换机−48 V 电源线的规格：16 mm^2 蓝色多股线。

③交换机保护地线用 25 mm^2 黄绿色多股线。

(2)安装如图 2-2-13 所示。

图 2-2-13　MDS3400 保护地线与电源线的安装

4. MDS3400 调度交换机 1 个电源配电插箱的输入有几路？输出有几路？

答:(1)直流配电单元提供 2 路独立的直流 48 V 输入。

(2)直流配电单元提供 6 路输出。每个输出由 1 个空开控制,4 路供给 4 个 19 英寸插框,2 路供给风扇。

5. MDS3400 调度交换机－48 V 电源空开和插箱电源空开的规格是什么？

答:MDS3400 调度交换机的－48 V 电源的空开是 20 A,插箱的电源空开是 6 A。

6. MDS3400 调度交换机 2M 线的型号是什么？2M 线线序是什么？

答:(1)2M 数字同轴线的型号为:syv-75-2-1×8。

(2)2M 线线序如表 2-2-14 所示。

表 2-2-14　MDS3400 调度交换机 2 M 线的线序

欧式插座 UJ 引脚信号定义	A1	A2	C1	C2	A3	A4	C3	C4	A5	A6	C5	C6	A7	A8	C7	C8
IDC3×8(×1)端口配线颜色	白	蓝	白	橙	白	绿	白	棕	白	灰	红	蓝	红	橙	红	绿
DDF 配线架	发内芯	发外皮	收内芯	收外皮	发内芯	发外皮	收内芯	收外皮	发内芯	发外皮	收内芯	收外皮	发内芯	发外皮	收内芯	收外皮
	第 1 路 E1				第 2 路 E1				第 3 路 E1				第 4 路 E1			
欧式插座 UJ 引脚信号定义	A9	A10	C9	C10	A11	A12	C11	C12	A13	A14	C13	C14	A15	A16	C15	C16
IDC3×8(×2)端口配线颜色	红	棕	红	灰	黑	蓝	黑	橙	黑	绿	黑	棕	黑	灰	黄	蓝
DDF 配线架	发内芯	发外皮	收内芯	收外皮	发内芯	发外皮	收内芯	收外皮	发内芯	发外皮	收内芯	收外皮	发内芯	发外皮	收内芯	收外皮
	第 5 路 E1				第 6 路 E1				第 7 路 E1				第 8 路 E1			

7. MDS3400 调度交换机用户线的型号是什么？用户线线序是什么？

答：(1)模拟用户线型号为：SBVV 16×2×0.4。

(2)用户线线序如表 2-2-15 所示。

表 2-2-15 MDS3400 调度交换机模拟用户线

欧式插座 UJ 引脚信号定义	A1	A2	C1	C2	A3	A4	C3	C4	A5	A6	C5	C6	A7	A8	C7	C8
IDC3×8(×1)端口配线颜色	白	蓝	白	橙	白	绿	白	棕	白	灰	红	蓝	红	橙	红	绿
MDF 配线架	1 路		2 路		3 路		4 路		5 路		6 路		7 路		8 路	
欧式插座 UJ 引脚信号定义	A9	A10	C9	C10	A11	A12	C11	C12	A13	A14	C13	C14	A15	A16	C15	C16
IDC3×8(×2)端口配线颜色	红	棕	红	灰	黑	蓝	黑	橙	黑	绿	黑	棕	黑	灰	黄	蓝
MDF 配线架	9 路		10 路		11 路		12 路		13 路		14 路		15 路		16 路	

8. MDS3400 调度交换机安装扩展层必须要配什么单板？

答：安装扩展层，控制层要配扩展板；扩展层需要配驱动板。

9. MDS3400 调度交换机数字扩展层配满单板时，需要扩展电缆线数及每根扩展电缆线的作用？

答：(1)数字扩展层配满单板时，需要 3 根扩展电缆线。

(2)每根扩展电缆线的作用是：

①第 1 条扩展电缆线(即扩展电缆连接到 EXT1 位置)对应扩展插箱的 1、2、3、4 槽位高速板；

②第 2 条扩展电缆线(即扩展电缆连接到 EXT2 位置)对应扩展插箱的 5、6、9、10 槽位高速板；

③第 3 条扩展电缆线(即扩展电缆连接到 EXT3 位置)对应扩展插箱的 11、12、13、14 槽位高速板。

10. MDS3400 调度交换机混合扩展层配满单板时，需要扩展电缆线数及每根扩展电缆线的作用是什么？

答：(1)混合扩展层满配单板：

①混配高速和低速单板时，需要 4 根扩展电缆；

②只配低速板时，需要 1 根扩展电缆。

(2)每根扩展电缆线的作用是：

①第 1 条 HW 扩展电缆线(即扩展电缆连接到 EXT1 位置)必须引入扩展电缆，引入该扩展层的通信和时钟。

②第 2 条 HW 扩展电缆线(即扩展电缆连接到 EXT2 位置)对应扩展插箱的 1、2、3、4 槽位高速板；

③第 3 条 HW 扩展电缆线(即扩展电缆连接到 EXT3 位置)对应扩展插箱的 5、6、9、10 槽位高速板；

④第 4 条 HW 扩展电缆线(即扩展电缆连接到 EXT4 位置)对应扩展插箱的 11、12、13、14 槽位高速板。

11. MDS3400 调度交换机硬件版本分为哪两种？混合使用要注意什么？

答：MDS3400 交换机的硬件版本分为 V1.0 和 V2.5 两种。V1.0 和 V2.5 两种硬件版本除了 MPU、DRV 板不能混合使用，其他板件均可混合使用。MPU、DRV 板硬件版本为 V2.5 版本时，7、8 槽位都必须是 V2.5 版本，并且 MPU 板、DRV 板也都必须是 V2.5 版本。在接数字扩展层时，MPU、DRV 必须是 V2.5 版本。

12. MDS3400 调度交换机在背板的每个槽位下方的旋钮指针分别指到 A、B、C、D 时对应插哪些单板？

答：旋钮指向 A、B、C、D 对应可插的电路板如下：

(1)A 旋钮：只能插数字环板(DLL)、数字中继板(DTL)、铃流板(RNG)、扩展板(EXT)、网管通信板(DCU)；

(2)B 旋钮：模拟用户板(ASL)；

(3)C 旋钮：数字用户板(DSL)；

(4)D 旋钮：多功能接口板(MIL)、数据通信板(DCL)。

13. MDS3400 调度机只能插在控制层的单板有哪些？

答：只能插在控制层的单板有 MPU、DCU、EXT、RES 等单板。

14. MDS3400 调度交换机扩展层第 15、16 槽位可以插哪些单板？

答：(1)扩展层的第 15、16 槽位有铃流板时，只能插铃流板。

(2)无铃流板时可以插低速板，不能插高速板。

15. MDS3400 调度交换机 MPU 单板插在什么槽位？

答：MPU 板必须插在控制层的 7/8 槽位。

16. MDS3400 调度交换机 MPU 单板本身最多带多少个维护通道？若维护通道数量大于该数时，需要增加什么单板来支持？

答：MPU 板上自带 15 个 HDLC 通信链路来维护管理车站。当系统所需网管通道数量大于 15 个时，则需要增加网管通信板 DCU 板来支持。

17. MDS3400 调度交换机 MPU 单板可以插几块小插板？多出该块个数的小插板需要配什么单板来插小插板？

答：MPU 单板可以插 2 块 DSP 小插板；当多出 2 块 DSP 小插板时 RES 单板来扩插小插板。

18. MDS3400 调度交换机(DL4X 型)DLL 单板的环号如何设置？节点地址(车站号)如何跳节？

答:(1)MDS3400(DL4X)调度交换机的 DLL 单板的数字环号通过网管在 DLL 板单板属性中设置。数字环环号一般从 1 开始,递增顺序增加。

(2)节点地址(车站号)的跳节

①DL4X 型 DLL 板的节点地址规定跳节为 0；正视电路板,左下方有 5 个红色的拨码开关组,其中最右面的 1 组保留使用,其他 1 组/2 组/3 组/4 组从左到右分别表示环 1/环 2/环 3/环 4,在电路板上用 8421 码设定地址,向上拨为“0”,向下拨为“1”;即把环 1/环 2/环 3/环 4 的拨码开关都向上拨为 0 节点。

②DLX 型 DLL 板的节点地址(车站号)的调节是依据车站在数字环的物理位置进行调节,在同一数字环的车站号不能重复。

通过 DLL 单板内每个数字环提供 8 位的地址拨码开关。正视电路板,左下方有 5 个红色的拨码开关组,其中最右面的一组保留使用,其他 1 组/2 组从左到右分别表示环 1/环 2,在电路板上用 8421 码设定地址,向上拨为“0”,向下拨为“1”;左为低位,右为高位。例如环 1 某车站的车站号为 12,则 12 换成二进制码为 0011,DLL 板的拨码开关依次拨为:向上向上向下向下右高左低。

19. MDS3400 调度交换机 DLL 单板如何更换？

答:更换 MDS3400 调度交换机 DLL 单板需要 4 个步骤。

(1)设置 DLL 单板所在数字环的车站号；

(2)把更换的单板拔出,安装上更换的 DLL 单板；

(3)复位在用的 DLL 单板或由网管终端切回更换上的 DLL 单板为主用；

(4)测试业务,若业务正常则说明更换完毕。

20. MDS3400 调度交换机(DL4X 型)混合组网时,对 DLL 单板的软件有什么要求？

答:MDS3400 交换机挂接 FH98 交换机(S 型)是用专用的 DLL 铁路软件,挂接其他是普通的 DLL 软件版本。

21. MDS3400 调度交换机系统时钟分为哪几种模式？与 MSC 对接互联采用什么模式？

答:(1)MDS3400 调度交换机系统的时钟分为自由振荡、跟踪、保持 3 种工作模式。

(2)MDS3400 调度交换机与 MSC(无线交换机)对接互联时,通过采用跟踪模式提取时钟或提取 BITS 时钟。

22. MDS3400 调度交换机采 MSC 交换机的时钟时,DTL 单板必须安装在什么槽位？

答:MDS3400 交换机采 MSC 交换机的时钟,DTL 必须安装在控制层的 1-6 槽位。

23. MDS3400 调度交换机 DSL 单板接调度台/值班台的出线顺序是什么？

答:DSL 单板接接调度台/值班台的线序是如表 2-2-16 所示。

(1)第 1～3 对分别是第 1 个调度台/值班台的 2B+D,－48 V,录音,4 空；

(2)第 5～7 对分别是第 2 个台子的 2B+D，−48 V，录音，8 空；

(3)第 9～11 对分别是第 3 个台子的 2B+D，−48 V，录音，12 空；

(4)第 13～15 对分别是第 4 个台子的 2B+D，−48 V，录音，16 空。

表 2-2-16　MDS3400 调度交换机 DSL 单板接调度台/值班台的线序

欧式插座 UJ 引脚信号定义	A1	A2	C1	C2	A3	A4	C3	C4	A5	A6	C5	C6	A7	A8	C7	C8
IDC3×8(×1)端口配线颜色	白	蓝	白	橙	白	绿	白	棕	白	灰	红	蓝	红	橙	红	绿
模拟配线架	2B+D		−48 V		录音		空		2B+D		−48 V		录音		空	
欧式插座 UJ 引脚信号定义	A9	A10	C9	C10	A11	A12	C11	C12	A13	A14	C13	C14	A15	A16	C15	C16
IDC3×8(×2)端口配线颜色	红	棕	红	灰	黑	蓝	黑	橙	黑	绿	黑	棕	黑	灰	黄	蓝
模拟配线架	2B+D		−48 V		录音		空		2B+D		−48 V		录音		空	

24. MDS3400 调度交换机 EDSL-4 单板接调度台/值班台的出线顺序是什么？

答：EDSL-4 单板接接调度台/值班台的线序如表 2-2-17 所示。

表 2-2-17　MDS3400 调度交换机 EDSL-4 单板接调度/值班台的出现顺序表

欧式插座 UJ 引脚信号定义	A1	A2	C1	C2	A3	A4	C3	C4	A5	A6	C5	C6	A7	A8	C7	C8
IDC3×8(×1)端口配线颜色	白	蓝	白	橙	白	绿	白	棕	白	灰	红	蓝	红	橙	红	绿
模拟配线架	发内芯	发外皮	收内芯	收外皮	发内芯	发外皮	收内芯	收外皮	发内芯	发外皮	收内芯	收外皮	发内芯	发外皮	收内芯	收外皮
	第 1 路				第 2 路				第 3 路				第 4 路			
欧式插座 UJ 引脚信号定义	A9	A10	C9	C10	A11	A12	C11	C12	A13	A14	C13	C14	A15	A16	C15	C16
IDC3×8(×2)端口配线颜色	红	棕	红	灰	黑	蓝	黑	橙	黑	绿	黑	棕	黑	灰	黄	蓝
模拟配线架	混合声控/主通道	辅通道	电控混合/主通道	辅通道	混合声控/主通道	辅通道	电控混合/主通道	辅通道	混合声控/主通道	辅通道	电控混合/主通道	辅通道	混合声控/主通道	辅通道	电控混合/主通道	辅通道
	第 1 路				第 2 路				第 3 路				第 4 路			

25. MDS3400 调度交换机 1 块 MIL 单板可以插几块小插板？1 块环路小插板支持几路？1 块四线音频插板支持几路？

答：(1)1 块 MIL 单板可插 4 块小插板；

(2)1 块环路小插板支持 1 路环路；

(3)1 块四线音频小插板 Y4P 支持 2 路四线音频。

26. MDS3400 调度交换机 MIL 板第 4 块位置插环路小插板的出线是什么？

答：MIL 板的第 4 块小插板位置插环路小板时的出线是第 13 对，黑绿色。

27. MDS3400 调度交换机 MPU 单板面板上各指示灯的含义是什么？

答：MPU 单板面板指示灯说明如表 2-2-18 所示。

表 2-2-18 MPU 单板面板指示灯

灯名	颜色	说 明	含 义
ACT	绿色	主备用指示	亮：主用；灭：备用
RUN	绿色	运行状态指示灯	0.2 s 亮/0.2 s 灭：正常运行；亮/灭：工作不正常
BUSY	绿色	保留	
ALM	红色	告警指示(保留)	
MOD	绿色	时钟模式	亮：自由振荡模式；1 s 亮/1 s 灭：保持模式 0.25 s 亮/0.25 s 灭：跟踪模式

28. MDS3400 调度交换机的 DRV 单板面板上各指示灯的含义是什么？

答：DRV 单板面板指示灯说明如表 2-2-19 所示。

表 2-2-19 DRV 单板面板指示灯

灯名/接口	颜色	说 明	含 义
ACT	绿色	主备用指示	亮：主用；灭：备用
RUN	绿色	运行状态指示灯	0.2 s 亮/0.2 s 灭：正常运行；亮/灭：工作不正常
BUSY	绿色	保留	
ALM	红色	告警指示	

29. MDS3400 调度交换机的 EXT 单板面板上各指示灯的含义是什么？

答：EXT 单板面板指示灯说明如表 2-2-20 所示。

表 2-2-20 EXT 单板面板指示灯

灯名/接口	颜色	说 明	含 义
ACT	绿色	主备用指示	亮：主用；灭：备用

30. MDS3400 调度交换机的 RES 单板面板上各指示灯的含义是什么？

答：RES 单板面板指示灯说明如表 2-2-21 所示。

表 2-2-21　RES 单板面板指示灯

灯名	颜色	说　明	含　义
ACT	绿色	主备用指示	亮:主用;灭:备用
RUN	绿色	运行状态指示灯	1s亮/1s灭:正常运行
COM	绿色	与主控板通信状态指示灯	常亮:与主控板通信正常;闪:正在有数据通信
ALM	红色	告警指示	灭:正常;亮:时钟丢失告警

31. MDS3400 调度交换机的 DLL-4 单板面板上各指示灯的含义是什么?

答: DLL-4 单板面板指示说明如表 2-2-22 所示。

表 2-2-22　DLL 单板面板指示灯

灯名	颜色	说　明	含　义
ACT	绿色	主备用指示	亮:主用;灭:备用
RUN	绿色	运行状态指示灯	1s亮/1s灭:正常运行
COM	绿色	与主控板通信状态指示灯	常亮:与主控板通信正常;闪烁:正在有数据通信
ALM	红色	告警指示	灭:正常;亮:时钟丢失告警
STA1～STA8	绿色	E1 接口状态	亮:正常;灭:同步丢失告警

32. MDS3400 调度交换机的 DTL-8 单板面板上各指示灯的含义是什么?

答: DTL-8 单板面板指示如表 2-2-23 所示。

表 2-2-23　DTL-8 单板面板指示灯

灯名	颜色	说　明	含　义
ACT	绿色	主备用指示	亮:主用;灭:备用
RUN	绿色	运行状态指示灯	1s亮/1s灭:正常运行
COM	绿色	与主控板通信状态指示灯	常亮:与主控板通信正常;闪烁:正在有数据通信
ALM	红色	告警指示	灭:正常;亮:时钟丢失告警
STA1～STA8	绿色	E1 接口状态	亮:正常;灭:同步丢失告警

33. MDS3400 调度交换机的 EDSL-8 单板面板上各指示灯的含义是什么?

答: EDSL-8 单板面板指示如表 2-2-24 所示。

34. MDS3400 调度交换机的 DSL-4 单板面板上各指示灯的含义是什么?

答: DSL-4 单板面板指示灯说明如表 2-2-25 所示。

35. MDS3400 调度交换机的 ASL-16 单板面板上各指示灯的含义是什么?

答: ASL-16 单板面板指示灯说明如表 2-2-26 所示。

表 2-2-24 EDSL-8 单板面板指示

灯名	颜色	说 明	含 义
ACT	绿色	主备用指示	亮:主用;灭:备用
RUN	绿色	运行状态指示灯	1 s 亮/1 s 灭:正常运行
COM	绿色	与主控板通信状态指示灯	常亮:与主控板通信正常;闪烁:正在有数据通信
ALM	红色	告警指示	灭:正常;亮:时钟丢失告警
STA1～STA8	绿色	E1 接口状态	亮:正常;灭:同步丢失告警

表 2-2-25 DSL-4 单板面板指示灯

灯名	颜色	说 明	含 义
ACT	绿色	主备用指示	亮:主用;灭:备用
RUN	绿色	运行状态指示灯	1 s 亮/1 s 灭:正常运行
COM	绿色	与主控板通信状态指示灯	常亮:与主控板通信正常;闪:正在有数据通信
ALM	红色	告警指示	灭:正常;亮:时钟丢失告警
STA1～STA4	绿色/红色	数字用户电路状态指示	常灭:无调度台;常亮:调度台通信正常; 0.25 s 亮/0.25 s 灭:链路已连接,等待数据通信正常

表 2-2-26 ASL-16 单板面板指示灯

灯名	颜色	说 明	含 义
ACT	绿色	主备用指示	亮:主用;灭:备用
RUN	绿色	运行状态指示灯	1 s 亮/1 s 灭:正常运行
COM	绿色	与主控板通信状态指示灯	常亮:与主控板通信正常;闪:正在有数据通信
ALM	红色	告警指示	灭:正常;亮:时钟丢失告警
STA1～STA16	绿色	模拟用户电路状态指示	常灭:话机挂机;常亮:话机摘机或者通话中; 1 s 亮/4 s 灭:正在振铃 0.25 s 亮/0.25 s 灭:本路用户电路有故障

36. MDS3400 调度交换机的 MIL 单板面板上各指示灯的含义是什么?

答:MIL 单板面板指示灯说明如表 2-2-27 所示。

表 2-2-27 MIL 单板面板指示灯

灯名	颜色	说 明	含 义
ACT	绿色	主备用指示	亮:主用;灭:备用
RUN	绿色	运行状态指示灯	1 s 亮/1 s 灭:正常运行
COM	绿色	与主控板通信状态指示灯	常亮:与控板通信正常;闪:正在有数据通信
ALM	红色	告警指示	灭:正常;亮:时钟丢失告警
STA1～STA8	绿色	多功能接口板状态指示	STA1～STA8:常亮:线路使用中;常灭:线路空闲

37. MDS3400 调度交换机的 RNG 单板面板上各指示灯的含义是什么?

答:RNG 单板面板指示灯说明如表 2-2-28 所示。

表 2-2-28　RNG 面板指示灯

灯名	颜色	说　明	含　义
RING	绿色	铃流输出指示	亮:铃流输出正常;灭:铃流输出故障
SRING	绿色	磁石铃流输出指示	亮:磁石铃流输出正常;灭:磁石铃流输出故障
ALM	红色	告警指示	亮:本板故障告警;灭:本板正常

(八)FH98 网管终端操作与日常维护

1. FH98 网管终端的主要功能有哪些?

答:FH98 网管终端的主要功能有设备告警监控、数据制作、数据维护、设备状态监控、设备维护操作,主系统主控板升级等。

2. 如何启动 FH98 网管终端?

答:启动网管终端有两种方法:

(1)网管终端软件安装后,默认在电脑 C 盘下生成 Maintain 文件夹,所有数据存放在此。在电脑桌面上生成一个维护台运行执行的快捷图标"FH98TL 维护台",双击该图标,运行网管软件。

(2)通过"开始→程序→佳讯飞鸿→数字调度指挥系统维护台"进行启动,弹出如图 2-2-14 所示的登录界面。

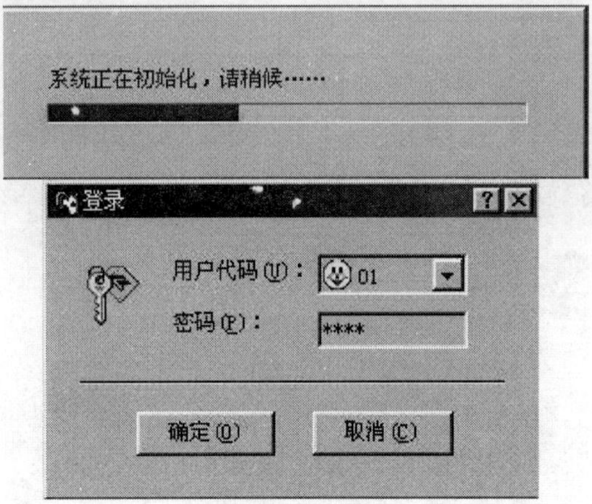

图 2-2-14　FH98 网管终端登录界面

用户代码系统默认为"01",密码是"1111"。如果输入各自已经分配的代号并密码确认即可登录网管终端，进入主拓扑图界面，如图 2-2-15 所示。

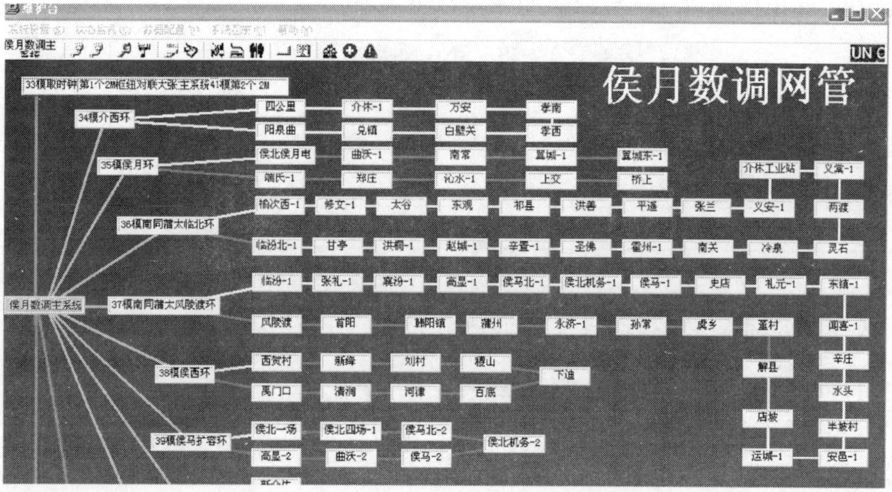

图 2-2-15　FH98 网管终端主拓扑图界面

3. 在 FH98 网管终端如何对数字环方向主备用切换？

答：在网管网管终端将鼠标放至数字环上的任意一个车站图标右键单击，出现下拉列表，单击[切换通信方向]。切换完成后在下拉列表中单击[刷新数字环]。

数字环连接线为黄色代表主用数字环方向。紫色代表走备用数字环方向，切换交接点为绿色。实例如图 2-2-16 所示。

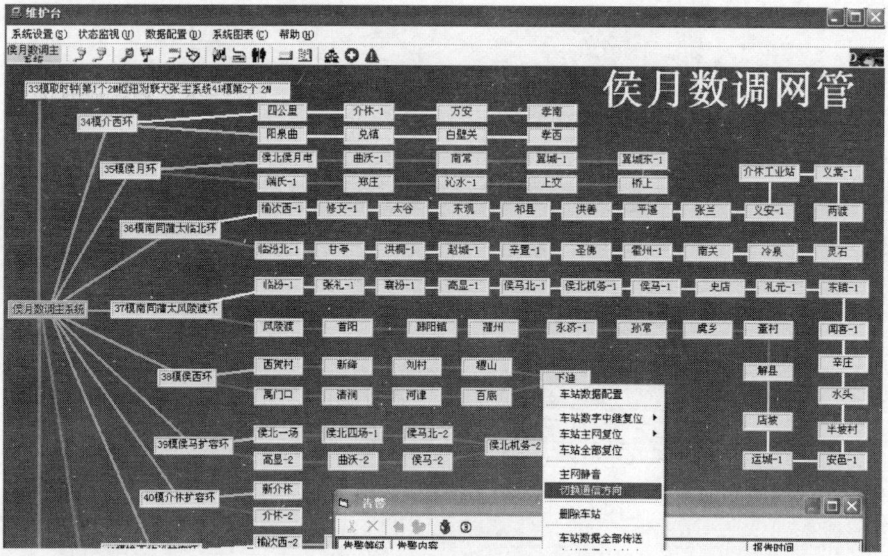

图 2-2-16　数字环方向主备用切换

4. 在 FH98 网管终端如何刷新数字环的颜色？

答：在网管终端主界面上用鼠标右键单击背景图（非车站图标位置），出现下拉菜单如图 2-2-17 所示，选中[刷新数字环显示]项，再确认，数字环显示的颜色立即就刷新了。

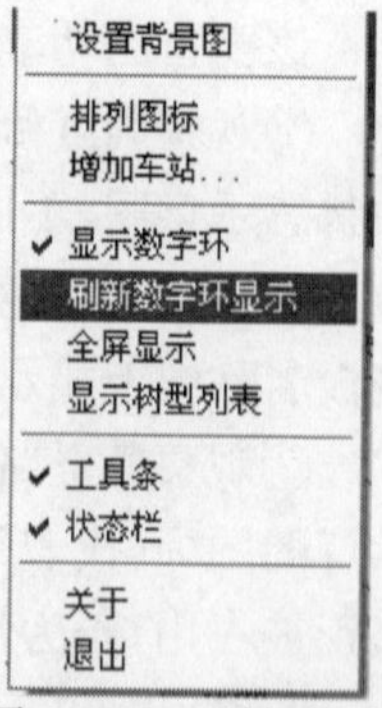

图 2-2-17　刷新数字换显示菜单

5. 在 FH98 网管终端如何排列车站图标？

答：当新增加一个车站，或需要重新排列车站的图标。在网管终端主界面上右键单击背景图（非车站图标位置），出现下拉菜单如图 2-2-18 所示，选中[排列图标]项，再确认，所有车站图标颜色变灰，此时就可以任意移动车站图标至想排列的位置。待排列完毕后，再单击[排列图标]项取消即可。

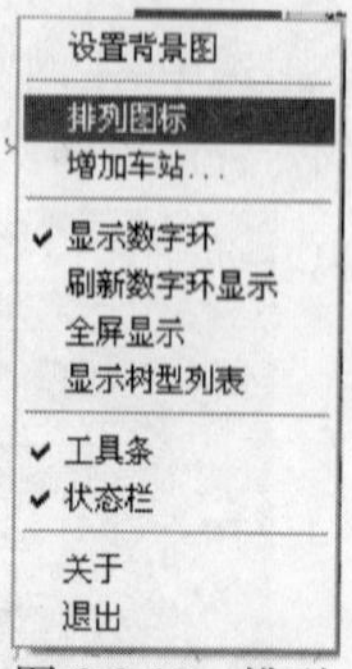

图 2-2-18　排列图标菜单

6. FH98 网管终端告警等级分为哪三级？告警内容分为哪三类？

答：告警等级分为一级告警、二级告警和三级告警。其中，一级告警是可能会引起整个系统无法运行的告警。告警内容分为硬件告警，数据告警，通信告警。

7. 在 FH98 网管终端如何监视调度侧状态？

答：单击网管界面工具栏[状态监视]主菜单下的[调度侧状态监视]子菜单，或在数字环图上单击[主系统]图标，则可弹出调度侧状态监视窗口，如图 2-2-19 所示。在该图上可以观察枢纽主系统各种配置、状态，并且可以进行[参数设置]和各种操作。在监视图上的每一层图框可以相互拖动，方便观察。

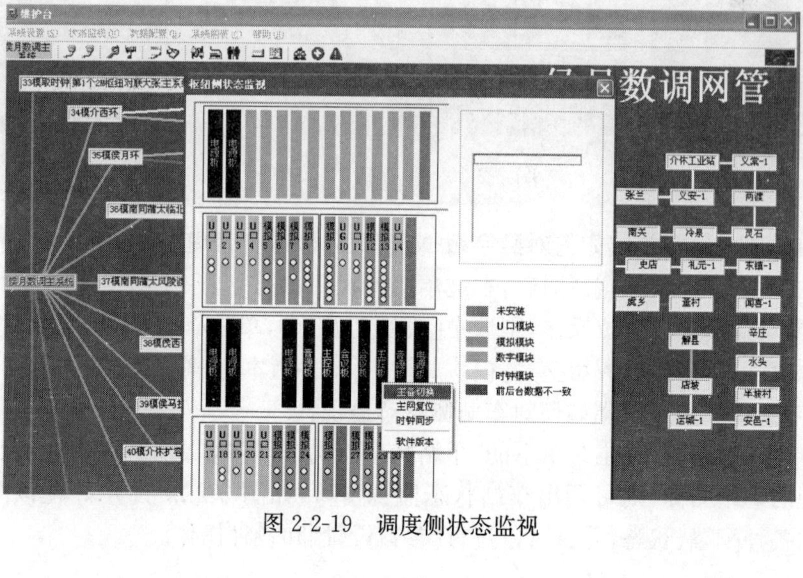

图 2-2-19　调度侧状态监视

该窗口的功能：

①观察调度侧硬件配置情况。调度侧状态监视图上有枢纽主系统的各模拟电路板的状态示意图，不同类型电路板显示不同颜色，灰色表示没有安装电路板，可以从维护台上直接观察到枢纽主系统硬件配置的情况。对于主控层两个主控平面，主用平面电路板名称图上显示绿色，备用平面显示灰色。

②观察各电路板的工作状态。对于模拟接口板，状态监视图上各板有每一线路指示灯的图标，代表每块用户板上各线路的状态：若指示灯图标显示为绿色长亮，表示该路正被占用；若为红色，表示该路故障。

8. 在 FH98 网管终端如何对主控-M 板进行管理？

答：进入主系统状态监视图后，右键单击主控板-M 处，出现如图 2-2-20 所示界面，若要进行主备切换，则选中[主备切换]，单击确认即可。若要对一平面的主控板复位操作，则选中[主网复位]，确认即可。同样按照同样的步骤方法可进行[时钟同步]、[软件版本]查询操作。

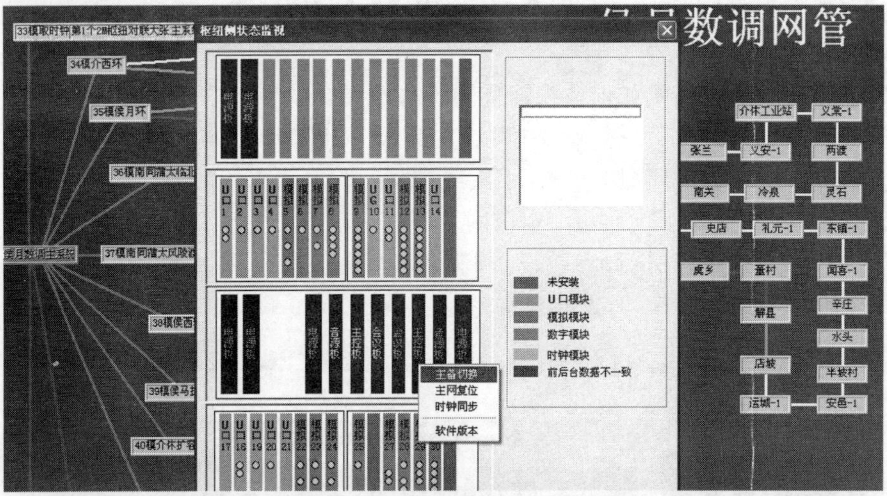

图 2-2-20 主控板-M 菜单

9. 在 FH98 网管终端如何对数字板-N/模拟单板进行管理？

答：进入主系统状态监视图后，右键单击所操作的数字板-N 出现如图 2-2-21 所示菜单，若要对单板进行复位操作，则选中[模块初始化]，单击确认即可。同样按照同样的步骤方法可进行[接口板切换]、[模块属性]、[软件版本]操作。

10. 在 FH98 网管终端如何对车站侧状态监视？

答：单击“状态监视”主菜单下的“车站状态监视”子菜单，或在维护台主界面图上单击要监视的车站图标，则可调出车站状态监视窗口，如图 2-2-22 所示。在该图上可以观察车站各种配置、状态，并且可以进行[参数设置]和各种操作。

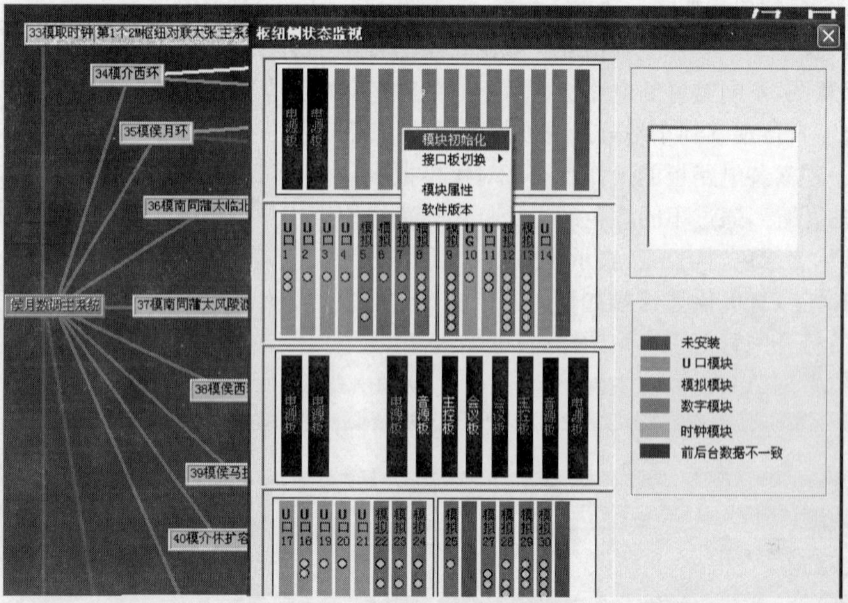

图 2-2-21　数字板-N 右键菜单

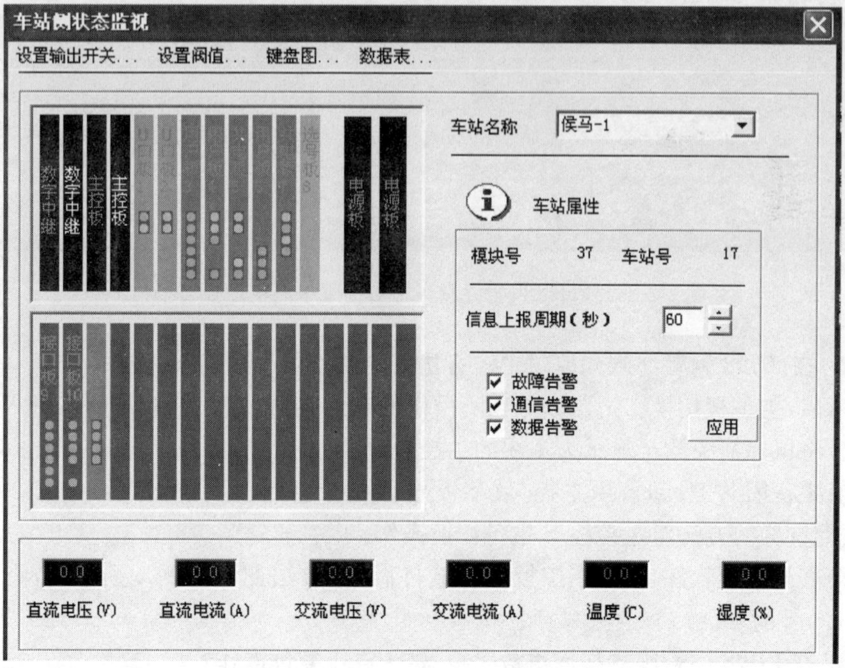

图 2-2-22　车站状态监视

该窗口的功能如下：

(1)观察车站硬件配置情况。车站状态监视图上有车站分系统的各模拟电路板的状态示意图，不同类型的电路板显示不同的颜色，灰色是没有安装电路板，我们可以从维护台上直接观察到车站分系统硬件配置的情况。

(2)观察各电路板的工作状态。对于模拟接口板，车站状态监视图上各板有每一线路状态的图标，通过不同颜色的指示灯代表每块模拟用户板上各线路的状态，若指示灯图标显示为绿色，且长亮，表示该路正被占用；若为红色，表示该路故障。

11. 在 FH98 网管终端如何对主控板-S 进行复位操作？

答：打开网管终端车站图标，右键单击，出现下拉菜单，单击[车站主网复位]，再选中[复位主网 A]或[复位主网 B]确认即可，如图 2-2-23 所示。

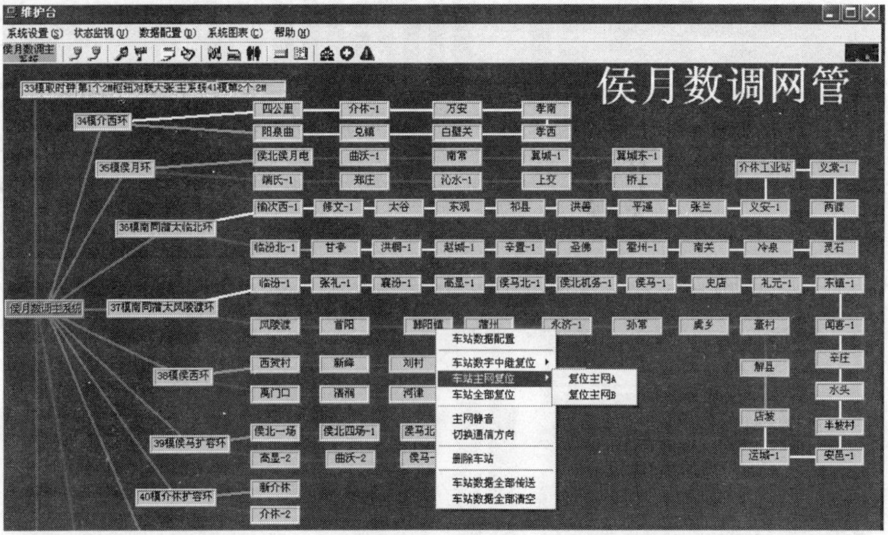

图 2-2-23 FH98 网管终端车站右键菜单对主控板-S 复位

12. 在 FH98 网管终端如何对主控-S 进行主备切换、版本查询操作？

答：(1)主备板切换。把鼠标点到所操作的车站图标位置处，双击图标进入车站监视界面，将鼠标箭头放至显示为主用的主控板/数字板上，右键单击会显示下拉菜单，单击[切换主备用]。看到备用主控/数字板显示为绿色，表示切换成功，如图 2-2-24 所示。按照同样的方法对主控板-S 主备切换操作。

(2)查询单板软件，查询主控板-S 的软件版本，方法如图 2-2-25 所示，查询结果如图 2-2-26 所示。

13. 在 FH98 网管终端如何对数字板-S/-4 进行复位操作？

答：进入主系统状态监视图后，右键单击所操作的车站图标位置处，出现下拉菜单，如图 2-2-27 所示，选中[车站数字中继复位]，选中[复位数字中继 A]或[复位数中继 B]

确认即可。

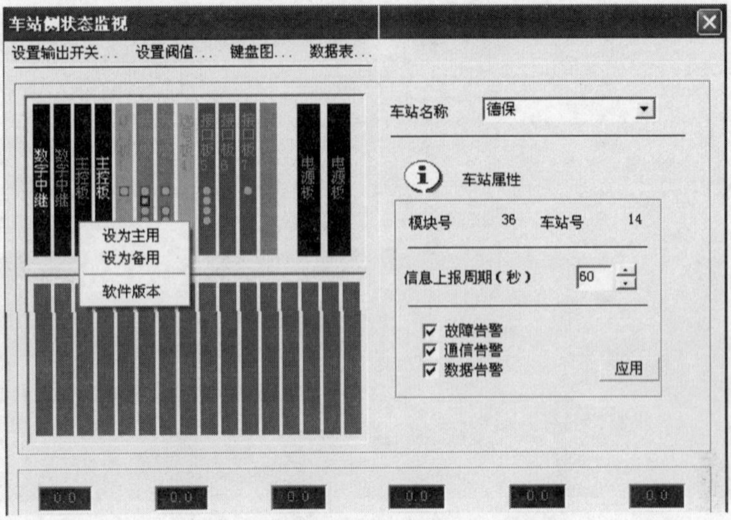

图 2-2-24　车站右键菜单主控板-S 主备切换

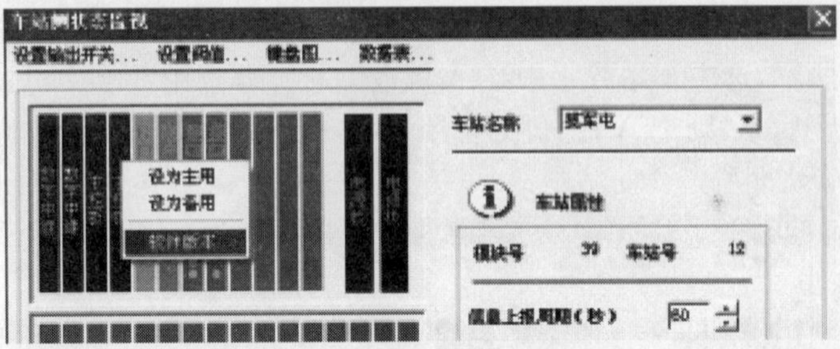

图 2-2-25　右键主控板-S 的菜单版本查询

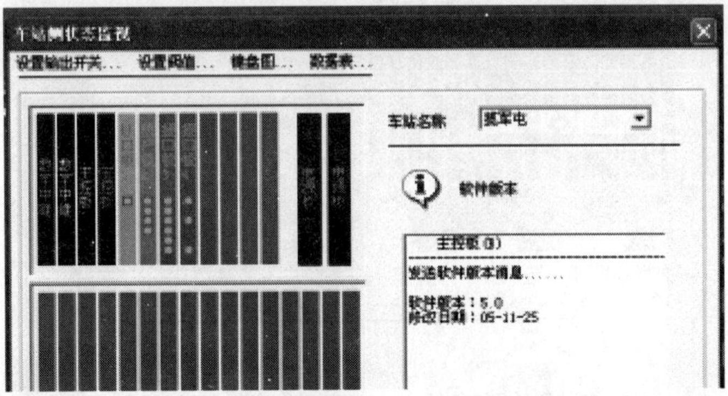

图 2-2-26　查询主控板-S 的软件版本

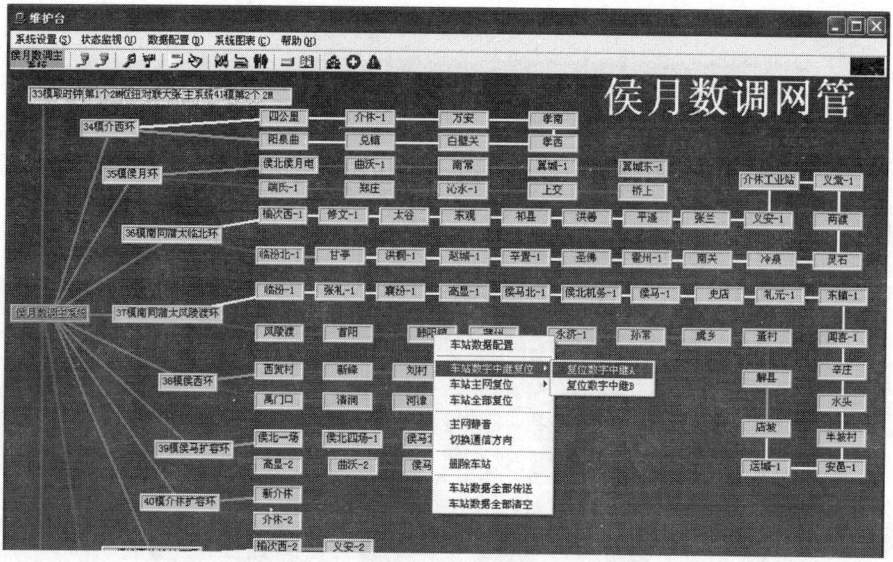

图 2-2-27 车站右键菜单数字板-S 复位

14. 在 FH98 网管终端如何对数字板-S/-4 主备切换?

答:选择所操作的车站图标位置处,双击图标进入车站监视界面,右键单击出现菜单如图 2-2-28 所示,选中车站数字中继 A 板或 B 板。若选中数字中继 A 板,当前数字中继 A 板为主用状态,则把 A 板[设为备用]状态确认即可。当要主备切换时,选中[设为主用/备用]确认即可。

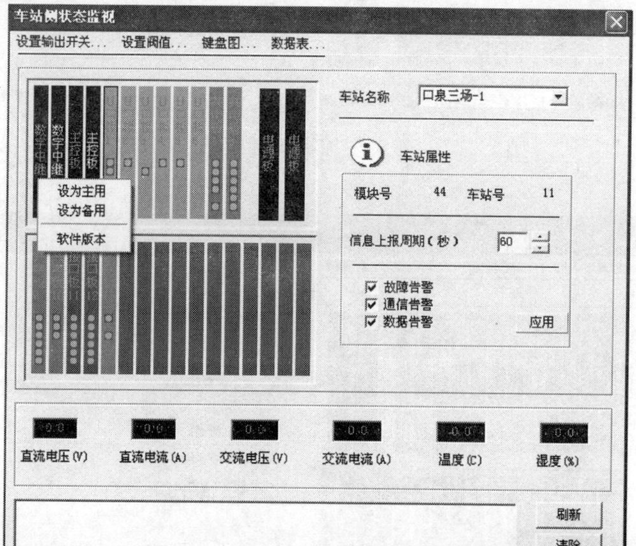

图 2-2-28 FH98 网管车站右键菜单主备切换

15. 在 FH98 网管终端如何对 S 型交换机的模拟单板操作?

答:打开网管终端车站图标,右键单击需要查询的板件,出现下拉菜单,单击[模块初始化]、[软件版本]或[模口板切换]等操作,如图 2-2-29 所示。各模拟单板操作相同。电源板无软件版本。

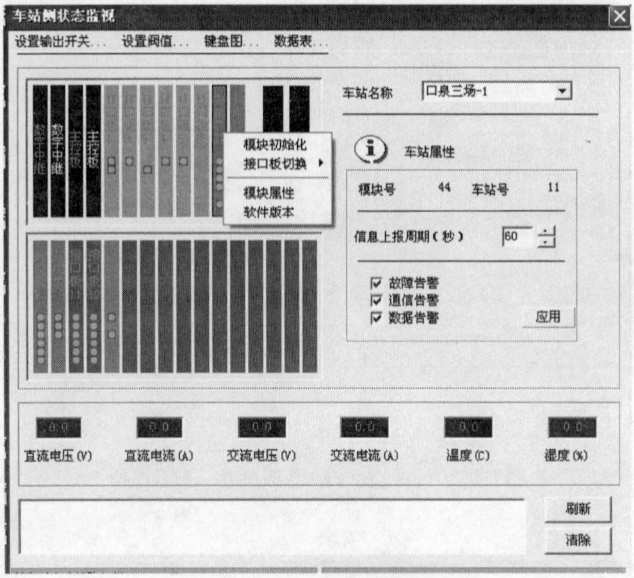

图 2-2-29　模拟单板操作

16. 在 FH98 网管终端如何对主控板/数字板-S 主备用切换?

答:FH98-S 型调度交换机在网管终端切换方法:双击需要切换的车站图标,右键单击显示为主用的主控板/数字板,会显示主备切换命令条,单击[切换主备用]。看到备用主控/数字板显示为绿色,表示切换成功。实例如图 2-2-30 所示。

17. 在 FH98 网管终端如何判断主控层两平面的主备用状态?

答:FH98-M 型调度交换机主控层平面在网管终端上显示的主控板、音源板、会议板字体为绿色时表示为主用状态,字体为白色时表示为备用状态。实例如图 2-2-31 所示。

18. 在 FH98 网管终端如何备份数据? 如何恢复数据?

答:(1)备份数据的方法是:在"系统设置"下,选择[网管终端设置]选项卡,即可查看 FH98 当前数据库的存放目录,默认是 C:\maintain\data 目录,把该目录下的 data 文件拷贝到备份的目录 D:\FH98\数据备份下即可。

(2)恢复数据的方法是:把备份目录 D:\FH98\数据下的 data 文件拷贝到 C:\maintain\data 目录覆盖,重新退出,启动网管终端即可。

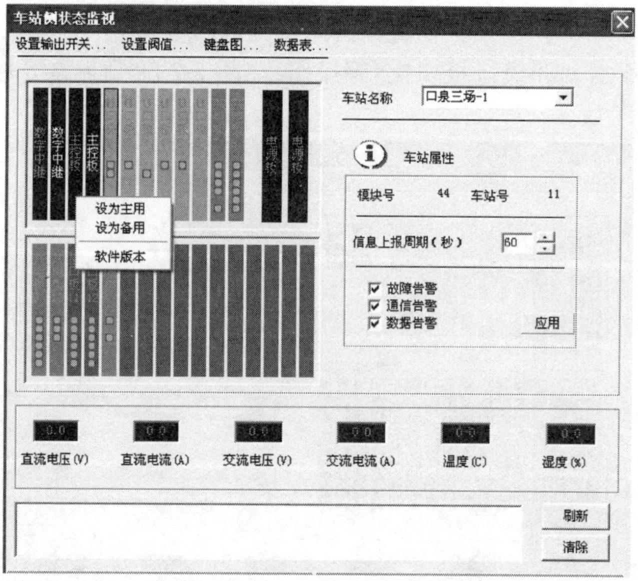

图 2-2-30 主控板/数字板的主、备用切换

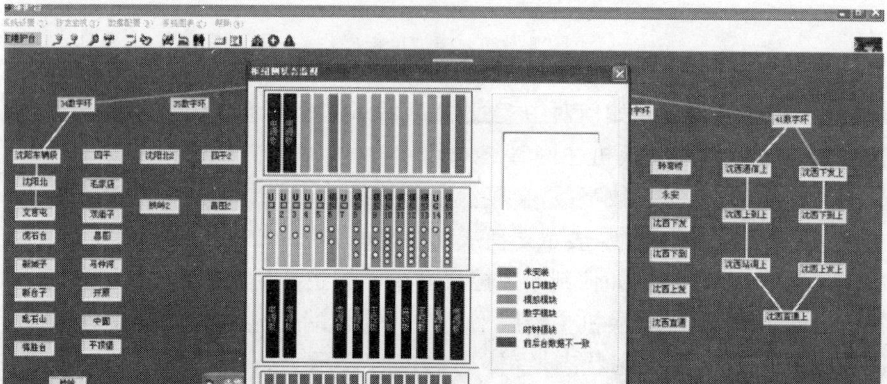

图 2-2-31 主控层两平面的主备用状态

(九)FH98-G 网管终端操作与日常维护

1. FH98-G 网管终端的主要功能有哪些?

答:网管终端的主要功能有:数据配置、数据维护、系统状态监视、系统维护、告警记录、告警查询。

2. 如何启动 FH98-G 网管终端？

答：网管终端启动有两种方法：

(1)在桌面双击 FH98-G 维护台快捷图标，启动网管终端；

(2)通过[开始]⟶[程序]⟶[佳讯飞鸿]⟶[数字调度指挥系统维护台]进行启动，

启动后，出现启动进度显示，并出现维护台登录窗口，如图 2-2-32 所示。

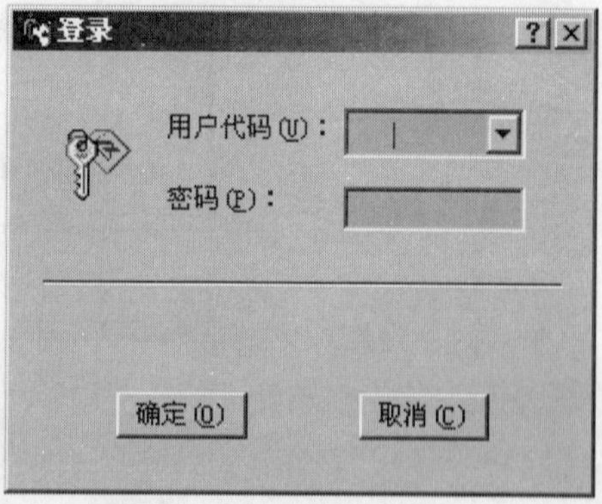

图 2-2-32　FH98-G 登录窗口

系统刚安装后，系统默认提供两个管理员代号“1”和“2”，一个操作员代号“3”，代号和密码一致。可以在用户代码对应的下拉框中键入或选择用户的代码，然后输入相应的密码，单击[确定]按钮，系统进行操作员和密码的验证，正确后完成登录操作后，进入主拓扑图界面，如图 2-2-33 所示。

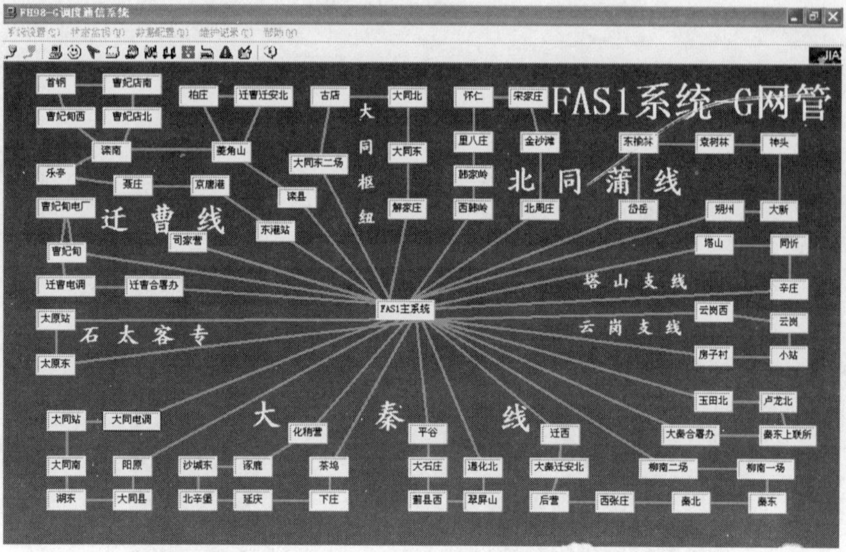

图 2-2-33　主拓扑图界面

3. 在 FH98-G 网管终端如何对主控板-M 主备用切换？

答：把鼠标移动到 A 平面的主控 A 或 B 平面的主控 B 位置，单击右键出现菜单如图 2-2-34 所示。

(1)若把鼠标移动到 A 平面主控的位置，当前 A 为主用状态，则选择[降为备]，就把 A 为主用切到 B 为主用；若当前 A 为备用状态，则选择[升为主]，就把 B 为主用切到A为主用。

(2)若把鼠标移动到B平面主控的位置,按照同样的方法操作即可。

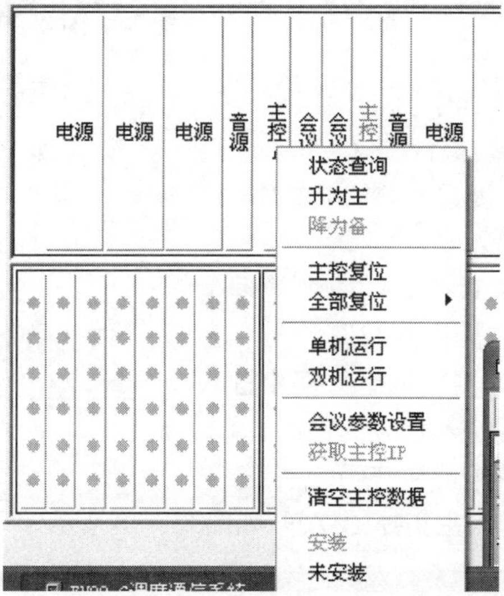

图 2-2-34 主控板-M主备用切换

4. 在FH98-G网管如何对M型交换机的单板进行复位等操作?

答:把鼠标移动到所需要操作的单板,如对数字36模块操作,单击右键出现数字36模块的操作界面,如图2-2-35所示,即可进行复位等操作。

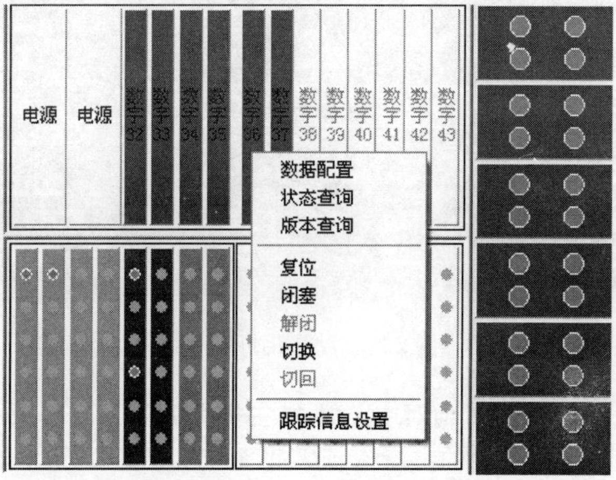

图 2-2-35 数字36模块的操作界面

(1)版本查询——取得模块中当前运行程序的版本信息,选择完成命令后,再通过该模块的提示进行查看。

(2)复位——模块复位。

(3)闭塞、解闭——模块闭塞,即不可用,此处是模块级。

(4)切换、切回——与备用模块进行切换和切回。

5. FH98-G 在网管终端如何备份数据? 如何恢复数据?

答:FH98-G 网管终端数据的备份与恢复需要在网管界面进行操作。

(1)数据备份的方法:打开网管界面进入数据配置,单击[数据备份],选择相应的备份目录备份,默认目录是:D:\FH98-G\数据备份。

(2)数据恢复的方法:打开网管界面进入数据配置,单击[数据恢复],选中恢复的目录 D:\FH98-G\数据备份\下最新的数据,等 1 min 后会提示数据恢复成功,关闭网管终端,重新启动网管终端即可。

(十)MDS3400 网管终端操作与日常维护

1. MDS3400 网管终端的特点是什么?

答:MDS3400 调度交换机网管终端支持 C/S 方式。客户端软件和服务器端软件可以部署在一台计算机上,也可以分别部署在不同的计算机上。

2. 如何启动 MDS3400 网管服务器和客户端?

答:(1)在网管终端桌面双击网管服务器,等待进入服务器运行状态,如图 2-2-36 所示。

图 2-2-36 启动 MDS3400 服务器界面

(2)当服务器运行正常后,在网管终端桌面选择[网管客户端]双击,出现如图 2-2-37 所示的登录界面,输入用户名和密码后登录。默认的用户名是:admin,默认的密码是:admin。

图 2-2-37 MDS3400 客户端登录界面

3. 在 MDS3400 网管如何查询网管终端的版本?

答:在网管终端的主拓扑图界面进入菜单栏,选择[帮助],选择[关于]后,弹出版本号,如图 2-2-38 所示,版本号为 2.8.0097。

图 2-2-38 查询版本号

4. MDS3400 网管终端如何管理车站调度交换机? 每个数字环的网管通道占用几个时隙?

答:(1)网管终端和车站调度交换机之间采用佳讯私有协议,网管终端通过网管通道管理调度交换机。

(2)每个数字环的网管通道占用 E1 接口中的 4 个时隙,上行方向 2 个,下行方向 2 个。一般为 TS_1～TS_4,TS_1、TS_2 时隙为上行方向,TS_3、TS_4 时隙为下行方向。

5. MDS3400 调度交换机在本地如何对未知 IP 地址的 MPU 单板操作?

答:通过超级终端,使用串口线将计算机连接至 CON-A 或 CON-B,用 IPCONFIG 命令查询 IP 地址,再修改为需要的 IP 地址即可。如 7 板位 MPU 需要配置 IP 地址时,利用网管终端的串口连接 MPU 板的 con 口;使用超级终端配置,如图 2-2-39 所示。

第 1 步:键入名称,可以为任意名称。

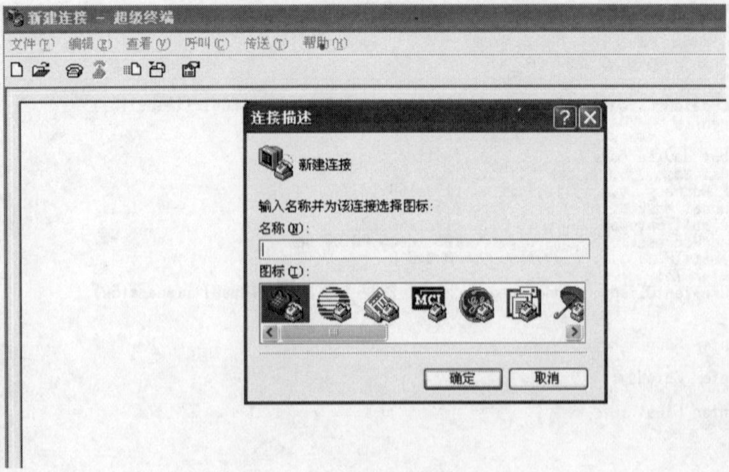

图 2-2-39 进入超级终端

第 2 步:设置串口,如图 2-2-40 所示。注意:一定要还原为默认值,然后单击[确定]。

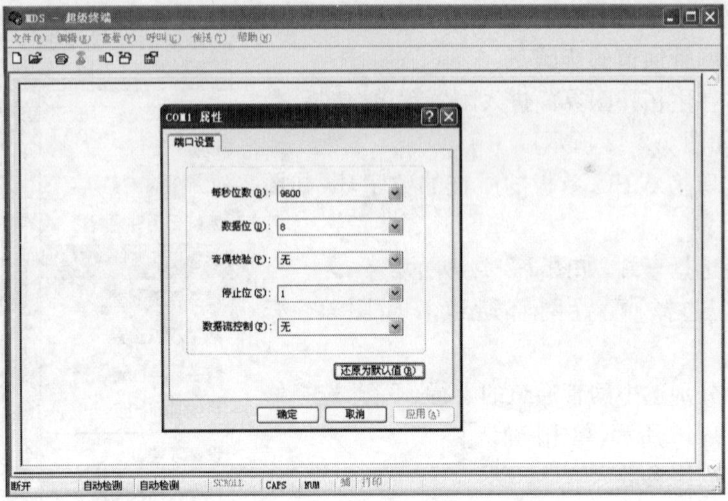

图 2-2-40 设置串口

第 3 步:把所要配置的 MPU 板复位或重启,等 MPU 板工作后,进行下一步操作,空格后出现"boot line",如图 2-2-41 所示。输入"ipconfig"设定 IP 地址,当界面出现 Enter IP………………0.0.0.0 时,输入所要修改的 IP 地址、浮动 IP 地址。

第 4 步:输入 REBOOT 命令重启 MPU 单板或复位 MPU 单板后 IP 地址修改成功。

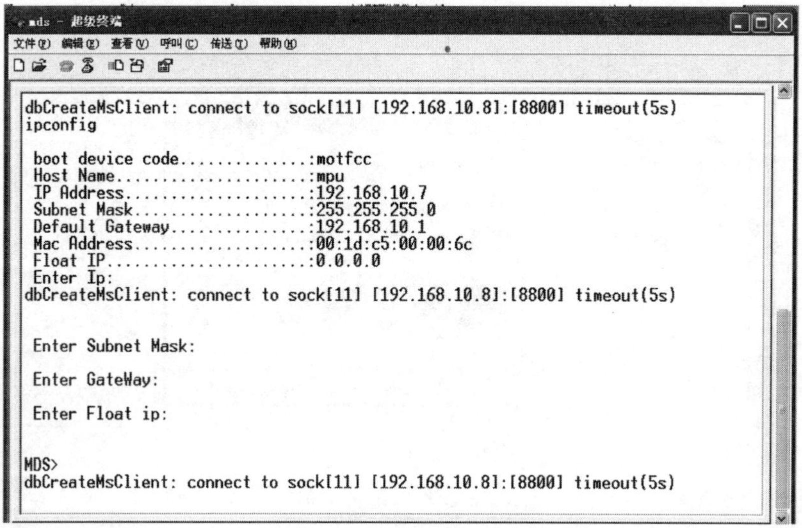

图 2-2-41 设置地址

6. 在 MDS3400 网管终端如何对未知 IP 地址的 MPU 单板操作?

答:需要对网管通道和配置网络参数进行操作。

(1)传送网管通道的步骤是:

第 1 步:在主拓扑图界面进入配置菜单,选择[数字环配置],如图 2-2-42 所示。

第 2 步:所换 MPU 单板的所在的数字环,如图 2-2-43 所示。

第 3 步:选择车站,如图 2-2-44 所示。

第 4 步:选择[配置网管通道],如图 2-2-45 所示。

第 5 步:分别选中网管通道的上行、下行,选择修改项,如图 2-2-46 所示,单击[确认]。

(2)配置网络参数

第 1~3 步同上。

第 4 步:选择[配置网络参数],如图 2-2-47 所示。

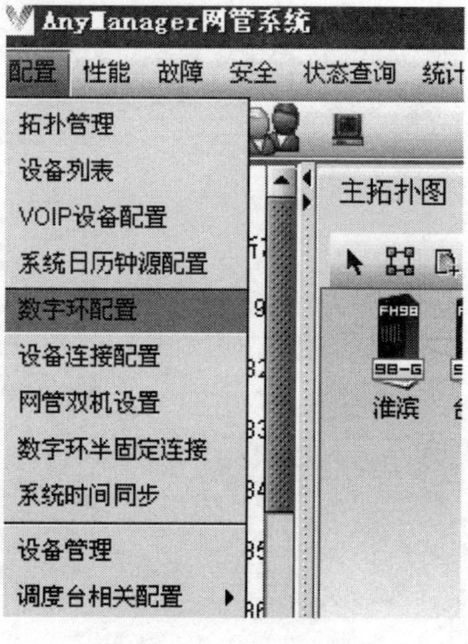

图 2-2-42 数字环配置

第 5 步:选择所更换的 MPU 单板所在的槽位 7 或 8,输入子网掩码、默认网管、IP 地址和浮动 IP,保存,如图 2-2-48 所示。

通过以上操作后,就可以管理所更换的 MPU 单板,可以给该板下载数据。

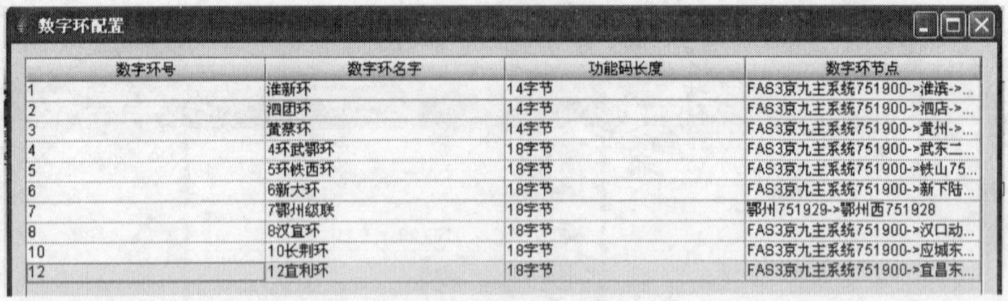

图 2-2-43 MPU 单板的所在的数字环

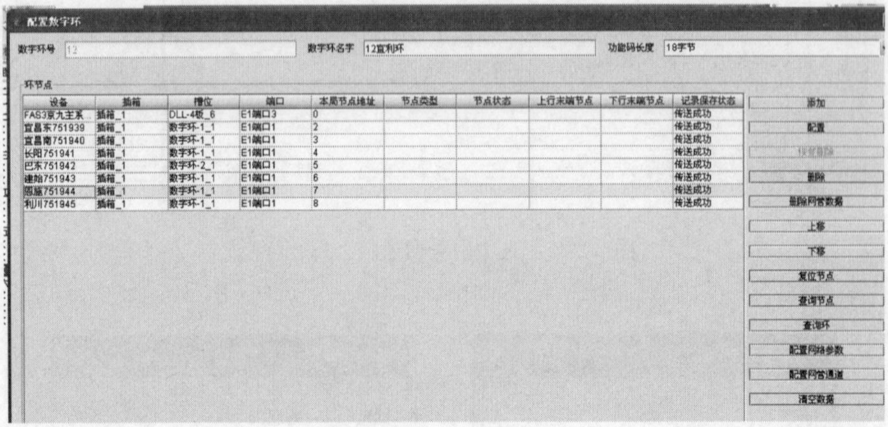

图 2-2-44 选择车站

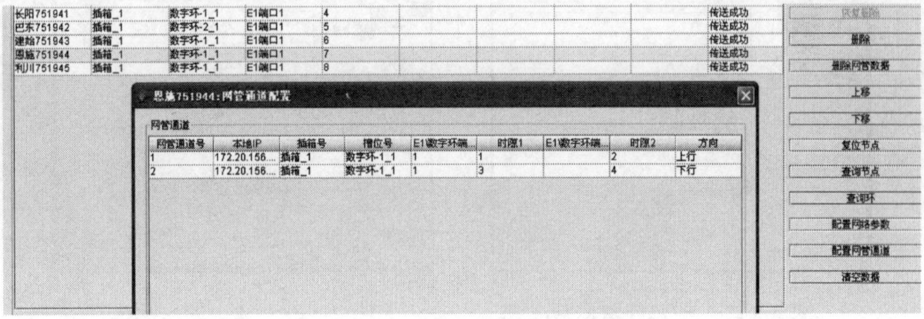

图 2-2-45 选择配置网管通道

7. MDS3400 网管终端联机和脱机配置数据有什么区别？多长时间自动保存一次数据？

答：(1)联机配置数据会将数据配置到网管终端和交换机主控板内；脱机配置只将数据配置在网管终端中，调度交换机的数据无变化。

(2)MDS3400 调度交换机每隔 2 h 自动保存一次数据。

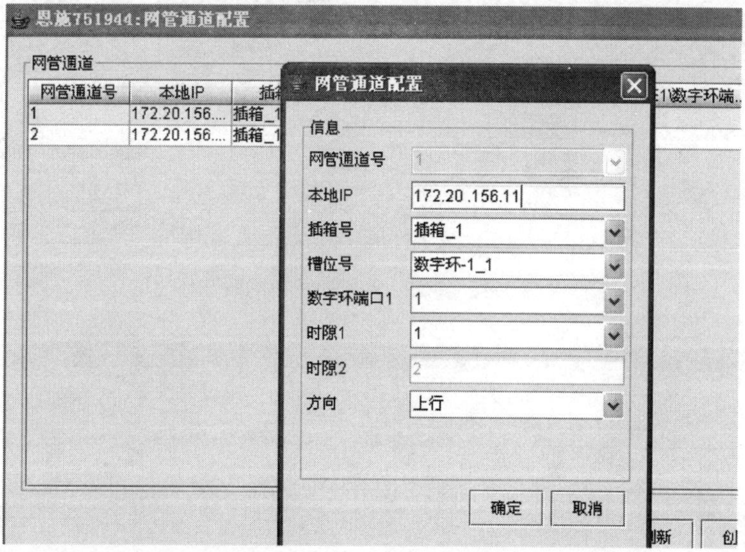

图 2-2-46 选中网管通道的上行、下行

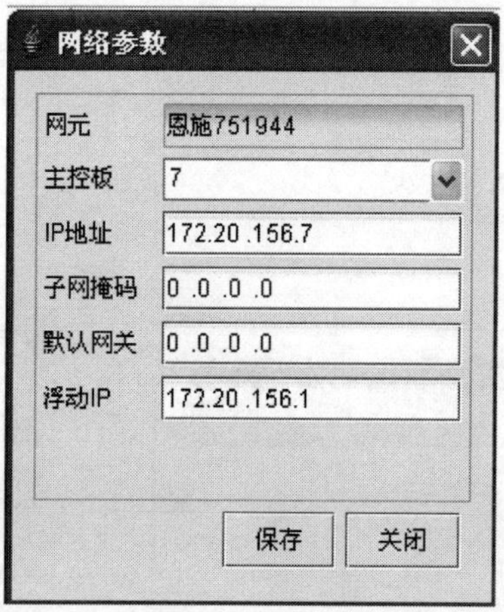

图 2-2-47 配置网络参数

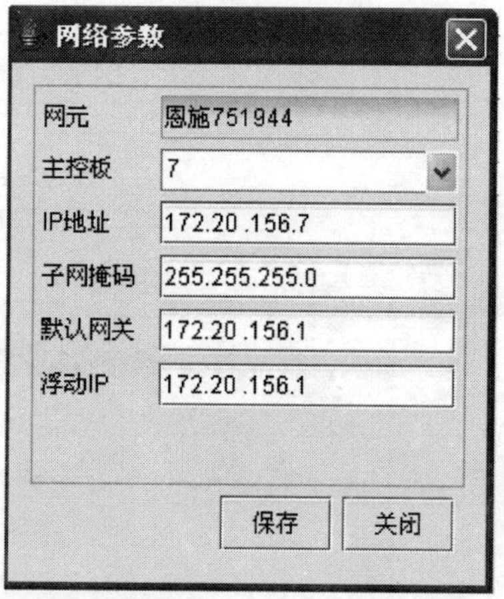

图 2-2-48 输入网络参数

8. 在 MDS3400 网管终端如何给 MPU 单板下载数据?

答:第 1 步:进入给 MPU 单板下载数据设备的监控界面,进入设备维护下的[数据维护],如图 2-2-49 所示。

第 2 步:双击[设备维护],进入设备数据管理,默认首先是对备用 MPU 单板操作(建议不对主用 MPU 单板进行操作),如图 2-2-50 所示。

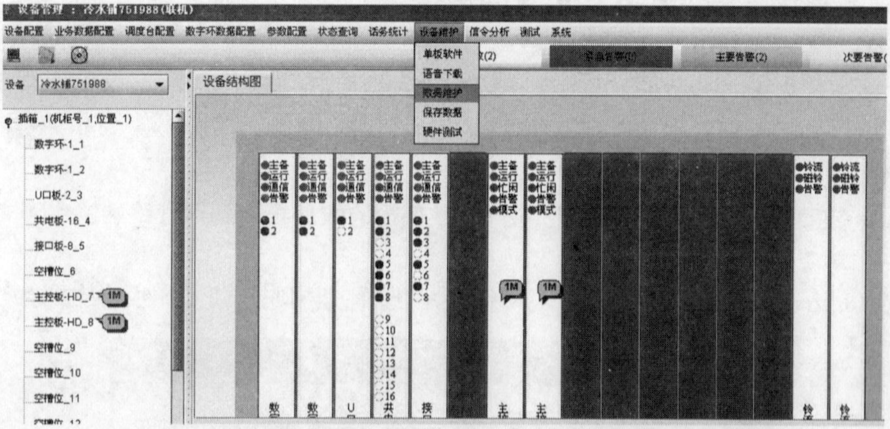

图 2-2-49　设备维护

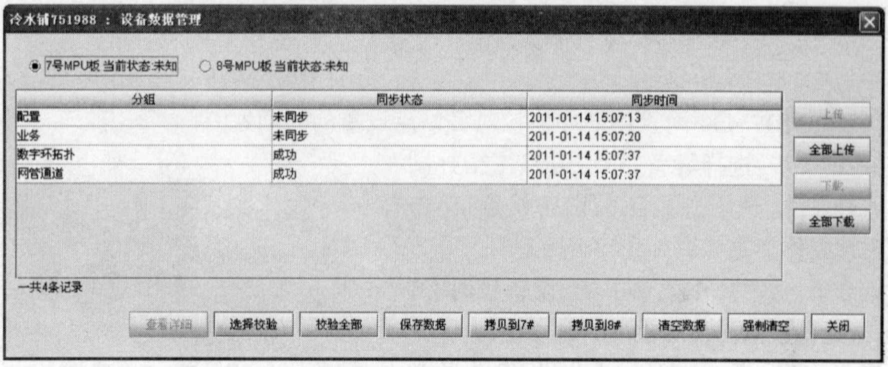

图 2-2-50　设备数据管理

第 3 步：选择[全部下载数据]，提示如图 2-2-51 所示信息，选择[是]，则把网管的数据下载给 MPU 板。

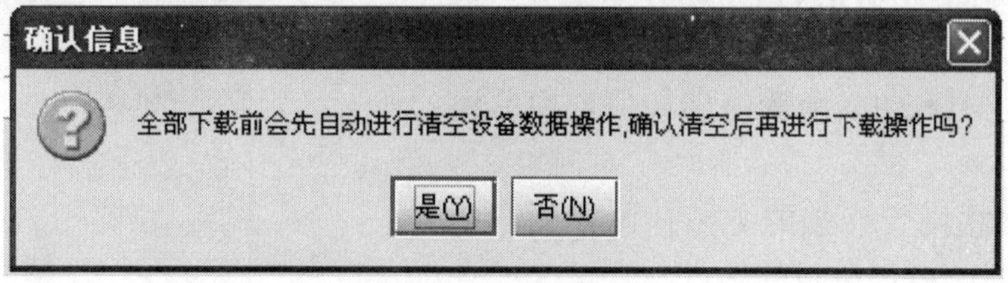

图 2-2-51　下载数据

第 4 步：保存数据。

注意：当有下载失败的情况，就采取[强制清空数据]后(建议一般不使用)，再下载数据。

9. 在网管终端如何校验 MPU 单板的数据?

答:第 1、2 步同第 8 题的操作。

第 3 步:选择[校验数据],当网管与 MPU 板的数据都一致时,校验框用红颜色标注。

第 4 步:若数据有红颜色标注的项,依据注释进行修改。

第 5 步:[保存数据]。

10. 在 MDS3400 网管终端如何把 MPU 单板的数据导入到网管终端?

答:第 1、2 步同第 9 题的操作。

第 3 步:选择全部上传,提示如图 2-2-52 所示,选择[是],则把 MPU 单板的数据导入网管。

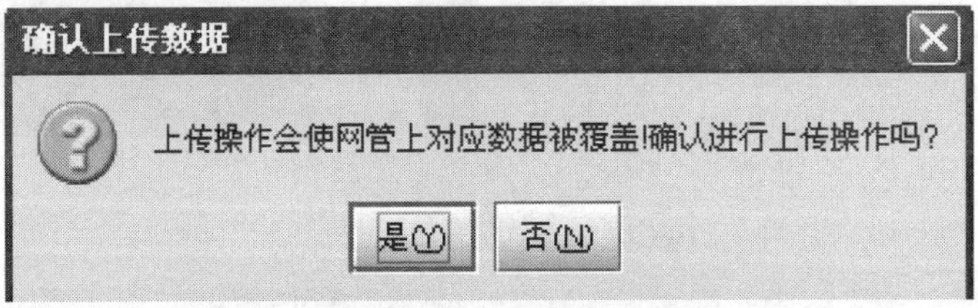

图 2-2-52 上传数据

11. 在 MDS3400 网管终端如何校对各站点设备的时间?

答:第 1 步:选择设备站点,进入主拓扑图界面的最左侧,选中所校正的设备站点,单击右键出现操作菜单如图 2-2-53 所示。

第 2 步:选中操作菜单中的[设备校时]选项,出现设备校时界面如图 2-2-54 所示。

第 3 步:选择[刷新],显示当前设备和 EMSserver 的时间,如图 2-2-55 所示。

第 4 步:选择[校时],此操作是使设备的时间依据 EMSserver 的时间为准进行校时,校时完后,再刷新显示正确的时间,如图 2-2-56 所示。

12. 在 MDS3400 网管终端如何查询单板软件版本?

答:(1)在网管终端的主拓扑图界面双击站点图标,进入查询单板的站点。

(2)进入菜单栏在[设备维护]菜单下,选择[单板软件],如图 2-2-57 所示。

(3)选择[全部刷新],显示该站点所有单

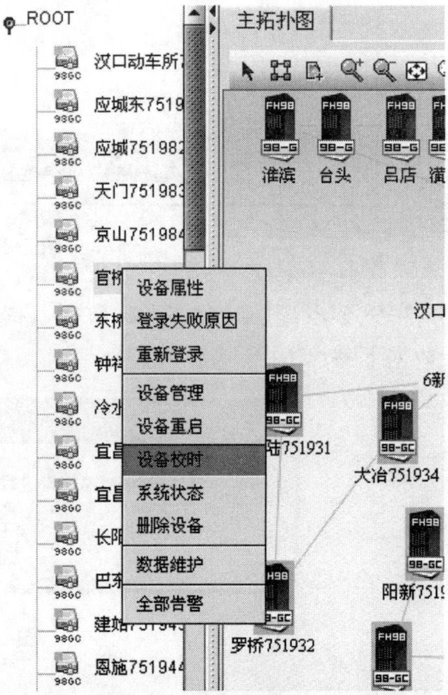

图 2-2-53 操作菜单

板软件的版本，如图 2-2-58 所示。

单击[查询]按钮，可以查询本插箱所有单板的软件版本。

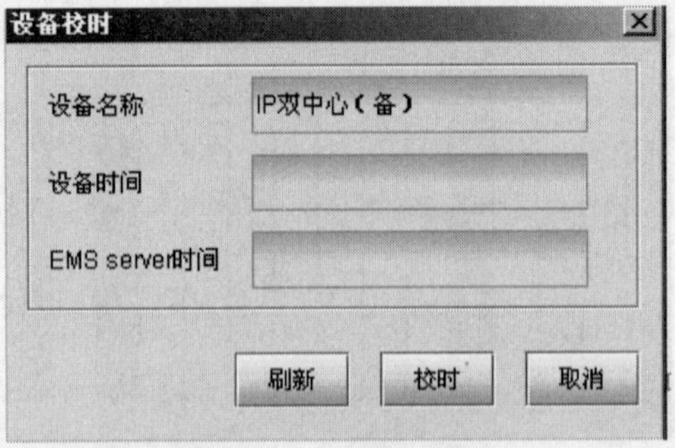

图 2-2-54　设备校时界面

图 2-2-55　显示当前时间

图 2-2-56　显示校时后的界面

13. 在 MDS3400 网管终端如何对单板进行软件升级？

答：软件升级有三个操作步骤：

(1)、(2)同 12 题的(1)、(2)；

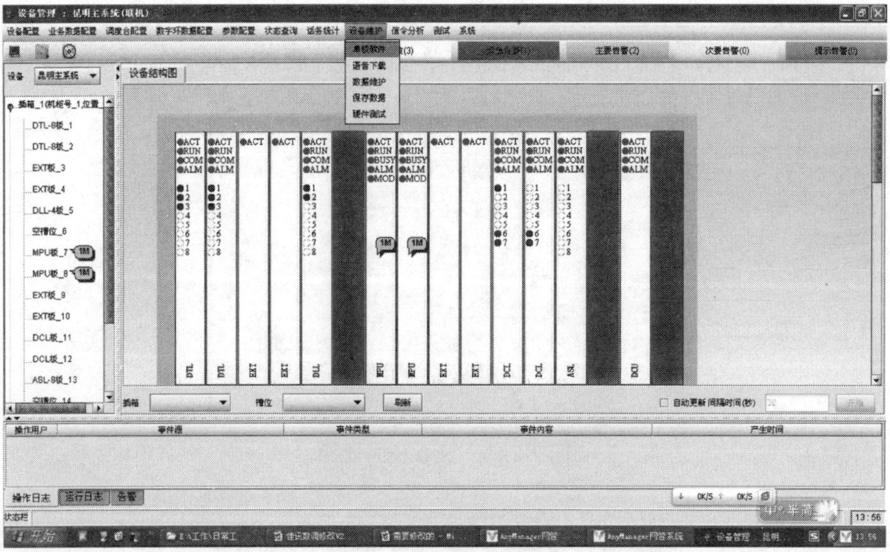

图 2-2-57 单板维护

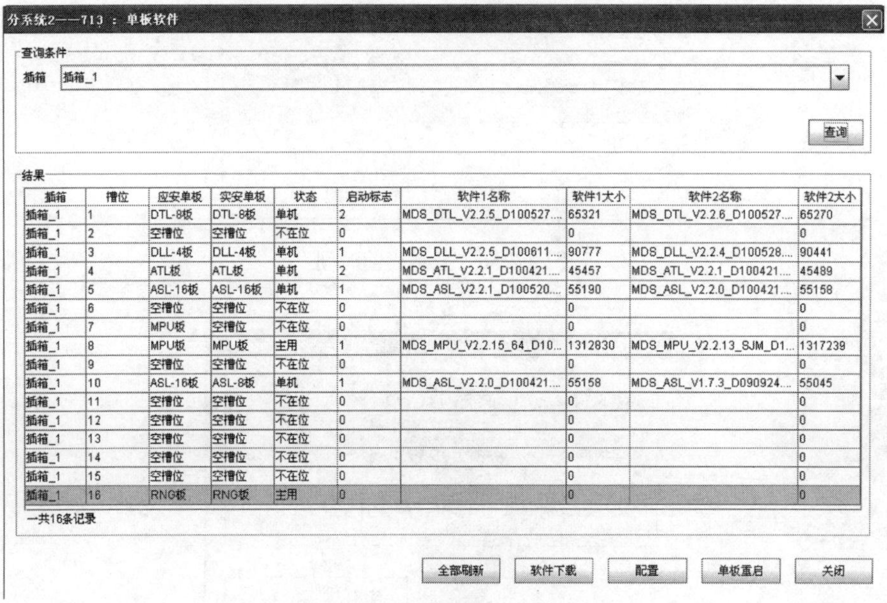

插箱	槽位	应安单板	实安单板	状态	启动标志	软件1名称	软件1大小	软件2名称	软件2大小
插箱_1	1	DTL-8板	DTL-8板	单机	2	MDS_DTL_V2.2.5_D100527....	65321	MDS_DTL_V2.2.6_D100527....	65270
插箱_1	2	空槽位	空槽位	不在位	0		0		0
插箱_1	3	DLL-4板	DLL-4板	单机	1	MDS_DLL_V2.2.5_D100611....	90777	MDS_DLL_V2.2.4_D100528....	90441
插箱_1	4	ATL板	ATL板	单机	2	MDS_ATL_V2.2.1_D100421....	45457	MDS_ATL_V2.2.1_D100421....	45489
插箱_1	5	ASL-16板	ASL-16板	单机	1	MDS_ASL_V2.2.1_D100520....	55190	MDS_ASL_V2.2.0_D100421....	55158
插箱_1	6	空槽位	空槽位	不在位	0		0		0
插箱_1	7	MPU板	空槽位	不在位	0		0		0
插箱_1	8	MPU板	MPU板	主用	1	MDS_MPU_V2.2.15_64_D10...	1312830	MDS_MPU_V2.2.13_SJM_D1...	1317239
插箱_1	9	空槽位	空槽位	不在位	0		0		0
插箱_1	10	ASL-16板	ASL-8板	单机	1	MDS_ASL_V2.2.0_D100421....	55158	MDS_ASL_V1.7.3_D090924....	55045
插箱_1	11	空槽位	空槽位	不在位	0		0		0
插箱_1	12	空槽位	空槽位	不在位	0		0		0
插箱_1	13	空槽位	空槽位	不在位	0		0		0
插箱_1	14	空槽位	空槽位	不在位	0		0		0
插箱_1	15	空槽位	空槽位	不在位	0		0		0
插箱_1	16	RNG板	RNG板	主用	0		0		0

图 2-2-58 查询单板软件版本

(3)选择[软件下载]或单击界面下方的[软件下载]，选择所要升级的软件进行下载，如图 2-2-59 所示。

在下载完成后，需要重新启动该单板才能生效，完成软件升级。

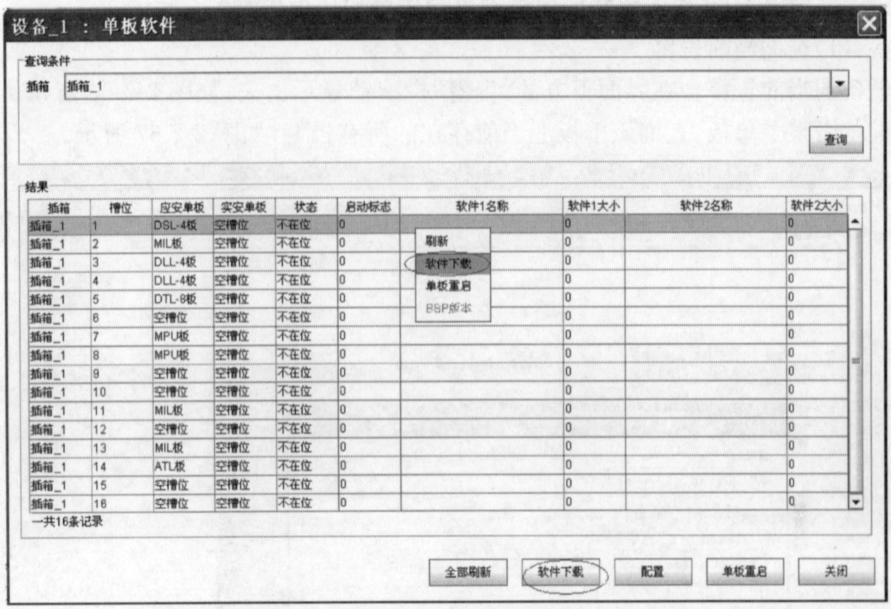

图 2-2-59 板件升级

14. 当 MDS3400 网管终端对单板升级不成功时,如何操作?

答:当升级不成功时,可以通过[配置]按钮恢复到原来运行的程序。

(1)单击界面下方的[配置],弹出对话框。

(2)单击[查询],可以看到当前运行的程序版本,选择 1 或 2。

(3)单击[设置启动],可以恢复为原来运行的程序。配置完成后也需要[重新启动]该单板才能生效。如图 2-2-60 所示。

15. 在 MDS3400 网管终端如何查询单板硬件相关信息?

答:(1)在[设备配置]菜单下,选择[槽位配置],弹出窗口如图 2-2-61 所示。单击[查询],可以查询到该插箱所有单板的硬件发布日期,PCB 版本号,逻辑版本。

(2)对于 MIL 板,还可以查询到母板上所插的是哪种小插板,如图 2-2-62 所示。右键单击 MIL 板,选择[子板信息],可以查询到 MIL 板上所插子板的信息。

(3)对于 MPU 单板,可以查询到该 MPU 单板上是否插有以太网小插板,以及 DSP 信息等,如图 2-2-63、图 2-2-64 所示。

16. 在 MDS3400 网管终端如何对单板进行主备切换?

答:在状态界面选择主备切换的单板,右键单击出现如图 2-2-65 所示下拉菜单,选择[单板运行状态],可以查看到该单板当前工作状态是主用还是备用。

如查询到当前状态为主用,在主备设置处选择[备用],完成对该单板的主备切换;如查询到当前状态为备用,在主备设置处选择[主用],完成对该单板的主备切换。

17. 在 MDS3400 网管终端如何查询当前告警和历史告警?

答:(1)查询当前告警

设备的当前告警会在界面下方的“告警”栏滚动显示出来,如图 2-2-66 所示。也可以右键单击某个单板,查询该单板上当前存在的所有告警,如图 2-2-67 所示。

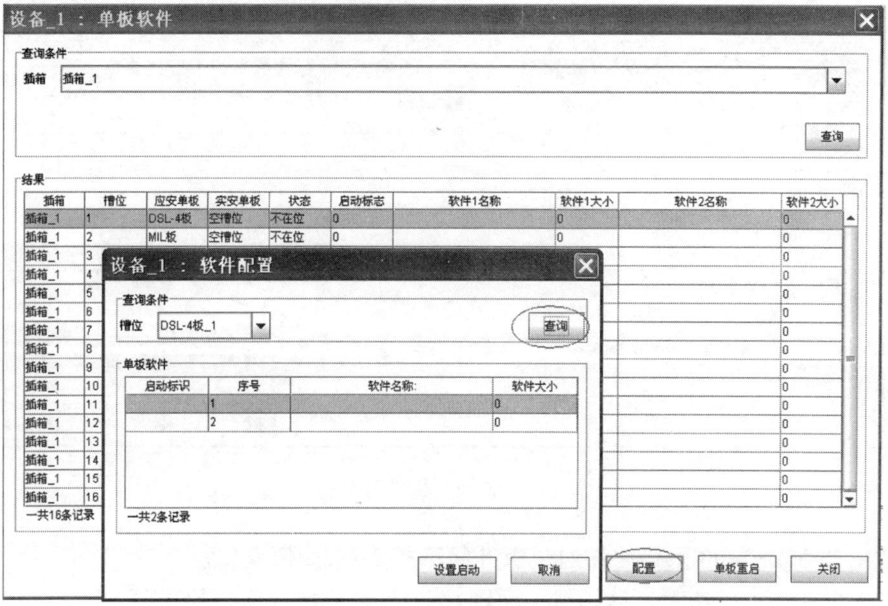

图 2-2-60 配置单板

图 2-2-61 槽位配置

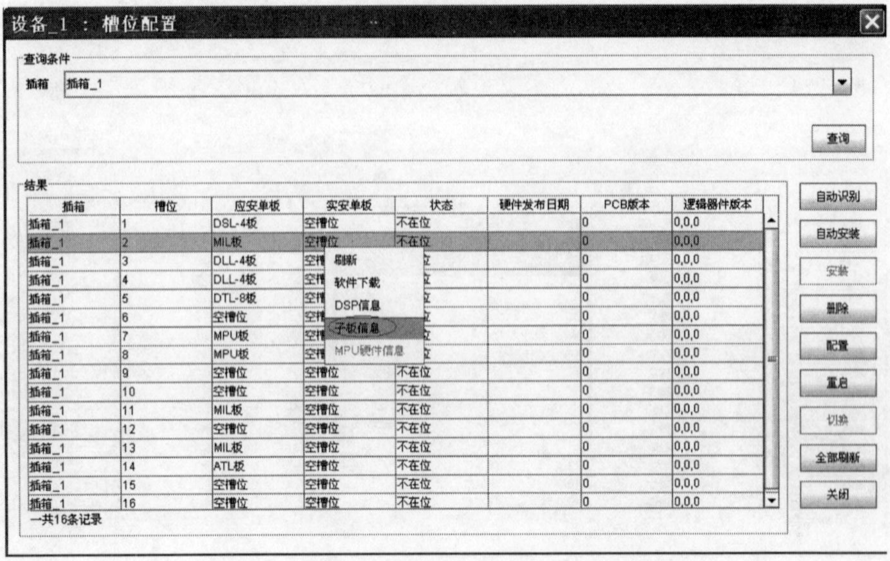

图 2-2-62　MIL 的子板信息

图 2-2-63　查询 MPU 单板硬件信息

图 2-2-64 MPU 单板硬件信息

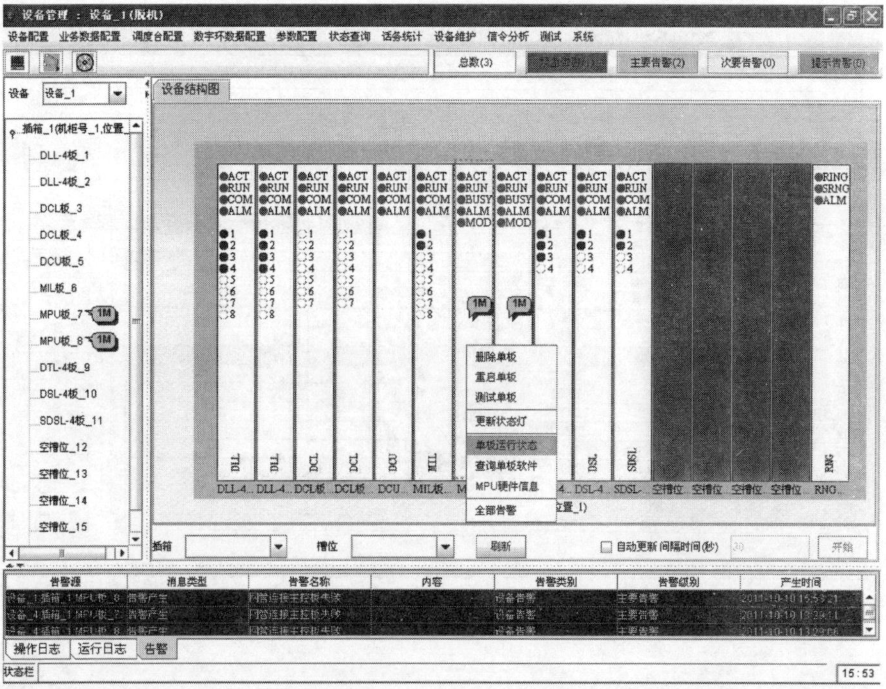

图 2-2-65 单板运行状态

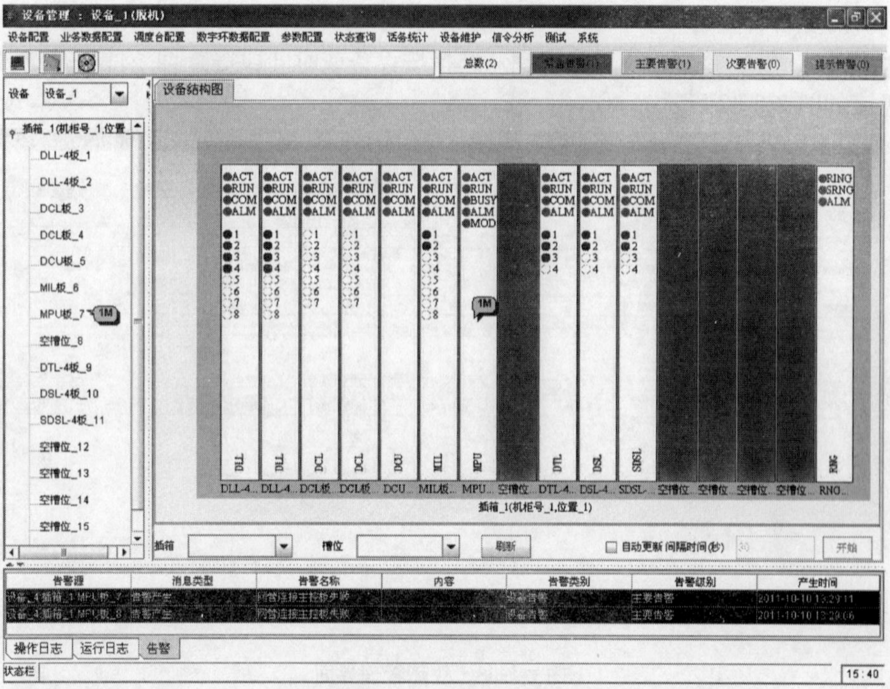

图 2-2-66 告警信息栏

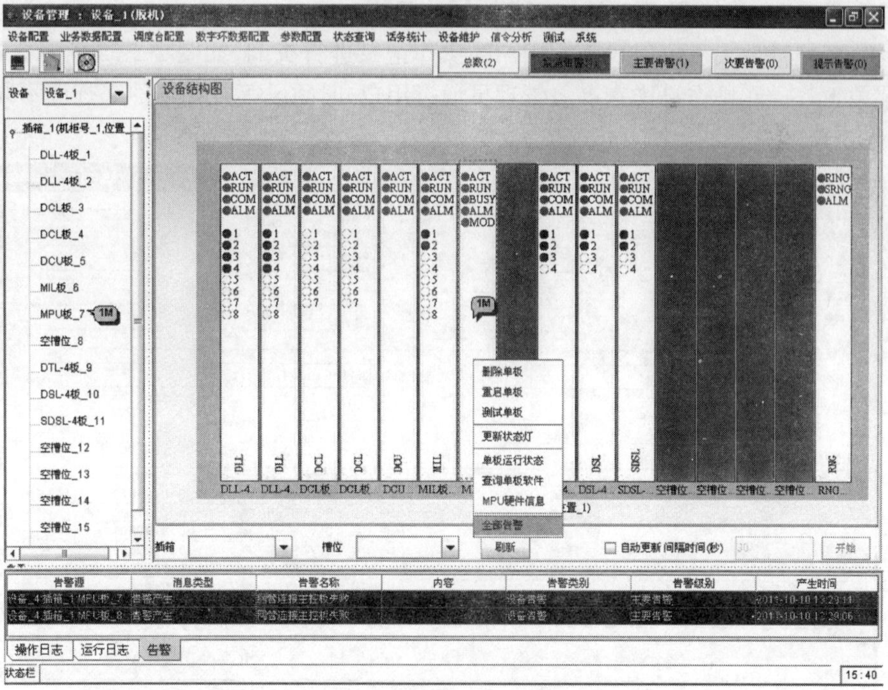

图 2-2-67 全部告警信息查询

(2)历史告警查询

在[故障]菜单下,选择[故障管理],选择按设备或时间段等查询条件来筛选告警信息,界面如图 2-2-68 所示。

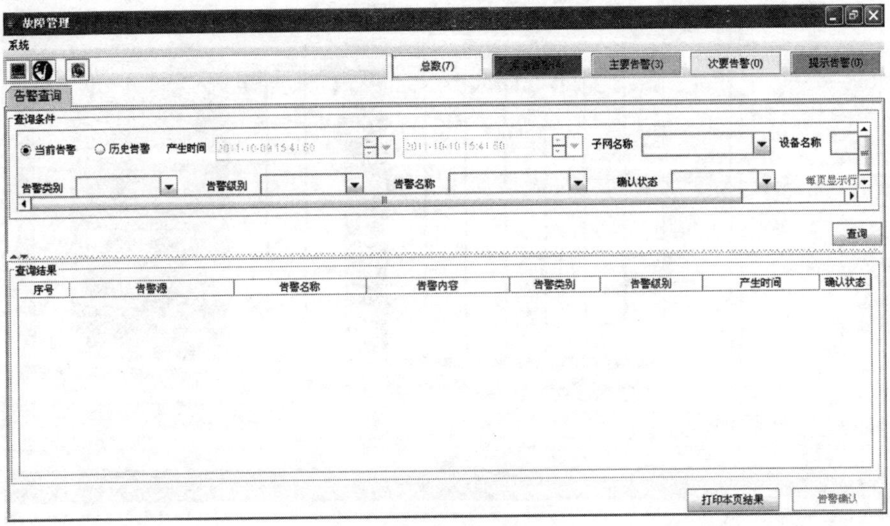

图 2-2-68 故障管理界面

18. 在 MDS3400 网管终端如何查询操作日志?

答:系统管理人员可以对不同用户的操作记录进行查询,如图 2-2-69 所示。在[故障]菜单下,选择[操作日志查询],管理员通过用户,时间段等查询条件来查询不同用户的操作记录。

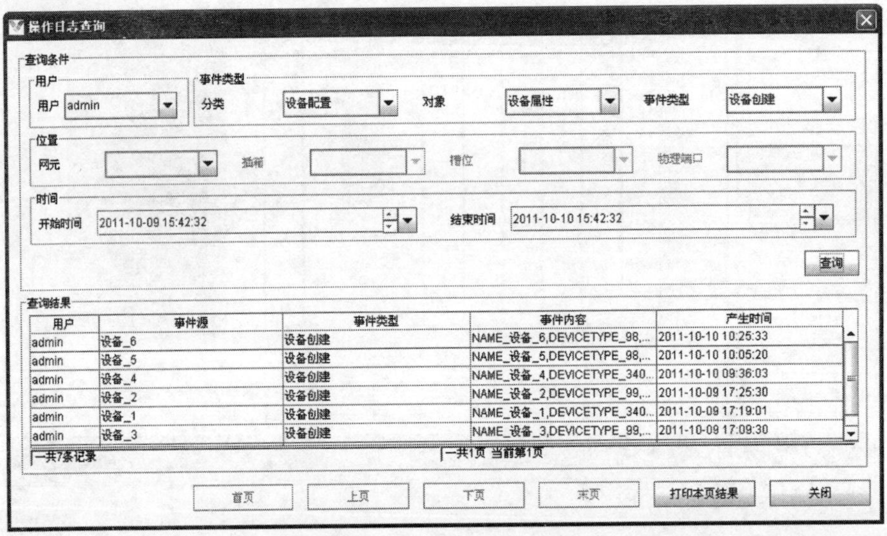

图 2-2-69 操作日志查询界面

19. 在 MDS3400 网管终端如何备份数据库?

答:在网管界面双击 MySQL Administrator 图标,打开 MySQL Administrator,出现如图 2-2-70 所示的界面。

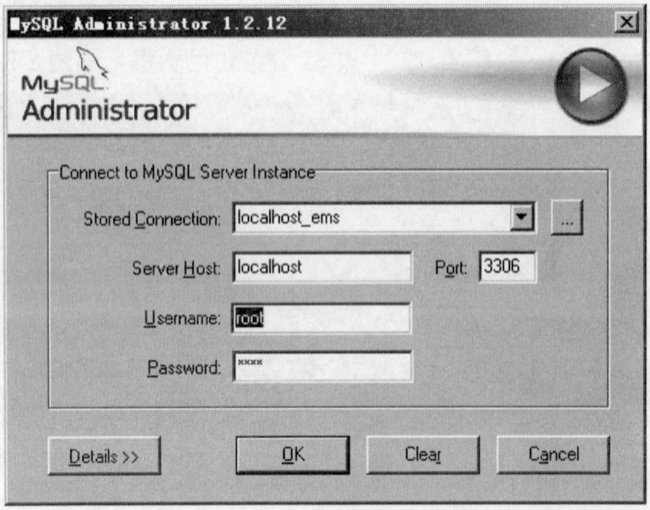

图 2-2-70 MySQL 登录界面

输入正确的 Username 和 Password,serverhost,即可连接到 MySQL 数据库上,进入主界面(Username 和 Password 都为 root)如图 2-2-71 所示。

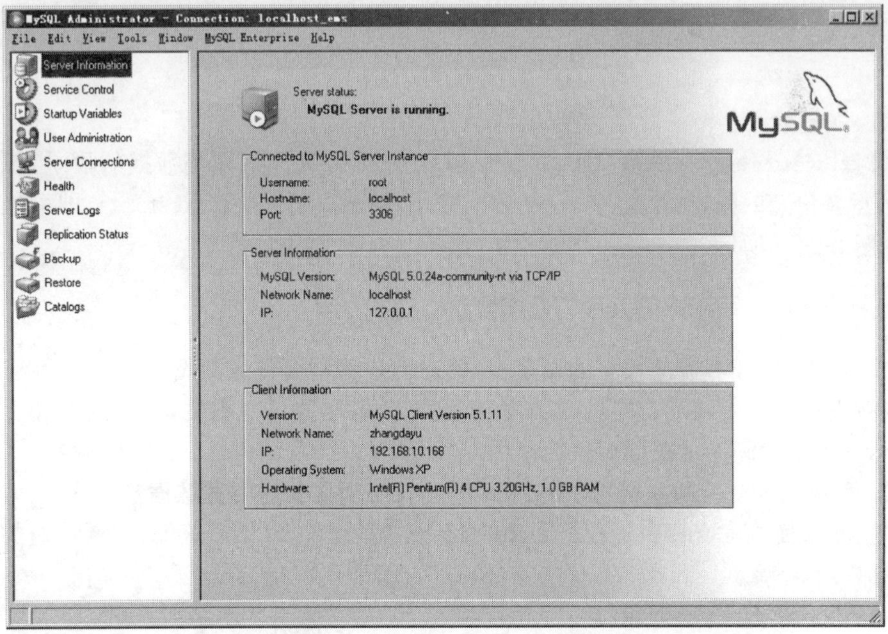

图 2-2-71 MySQL 主界面

(1)备份数据

选择[backup]──→选中[New Project]──→选中[EMS]──→选中[向右箭头]──→执行[Execute Backup Now]──→建一个备份的工程到某一目录(默认是 D:\数据备份)──→执行[保存]。即可备份数据,备份数据库的文件 xxx.sql(Project 20111123 1451.sql,表示是 2011 年 11 月 23 日 14 点 51 分备份的数据),如图 2-2-72 所示。

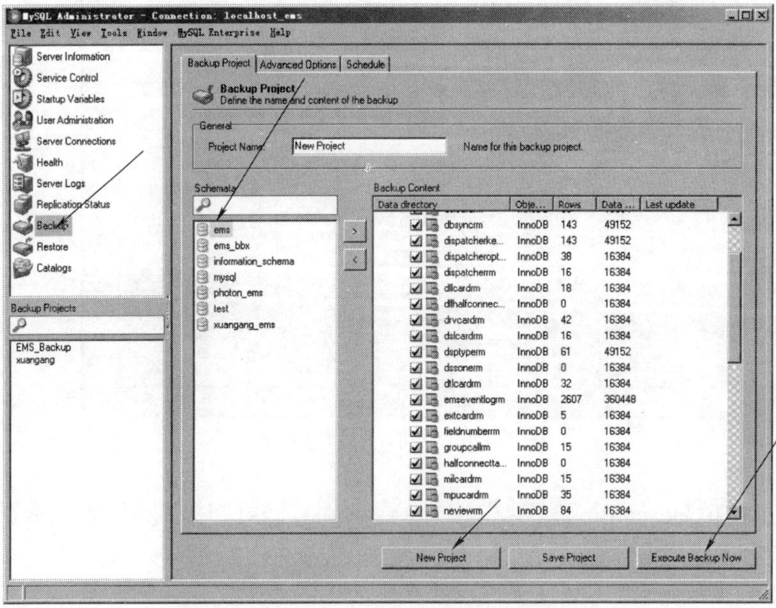

图 2-2-72 MySQL 备份界面

(2)恢复数据

选择[Restore]──→执行[Open Backup]──→然后选择所恢复数据的目录(默认是 D:\数据备份)和 xxx.sql 文件──→选择[打开]──→执行[Start Restore],即可恢复数据,如图 2-2-73 所示。

(十一)FH98 系统故障处理与数据配置

1. 更换 FH98 调度交换机的调度台/值班台是否需要传送数据?

答:更换 FH98 调度交换机的调度台/值班台不需要传送数据,更换后操作台的液晶显示屏上的时间显示正确后就能使用。

2. 更换调度交换机主控板 FH98(M 型)时,必须要传送哪些数据?

答:在更换调度交换机主控板 FH98(M 型)时,维护台(网管终端)需要传送的数据如图 2-2-74 所示。

(1)维护(网管终端)台配置表;

(2)车站配置表;

(3)本局局号；
(4)数字环数据加载；
(5)枢纽侧模块表；
(6)枢纽侧模拟线路表；
(7)调度台设置表；
(8)调度台按键表；
(9)号码表；
(10)业务类型和业务对照表；
(11)数字时隙设置表。

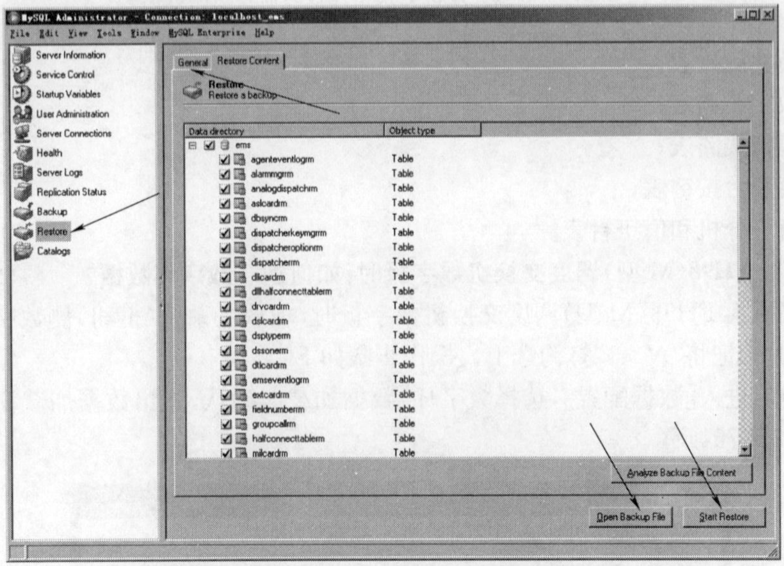

图 2-2-73　MySQL 恢复界面

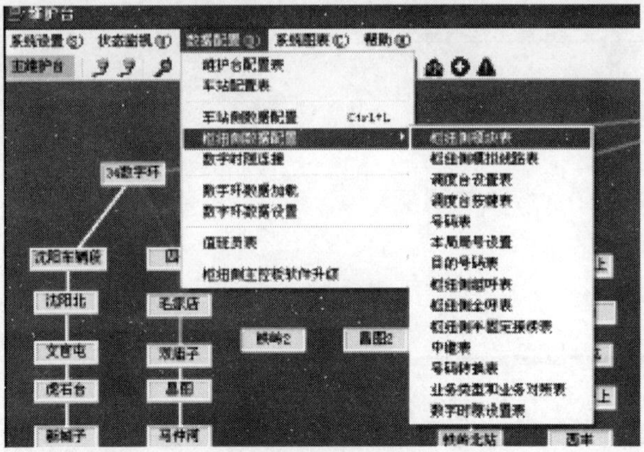

图 2-2-74　M 型交换机更换主控板时需传送的数据

3. 更换 FH98(S 型)调度交换机主控板时,必须要传送哪些数据?

答:FH98(S 型)调度交换机在更换主控板时必须传送的数据如图 2-2-75 所示。

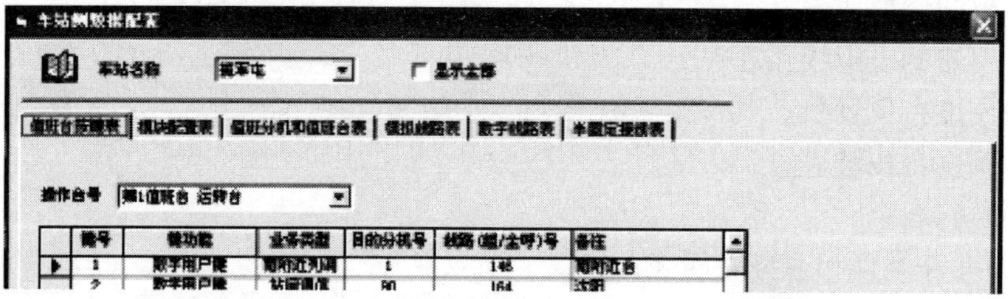

图 2-2-75 S 型交换机更换主控板时需传送的数据

(1)模块配置表;

(2)数字线路表;

(3)模拟线路表;

(4)值班台按键表;

(5)值班分机和值班台表。

4. 更换 FH98(M 型)调度交换机数字板时,如何加载数字环数据?

答:当更换 FH98(M 型)调度交换机数字板时,加载主系统(枢纽)侧数字环数据。传送数据时切记将“N:1”打钩选上。操作步骤如下:

第 1 步:进入[数据配置],选择数字环[数据加载],确认,弹出数据加载窗口,出现界面如图 2-2-76 所示。

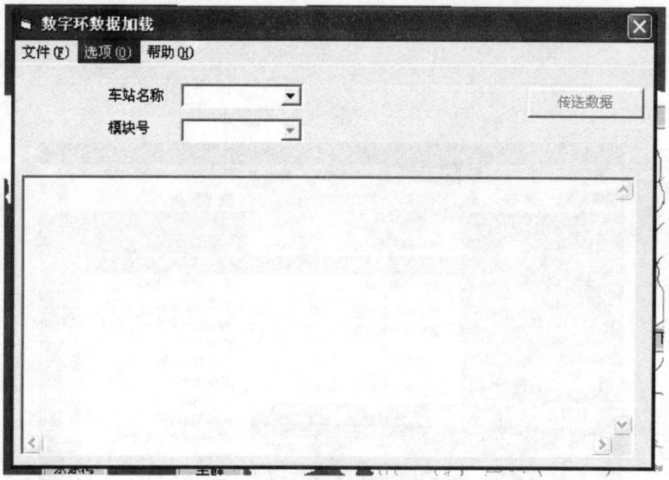

图 2-2-76 数字环数据加载

第 2 步:车站名称选择枢纽侧,模块号选择需要的数字环模块号,如给 36 模块数字环加载数字环数据。操作如图 2-2-77 所示。

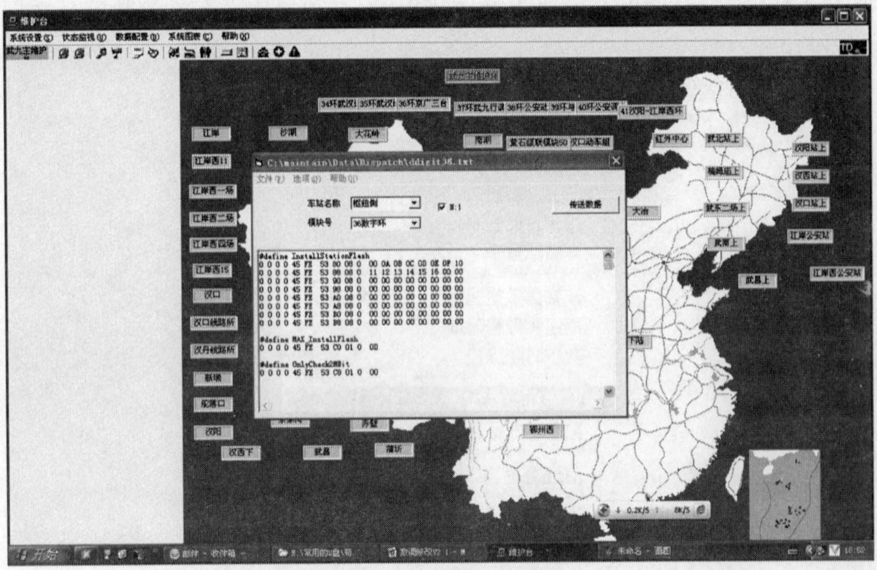

图 2-2-77　加载数字环数据

第 3 步:选择传送,出现如图 2-2-78 所示窗口,等待传送成功即可。

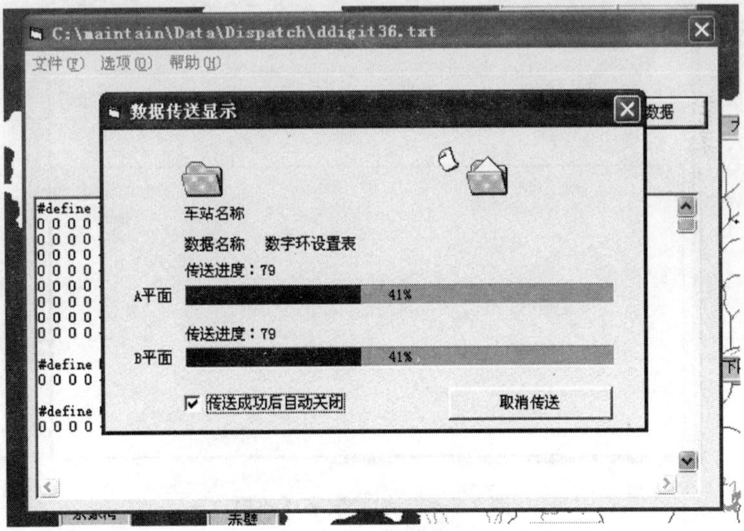

图 2-2-78　传送数据

第 4 步:复位主数字板。

5. 当更换 FH98(S 型)调度交换机数字板时,如何加载数字环数据?

答:当 FH98(S 型)调度交换机更换数字板时,必须要传送车站侧数字环数据,如图 2-2-79 所示。

(1)进入数字环数据加载。

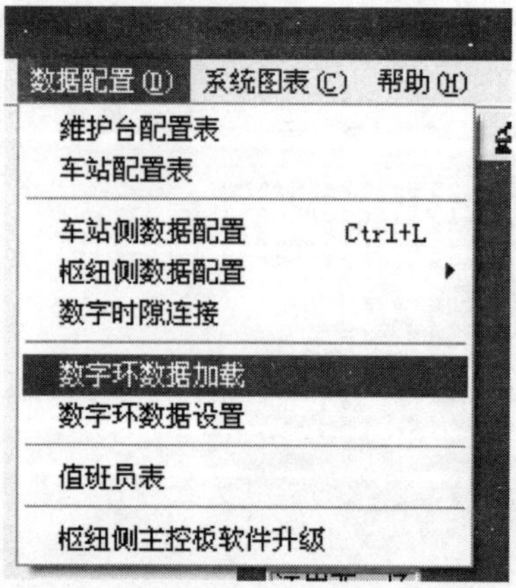

图 2-2-79 数据配置

(2)确认,出现如图 2-2-80 所示菜单。

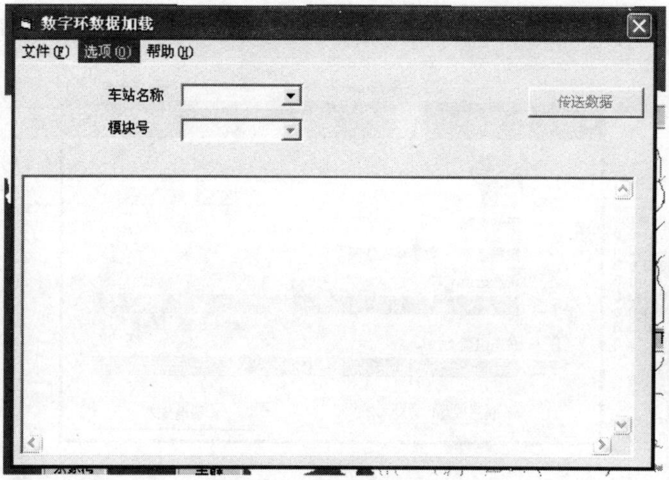

图 2-2-80 加载数字环数据

(3)车站名称选择需要传送的车站名称,如给某车站的 A 数字板加载数字环数据,选中 A 平面。同样给 B 数字板加载数字环数据没选中 B 平面。操作如图 2-2-81 所示。

(4)传送等待到成功即可,如图 2-2-82 所示。

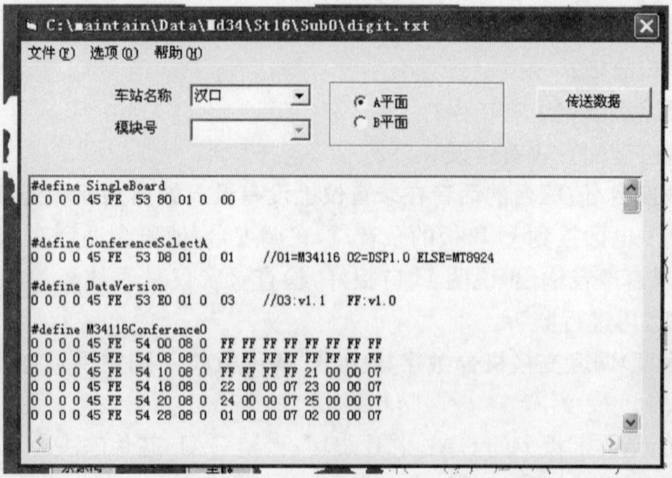

图 2-2-81　加载数字环数据

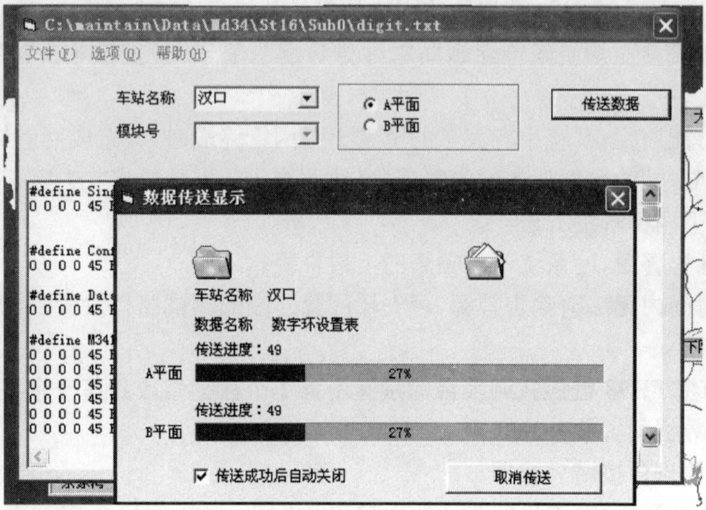

图 2-2-82　数据传送

(5)复位数字板。

注意：数字环的设置方法，请见维护手册。

6. 更换 FH98 调度交换机的模拟接口板是否需要传送数据？

答：当更换 FH98 调度交换机的 U 口板、共电板、接口板、区间板、磁石小插板、4 线音频等小插板时不需要传数据。所有的数据都保存在主控板上。

7. FH98(S型)调度交换机的共电电话摘机提示忙音的原因可能是什么?

答:可能原因有三个:

(1)共电接口故障;

(2)模拟线路表数据上有错误;

(3)值班台按键配置表有错误。

8. FH98调度台/值班台的话音在录音仪上没有录入如何判断和处理?

答:利用测试电话接到U口板的录音口,在调度台/值班台通话时监听观察是否有声音输出。如果有声音输出,说明U口板好,检查录音仪是否故障。如果没有声音输出,更换U口板,再进行监听。

9. FH98(S型)调度交换机分数字板上报"备用板收不到主网消息"的原因和解决办法是什么?

答:(1)可能是数字板上的GAL芯片烧坏,更换GAL芯片解决。

(2)更换数字单板解决。

10. FH98调度交换机调度分机无法呼入调度台的原因和解决办法是什么?

答:(1)故障原因:车站侧调度分机在模拟线路表里的目的分机号错误。

(2)解决办法:在车站侧模拟线路表里的目的分机号上面填写正确的调度台号。

11. FH98调度交换机网管终端向车站传数据总显示"数据接收失败"的原因和解决办法是什么?

答:(1)可能原因:系统中有大量的消息上报网管终端时,会造成网管终端无法在规定时间内收到车站的数据设备的应答消息,从而造成数据总是接收失败。

(2)有如下两种解决方法:

①先消除告警源,使系统不再频繁的上报告警。

②若短时间内无法清除告警源,可先从网管终端的调试窗口发命令,暂时屏蔽数字环上的告警。

12. 如何把FH98键控式调度台的按键由第1个按键修改到第9个按键?

答:修改数据配置共分为2步。

(1)修改值班台按键表数据。

双击此车站图标,在弹出的对话框中单击数据表,选择值班台按键表,然后选择你要修改的值班台,将第9个按键的数据修改为与第1个按键同样的数据,然后再将第1个按键的数据改成"未安装"。

(2)传送修改的数据。

单击[传送数据]即可。

13. 如何把FH98(S型)调度交换机的应急分机由2模块1路改到2模块6路?

答:修改数据配置共分为4步。

(1)修改模拟线路表数据。

单击此车站图标，在弹出的对话框中单击数据表，选择模拟线路表，将 2 模块 6 路的数据修改为与 2 模块 1 路同样的数据，然后再将 2 模块 1 路的数据修改为“未安装”。

(2)传送调度台按键表修改的数据。

选中这两条数据，单击传送数据向主控板-S 传送。

(3)修改值班分机和值班台表。

值班分机由 2 模块 1 路修改为 2 模块 6 路。

(4)传送值班分机和值班台表修改的数据。

选中修改的数据，单击[传送数据]向主控板-S 传送。

14. 如何把 FH98(S 型)站场电话由 3 模块 1 路改到 4 模块 5 路?

答:修改数据配置共分为 4 步。

(1)修改模拟线路表数据。

单击此车站图标，在弹出的对话框中单击数据表，选择模拟线路表，将 4 模块 5 路的数据修改为与 3 模块 1 路同样的数据，将 3 模块 1 路的数据改成“未安装”。

(2)传送模拟线路表修改的数据。

选中修改的数据，单击[传送数据]向主控板-S 传送。

(3)修改值班台按键表。

在进入值班台按键表将以前货运室的按键的线路号由以前的 13 改为 23。

(4)传送值班台按键表修改的数据。

选中修改的数据，单击[传送数据]向主控板-S 传送。

(十二)FH98-G 系统故障处理与数据配置

1. FH98-G 调度交换机更换调度台/值班台需要传送哪些数据?

答:需要传送的数据有:

(1)调度台菜单下的调度台表。

(2)调度台表下的按键配置方案，附加业务号码配置里的 ISDN 号码、功能号码。

注意:若是本地申请数据(本地申请只能申请调度台表)，申请完后，在网管还需要传送 ISDN 号码、功能号码。

2. FH98-G(M 型)调度交换机更换主控板必须要传送哪些数据?

答:需要传送的数据依次为:维护路由表;车站拓扑表;模块安装表;用户数据配置;中继表;局向路由表;组呼表;半固定接续表(提供“无线大三”角通道时才用);数字环半固定接续表(提供“无线大三”角通道时才用)。

注意:必须首先传送维护路由表，否则网管维护通道不通，其他数据不能传送成功。

3. FH98-G(S 型)调度交换机更换主控板必须要传送哪些数据?

答:更换主控板时必须依次传送的数据为:维护路由表;车站拓扑表;模块安装表;用户数据配置;中继表;局向路由表;半固定接续表。

注意:必须首先传送维护路由表,否则网管维护通道不通,其他数据不能传送成功。

4. FH98-G 调度交换机更换数字板是否需要传送数据?

答:不需要传送数据,因为数据都保存在主控板上。

5. FH98-G 调度交换机更换模拟接口板是否需要传送数据?

答:不需要传送数据,因为数据都保存在主控板上。

6. FH98-G 调度台/值班台的声音在录音仪上没有录入可能的原因和处理方法是什么?

答:(1)可能的原因有:录音仪的问题;线路的问题;后台的问题。

(2)处理办法:先用磁石话机在对应的录音口上监听,能听到声音说明不是设备后台的问题。在录音仪上更换一录音通道看能否录音,如果能录音是录音仪这一通道的问题。

7. FH98-G 的调度台/值班台呼入用户按键到未定义的用户键的原因和解决办法是什么?

答:(1)可能的原因如下:

①调度台/值班台数据未配置此按键或配置错误;

②调度台/值班台的 IDSN 号码未配置或配置错误或未传送给调度台/值班台。

(2)处理方法为正确配置数据和传送,传送完后,可以在调度台/值班台系统参数里查看。

8. 如何把 FH98-G 触摸屏调度台/值班台的按键由第 21 按键改到第 40 个按键?

答:修改数据配置共分为两步。

(1)修改调度台按键配置表数据。打开网管,选中此车站⟶进入数据配置⟶调度台数据设置⟶调度台表⟶双击相应调度台的按键配置方案⟶更改里面的按键将 40 键数据的数据更改为和 21 键一样,将 21 键数据改为“未安装”。

(2)传送调度台按键表修改的数据。选中修改的数据,单击[传送数据]向主控板-S 传送。

9. 如何把 FH98-G(S 型)应急分机由 2 模块 1 路改到 2 模块 6 路?

答:修改数据配置共分为两步。

(1)修改用户数据设置表。打开网管,选中此车站,数据配置⟶用户数据设置,将 2 模块 6 路的数据修改为与 2 模块 1 路的数据一样,将 2 模块 1 路改成未安装。

(2)传送用户数据设置表修改的数据。选中修改的数据,单击[传送数据]向主控板-S 传送。

10. 如何把 FH98-G(S 型)站场电话由 3 模块 1 路改到 4 模块 5 路?

答:修改数据配置共分为两步。

(1)修改用户数据设置表。打开网管,选中此车站⟶数据配置⟶用户数据设置⟶将 4 模块 5 路的数据修改为与 3 模块 1 路的数据一样,再将 3 模块 1 路修改为未安装。

(2)传送用户数据设置表修改的数据。选中修改的数据,单击[传送数据]向主控板-S 传送。

11. 如何把 FH98-G(S 型)电调分机用户由 2 模块 1 路修改到 2 模块 2 路?

答:修改数据配置共分为两步。

(1)修改用户数据设置表。打开网管,选中此车站,数据配置⟶用户数据设置,将 2 模块 2 路的数据修改为与 2 模块 1 路的数据一样,再将 2 模块 1 路修改为未安装。

(2)传送用户数据设置表修改的数据。选中修改的数据,单击[传送数据]向主控板-S 传送。

(十三)MDS3400 系统故障处理与数据配置

1. 如何为调度台按键配置、增加、删除数据?

答:(1)配置按键数据的步骤:在调度台配置⟶调度台按键配置中,选择所要定义数据的调度台序号。选择调度台按键配置。根据需求选中按键类别中的用户键或组呼键或功能键,按键属性中的键序号会自动列出。

(2)增加、删除配置按键的步骤:将需要配置的键序号选中,单击[右移],将该按键移到右边位置来增加按键,单击[左移],将该按键移到左边位置来删除按键。选中该行,可以对该按键号码进行配置或修改,也可以单击修改键进行修改。

2. MDS3400 的调度台/值班台用户呼入按键显示到未知用户键的原因是什么?

答:显示到未知用户键的原因有:

(1)此用户的号码在调度台/值班台上没有配置或配置错误。

(2)主叫方送的主叫号码错误或没送主叫号码。

3. 如何判断 MDS3400 的调度台/值班台声音在录音仪上有没有录入?

答:(1)检查网管上 DSL 单板的录音设置是否打开,默认是不录音。

(2)后台录音线没有卡接或者卡接虚。

(3)录音仪故障。

4. MDS3400 的调度台/值班台的辅通道送话不正常如何判断处理?

答:(1)检查是否启用脚键;若启用了,取消。

(2)检查辅通道压簧是否故障;若坏了,更换。

(3)检查手柄是否故障;若故障,更换。

5. MDS3400 的调度台呼叫车站值班员马上显示呼叫失败如何判断处理?

答:(1)呼叫失败的原因:

①车站值班台故障;

②车站数字板异常;

③车站系统掉电;

④车站所对应的主数字板故障；

⑤车站所对应的主数字板的上下行 E1 故障；

⑥车站系统的上行 E1 故障；

⑦车站所对应的主数字板的拓扑图没有配置。

(2)解决办法：

①更换车站值班台；

②更换/切换车站数字板；

③重启车站；

④更换/切换主数字板；

⑤检查上下行 E1；

⑥检查车站系统的上下行 E1；

⑦检查/配置主数字板的拓扑图数据。

6. MDS3400 的调度台/值班台在网管终端显示离线状态如何判断处理？

答：(1)与调度台连接的 2B+D 线缆故障或 2M 线缆故障；检查 2B+D 线连接，更换 2B+D 线。

(2)调度台故障；更换调度台。

(3)连接调度台的板子(DSL、DTL)故障；更换连接调度台的板子(DSL、DTL)。

(4)后台供电功率不足；对于键控台，直接外接－48V 直流电；对于一体化调度台和 KDT 调度台，采用 220 V 供电。

(5)网管未对该端口进行数据配置；将相应单板端口进行数据配置。

7. MDS3400 的共电电话摘机提示忙音如何处理？

答：共电电话摘机提示忙音的原因有：

(1)可能是共电电话设置的热线电话号码不正确或者配置错误；

(2)可能是该车站的音源出现问题，如果遇到呼叫某车站时听忙音或听空号音等不正确的声音，考虑是该车站主控板上的音源有问题。可以通过切换主控板或复位主控板。

8. MDS3400 调度交换机主控板需要配哪些 IP 地址？

答：MDS3400 调度交换机主控板的 IP 地址有：

(1)7/8 槽位的主控板(MPU)的 IP 地址；

(2)网关 IP 地址；

(3)浮动 IP 地址。

9. MDS3400 网管终端管理不到车站如何判断处理？

答：(1)端管理不到车站时，网管终端会提示网管终端连接网元失败告警。

告警原因：

①网管终端本身的 IP 地址与直连的设备的主控板不在同一个网段；

②在网管终端上创建设备时设置的 7、8 槽位主控 IP 地址与实际主控板的 IP 地址不一致；

③在网管终端上创建设备时设置的设备类型与实际的设备类型不一致；

④通过网管终端通道连接的设备，出现网管终端通道数据设置不正确、E1 线路中断或车站 DLL 拨码开关设置不正确等情况。

(2)解决办法：在网管终端主机上通过 PING 命令，PING 设备主控的 IP 地址，若能 PING 通，查看设备类型设置。若 PING 不通，考虑以下情况：

①查看 E1 线路是否正常；

②查看网管终端的 IP 是否配置正确；

③查看网管终端的默认网关是否设置为 MPU 板的浮动 IP；

④查看 MPU 的 IP 地址和浮动 IP 是否设置；

⑤检查网管终端通道配置的是否正确；

⑥如果涉及到车站的维护通道配置，则检查拓扑图是否发送，车站号是否设置正确。

10. 如何把 MDS3400 触摸屏调度台/值班台的按键由第 21 个按键改到第 40 个按键?

答:(1)修改触摸屏按键数据。在网管网管终端中将第 21 个按键的用户名称、电话号码和第 40 个按键用户的互换。

(2)传送修改的数据。选中两个按键单击[选择传送]，将数据传至触摸屏中。

11. MDS3400 网管终端切换主备单板失败的原因和处理方法是什么?

答:(1)失败的原因有：

①备用板\主用板故障；

②背板的主备用跳线设置问题；

③作为主备的两单板的程序不一致；

④背板故障。

(2)解决办法：

①更换单板；

②重新设置备用跳线；

③更换程序为一致；

④更换背板。

12. MDS3400 调度交换机数字环主站检测不到从站如何处理?

答:(1)可能的告警原因为：

①数字环拓扑图设置和拨码开关的车站号不符；

②从站掉电、或关电或 DLL 故障；

③车站上下行 2M 故障；

④确认是否掉电。

(2)解决办法：

①检查网管数字环拓扑图设置的顺序和车站的 DLL 拨码开关是否一致；

②检查 2M 线缆；

③更换从站 DLL 板。

13. MDS3400 调度交换机数字业务时通时不通如何判断处理?

答:检查数据，除半固定接续、网管通道用到的时隙外，其余时隙是否在中继线配置中都配置上了，并在中继群中都将这些中继线添加上了(这里说的时隙是主控侧交换网的时隙)。如网管通道占用了 TS_1、TS_2、TS_3、TS_4，半固定接续用到 TS_5、TS_6，那么除 TS_0、TS_{16}外，其余时隙应该全部配置为中继线，如果没有配置全，会出现时通时不通的现象。

14. 车站值班台不能出局呼叫或不能全部呼叫如何判断处理?

答:(1)车站值班台不能出局呼叫

①交换机或值班台数据配置错误，需要重新检查并修改数据；

②2M 通道中断，检查 2M；

③数字环板故障。

(2)车站值班台所有用户都无法呼出

前台电源指示灯不亮，则电源有问题，需要重新加电或更换设备。接线不良，需要重新接线。该车站值班台通信告警，则调度台通信有问题，需要作如下操作：

①网管发命令，重启该单板；

②本地重新上电；

③检查前后台接线；硬件故障，建议更换硬件。

15. ISDN 用户用车次号呼叫机车台，显示用户忙或呼叫没反应可能原因是什么?若是 ISDN 侧的原因如何处理?

答:(1)该现象有可能是：

①机车手持台繁忙，可能在和其他值班员通话；

②机车台无线信号弱；

③ISDN 用户拨叫的号码与机车实际注册的号码不一致。

(2)若是 ISDN 侧的原因：

①重点检查触摸屏系统参数设置菜单里车次位数设置是否正确；

②触摸屏的 ISDN 号、功能号是否设置正确。

16. ISDN 用户用 ISDN 号码呼叫手持台，手持台显示的主叫号码不全的原因是什么?

答:可能是网管终端设置交换机信令不对，一般默认为是 JIAXUN。需要改为 MSC 厂家的设备信令，如 HUAWEI/NORTENETWORKS/SIMENS/等，如图 2-2-83 所示。

①进入主系统业务数据配置项的信令配置。

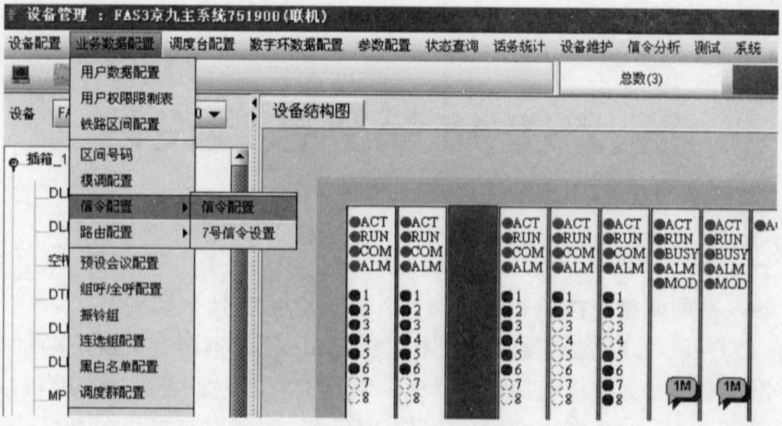

图 2-2-83　M 型交换机[信令设置]选择

②进入 DSSI 信令设置，选择修改，选择互联厂家，选择完后确认即可。如图 2-2-84 所示。

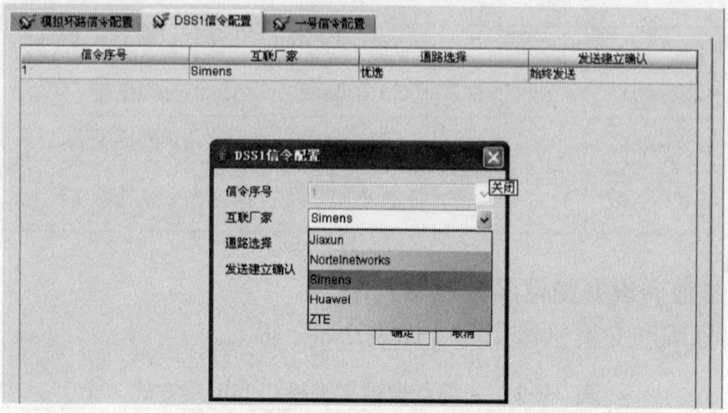

图 2-2-84　M 型交换机信令设置

三、ZST-48 系列数调设备

(一)ZST-48 系列数调设备概述

1. ZST-48 系列调度交换机有哪些类型？类型之间有什么区别？

答：有 ZST-48(G2K)型调度交换机和 ZST-48(G4K)型调度交换机两种类型，其中 ZST-48(G2K)型调度交换机包括 ZST-48(G2K)调度交换机(调度所交换机)和 ZST-48(AM)调度交换机(车站调度交换机)；ZST-48(G4K)型调度交换机包括 ZST-48(G4K)调度交换机(调度所交换机)和 ZST-48(G4K19)调度交换机(车站调度交换机)。

类型之间的区别如表 2-3-1 所示。

表 2-3-1　ZST-48 系列调度交换机的区别

类　型		硬件	软件	交换容量	使用地点
ZST-48(G2K)	ZST-48(G2K)	不同	不同	2 048×2 048	铁路调度所主系统侧
	ZST-48(AM)			512×512	车站分系统侧
ZST-48(G4K)	ZST-48(G4K)	相同	不同	4 096×4 096	铁路调度所主系统侧
	ZST-48(G4K19)			4 096×4 096	车站分系统侧或较小的主系统侧

2. 不同型号数调设备如何混合运用？

答：各种型号调度交换机运用方式如表 2-3-2 所示。

表 2-3-2　各种型号调度交换机的运用方式

型　号	运 用 方 式
ZST-48(G2K)	用于铁路调度所主系统侧与 ZST-48(AM)配套使用
ZST-48(AM)	用于车站分系统侧与 ZST-48(G2K)或 ZST-48(G4K)或 ZST-48(G4K19)配套使用
ZST-48(G4K)	用于铁路调度所主系统侧与 ZST-48(G4K19)或 ZST-48(AM)配套使用
ZST-48(G4K19)	主要用于车站分系统侧，也可用于较小规模调度所的主系统侧

注：组网时同一数字环的车站调度设备必须是同类型的交换机。

3. 天龙键控式调度台/值班台有哪些型号？型号之间有什么区别？

答：(1)有 DDT 数字智能调度台/值班台和 ARM 数字智能调度台/值班台两种型号。每种型号接口分为 U 接口和 E1 接口两种。每个操作台最多可配置 2 个相同的接口，可以同时连接两台调度交换机。

(2)键控式调度台/值班台之间的区别如表 2-3-3 所示。

表 2-3-3　键控式调度/值班台的区别

名称	硬件	软件	功能比较	使用地点
DDT	不同	不同	支持 U/E1 接口	调度所/车站
ARM			支持 U/E1 接口	调度所/车站

4. 天龙触摸屏调度台/值班台有哪些型号?

答:有触摸屏电脑调度台/值班台和触摸屏 ARM 调度台/值班台两种型号。每种型号接口分为 U 接口和 E1 接口两种。每个操作台最多可配置 2 个相同的接口,可以同时连接两台调度交换机。

触摸屏调度台/值班台之间的区别如表 2-3-4 所示。

表 2-3-4　触摸屏调度台/值班台的区别

名称	硬件	软件	功能比较	使用地点
触摸屏电脑调度台/值班台	不同	不同	支持 U/E1 接口	调度所/车站
触摸屏 ARM 调度台/值班台			支持 U/E1 接口	调度所/车站

(二)ZST-48(G2K)调度交换机硬件结构

1. ZST-48(G2K)调度交换机由哪些模块构成?并画出其面板图。

答:由主控模块、资源模块与接口模块构成,其中接口模块包括用户、共线调度模块和数字中继模块。其面板图如图 2-3-1 所示。

2. ZST-48(G2K)调度交换机的插箱结构如何?

答:ZST-48(G2K)调度交换机采用机柜式结构,可容纳 6 个插箱,每个插箱共有 23 个插板槽位,可容纳一个主控模块(MPM),或两个用户、共线调度模块(BPM),或一个 BPM 模块加三个数字中继模块(DPM),或六个 DPM 模块。其中每块二次电源板(DCP)占用两个槽位,每块主处理板(MPU)占用二个槽位,其他各种单板每块占用一个槽位。

3. ZST-48(G2K)调度交换机主控模块(MPM)由哪些板件组成?

答:主控模块是调度所交换机的核心控制部分,包括时钟板(CLK)、交换网板(DSN/DN5)、主处理板(MPU)、主处理器通信板(MPC)、信令板(SCU)、测试板(TST)、七号信令板(STU)、二次电源板(DCP-C)等。主控模块(MPM)占一层插箱,其面板如图 2-3-2 所示。

4. ZST-48(G2K)调度交换机资源模块由哪些板件组成?

答:资源模块主要是指会议模块(CNM),此模块由单板会议板(CPU-H)组成,板上提供四个 30 方全双工会议,或 120 方可申请发言会议。本调度交换机最大可插接四个会议模块。

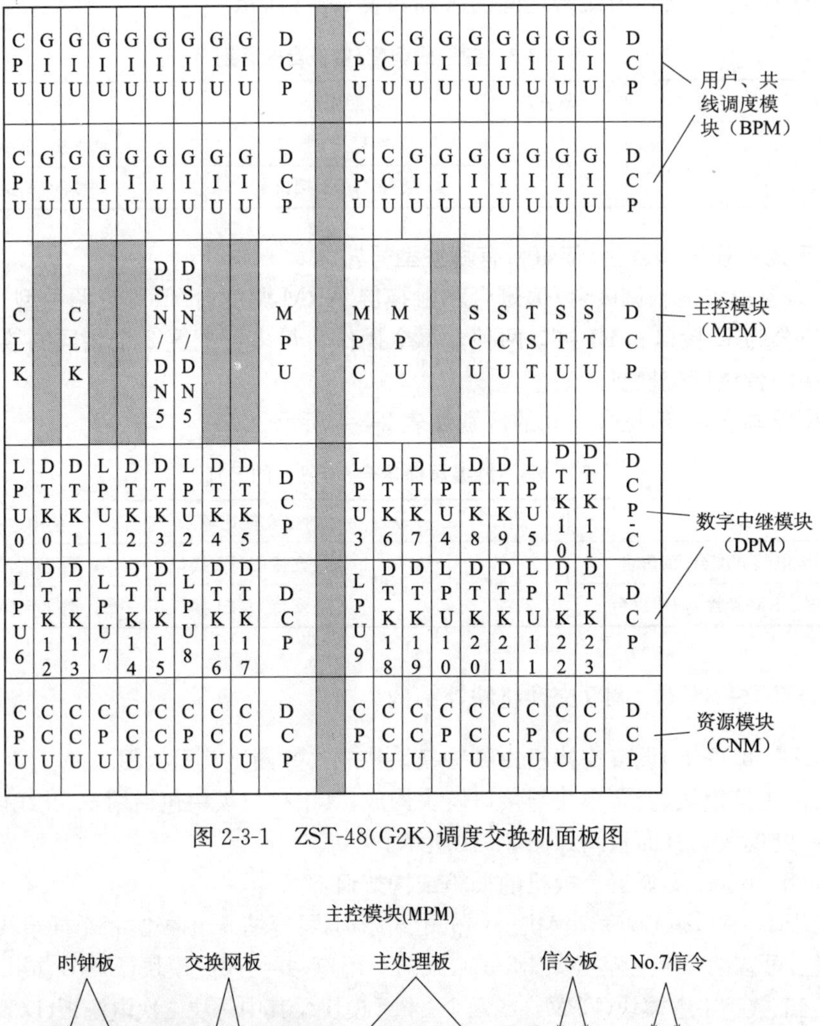

图 2-3-1 ZST-48(G2K)调度交换机面板图

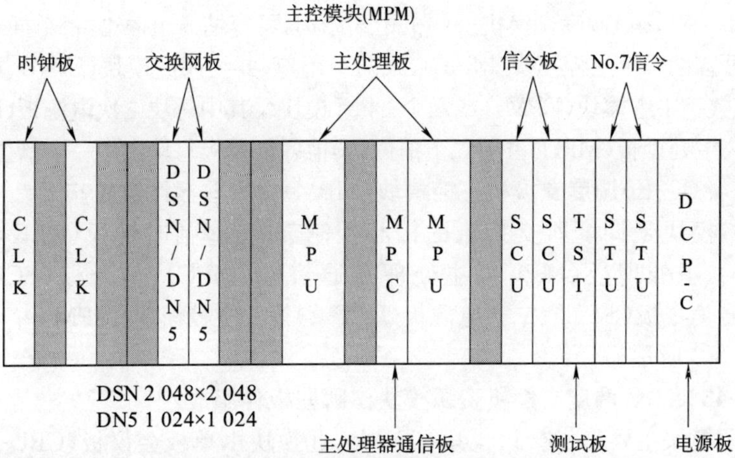

图 2-3-2 主控模块面板图

另外资源模块还包括模拟信令模块(ASM),此模块完成与 SCU 板相同的功能,由用户、共线调度模块处理器板(CPU-G)和两块信令资源板(CCU)板组成。每块 CCU 板提供 60 路双音多频(DTMF)或多频互控(MFC)解码及语音信息。其面板如图 2-3-3 所示。

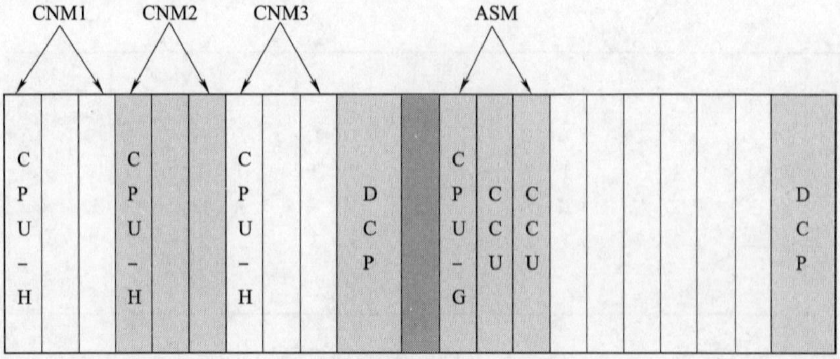

图 2-3-3 资源模块面板图

5. ZST-48(G2K)调度交换机接口模块由哪些板件组成?

答:接口模块按功能分为用户、共线调度模块(BPM)和数字中继模块(DPM)。

(1)BPM 模块由用户、共线调度模块处理器板(CPU-G)、8 块用户接口板(GIC)(可以为模拟用户(SLC)、数字用户(DSU)、E1 数字用户(DTU)、环路中继(LTK)、模拟共线(CVC)、通用模拟接口(ATN)板等)、二次电源板(DCP)等板组成。其中 SLC 每板提供 16 个用户接口,CVC 每板提供 4 个用户接口,其他每板提供 8 个用户接口。其面板如图 2-3-4 所示。

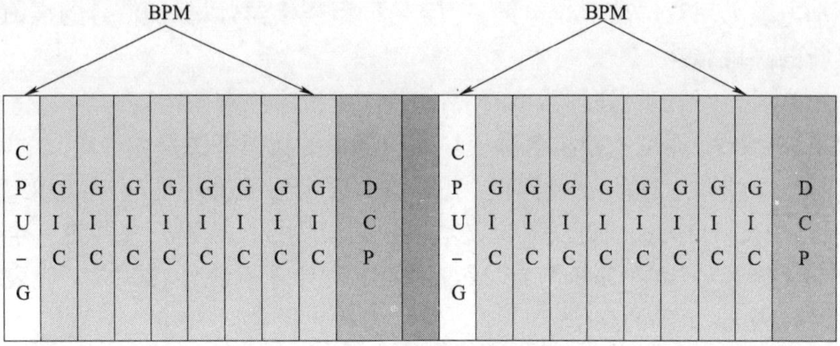

图 2-3-4 BPM 插箱面板图

(2)DPM 模块由模块处理器板(LPU-L 或 LPU-R)、2 块数字中继板(DTK)组成。DTK 每板提供 2 个 E1 接口。4 个 E1 接口的顺序是:DTK1 的上部是第一个 E1(也叫 PCM0),DTK1 的下部是第二个 E1(也叫 PCM1),DTK2 的上部是第三个 E1(也叫 PCM2),DTK2 的下部是第四个 E1(也叫 PCM3)。本模块 4 个 E1 接口信令方式可以任意设置为 No.1 中继、No.7 中继、ISDN PRI(30B+D)用户;或者本模块可以设置为数字共线模块。其面板如图 2-3-5 所示。

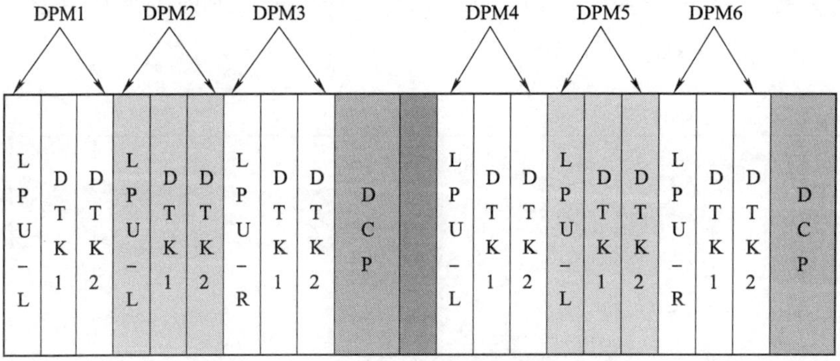

图 2-3-5 DPM 插箱面板图

6. ZST-48(G2K)**调度交换机各个模块采用什么样的供电方式?**

答:各个模块供电采用互助工作方式,即将两块电源板相同电源输出复连起来,共同为模块供电。主控模块电源板名称是二次电源板(DCP-C),其他模块电源板名称是二次电源板(DCP)。它们的区别是 DCP 提供铃流输出,DCP-C 不提供铃流输出。

7. ZST-48(G2K)**调度交换机各个模块与主控模块是如何通信的?**

答:驱动电缆用于连接主控模块(MPM)与外围模块(外围模块是指除 MPM 以外的所有模块),为外围模块提供同步时钟、话务总线(HW)以及 CPU 或 LPU 与 MPU 的串行通信接口。驱动电缆不能带电插拔。系统可连接 16 个外围模块,并可以进一步扩充。驱动电缆采用双屏蔽双绞电缆、高精度 D 型连接器,以保证信号的准确传输,提高系统运行的高可靠性。

通信正常后,各种模块处理器板的"MCN"灯变为绿色常亮。

8. ZST-48(G2K)**调度交换机各种模块处理器板的拨码开关是如何定义的?**

答:用户、共线调度模块处理器板(CPU-G)、数字中继模块处理板(LPU-L)、会议模块处理板(CPU-H)的拨码开关是定义本模块的模块号。拨码开关共有 8 个,编号从 1 到 8,在 ON 侧为"0",在 OFF 侧为"1",按 8421 码计算模块号,其中"1"代表 8421 码的低位,"8"代表 8421 码的高位。

30B+D 数字中继模块处理板(LPU-R)的拨码开关是定义本模块的模块号及 4 个 PCM 的用户侧或网络侧。拨码开关共有 8 个,编号从 1 到 8,在 ON 侧为"0",在 OFF 侧为"1",按 8421 码计算模块号,其中"1"代表 8421 码的低位,"8"代表 8421 码的高位。拨码开关的"1"到"4"定义模块号,拨码开关的"5"到"8"定义 4 个 PCM 的用户侧或网络侧,在 ON 为用户侧,在 OFF 为网络侧,"5"对应 PCM0,"6"对应 PCM1,"7"对应 PCM2,"8"对应 PCM3。

9. ZST-48(G2K)调度交换机如何提取外部时钟?

答:本调度交换机要求提供 2 Mbit 时钟信号,通过数字中继板(DTK)E1 接口提取外部时钟信号,提取成功后时钟板(CLK)第一个灯“PLL”变为绿色常亮。

具体提取方法,要对时钟板(CLK)和数字中继板(DTK)的相关 U 形插针短接,如表 2-3-5 所示。

表 2-3-5 CLK 板和 DTK 板 U 形插针短接的含义

电路板	短接	表示的意思
CLK	U6(2,3)	CLK 板从 DTK 板提取时钟
CLK	U14(2,3)	提取 DPM0 驱动电缆连接的 DTK 板 E1 的时钟信号
CLK	U14(5,6)	提取 DPM1 驱动电缆连接的 DTK 板 E1 的时钟信号
DTK	U14(2,3)	提取第一个 E1 的时钟信号
DTK	U14(5,6)	提取第二个 E1 的时钟信号

以调度所交换机提取与 DPM0 驱动电缆相连的数字中继模块中 PCM0 的 BITS 时钟源信号为例。连接方法如图 2-3-6 所示。

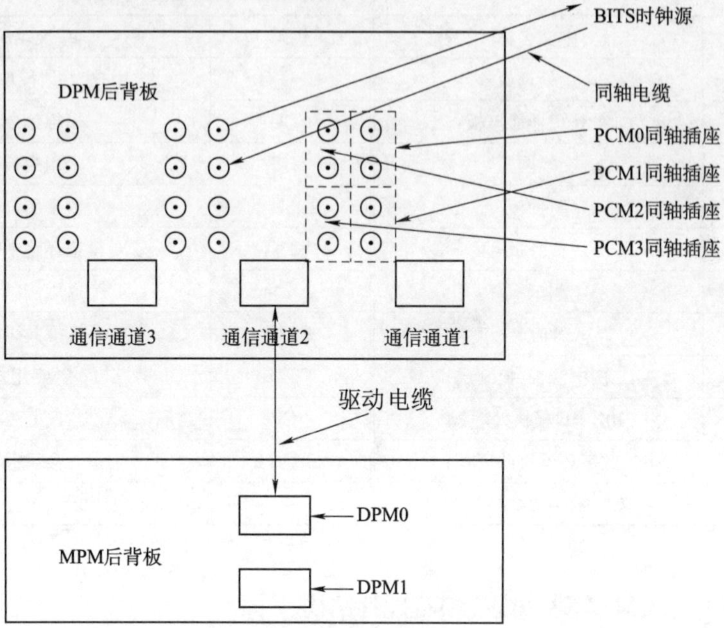

图 2-3-6 时钟提取连接示意图

10. ZST-48(G2K)与 ZST-48(AM)调度交换机的系统容量各是多少?

答:系统容量见表 2-3-6。

表 2-3-6 ZST-48(G2K)与 ZST-48(AM)的系统容量

名称	ZST-48(G2K)	ZST-48(AM)
交换网	2 048×2 048	512×512
用户、共线调度模块数	16 个	5 个
数字中继模块数	14 个	2 个
调度台	128 个	32 个
数字环	30 个	2 个
会议资源	480 方	30 方
DTMF 资源	64 套	32 套
MFC 资源	64 套	32 套
信号音	16 种	16 种
语音字段	64×8 s	32×8 s

11. ZST-48(G2K)**各种单板代码对应的中文名称是什么?**

答:单板代码对应的中文名称如表 2-3-7 所示。

表 2-3-7 ZST-48(G2K)各种单板代码的中文名称对照表

代码	中文名称	代码	中文名称
MPU	主处理板	CPU-G	用户、共线模块处理板
MPC	主处理器通信板	CCU	模拟信令板
DSN	交换网板	SLC	用户板
CLK	时钟板	DSU	数字用户板
SCU	信令板	LTK	模拟环路中断板
TST	测试板	ATN	通用接口板
STU	7 号信令板	CVC	模拟共线板
DCP-C	二次电源板(控制层)	DTU	E1 数字用户板
LPU-R	30B+D 模块处理板	DCP	二次电源板
LPU-L	数字环模块处理板	CPU-H	会议板
DTK	数字中继板		

(三)ZST-48(AM)车站调度交换机硬件结构

1. ZST-48(AM)**车站调度交换机的插箱结构如何?**

答:插箱为标准 19 英寸,可插在任意的标准 19 英寸机柜中,每个插箱共有 17 个插板槽位。其中每块 DCP 板占用两个槽位,每块主处理器板(APU)、电源板(DCP)占用两个槽位,其他各种单板每块占用一个槽位。

为了使软件处理及硬件分配更灵活，各个槽位与接口模块对应关系如图2-3-7所示。

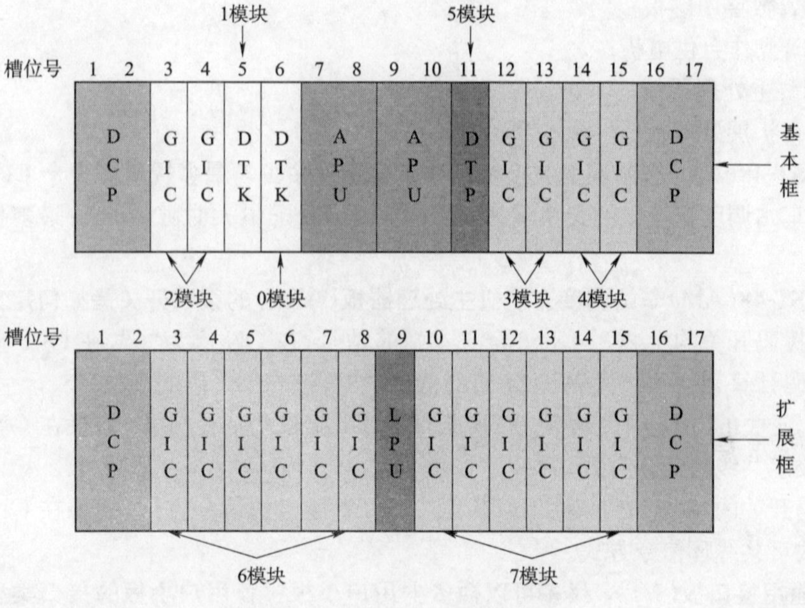

图 2-3-7 ZST-48(AM)插箱面板图

2. ZST-48(AM)车站调度交换机由哪些模块构成?

答:由控制及公共模块、接口模块两部分组成。其面板图如图2-3-8所示。

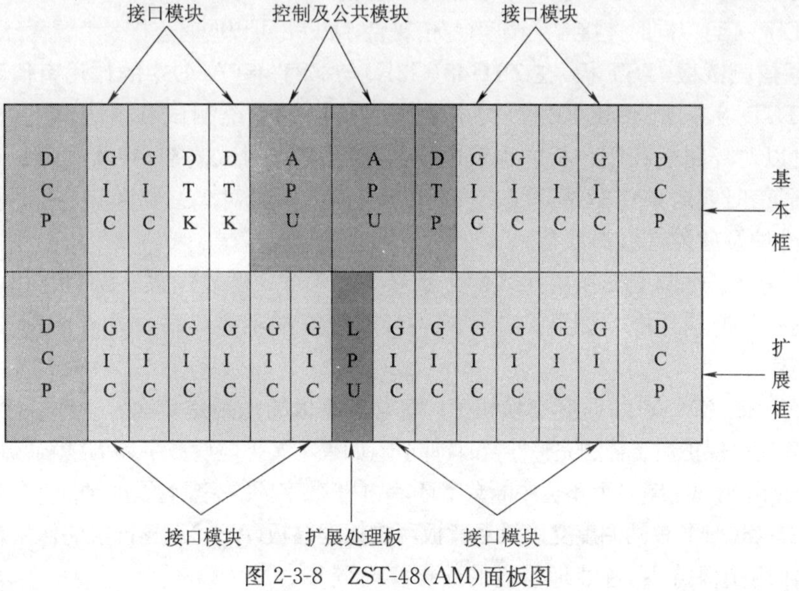

图 2-3-8 ZST-48(AM)面板图

DCP：二次电源板；

GIC：用户接口板(SLC/DSU/DTU/LTK/ATN 等)；

DTK：数字中继板；

DTP：操作台供电板；

APU：主处理器板；

LPU：扩展处理板。

3. ZST-48(AM)车站调度交换机的交换容量是多少？最多提供多少个 E1 接口？

答：车站调度交换机的交换网为 512×512，可分配最大时隙数 448；最多提供 4 个 E1 接口。

4. ZST-48(AM)车站调度交换机主处理器板(APU)的拨码开关是如何定义的？

答：拨码开关的 1、2、3、4、5、6 定义本站的站号，在 ON 侧为"0"，在 OFF 侧为"1"，按 8421 码计算，其中"1"代表 8421 码的低位，"8"代表 8421 码的高位。

拨码开关的"7"定义 0 模块 DTK 板 2 个 E1 接口的信令方式，如果在 ON 侧为铁路专用数字共线环信令方式。

拨码开关的"8"定义 1 模块 DTK 板 2 个 E1 接口的信令方式，如果在 ON 侧为铁路专用数字共线环信令方式。

5. 通用接口板(ATN)最多可以插多少用户小板？各用户小板的接口类型可以是什么类型？

答：最多可以插 8 个用户小板；各个用户小板可以是共总模块(GZ)、共分模块(GF)、磁石模块(CS)、选号模块(XH)、上行区间模块、下行区间模块、音频 2/4 线模块等。

6. 数字用户板 DSU-4 与 DSU-8 有何区别？

答：DSU-4 可以同时连接 4 个调度台/值班台，DSU-8 可以同时连接 8 个调度台/值班台。

7. 通信测试板(TST 板)在 ZST-48(G2K)与 ZST-48(AM)中的作用有何不同？

答：TST 板在 ZST-48(G2K)的主要作用是提供系统测试和系统间的通信功能。测试时可以对环路板和用户板的电流电压等参数实施测试监控，判断故障板件利于设备维护；通信时实时采集车站调度交换机的运行状态，可对车站调度交换机进行数据配置、系统维护及软件在线升级等。

对于一个车站调度交换机接入两个数字共线环时，必须配置 TST 板，以实现与调度所交换机的通信功能。如果没有 TST 板，网管终端不能维护本站。两种 TST 板不能互换使用。

8. ZST-48(AM)车站调度交换机 E1 停电直通板的作用是什么？

答：作用是保护数字环的完整性及时钟同步，如果本站掉电后数字环 E1 就通过本板继电器机械直通到下一站点，从而不会中断数字环，保护了数字环的完整性及时钟同步的作用。

9. ZST-48(AM)车站调度交换机后背板两主处理器板(APU)互连网线的作用是什么？

答：作用是保持主、备处理器板的数据实时同步。

10. ZST-48(AM)各种单板代码对应的中文名称是什么?

答:单板代码对应的中文名称如表 2-3-8 所示。

表 2-3-8 ZST-48(AM)各种单板代码的中文名称对照表

代码	中文名称	代码	中文名称
APU	主处理器板	DTU	E1 数字用户板
LPU	扩展模块处理器	DCP	二次电源板
DTK	数字中继板	SLC	用户板
TST	测试板	DSU	数字用户板
ATN	通用接口板	LTK	模拟环路中继板
DTP	操作台供电板		

(四)ZST-48(G4K)调度交换机硬件结构

1. ZST-48(G4K)调度交换机的插箱有哪两种结构?

答:有"25"和"19"两种插箱结构:

(1)"25"插箱结构其型号为 ZST-48(G4K),一般放置在调度所,最多可以配置 40 个模块;

(2)"19"插箱结构其型号为 ZST-48(G4K19),一般放置在车站,最多可以配置 16 个模块。

两种插箱结构的调度交换机在软件结构、交换容量及板件通用上完全一样。

2. ZST-48(G4K)调度交换机由哪些模块构成?

答:由控制交换模块(CPM)、基本接口模块(BPM)、2M 模块(DPM)和资源模块(CRM)构成,其面板图如图 2-3-9 所示。

3. ZST-48(G4K)调度交换机的控制交换模块(CPM)由哪些板件构成?

答:控制交换模块(CPM)是 ZST-48(G4K)调度交换机的核心控制部分,其插箱布局图如图 2-3-10 所示。

CPM 模块板件的组成,如表 2-3-9 所示。

表 2-3-9 CPM 模块板件的组成

缩略语	板件名称	作用
CEC	时钟及同步一数字时分交换板	提供本机所需时钟,并能对上级时钟进行锁相同步,若无上级时钟则自动进入自由时钟模式以及 4096 交换功能,30 方会议功能,并提供前 16 个模块通道的信号驱动功能
CPC	主处理器板	提供各种交换、管理、数据维护、测试等业务以及同其他模块的通信的处理功能,采用 586/PENTIUM 工控主板
VSC	基本信令板	提供系统的信号音、提示语音,并实现 DTMF 和 MFC 的收发码、各种单音、FSK 收发等功能

续上表

缩略语	板件名称	作　用
SDC	信号驱动板	提供后 24 个模块通道的信号驱动功能
DLC	链路通讯板	提供 32 个 HDLC 链路通信功能
GEN	通用接口板	可以是七号信令板(STU)、测试板(TST)、通用模拟接口板(ATN)、提供共总、共分、区间等 8 个模拟用户接口;模拟用户接口板(SLC)提供 16 个音频用户接口
DCP-C	二次电源板	为控制模块各电路板供电,采用互助供电方式

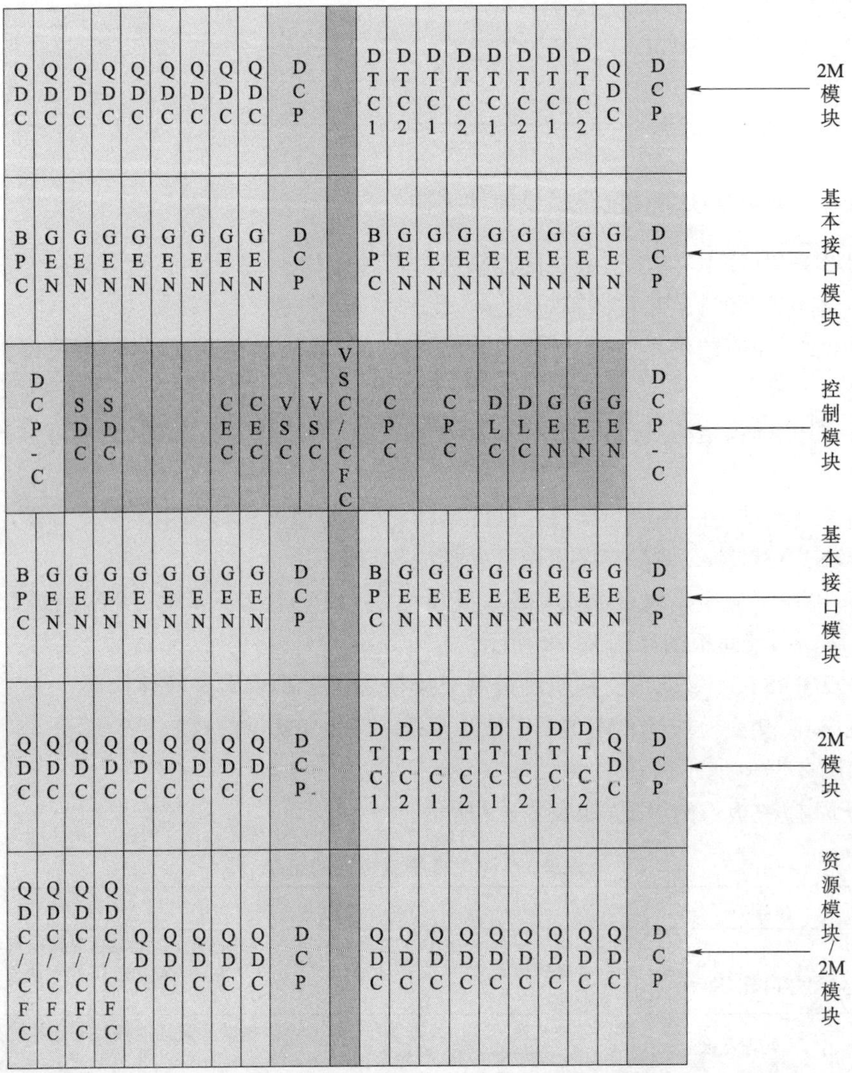

图 2-3-9　ZST-48(G4K)调度交换机面板图

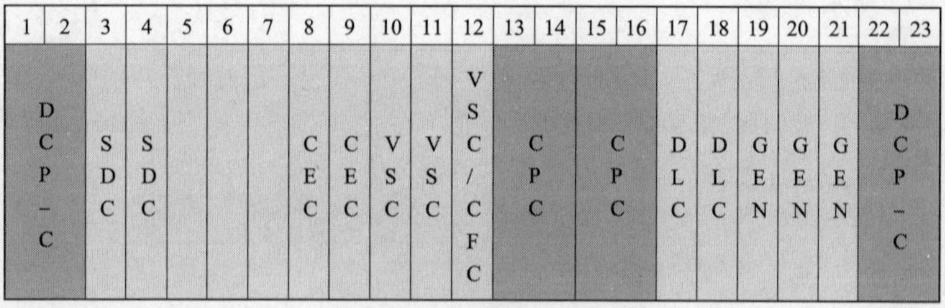

图 2-3-10　控制交换模块(CPM)插箱布局图

4. ZST-48(G4K)调度交换机的基本接口模块(BPM)由哪些板件构成?

答:基本接口模块(BPM)提供用户(模拟/数字)、模拟中继(环路、磁石)、模拟共线、模拟 2/4 线音频等接口电路及控制功能。其插箱布局如图 2-3-11 所示。

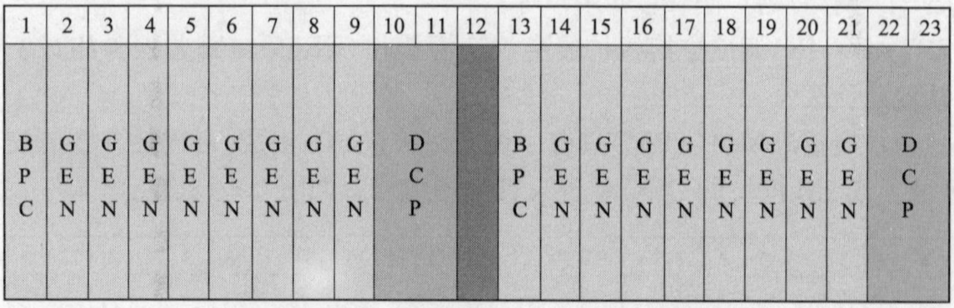

图 2-3-11　基本接口模块(BPM)插箱布局图

基本接口模块(BPM)由模块处理器板(BPC)、二次电源板(DCP)和 8 块 GEN 接口板组成,GEN 板是各种接口板的统称,能提供的各种接口如表 2-3-10 所示。

表 2-3-10　基本接口模块(BPM)能提供的接口

缩略语	电路板名称	接口数	缩略语	电路板名称	接口数
SLC	模拟用户板	16 个接口	LTK	环路中继	8 个接口
DSU	数字用户	8 个接口	CVC	模拟共线	4 个接口
DTU	2M 数字用户	8 个接口	ATN	通用接口板	8 个接口

通用接口板可以插 8 个用户小板;各个用户小板可以是共总模块(GZ)、共分模块(GF)、磁石模块(CS)、选号模块(XH)、上行区间模块、下行区间模块、音频 2/4 线模块等。

5. ZST-48(G4K)调度交换机的 2M 模块(DPM)由哪些板件构成?并说明基本功能是什么?

答:(1)一个 2M 模块只由一块 4 路 2M 板(QDC)组成,如果需要 1∶1 热备份可以用 2 块互为热、备工作的 4 路 2M 处理板(DTC)共同提供 4 个 E1 接口。其插箱布局图如图 2-3-12 所示。

1	2	3	4	5	6	7	8	9	10	11	12	13	14	15	16	17	18	19	20	21	22	23
QDC/CFC	QDC/CFC	QDC/CFC	QDC/CFC	QDC/CFC	QDC/CFC	QDC/CFC	QDC/CFC	QDC/CFC	DCP			DTC1	DTC2	DTC1	DTC2	DTC1	DTC2	DTC1	DTC2	QDC/CFC	DCP	

图 2-3-12　2M 模块(DPM)插箱布局图

(2)基本功能是提供 4 个 E1 接口,实现与主处理器板(CPC)的链路通信,提取时钟信号的输出等;接口信令可以任意设置为数字环共线、No. 1 中继、No. 7 中继、ISDN PRI(30B+D)网络/用户侧、PCM 用户等。

6. ZST-48(G4K)**调度交换机扩展会议资源模块**(CRM)**由哪些板件组成? 并说明其基本功能是什么?**

答:(1)扩展资源模块(CRM)只有一块会议板(CFC)组成,可以插在控制交换模块的 VSC 位置或 2M 模块的 QDC 位置。其插箱布局图如图 2-3-13 所示。

1	2	3	4	5	6	7	8	9	10	11	12	13	14	15	16	17	18	19	20	21	22	23
QDC/CFC	QDC/CFC	QDC/CFC	QDC/CFC	QDC/CFC	QDC/CFC	QDC/CFC	QDC/CFC	QDC/CFC	DCP			DTC1	DTC2	DTC1	DTC2	DTC1	DTC2	DTC1	DTC2	QDC/CFC	DCP	

图 2-3-13　扩展会议资源模块(CRM)插箱布局图

(2)扩展会议资源模块的基本功能可提供:40 个 3 方;或 4 个 30 方;或 2 个 58 方;或 1 个 114 方双工会议。

本调度交换机最大可接 4 个扩展会议资源模块。

7. ZST-48(G4K)**调度交换机各个模块与控制交换模块**(CPM)**是如何通信的?**

答:驱动电缆用于连接控制交换模块 CPM 与外围模块(外围模块是指除 CPM 以外的所有模块),为外围模块提供同步时钟、HW(话务总线)等。驱动电缆采用非屏蔽双绞线或屏蔽双绞线、RJ45 接口,以保证信号的准确传输,提高系统运行的高可靠性。其线序与普通网线线序一致(568A 标准,其中 1、2 双绞,3、6 双绞,4、5 双绞、7、8 双绞)。

用户将驱动电缆一头连接各个模块，另一头连接CPM模块后背板上RJ45接口上即可，通信正常后各模块处理器板的"MCN"指示灯变为常亮。

8. ZST-48(G4K)调度交换机各个模块的模块号是在哪个板件定义的？如何定义的？

答：各个模块的模块号是在各个模块处理器板上定义的，如基本接口模块在BPC板上定义、2M模块在QDC板或DTC板上定义、扩展会议模块在CFC板上定义等。

每种模块处理器板上都有拨码开关，在ON侧为"0"，在OFF侧为"1"，按8421码计算模块号，其中"1"代表8421码的低位，"8"代表8421码的高位。

9. ZST-48(G4K)调度交换机的系统容量有多少？

答：ZST-48(G4K)交换网为4 096×4 096，可分配时隙数最大3 584，最大模块数40，每模块最多128端口，最大端口数为5 120。

10. ZST-48(G4K)调度交换机最多可以接入多少数字环？

答：最多可接50个数字环数，每个数字环最多可挂接50个"站场调度交换机"。

11. ZST-48(G4K)调度交换机支持哪些信令？

答：除内部信令外，还支持中国一号、中国七号、数字一号用户信令、数字主控环信令PCM用户、带内单频2 600、EM信令、模拟用户/环路信令等。

12. ZST-48(G4K)调度交换机的系统构成如何？

答：ZST-48(G4K)调度交换机由多个子系统组成，如图2-3-14所示。

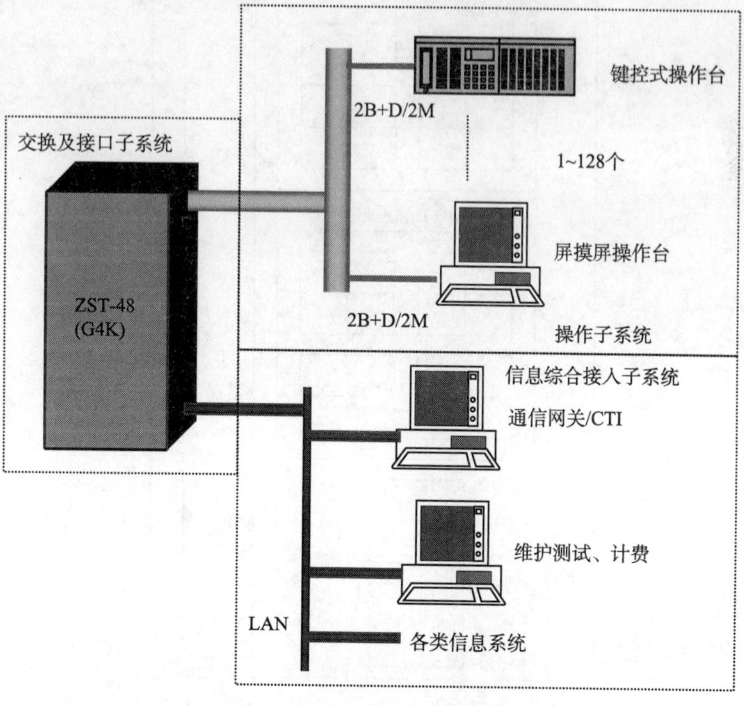

图2-3-14　系统组成及连接

交换及接口子系统、信息综合接入子系统、操作子系统为基本组成子系统。交换及接口子系统包括交换机控制模块、资源模块、接口模块等；信息综合接入子系统包括通信网关模块、维护测试模块、计费模块等标准模块；操作子系统包括各种调度台，如触摸屏操作台、键控式操作台等。

13. ZST-48(G4K)调度交换机的软件系统构成如何?

答: ZST-48(G4K)V11 版软件系统主要由交换及接口子系统的交换机软件、操作子系统软件即调度台软件、信息及管理软件构成。

14. 数字中继同轴转换板(tw2co)的作用是什么?

答: 由于在 ZST-48(G4K19)调度交换机主控、扩展层的后背板上没有同轴接口，所以当插接 QDC、DTC 等电路板时，需配合 tw2co 板使用，同时该板还有停电直通功能。该板结构如图 2-3-15 所示。

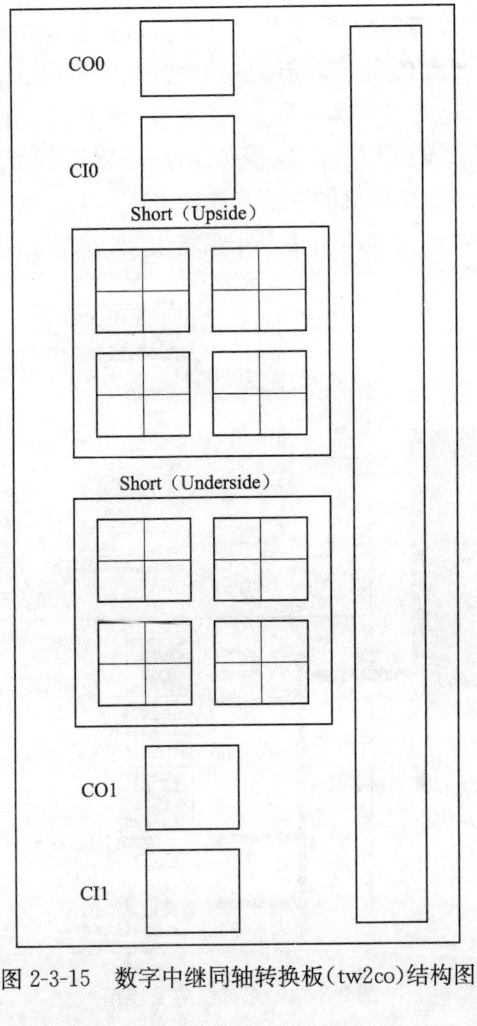

图 2-3-15　数字中继同轴转换板(tw2co)结构图

图右侧为一个 64 针插座,CO0 和 CI0 表示第一个 2M 的出和入,CO1 和 CI1 表示第二个 2M 的出和入。

Short(Upside)和 Short(Underside)是短路块。当使用前 2 个 2M 时,则将 tw2co 板插在后背板中对应该 QDC 的前 64 针插座上,并将 Short(Upside)短路。如果要使用后 2 个 2M,则将 tw2co 板插在后背板中对应该 QDC 的后 64 针插座上,并将 Short(Underside)短路。

15. ZST-48(G4K19)**调度交换机的控制层及扩展层正面图如何?**

答:(1)ZST-48(G4K19)调度交换机的控制层正面图如图 2-3-16 所示。

1	2	3	4	5	6	7	8	9	10	11	12	13	14	15	16	17
D C P		C E C	C E C	C P C		C P C		VSC QDC	VSC QDC	QDC BPC	QDC SLC LTK DSU	QDC SLC LTK DSU	QDC SLC LTK DSU	QDC SLC LTK DSU		D C P

图 2-3-16 ZST-48(G4K19)调度交换机的控制层正面图

(2)ZST-48(G4K19)调度交换机的扩展层正面图如图 2-3-17 所示。

1	2	3	4	5	6	7	8	9	10	11	12	13	14	15	16	17
D C P		QDC SLC LTK DSU	QDC SLC LTK DSU	QDC SLC LTK DSU	QDC B P C	B P C	SLC LTK DSU	SLC LTK DSU	SLC LTK DSU	SLC LTK DSU	SLC LTK DSU	SLC LTK DSU	SLC LTK DSU	SLC LTK DSU		D C P

图 2-3-17 ZST-48(G4K19)调度交换机的扩展层正面图

16. ZST-48(G4K)**调度交换机的特点是什么?**

答:采用 TDM 和 IP 双交换;主处理机采用 Pentium400 工业控制机;采用 LINUX 多任务操作系统;4k 交换网;支持双机异地/本地备份工作模式;操作台双接口设计;具有丰富的接口,组网能力强;软件层次分明,结构合理,参照 OSI 开放系统模型设计,保证了软件的可靠性和可维护性,各种业务软件模块化及独立性使得对特殊用户的特殊要求实现方便,可以做到业务模块软件的在线升级,适合于用户对业务的多样性、独特性需求。

17. ZST-48(G4K)**各种单板代码对应的中文名称是什么?**

答:单板代码对应的中文名称如表 2-3-11 所示。

表 2-3-11 ZST-48(G4K)各种单板代码的中文名称对照表

代码	中文名称	代码	中文名称
CPC	主处理器板	DSU	数字用户板
CEC	时钟-交换板	LTK	模拟环路中继板
VSC	基本信令板	ATN	通用接口板
SDC	信号驱动板	CVC	模拟共线板
DLC	链路通讯板	DTU	E1 数字用户板
		DCP	二次电源板
TST	测试板	QDC	4 路 2M 板
CFC	会议板		
DCP-C	二次电源板(控制层)	DTC	4 路 2M 处理板
STU	七号信令板	SLC	模拟用户板
BPC	基本模块处理板		

(五)键控式调度台/值班台

1. 画出键控式操作台面板图,并说明各部位的作用。

答:(1)键控式操作台面板图如图 2-3-18 所示。

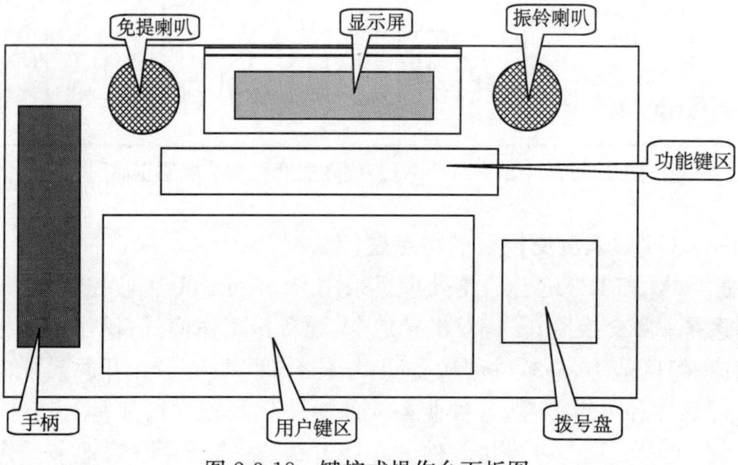

图 2-3-18 键控式操作台面板图

(2)各部位的作用:

①振铃喇叭与免提喇叭:分别位于操作台面板的右边和左边,用于接收声音。

②手柄:用于第一路手柄话路的受话与送话,通过手柄连接线与主台连接。

③显示屏:用于显示操作台时间、状态、调度操作、数据设置操作等信息。

④拨号盘:用于调度时作为数字键拨号,数据设置时作为输入键,同时提供免提与重拨键。

⑤功能键区:提供各种调度操作所需的功能键、设置操作键、工作状态键。

⑥用户键区:用户键用于实现一键拨号功能,可以登记呼叫信息及中文键名;组呼键和缩位拨号键是用户键的一种,使用时用纸条标明。

2. 画出键控式操作台侧面外接插口的示意图,并说明各接口的作用。

答:(1)键控式操作台侧面外接插口如图 2-3-19 所示。

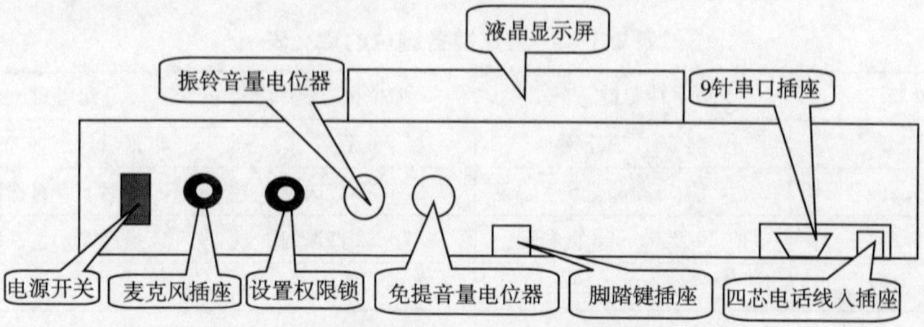

图 2-3-19 键控式操作台侧面外接插口的示意图

(2)各接口的作用:

①四芯电话线插座:标准四芯电话线插座,水晶头采用 RJ11 接口,中间两根用以引入 2B+D 用户线,外侧两根用以引入电源线。本台使用—48 V 直流通信电源,电源引入时不分正负极性。

②九针串口插座:本台不提供串行通信接口,此插座无效。

③脚踏键插座:标准四芯电话线插座,此插座用于连接脚踏键,中间一对有效,无极性。

④振铃音量电位器:该电位器用于调整振铃喇叭的音量,该喇叭用于来电提示、按键提示。面对本台左旋电位器旋扭声音增大,反之减小。

⑤免提音量电位器:该电位器用于调整振铃喇叭的音量,音量调节同振铃音量电位器,该喇叭用于播放免提受话声音。

⑥设置权限锁:该锁用于限制对操作台进行设置操作,只有用钥匙将锁芯旋至绿点位置时才可以进行设置操作,设置完成后请将锁芯旋至红点位置。

⑦麦克风插座:该插座用于连接麦克风,与免提喇叭共同组成免提话路。

⑧电源开关:操作台电源的开关。

3. 键控式操作台录音接口是何种型号及接线线序是什么?

答:键控式操作台录音接口在操作台侧面,录音接口采用 RJ45 接口,使用七线制,1、2 为助通录音线,3、4 为主通录音线,5 为主通电控控制线,6 为助通电控控制线,7 为电控公共地。如果采取声控录音方式只需前四根录音线。

4. 键控式操作台液晶显示屏上小时与分钟、分钟与秒之间冒号的含义是什么?

答:小时与分钟间的冒号表示键控式操作台与数字用户板(DSU 板)连接正常,U

口处于激活状态，如果无冒号表示硬件连接不正常。

分钟与秒间的冒号表示键控式操作台与主处理器板数据通信正常，如果无冒号表示键控式操作台与主处理器板无握手消息，通信不正常。

5. 键控式操作台的直选键是如何划分定义的？

答：键控式操作台共有 60 个直选键，分为用户键、缩位拨号键、组呼键。键位的定义，不同的软件版本有不同的定义，如表 2-3-12 所示。

表 2-3-12 直选键各键位的定义表

软件版本	用户键	缩位拨号键	组呼键
V5.0	前 52 个直选键	无	最后 8 个直选键
V5.55	前 36 个直选键	37～52 直选键	最后 8 个直选键
V5.56	前 36 及 53～58 直选键	37～52 直选键	最后 2 个直选键
V5.0NZ	60 个直选键	无	无

6. 键控式操作台的功能键有哪些？其功能是什么？

答：键控式操作台有 14 个功能键，各功能键定义如下：

(1)就席：手工控制操作台就席。只有就席状态，操作台才能进行调度操作。

(2)功能：设置时间、操作台参数、单呼键参数、组呼键参数等。

(3)保留：保留、恢复与当前操作台通话的线路。

(4)插入：操作台插入正在通话的线路，与正在通话的双方形成三方通话。

(5)强拆：操作台强行拆除正在通话的线路，使本来正在通话的双方均听忙音。

(6)会议：用于操作台临时召开会议。

(7)切换：用于操作台将一个正在通话的话路切换到另一个没有通话的话路，即在手柄与免提话路之间进行切换，原来在通话的一方可以继续调度操作。

(8)键权：如果键权灯亮表示键盘控制权在免提，否则在手柄。

(9)确定：在设置操作中，该键用作对输入项目的确认并完成该项设置，在调度操作中该键用作对来电应答。

(10)取消：在设置操作中，该键用作退格键，或用作对输入项目的取消以退出对该项设置；在调度操作中，该键用来拒绝接听来电，或者在没有摘机时删除前一位已拨的号码。

(11)历史记录：按该功能键可以查询呼叫记录。

(12)记录查询：按该功能键可以上下翻页呼叫记录。

(13)紧急呼叫：按该功能键实现呼叫级别为 0 级的呼叫。

(14)静音：用于将本方的麦克风关闭。

7. 用户直选键键位状态指示灯的含义是什么？

答：每个用户直选键有一个状态指示灯，按用户直选键呼出时，在被叫方没有应答前指示灯状态为红色闪烁，当被叫方应答后指示灯状态变为绿色常亮；有用户呼入时，相应的用户直选键状态指示灯为红色闪烁，当应答后状态指示灯变为绿色常亮。

8. 键控式操作台接入调度所交换机和车站调度交换机时如何设置？

答：键控式操作台接入调度所交换机时类型设为调度台或主任台，接入车站调度交换机时类型设为值班台。

9. 键控式操作台数据设置有哪两种方式？

答：一种是通过网管维护终端设置，一种是在操作台按功能键手动设置。

10. 键控式操作台如何利用缩位拨号键呼叫车次号为 D56 的司机？

答：(1)如果用免提呼叫司机，首先按缩位拨号键字母“D”，再按拨号盘数字“56”，再按缩位拨号键“司机”，最后按“确定”键就呼出了；

(2)如果用手柄呼叫司机，首先提起手柄，然后按缩位拨号键字母“D”，再按拨号盘数字“56”，再按缩位拨号键“司机”，最后按“确定”键就呼出了。

11. 键控式操作台与后台交换机有哪些接口？

答：一种为单 U 接口；一种为单 E1 接口；一种为双 U 接口；一种为双 E1 接口。

(六)触摸屏调度台/操作台

1. 触摸屏操作台有那几种类型？

答：(1)按主机类型分为：触摸屏电脑操作台和触摸屏 ARM 操作台。

(2)按外形分为：一体式和分体式两种，触摸屏尺寸为 17 英寸。一体式触摸屏操作台如图 2-3-20 所示。

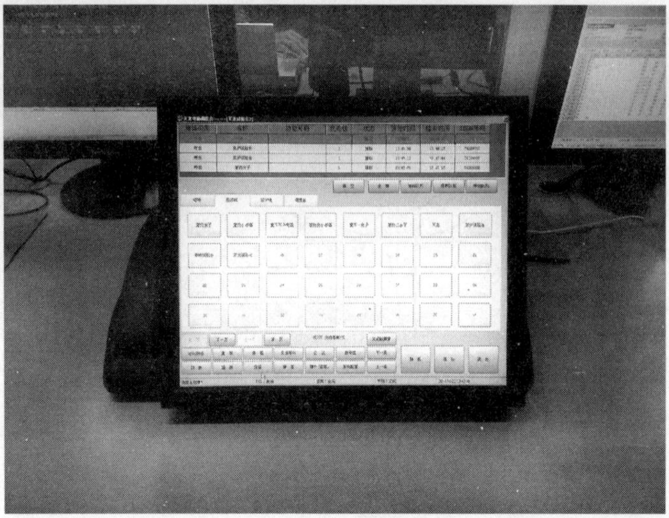

图 2-3-20　一体式触摸屏操作台

一体式主机、通话装置和显示器做在一个模具中，具有结构紧凑、接线简单、更换方便的优点；分体式主机、通话装置和显示器单独放置，可以适应不同的应用场合。

2. 触摸屏操作台由哪几部分组成？

答：(1)触摸屏电脑操作台由一台工控机加触摸屏显示器和操作台 PC 接口卡及通话装置组成。PC 接口卡提供与后台交换机的接口、录音接口、脚键接口、免提通道接口，手柄通道接口等，通话装置有麦克风和音箱组成的免提通道和手柄助通通道。

(2)触摸屏 ARM 操作台由 ARM 单片机、触摸屏显示器和接口模块及通话装置组成。接口模块只提供与后台交换机的接口，其他相关接口都内置在 ARM 单片机内，通话装置有麦克风和音箱组成的免提通道和手柄助通通道。

3. 分体式触摸屏操作台的触摸屏与主机如何连接？

答：触摸屏显示器的 VGA 接口与主机显卡的 VGA 接口相连接，触摸屏显示器的控制接口与主机采用 USB 接口相连接。

4. 触摸屏显示器的操作界面主要包括哪几个功能区域？

答：主要有状态显示区、呼叫信息显示区、呼叫键区、功能键区。如图 2-3-21 所示。

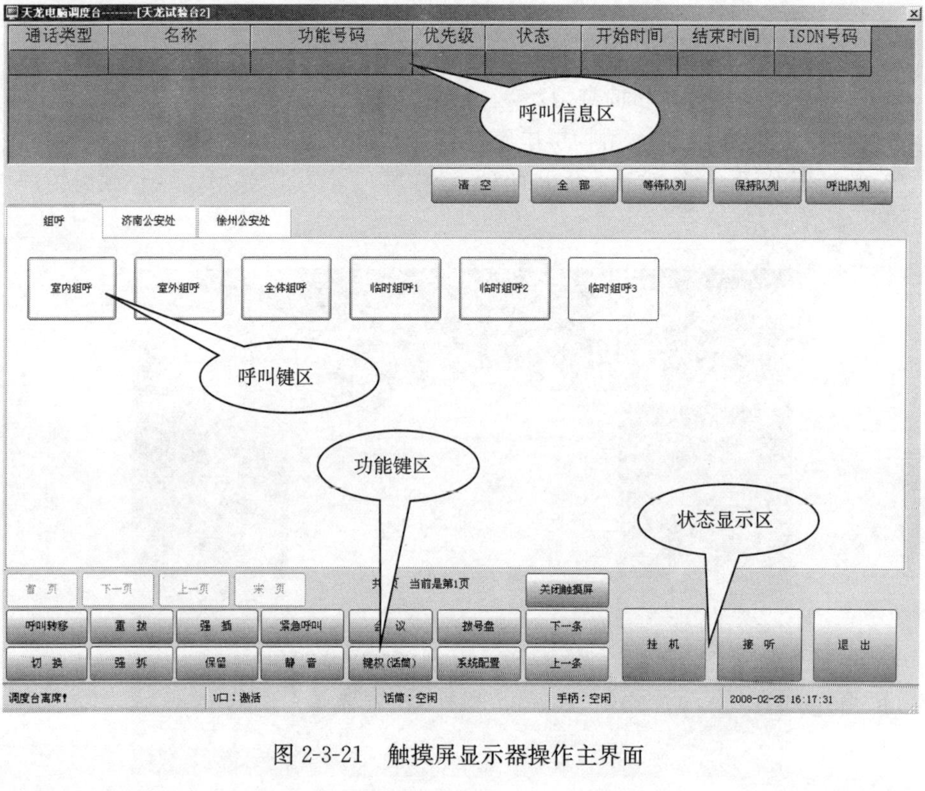

图 2-3-21　触摸屏显示器操作主界面

5. 触摸屏操作台状态显示区能显示哪些状态和信息?

答:状态显示区显示显示以下内容:触摸屏操作台与后台交换机通信状态、U 口是否激活、免提状态、手柄状态、当前时间,操作台台名或车站站名等。

6. 触摸屏操作台呼叫信息区能显示哪些信息?

答:呼叫信息显示区能显示以下内容:呼叫方向、通话对方名称、通话对方功能号码、呼叫优先级、呼叫状态、开始时间、结束时间、通话对方 MSISDN 号码或 ISDN 号码。其中,呼叫状态是指本次呼叫目前所处的状态,可包括以下几种:正在呼入、正在呼出、正在通话、正被保持、通话结束、停止呼出、未接听、已被拒绝。

7. 触摸屏操作台呼叫键区可定义哪些呼叫键? 按键颜色状态表示的含义是什么?

答:(1)呼叫键区包括若干个单呼按键、组呼按键、临时组呼按键,各个按键用于完成相应的呼叫,同时显示相应的呼叫状态。呼叫键区具有翻页功能,通过呼叫键区底部"首页"、"上页"、"下页""末页"等分页按键进行翻页。

(2)按键为红色闪烁时表示呼出、呼入状态;绿色常亮时表示通话状态。

8. 功能键区有哪些功能键? 各代表什么功能?

答:功能键区设置若干按键,各功能键的名称及功能定义如下:

(1)关闭触摸屏键:关闭触摸功能,"关闭触摸屏"按钮按下后,其变为"打开触摸屏"按钮。

(2)呼叫转接键:将当前正在进行的通话转接至第三方。

(3)切换键:将操作台正在通话的一个话路切换到另一方空闲的话路或两个正在通话的话路间切换后继续通话。

(4)重拨键:自动重拨上次的呼出或呼入。

(5)强拆键:强制拆线正在通话的双方,使本来正在通话的双方均听忙音。

(6)强插键:插入正在通话的线路,与正在通话的双方形成三方通话。

(7)保留键:保持当前正在进行的通话而进行新的呼叫操作,被保持的一方将听保持音或音乐;通过按被保持的用户键,随时恢复与该用户的通话。

(8)紧急呼叫键:用于发起紧急呼叫。

(9)会议:用于发起会议方式呼叫。

(10)静音键:用于将本方的麦克风关闭。

(11)键权(话筒或手柄):如果键权灯亮表示键盘控制权在免提,否则在手柄。

(12)拨号盘:进入拨号界面,进行拨号呼叫。

(13)上一条:选择上一条通话记录。

(14)下一条:选择下一条通话记录。

(15)接听键:接听当前键权的呼叫。

(16)挂机键:挂断已建立的呼叫或拒绝某个呼叫。

(17)退出键:退出调度台操作软件程序,退出时要求输入密码,密码为 4 位当前时间的小时和分钟组合。

9. 在 GSM-R 区段触摸屏操作台呼叫机车有几种方式？分别如何操作？

答：触摸屏操作台有 4 种方式呼叫机车。

(1)按呼叫键区中对应的车次号或机车号按钮，直接呼叫机车司机；

(2)使用拨号盘，按车次号呼叫机车司机，拨号盘如图 2-3-22 所示。单击拨号盘，输入需要呼叫的车次号，点击本务机司机，点击[呼叫]按钮。

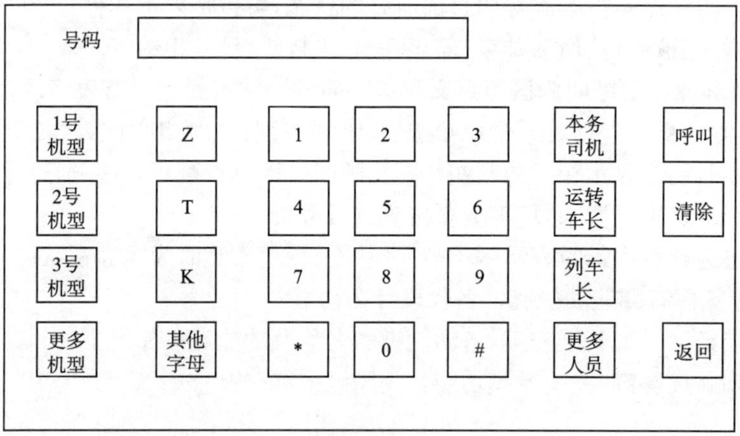

图 2-3-22　触摸屏操作台拨号盘示意图

(3)使用拨号盘，按机车号呼叫机车。点击拨号盘，选择机车类型，输入机车号，点击本务机司机，点击[呼叫]按钮。

(4)使用拨号盘，按 ISDN 号呼叫机车。点击拨号盘，输入机车的 ISDN 号码，点击[呼叫]按钮。

10. 触摸屏操作台的优点有哪些？

答：性能可靠稳定，使用寿命长，用户键数量没有限制，可以实现对车次号和机车号的快速方便呼叫，来电铃声可以区别设置，可以实现对用户键的远程管理等。

(七)ZST-48(G2K)调度交换机硬件配置与调试

1. 机内系统布线包括哪些？

答：包括电源线、地线、驱动电缆、用户电缆、中继电缆。

2. ZST-48(G2K)调度交换机对地线有什么要求？

答：调度交换机的地线设计一般要求应具有两个相互独立的地线，一是工作地线，二是保护地线。其接地电阻要求小于 5 Ω，如果使用单一地线，工作地线和保护地线必须在机架底下复接后，再接室外地线，此时接地电阻要求小于 2 Ω。良好的接地线是设备正常运行的必要条件，同时它也是防雷击的重要手段，应当给予充分的重视。

3. 用户电缆的用户线对与色谱的对应关系是什么？有什么注意事项？

答:用户电缆为 18 芯共 9 对线，电缆的一端压接连接器，每根电缆可连接 8 个用户线对，第 9 对线为备用线。后背板上部插座为前 8 个用户线对，下部插座为后 8 个用户线对。用户电缆布放前，应在每根电缆的两端编号，以免在配线安装出错。用户电缆的布放应整齐，平行无交叉。用户电缆的用户线对与色谱的对应关系见表 2-3-13。

表 2-3-13 用户的电缆用户线对与色谱的对应关系

电缆对数	1	2	3	4	5	6	7	8	9
色谱	白兰	白橙	白绿	白棕	白灰	红兰	红橙	红绿	红棕

4. ZST-48(G2K)调度交换机数字中继后背板 2M 出线顺序是什么？有什么注意事项？

答:数字中继电缆为 75 Ω 同轴电缆(个别采用 120 Ω 平衡电缆)，调度交换机端已经压接好同轴连接器头，用于连接数字中继模块后背板上的同轴连接器座，电缆的另一端设有连接器，设备开通前应由用户方准备相应的连接器，以方便与传输设备连接。

每块数字中继板(DTK)在后背板上有四个连接器座，每个数字中继模块由两块 DTK 板组成，如图 2-3-23 所示的 DTK0 和 DTK1。

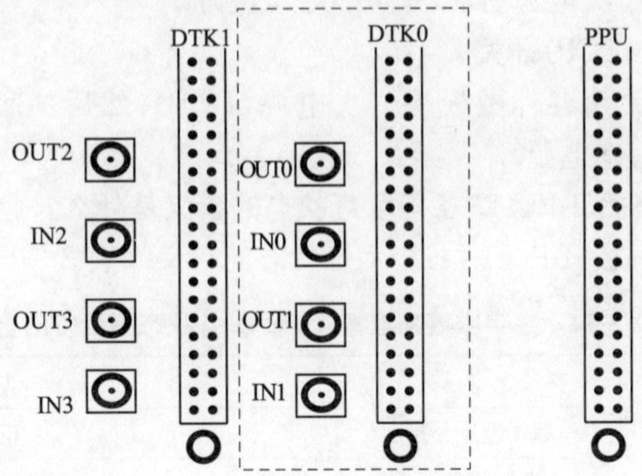

图 2-3-23 DTK 在后背板上连接器座的位置图

由上往下顺序为 OUT0(第一套 PCM0 出)、IN0(第一套 PCM0 入)、OUT1(第二套 PCM1 出)、IN1(第二套 PCM1 入)，OUT2(第三套 PCM2 出)、IN2(第三套 PCM2 入)，OUT3(第四套 PCM3 出)、IN3(第四套 PCM3 入)。应当注意的是数字中继电缆有出、入之分，布放前应做好标记，使之与传输设备的出、入相对应。

5. ZST-48(AM)车站调度交换机 E1 停电直通板 2M 出线顺序是什么？有什么注意事项？

答:E1 停电直通板插入两块数字中继板(DTK)在后背板上对应的插座，实现接口转换及停电直通功能。E1 停电直通板有 8 个同轴连接器座，如图 2-3-24 所示。

由上往下顺序为 OUT0（第一套 PCM0 出）、IN0（第一套 PCM0 入）、OUT1（第二套 PCM1 出）、IN1（第二套 PCM1 入），OUT2（第三套 PCM2 出）、IN2（第三套 PCM2 入），OUT3（第四套 PCM3 出）、IN3（第四套 PCM3 入）。应当注意的是数字中继电缆有出、入之分，布放前应做好标记，使之与传输设备的出、入相对应。

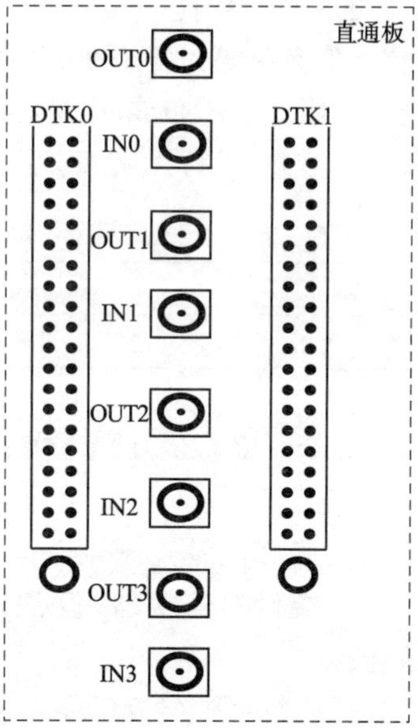

图 2-3-24 直通板同轴座示意图

6. ZST-48（G2K）**调度交换机的数字中继电缆有哪两种阻抗？**

答：数字中继电缆的接口阻抗为 75 Ω 时，采用射频连接器及细同轴电缆；阻抗为 120 Ω 时，采用双绞线连接。

7. ZST-48（G2K）**调度交换机加电操作顺序是什么？**

答：开机顺序：打开一次电源开关，至电压稳定后，再打开控制模块二次电源（DCP-C）开关，然后打开其他模块二次电源（DCP）开关。

关机顺序：首先关闭各外围模块二次电源（DCP），然后关闭控制模块二次电源（DCP-C），最后关闭一次电源。

8. 数字中继处理板（LPU-L）**各指示灯状态的含义是什么？**

答：数字中继处理板（LPU-L）各指示灯状态的含义如表 2-3-14 所示。

表 2-3-14 数字中继处理板（LPU-L）**各状态指示灯的含义**

灯位		含 义	状态指示
RUN	绿色	基本级运行指示	正常：快闪
BK1	绿色	模块冲突指示	正常：长灭
SND	绿色	LPU 发送数字环或扩展模块消息	闪烁
INT	绿色	时钟级运行指示	正常：快闪
MCN	绿色	与工控机通信指示	正常：长亮
RCV	绿色	LPU 接受数字环或 AM 机消息	闪烁
BK2	绿色	错误消息或不明消息指示	正常：长灭，有可能长亮，不影响使用
2M	绿色	2M 时钟指示	正常：长亮

9. 数字中继板（DTK 板）**各状态指示灯的含义是什么？**

答：数字中继板（DTK 板）各状态指示灯的含义如表 2-3-15 所示。

表 2-3-15　数字中继板(DTK 板)各状态指示灯的含义

灯位		含　义	状态指示
LOS1	红色	DTK1 帧失步信号灯	亮:帧失步
ALL1	红色	DTK1 全 1 告警信号灯	亮:全 1 告警
SLP1	红色	DTK1 滑码、CRC 告警灯	亮:滑码、CRC 告警
RUN1	绿色	DTK1 电路状态灯	闪烁:电路正常
LOS2	红色	DTK2 帧失步信号灯	亮:帧失步
ALL2	红色	DTK2 全 1 告警信号灯	亮:全 1 告警
SLP2	红色	DTK2 滑码、CRC 告警灯	亮:滑码、CRC 告警
RUN2	绿色	DTK2 电路状态灯	闪烁:电路正常

DTK 板具有 75 Ω/120 Ω 两种阻抗匹配电路,通过双位微动开关设置,具体定义见表 2-3-16。

表 2-3-16　DTK 板各开关定义

开关	JP3、JP4				JP12、JP13								JP14、JP15								备注
位号	1	2	3	4	1	2	3	4	5	6	7	8	1	2	3	4	5	6	7	8	
75 Ω	0	1	1	1	0	0	0	0	0	0	0	0	0	0	0	0	1	1	1	1	0:OFF
120 Ω	1	0	0	0	0	0	1	1	1	1	1	1	1	1	1	1	0	0	0	0	1:ON

10. 车站主处理器板(APU 板)各指示灯状态的含义是什么?

答:车站主处理器板(APU 板)各指示灯状态的含义如表 2-3-17 所示。

表 2-3-17　车站主处理器板(APU 板)各指示灯状态的含义

灯位		含　义	状态指示
PRUN	绿色	基本级运行指示	常亮
RCV	绿色	接收 E1 消息	正常:慢闪;自环:快闪
SND	绿色	发送 E1 消息	正常:慢闪;自环:快闪
INT	绿色	10ms 中断	主用:亮/微亮,代表中断多/少 ;备用:微亮
MRUN	绿色	与工控机通信	主常:亮 ;中断:灭
BK	绿色	数字环方向	亮:当前数字环反向,灭:数字环正向
OAM	绿色	HDLC 消息通信	收发消息:闪亮
CLK	绿色	提取上级时钟	亮:提取
RST	复位钮	APU 复位切换按键	按此键当前 APU 重启动,并切换至另一 APU
EX	复位钮	APU 切换按键	按此键当前 APU 不重启动,仅切换至另一 APU
ACT	绿色	主备用指示灯	主用:亮 ;　备用:不亮

11. 模拟共线板(CVC)如何定义 2/4 线、高/低阻?

答:CVC 板共有 4 路,各路通过短接 KAX、KBX、KCX、KDX 插针来实现 2/4 线及高低阻设置,具体设置方法见表 2-3-18 所示。

表 2-3-18 CVC 板 2/4 线、高/低阻设置方法

用户接口	短路针名称	含 义
第一路	KA1	短接为 4 线,开路为 2 线
	KA2	短接 1 和 2 为低阻,短接 2 和 3 为高阻
	KA3	短接 2 和 3 为低阻,短接 1 和 2 为高阻

其他各路设置方法与第一路相同。

12. 通用接口板(ATN)如何定义 2/4 线、高/低阻?

答:ATN 板前四路具有 2/4 线功能,后四路只有 2 线功能,前四路通过设置电路板上 XCX、XDX 两个短路针来实现本路 2/4 线功能,如 ATN 板第一路要设为 2 线,则短路 XC0、XD0 的 1 和 2。如 ATN 板第三路要设为 4 线,则短路 XC2、XD2 的 2 和 3。

ATN 板后四路具有高/低阻功能,前四路只有低阻功能。后四路通过设置电路板上 XCX 短路针来实现本路高/低阻。如 ATN 板第 6 路要设为低阻,则短路 XC5 的 1 和 2,如 ATN 板最后一路要设为高阻,则短路 XC7 的 2 和 3。

13. 选号用户小板(XH)上 JPP、JP0、JP1、JP2、JP3、JP4、JP5 短路插针的定义是什么?

答:JPP 如果短接则选号模块接收 FSK 码,否则接收 YD3 双音频;JP0、JP1、JP2、JP3、JP4、JP5 来设置本选号模块频率号对应的分机号或 FSK 码对应的分机号,采用 8421 码编号,短接为 0,开路为 1。

14. 如果 ATN 板实现区间功能,上行区间和下行区间分别插什么模块?

答:上行区间接区间共分模块,下行区间接区间共总模块。

15. 共分用户小板(GF)上 XD1 短路插针的定义是什么?

答:如果短接 XD1 的 1 和 2,则本共分模块当做普通共分使用;如果短接 XD1 的 2 和 3,则本共分模块当区间共分使用。

16. 共总用户小板(GZ)上 XD1 短路插针的定义是什么?

答:如果短接 XD1 的 1 和 2,则本共总模块当做普通共总使用;如果短接 XD1 的 2 和 3,则本共总模块当区间共总使用。

17. ZST-48(G2K)调度所交换机数字中继模块 4 个 E1 连接数字共线环时是如何组合的?

答:在连接数字共线环时 4 个 E1 可以任意组合,为了系统的可靠性,一般数字共线环的主用 E1 和备用 E1 分别接在两块 DTK 板上,可以保证在一块 DTK 板故障时不影响正常业务的使用。

18. ZST-48(G2K)调度交换机是如何给无线列调总机提供通道的？

答：是利用数字共线环中的某个时隙给无线列调提供通道的，通过半固定连接设置把数字共线环中各站的指定时隙连通，形成一个调度所到各站的透明通道。在调度所交换机侧通过 CVC 板给无线列调总机提供四线模拟接口，在车站调度交换机侧通过 ATN 板的四线口给车站电台提供四线模拟接口。一个数字环能够提供四个透明的通路。半固定连接方式可分为：调度所交换机到车站调度交换机的点对点连接、车站调度交换机到车站调度交换机的点对点连接、多个车站调度交换机的共线会议方式连接。

19. ZST-48(G2K)调度交换机各个用户接口板用户端口与电缆的对应关系是什么？

答：各个用户接口板用户端口与电缆的对应关系见表 2-3-19。

表 2-3-19 用户接口板用户端口与电缆的对应关系

用户板名称	用户端口与电缆的对应关系
用户板(SLC)	SLC 板有 16 路，各路与电缆一一对应
数字用户板(DSU)	DSU 板有 8 路，上部插座有 4 路，使用电缆的 2、4、6、8 对作为操作台的信号线；下部插座有 4 路，使用电缆的 2、4、6、8 对作为操作台的信号线
通用接口板(ATN)	ATN 板有 8 路，上部插座有 4 路，下部插座有 4 路，如果本路是四线，则使用两对电缆，如果本路是 2 线，则使用一对电缆，如前四路全是二线则使用电缆的 1、3、5、7 对作为各路的用户线；如第二路为 4 线，则使用电缆的 3、4 对，3 为收 4 为发
模拟共线板(CVC)	CVC 板有 4 路，只使用上部插座的电缆，如果本路是四线，则使用两对电缆，如果本路是 2 线，则使用一对电缆，如前四路全是二线则使用电缆的 1、3、5、7 对做为各路的用户线；如第二路为 4 线，则使用电缆的 3、4 对，3 为收 4 为发
环路中继板(LTK)	LTK 板有 8 路，只使用上部插座的电缆，各路与电缆一一对应

20. 一个数字环 E1 中的 32 个时隙是如何分配的？

答：0 时隙是同步时隙，1、2、3 时隙是专用信令时隙，16 时隙是通信时隙，30、31 时隙是分段使用的站间通话时隙，其他时隙是专用通信业务时隙，如行调、货调、电调、半固定连接、GSM-R 业务等。

(八)ZST-48(G4K)调度交换机硬件配置与调试

1. 如何实现双中心组网？

答：双中心组网如图 2-3-25 所示。整个共线调度网内(可以有多个数字环)，在适当车站配置 ZST-48(G4K)，作为备用调度中心，以数字环为单位进行主备工作(即主备是针对数字环而言)。双接口调度台同时连接主、备调度交换机，主、备调度交换机之间还通过 PRI 连接。

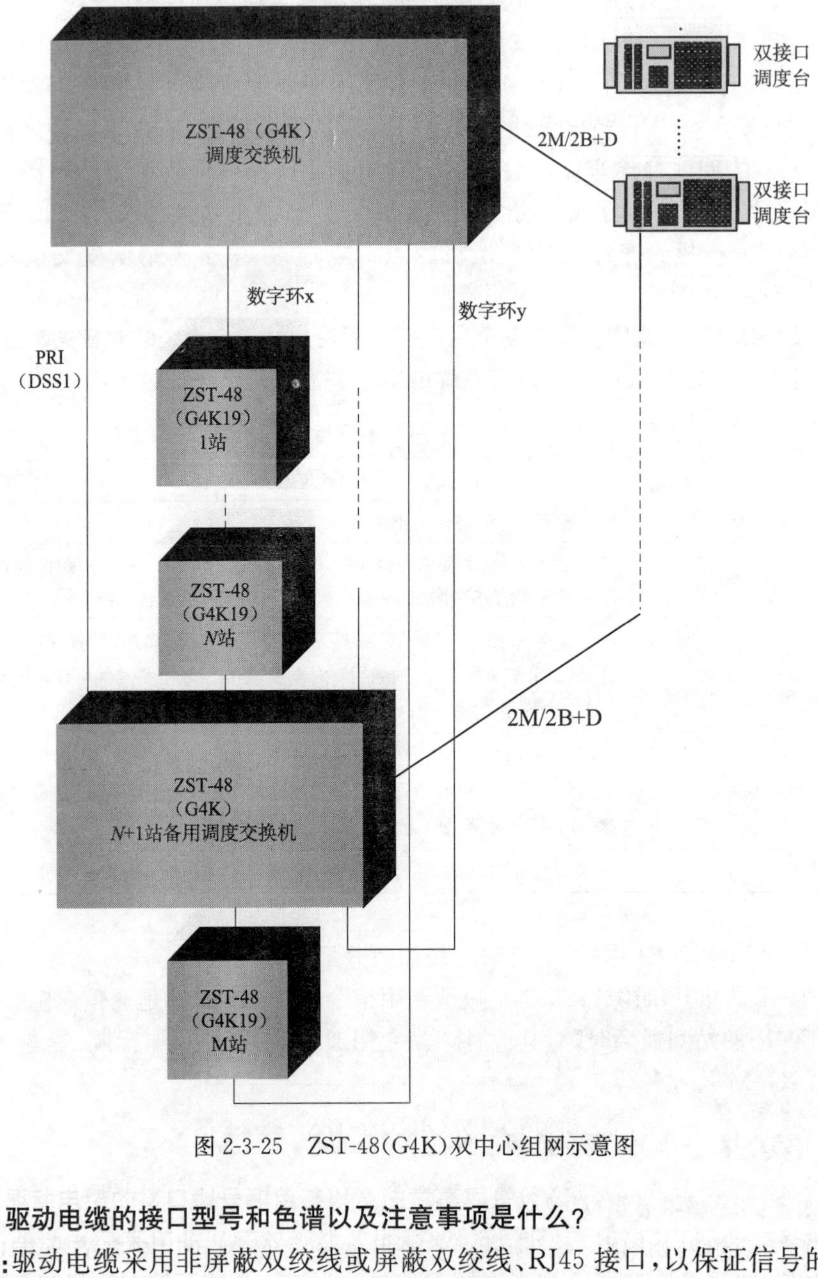

图 2-3-25　ZST-48(G4K)双中心组网示意图

2. 驱动电缆的接口型号和色谱以及注意事项是什么？

答：驱动电缆采用非屏蔽双绞线或屏蔽双绞线、RJ45 接口，以保证信号的准确传输，提高系统运行的高可靠性。其线序与普通网线线序一致(568A 标准，其中 1、2 双绞，3、6 双绞，4、5 双绞，7、8 双绞)；驱动电缆不能带电插拔。

3. ZST-48(G4K)控制交换模块(CPM)后背板各个接口的功能定义是什么？

答：(1)ZST-48(G4K)控制交换模块(CPM)后背板各接口如图 2-3-26 所示。

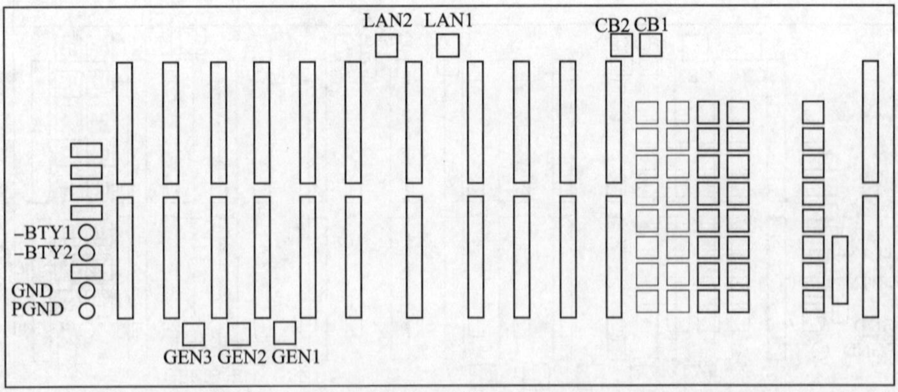

图 2-3-26　ZST-48(G4K)控制交换模块(CPM)后背板各接口示意图

(2)各接口功能定义如表 2-3-20 所示。

表 2-3-20　CPM 后背板各接口功能定义

接口名称	功能定义
－BTY1 和－BTY2	均为－48 V,任意接一路即可
GEN1～GEN3	为备用通道,做扩展用
LAN1、LAN2	为交换机的网络接口,供维护使用
CB2、CB1 两个 RJ45 接口	当需要提取外部时钟时,用网线将其与外部时钟源相连接的 QDC 板的时钟输出口相连接即可
CMB 中的紫色框(细线正方形框)	为驱动电缆的输出口,其顺序为:从左到右、从上到下递增,第一行为:CH00、CH01,最后一行为 CH14、CH15
CMB 中的蓝色框(粗线正方形框)	为驱动电缆的输出口,其顺序为:从左到右、从上到下递增,第一行为:CH16、CH17、CH18,最后一行为 CH37、CH38、CH39

4. ZST-48(G4K19)控制交换模块(CPM)后背板各个接口的功能定义是什么?

答:(1)ZST-48(G4K19)控制交换模块(CPM)后背板各接口如图2-3-27所示。

(2)各接口功能定义如表 2-3-21 所示。

表 2-3-21　CPM 后背板各接口功能定义

接口名称	功能定义
－BTY1 和－BTY2	均为－48 V,任意接一路即可
00～15	为模块通信通道,最多可扩展 16 个模块
LAN1、LAN2	为两块 CPC 所对应的网络接口,通过网线接入网络即可,供维护使用
GCH0、GEN01～GEN04	为模块通信接口
CB1、CB2	为提取外部时钟接口
CB3、CB4	为模块时钟输出接口

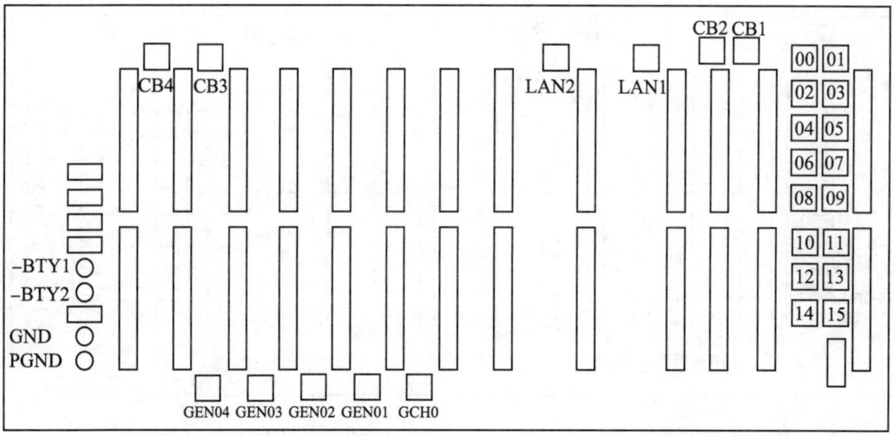

图 2-3-27 ZST-48(G4K19)控制交换模块(CPM)后背板各接口示意图

5. 主处理板(CPC)各状态指示灯的含义是什么?

答:CPC 板各状态指示灯的含义如表 2-3-22 所示。

表 2-3-22 CPC 板各指示灯状态的含义

孔位	名称	含义	正常状态指示	不正常状态指示
1	WRK	定期任务指示灯	闪烁	
2			NC	未使用
3	PMSG	消息处理指示灯	闪烁	
4	TSK	定期任务指示灯		
5	MCN	模块通信指示灯	亮	灭
6	DISK	数据存盘指示灯	写盘时亮	
7	OAM	后台通信指示灯	连接后灯亮	
8	LOCK	CPC 自锁指示灯	灭	亮(自锁)
9	EX	切换按钮		
10			NC	未使用
11	RST	复位按钮		
12			NC	未使用
13	BASE	工作指示灯	闪烁	
14	COM	ARM 与工控机通信		
15			NC	未使用
16	ACT	主备用指示灯	亮:主用;灭:备用	

6. BPC 板各状态指示灯的含义是什么?

答:BPC 板各状态指示灯的含义如表 2-3-23 所示。

表 2-3-23　BPC 板各指示灯状态的含义

孔位	名称	含义	正常状态指示	不正常状态指示
1	BASE	工作指示灯	闪烁	
2	COL	模块冲突指示灯	灭	亮
3	RI	消息读取指示灯	翻转	
4	INT	时钟中断指示灯	闪烁	常亮/灭
5	MCN	与 CPC 通信指示灯	亮	灭
6	ER	异常消息指示灯	翻转	
7	ESI	接口板发送消息错误指示灯	翻转	
8	2M	时钟指示灯	亮	灭
9	RST	复位按钮		
10	SND	发送消息指示灯	翻转	
11	RCV	接收消息指示灯	翻转	
12～16			NC	未使用

7. QDC 板各状态指示灯的含义是什么？

答：QDC 板各状态指示灯的含义如表 2-3-24 所示。

表 2-3-24　QDC 板各指示灯状态的含义

孔位	名称	含义	正常状态指示	不正常状态指示
1	TRK1	2M 中继指示灯	亮	灭：滑码； 慢闪 500 ms：失步； 快闪 100 ms：复帧失步
2	TRK2			
3	TRK3			
4	TRK4			
5	MCN	模块通信指示灯	亮	灭
6	LSND	中继通信发送指示灯	发送一条，反转	
7	LRCV	中继通信接收指示灯	接收一条，反转	
8	2M	时钟指示灯	亮	
9	RST	复位按钮		
10	SND	模块通信发送指示灯	发送一条，反转	
11	RCV	模块通信接收指示灯	接收一条，反转	
12		模块号冲突指示灯(30B+D) 主备站指示灯(Loop)	灭 主用：亮；备用：灭	亮
13	RUN	基本级运行指示灯	闪烁	

8. 画出 QDC 板后背板出线图,并说明各个出线的定义。

答:(1)QDC 板后背板出线图如图 2-3-28 所示。

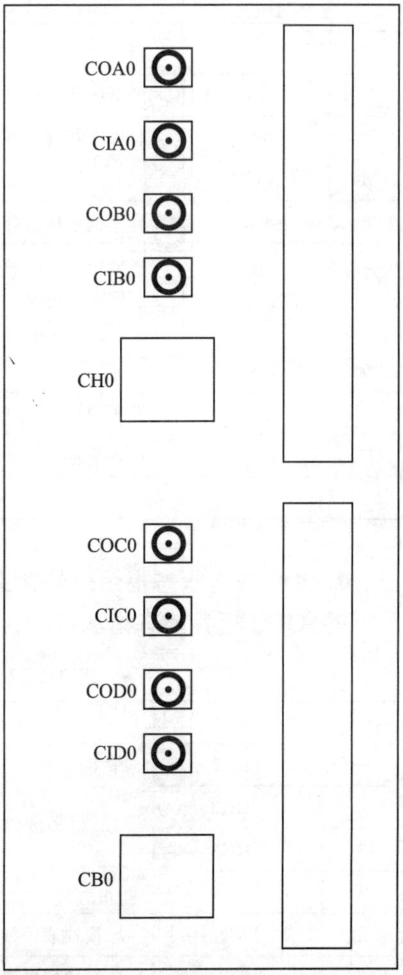

图 2-3-28 QDC 板后背板出线图

(2)各个出线的定义

①图中右侧为两个 64 针插座。

②以第一块 QDC 为例:每块数字中继板 QDC 在后背板上有八个连接器座,由上往下顺序为 COA0(第一个 E1 出)、CIA0(第一个 E1 入)、COB0(第二个 E1 出)、CIB0(第二个 E1 入)。COC0(第三个 E1 出)、CIC0(第三个 E1 入)、COD0(第四个 E1 出)、CID0(第四个 E1 入)。应当注意的是数字中继电缆有出、入之分,布放前应做好标记,使之与传输设备的出、入相对应。

③CH0 为模块通信接口;CB0 为模块提时钟接口。

9. 数字中继处理板(DTC)与数字中继板(QDC)在功能上的区别是什么?

答:两种板都是 E1 接口板,每板有四个 E1 接口。DTC 板比 QDC 板多了板级热备功能,DTC 板与数字中继后背板 1(DMB1)配合,两块 DTC 板只有一套 E1 外线接口,一块 DTC 板硬件故障,自动切换到另一块,提高了系统的可靠性。

10. ZST-48(G4K)调度交换机的时钟工作模式分哪几种?

答:分为自由时钟模式和同步时钟模式两种:

(1)自由时钟:本机没有上一级交换机的数字中继连接,但可以连接下一级交换机。

(2)同步时钟:当本机需要时钟同步信号与上一级交换机数字 2M 连接时,为了保持与上级局的同步,则须工作在同步时钟模式。

11. ZST-48(G4K)调度交换机如何从 BITS 时钟源提取外部时钟?

答:ZST-48(G4K)调度交换机需要 BITS 提取时钟信号。

(1)硬件连接

首先,根据现场应用环境确定应该提取哪一块 QDC 的上级时钟,本例以第三块 QDC 为例进行说明。

然后,将第三块 QDC 对应的提时钟通道 CB3 与主控模块后背板(CMB)上的 CB1

通过网线相连接,如图 2-3-29 所示。

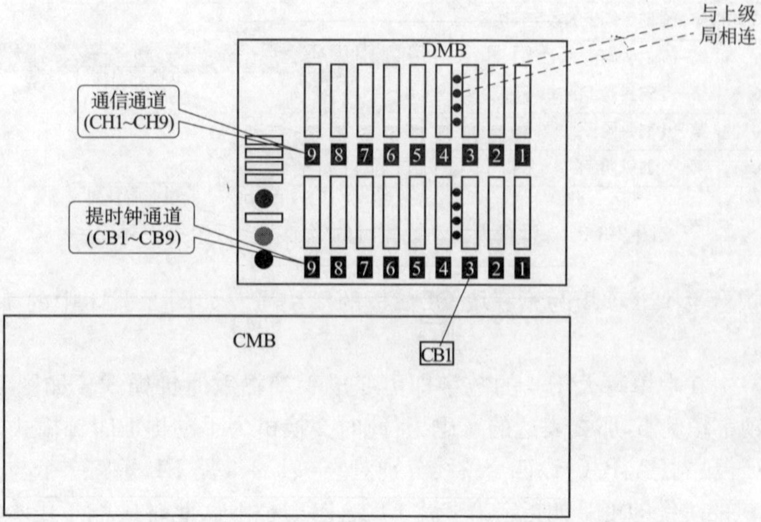

图 2-3-29　ZST-48(G4K)调度交换机外同步 BITS 时钟的连接方法

(2)网管维护终端设置

①时钟同步模式

a. 设置为自动模式:操作界面如图 2-3-30 所示。

126	第一个时钟同步的数字模块号	11
127	第一个时钟同步的PCM号1	0
128	第一个时钟同步的PCM号2	1
129	第一个时钟同步的PCM号3	2
130	第一个时钟同步的PCM号4	3

图 2-3-30　设置为自动模式时的时钟提取设置操作界面

• 通过网管维护终端把系统数据的第 126 项填写第三块 QDC 板的模块号。如图 2-3-30 中的 11 就表示模块号为 11。

• 127～130 中填写范围为 0～3 的数字用来表示第 0～3 路 E1。这四项还可以有优先顺序,由小到大,依次顺延。如图 2-3-30 中的 127～130 项填写了 0、1、2、3,其表达的意思为:此时调度交换机为自动提取时钟模式,且最高优先 0 路 E1,往后,优先级由高到低分别为:第 1、2、3 路 E1。如果在实际使用中需要优先提取第 4 路的时钟,那么只需将第 127 项填为 3,其余分别填写 0～2 的任一数字即可。

• QDC 板跳线 JPA/B/C/D 四个跳线同时短路。

• 提取时钟成功后,CEC 板子的三个灯常亮。

b. 手动模式：操作界面如图 2-3-31 所示。

126	第一个时钟同步的数字模块号	11
127	第一个时钟同步的PCM号1	5
128	第一个时钟同步的PCM号2	5
129	第一个时钟同步的PCM号3	5
130	第一个时钟同步的PCM号4	5

图 2-3-31　设置为手动模式时的时钟提取设置探作界面

• 维护台第 126 项填写第三块 QDC 板的模块号。如图 2-3-31 中的 11 就表示模块号为 11。

• 127～130 中填写大于 4 的数字即可变成手动提取时钟模式。如图 2-3-31 中的 127～130 项都填为 5，那么表达的意思为：此时交换机为手动提取时钟模式。

• QDC 板的 JPA/B/C/D 四个跳线分别对应 0、1、2、3 路 E1，短路一个与上级局相连的 E1 所对应的跳针即可。如指定第 2 路 E1 与上级局相连，此时只需将 JPB 短路即可。

• 提取时钟成功后，CEC 板子的三个灯常亮。

②自由时钟的模式

自由时钟模式时的操作界面如图 2-3-32 所示。

126	第一个时钟同步的数字模块号	48
127	第一个时钟同步的PCM号1	0
128	第一个时钟同步的PCM号2	1
129	第一个时钟同步的PCM号3	2
130	第一个时钟同步的PCM号4	3

图 2-3-32　自由时钟模式时的时钟提取设置操作界面

将 126 项设置成大于等于 48 的数字即可实现。

注意：当提取不到上级时钟时，或 QDC 的同步信号插座未与 CMB 上的 CB1 相连时，系统自动转换为自由时钟模式。

12. ZST-48(G4K)**调度交换机主处理器采用哪种操作系统？**

答：主处理器采用定制 LINUX 多任务操作系统，提高了呼叫处理能力，BHCA 值达到 600 k，提高了系统的可靠性。

13. 会议板(CFC)**与主处理器板**(CPC)**有几种通信方式？**

答：有两种通信方式：

(1)如果插在主控层，以双口 RAM 方式与 CPC 通信，CFC 板的“HDLC”灯灭；

(2)如果插在模块层，以 HDLC 的方式与 CPC 通信，CFC 板的“HDLC”灯常亮。

(九)ZST-48(G2K)网管终端操作与日常维护

1. ZST-48(G2K)网管终端主要功能有哪些?

答:一个是数字环网维护管理模块,包括数字环网的建立、节点的增删、环网监控等;另一个是节点维护管理模块,包括节点参数的配置、备份和恢复、节点工作状态监视、节点测试、节点程序升级等。

2. ZST-48(G2K)网管终端与后台调度交换机通信方式有几种?

答:有串口方式和网络方式两种通信方式。

3. ZST-48(G2K)网管终端分几种操作级别及每种级别的权限是什么?

答:网管终端有三种操作级别:

(1)“操作员”级,此级别只具有对网管终端一般的查询、设备运行状态的监控权限;

(2)“管理员”级,此级别具有对网管终端已有的数字环各站的所有数据操作、设置的权限;

(3)“工程管理员”级,此级别具有最高权限,主要用于设备开通时,能够对设备运行时的状态进行消息跟踪和测试。

4. 如何启动 ZST-48(G2K)网管终端?

答:网管终端软件安装完成后,默认在电脑 C 盘生成 C:\Program Files\JTTL\天龙 ZST-48 数字调度专用通信系统(分网管)文件夹,所有数据存放在此。在电脑桌面上生成一个网管终端运行执行的快捷图标“天龙 ZST-48 数字调度专用通信系统(分网管)”,双击该图标,运行网管软件。登录界面如图 2-3-33 所示。默认的用户名是 system,默认的密码是 manager,也可以用各自分配的用户名和密码登录,登录成功后进入网管终端主操作界面,如图 2-3-34 所示。

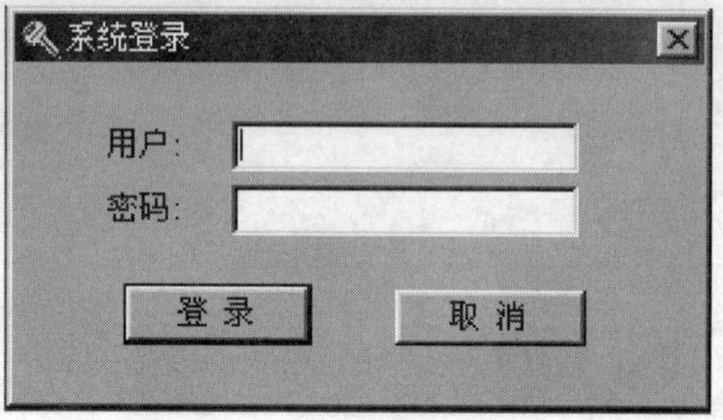

图 2-3-33 网管终端登录界面

5. 在 ZST-48(G2K)网管终端主操作界面如何进入数字环拓扑图界面及站场维护界面?

答:(1)在维护台主操作界面单击“区段处理”按钮,就进入数字环拓扑图界面,如图 2-3-35 所示。

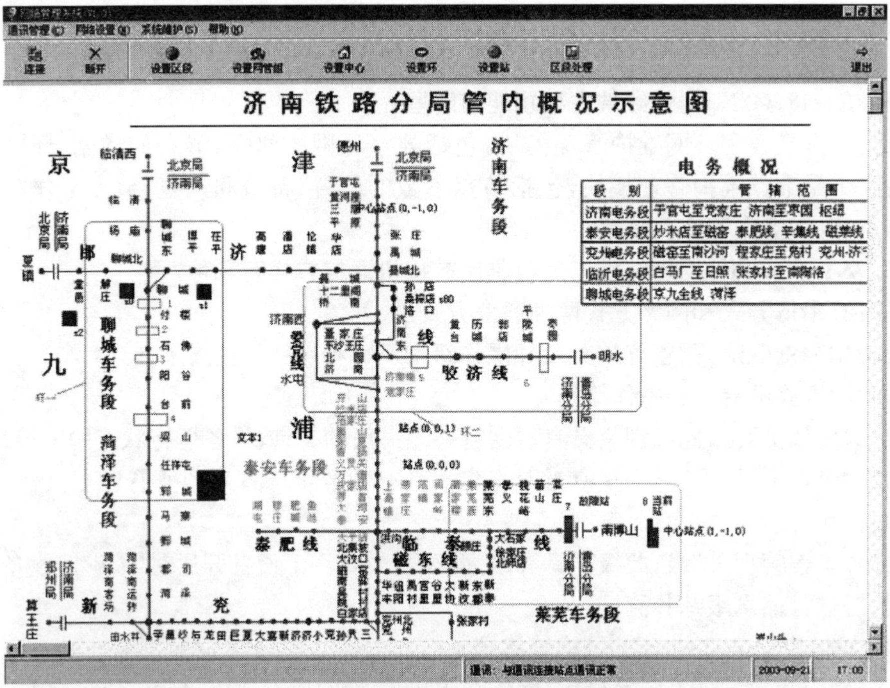

图 2-3-34 网管终端主操作界面

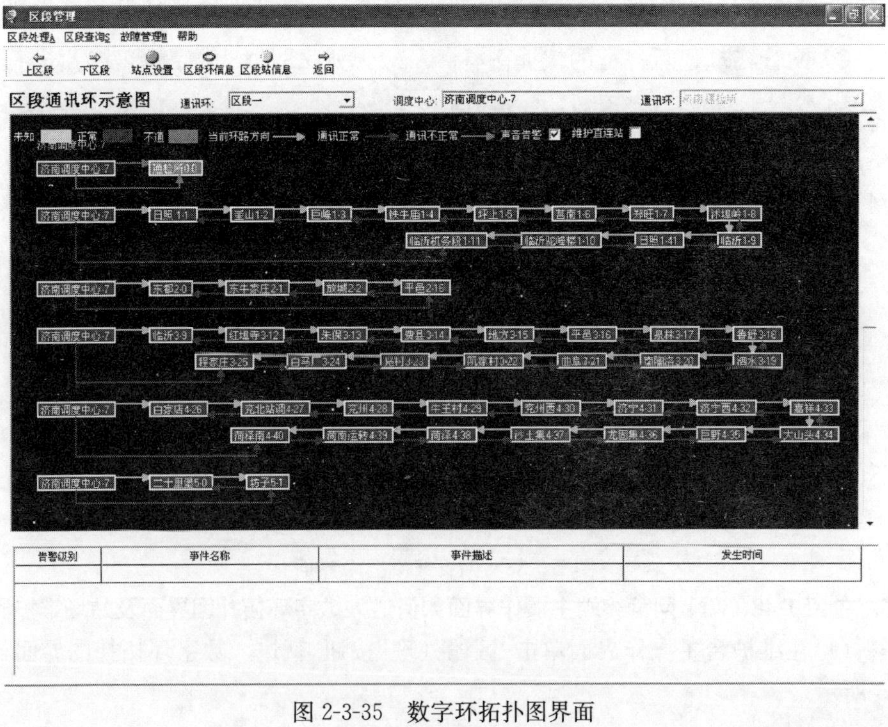

图 2-3-35 数字环拓扑图界面

(2)在数字环拓扑图界面点出每个站点就进入站场维护界面,如图 2-3-36 所示。

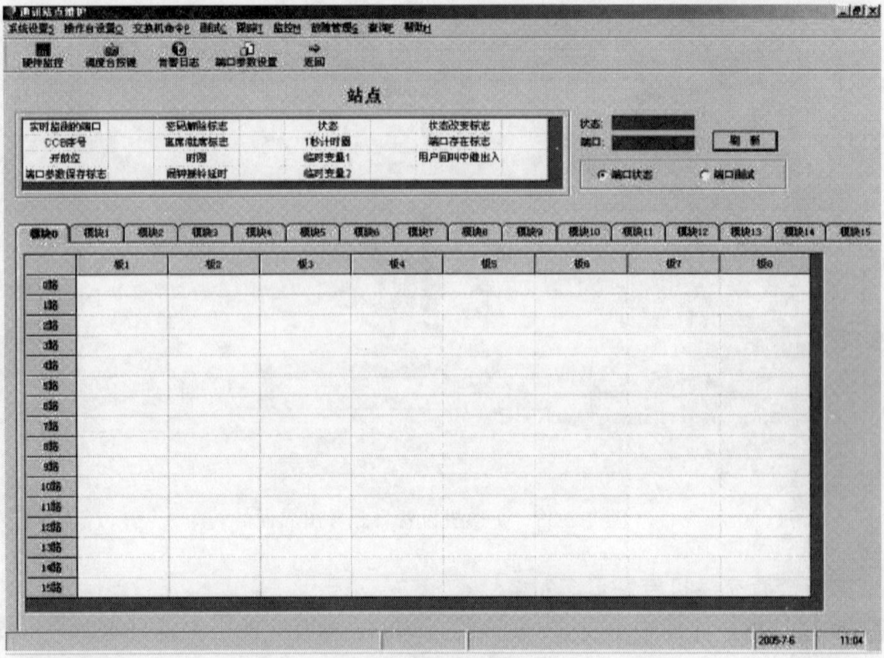

图 2-3-36　站场维护界面

6. 如何查看交换机设置日志?

答:在站场维护界面中单击[故障管理]菜单中[查看交换机设置日志],弹出界面如图 2-3-37 所示。

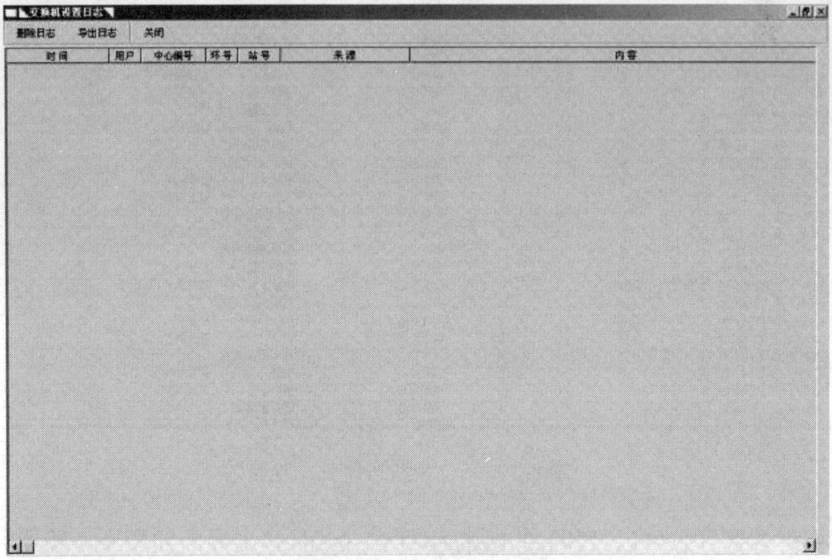

图 2-3-37　系统日志界面

交换机设置日志可导出到计算机中，导出界面如图 2-3-38 所示。

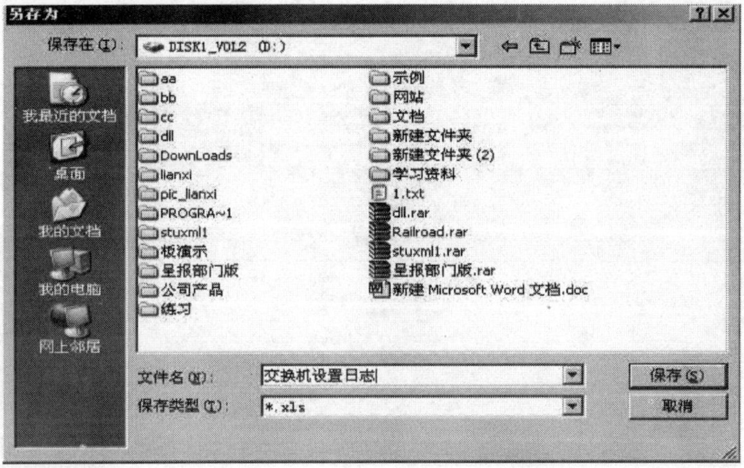

图 2-3-38 交换机设置日志导出界面

7. 如何查看交换机告警日志?

答:在站场维护界面中单击[故障管理]菜单中[查看交换机告警日志]，弹出界面如图 2-3-39 所示。

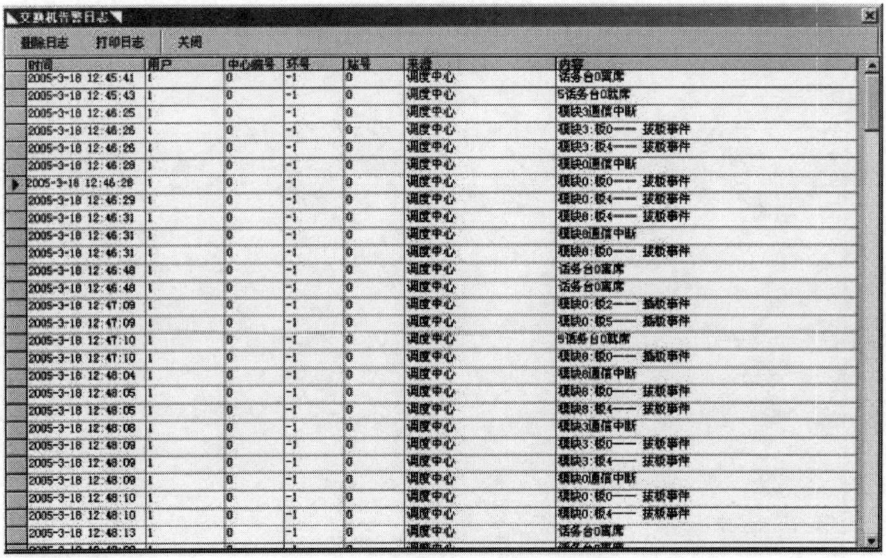

图 2-3-39 交换机告警日志界面

交换机告警日志可以打印，单击[打印日志]按钮，弹出界面如图 2-3-40 所示。

交换机告警日志

时间	用户	中心号	环号	站号	内容
2005-03-18 12:45:41	1	0	-1	0	话务台0离席
2005-03-18 12:45:43	1	0	-1	0	5话务台0就席
2005-03-18 12:46:25	1	0	-1	0	模块3通信中断
2005-03-18 12:46:26	1	0	-1	0	模块3:板0—— 拔板事件
2005-03-18 12:46:28	1	0	-1	0	模块3:板4—— 拔板事件
2005-03-18 12:46:28	1	0	-1	0	模块0通信中断
2005-03-18 12:46:28	1	0	-1	0	模块0:板0—— 拔板事件
2005-03-18 12:46:29	1	0	-1	0	模块0:板4—— 拔板事件
2005-03-18 12:46:31	1	0	-1	0	模块8:板4—— 拔板事件
2005-03-18 12:46:31	1	0	-1	0	模块8通信中断
2005-03-18 12:46:31	1	0	-1	0	模块8:板0—— 拔板事件
2005-03-18 12:46:48	1	0	-1	0	话务台0离席
2005-03-18 12:46:48	1	0	-1	0	话务台0离席
2005-03-18 12:47:09	1	0	-1	0	模块0:板2—— 插板事件
2005-03-18 12:47:09	1	0	-1	0	模块0:板5—— 插板事件
2005-03-18 12:47:10	1	0	-1	0	5话务台0就席
2005-03-18 12:47:10	1	0	-1	0	模块8:板0—— 插板事件
2005-03-18 12:48:04	1	0	-1	0	模块8通信中断
2005-03-18 12:48:05	1	0	-1	0	模块8:板0—— 拔板事件
2005-03-18 12:48:05	1	0	-1	0	模块8:板4—— 拔板事件
2005-03-18 12:48:08	1	0	-1	0	模块3通信中断
2005-03-18 12:48:09	1	0	-1	0	模块3:板0—— 拔板事件

图 2-3-40　交换机告警日志打印界面

8. 如何对主处理器板进行切换操作?

答:有两种方式:

(1)在数字环拓扑图界面选中该站点,单击右键,会弹出复位提示对话框,点击[确定],主处理器板就切换到备用。

(2)在站场维护界面,[交换机命令]菜单中选中[交换机主备切换],主处理器板就切到备用了。

9. 如何校准操作台时间?

答:在站场维护界面,选中[系统设置]菜单,再选中[交换机时间设置]选项,输入正确的时间来校准,交换机时间更新后,操作台自动同步交换机时间。

10. 维护台通信服务器扩展功能包括哪些?

答:在站场维护界面,选中[交换机命令]菜单,再选中[通信服务器扩展功能]选项,弹出界面如图 2-3-41 所示。扩展功能包括:

(1)显示文件列表:列出主处理器板存储器内所有文件。

(2)显示软件版本:列出主机软件的版本号。

(3)拷贝文件:把维护台计算机内的文件拷贝到主处理器板存储器内。

(4)修改文件名:修改主处理器板存储器内指定文件的文件名。

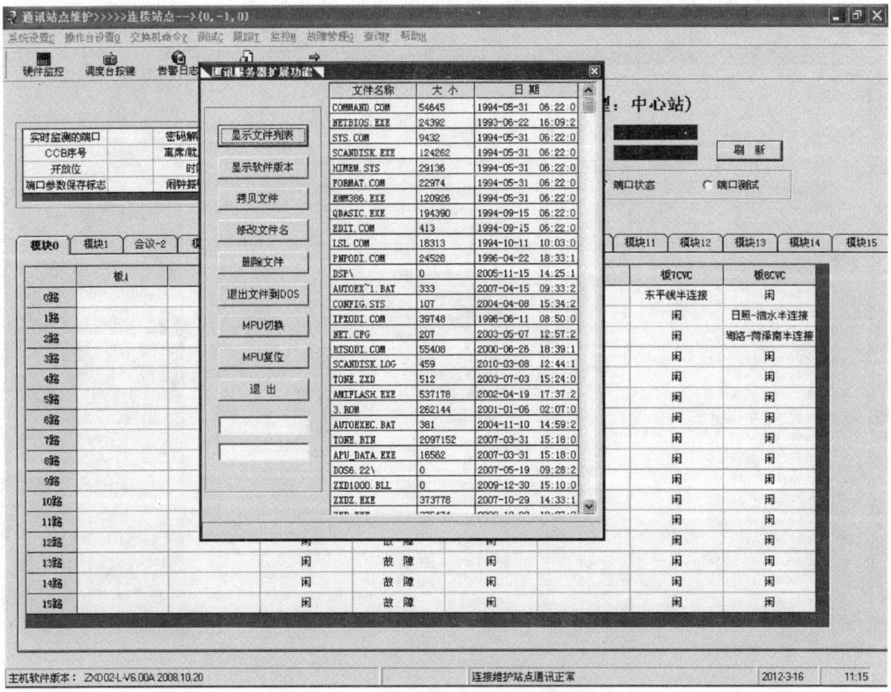

图 2-3-41 通信服务器扩展功能界面

(5)删除文件：删除主处理器板存储器内指定文件。

(6)退出文件到 DOS：这项功能主要用于在线升级主机程序。一般在主处理器板存储内存放三个可执行主机程序：ZXDNEW. EXE、ZXD. EXE、ZXDOLD. EXE。调度交换机重新加电或执行[退出文件到 DOS]时，首先找 ZXDNEW. EXE 程序，如果没有再找 ZXD. EXE 程序，最后再找 ZXDOLD. EXE 程序遵循这样的先后顺序。如果升级主机程序时，首先拷贝到主机内存，再把新主机程序名改为 ZXDNEW. EXE，执行[退出文件到 DOS]功能，主机在用程序就变为新程序了。

(7)MPU 切换：由主用主处理器板切换到备用主处理器板。

(8)MPU 复位：复位主用主处理器板。

(9)退出：退出通信服务器扩展功能。

11. 在维护台如何备份和恢复节点数据?

答：(1)在站场维护界面，选中[交换机命令]菜单选中[备份]，弹出界面如图 2-3-42 所示。

调度交换机所有的数据存在端口参数据表（ZXD1000. PRT）、局向表（ZXD1000. ODC）、初始表（ZXD1000. INI）三个文件中，选中这三个文件，选择存储目录，然后选择[确定]，由于文件较大备份时间可能较长。

(2)在站场维护界面，选中[交换机命令]菜单选中[恢复]，弹出界面如图 2-3-43 所示。

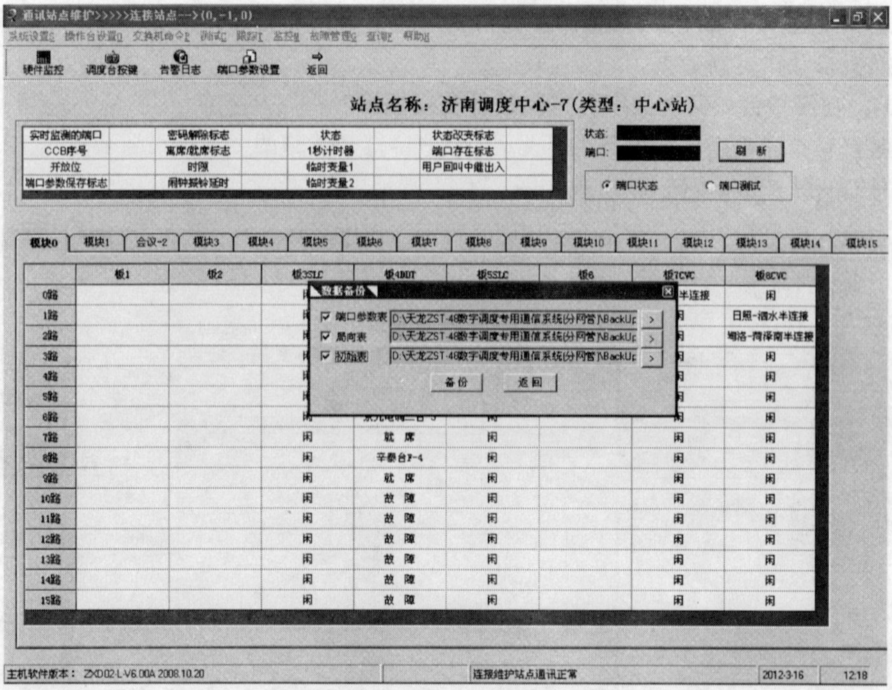

图 2-3-42　节点数据备份界面

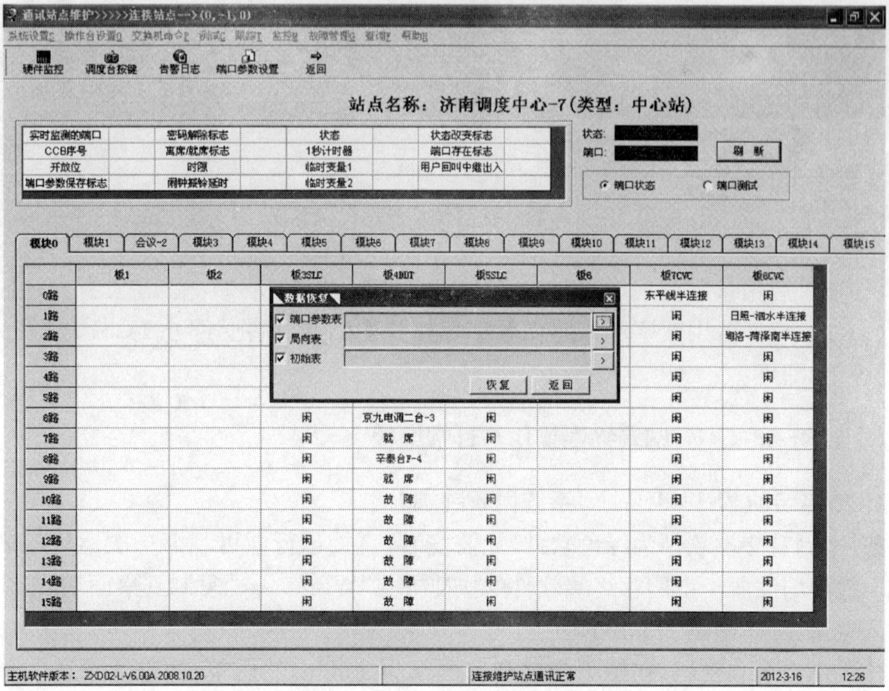

图 2-3-43　节点数据恢复界面

选中上述三个文件，找到备份存储目录，打开文件，然后选择[恢复]，恢复完成后调度交换机自动执行新数据。

12. 在维护台如何对数字环方向进行主备切换?

答:(1)首先确定该数字环的环号，在维护台打开铁路调度数据设置界面，输入该环的环号，单击[读取]按钮后，出现如图 2-3-44 所示界面。

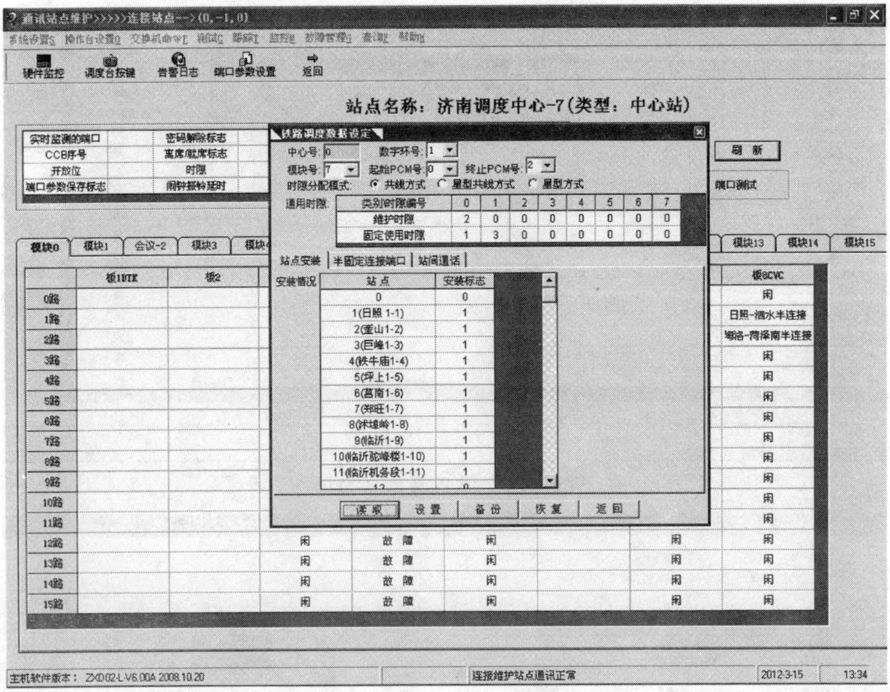

图 2-3-44 铁路调度数据设置界面

(2)如果启用备用数字环方向，就把“起始 PCM 号”设为 15，单击[设置]即可。

(3)如果想把备用数字环方向在数字环拓扑图断开，就把“终止 PCM 号”设为 15，单击[设置]即可。

(十)ZST-48(G4K)网管终端操作与日常维护

1. 如何启动 ZST-48(G4K)系统网管终端?

答:本网管终端软件为绿色软件，无需安装，直接运行即可。第一次运行前需要进行 ocx 控件的注册。把网管终端软件的快捷方式“Whtai. exe”复制到桌面，双击快捷方式进入登录界面，如图 2-3-45 所示。

输入用户名和密码，初始用户名和密码都为 admin，然后单击[进入系统]，弹出数字环拓扑管理界面，如图 2-3-46 所示。在该界面可以对数字环进行管理，实时声音、图像显示数字环的状态，以便值班人员及时处理设备故障。

单击某个站点，进入站点维护管理界面，如图 2-3-47 所示。在该界面主要实现对交换机数据进行配置、备份、加载及交换机业务模块的升级等。

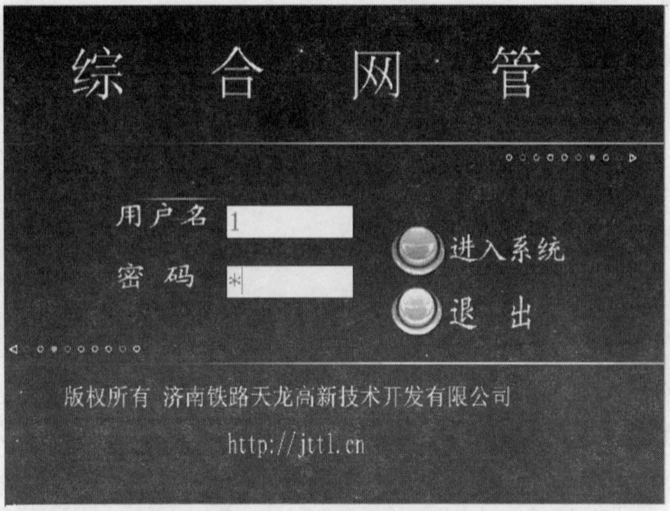

图 2-3-45　ZST-48(G4K)网管终端登录界面

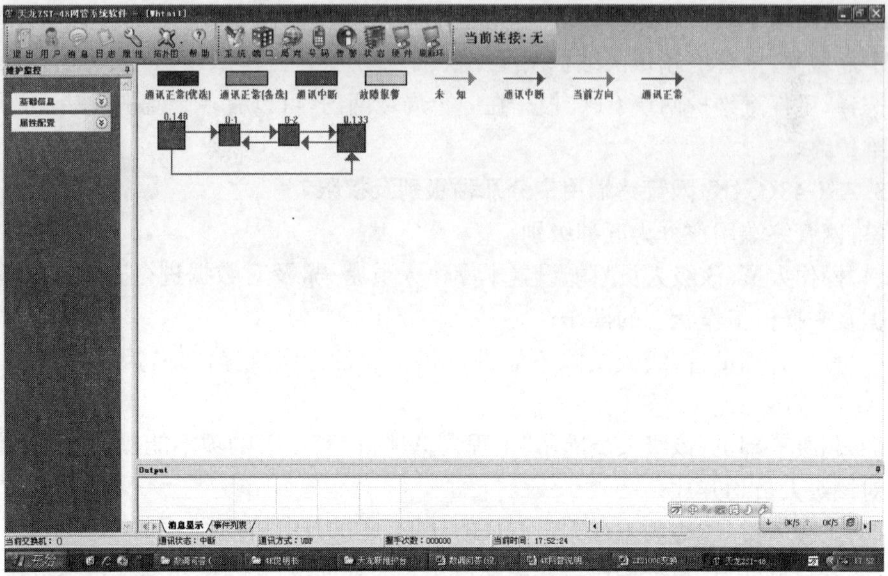

图 2-3-46　ZST-48(G4K)网管终端数字环拓扑管理界面

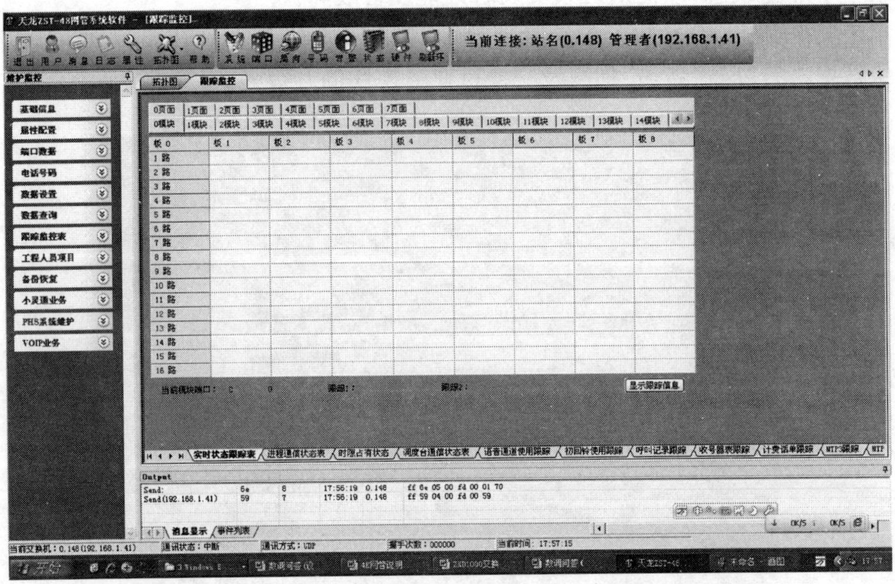

图 2-3-47 ZST-48(G4K)网管终端站点维护管理界面

2. ZST-48(G4K)**网管终端与调度交换机之间采用哪种通信方式?**

答:网管终端采用网络方式与调度交换机相连,两主处理器板(CPC)分别配置 IP 地址,接入网络交换机,网管终端计算机也配置同网段 IP 地址,也接入网络交换机,构成一个局域网,网管终端每次维护调度交换机自动选择主用 CPC 板;或维护台通过 IP 地址选择,可任意维护两块 CPC 板。在一个局域网内,可以有多个监视终端,但只能有一个维护终端。

3. ZST-48(G4K)**网管终端用户分几种级别及权限?**

答:网管终端用户分为五种级别。

(1)操作人员:该级人员只能设置本操作人员密码,及对数据进行查询打印等不改变数据及交换机工作状态的操作;

(2)普通管理员:该级人员除不能进行相关的备份恢复操作外,拥有"超级管理人员"的全部权限;

(3)超级管理员:该级人员除了"工程人员项目"菜单下的项不能操作外,其他所有操作对该级人员均开放;

(4)工程人员:该级为工程人员开通时使用,可进行所有操作。

(5)端口操作员:只能操作一些跟端口相关的查询设置工作,包括端口参数、呼叫限制表、日夜间服务参数(左边菜单栏[端口数据]下的功能)。

每级用户能且只能修改自身的密码。只有系统管理员能增加删除用户。

4. 如何查询系统日志?

答:在数字环拓扑管理界面,单击[日志]快捷按钮,弹出系统日志界面,如图 2-3-48 所示。

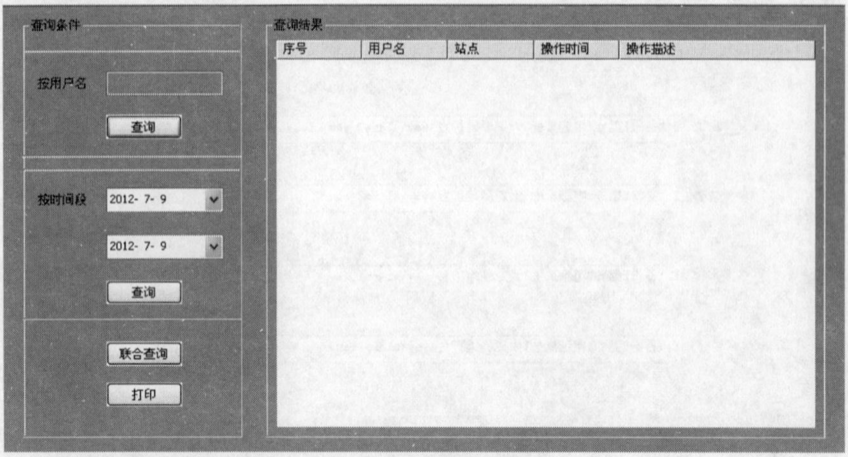

图 2-3-48 系统日志界面

可以分别按用户名和时间段条件查询,并可以打印查询结果。

5. 如何查询告警日志?

答:在数字环拓扑管理界面,单击[告警]快捷按钮,弹出告警日志界面,如图 2-3-49 所示。在该界面告警信息按级别分颜色显示,通过勾选[严重告警]、[重大告警]、[次要告警]、[警告告警]按钮可以屏蔽各级别告警,通过勾选[告警声音]按钮可以屏蔽告警声音。历史告警信息可以按站名和时间段来查询。

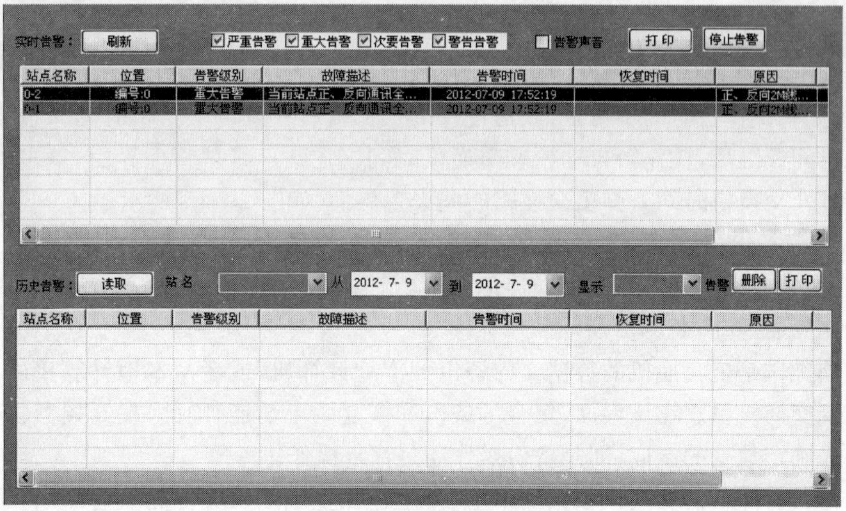

图 2-3-49 告警日志界面

6. 如何设置告警声音?

答:在数字环拓扑管理界面,单击[基础信息]菜单中[声音告警],弹出声音告警文件设置界面,如图 2-3-50 所示。

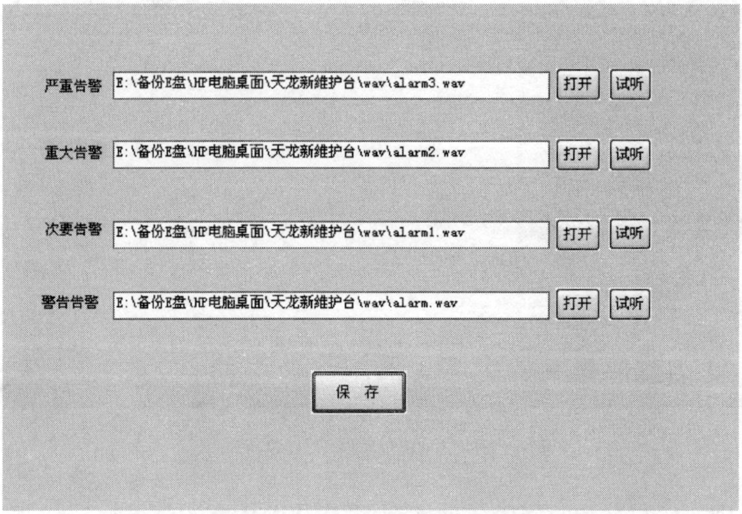

图 2-3-50　声音告警文件设置界面

通过[打开]按钮分别可为[严重告警]、[重大告警]、[次要告警]、[警告告警]选择声音告警文件,并可以试听。

7. 如何对主处理器板进行切换操作?

答:在站点维护管理界面,单击[工程人员项目]菜单中的[主备切换],就把主用主处理器板切换到备用主处理器板。

8. 如何校准操作台时间?

答:如果操作台时间不对,可以通过校准操作台所在调度交换机时间来校正,调度交换机时间校准后,操作台自动校准交换机时间。在站点维护管理界面,单击[数据设置]菜单中[交换机时间],弹出交换机时间设置界面,如图 2-3-51 所示。

9. 如何备份和恢复交换机数据?

答:在站点维护管理界面,单击[备份恢复]菜单中[本地备份恢复],弹出本地备份恢复操作界面,如图 2-3-52 所示。

该项操作是把交换机的数据文件备份到本地计算机,或者从本地计算机的备份文件装载到交换机里。在该界面,集合了备份和恢复两个功能,因此,在开始数据传送之前需要先确定数据的流向,即是备份操作还是恢复操作。

备份:选择[备份交换机数据到本地],[全选并生成默认文件名]选择框将可用,勾选该项,系统将为用户把界面上所列全部数据项勾选上,并且为它们生成存放的路径和文件名，路径默认是在/datafile/下，文件名的生成规则是“数据项名＋日期”，如系统参数数据默认的文件名将会是“系统参数数据 20080325. zxd01”。用户可以在文件路径编辑框里对文件路径和文件名进行修改，建议使用默认文件名。单击[开始]，在右边的编辑框里将显示备份完成的情况。

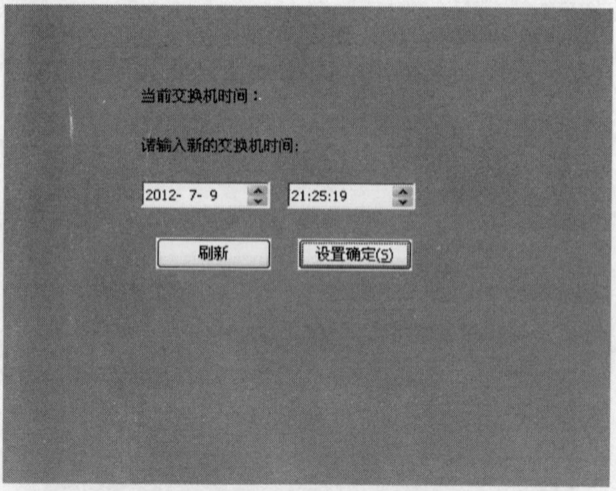

图 2-3-51　交换机时间设置界面

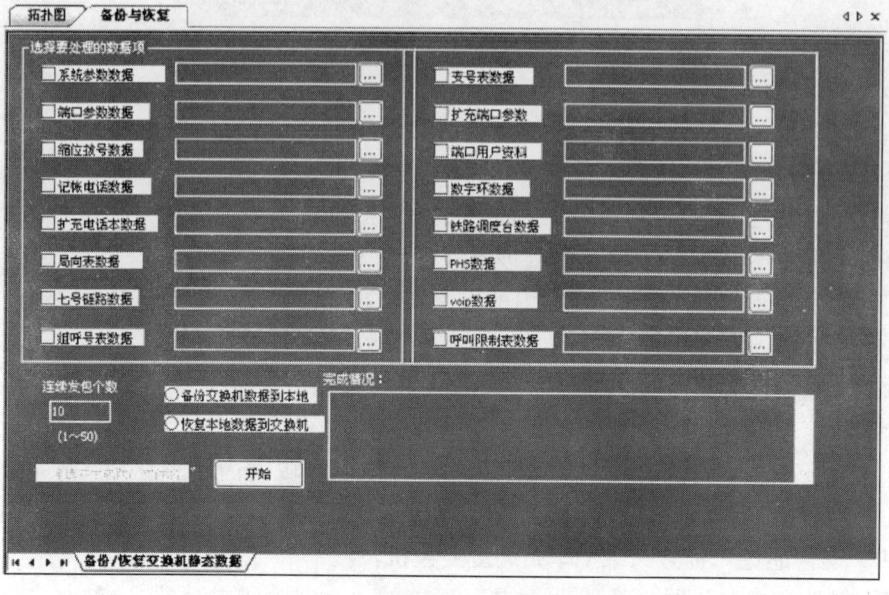

图 2-3-52　本地备份/恢复操作界面

恢复:选择[恢复本地数据到交换机],勾选要恢复的数据项,并选择或填写该数据项的本地文件。单击[开始],在右边的编辑框里将显示恢复完成的情况。

连续发包个数:该值取值范围 1～50,默认情况下取值 10,理论上来说,该数值越大,数据传输速度越快,备份恢复所需要的时间越短。

备份恢复文件功能因为数据量大,持续时间会较长(所有数据执行传送大概需要 30 min)。故需耐心等待。

10. 如何保持两个主处理器板数据同步?

答:本调度交换机为了节省网络带宽,两个主处理器板不是实时交换数据,当主用主处理器板新配置数据时,要通过主备用数据传送功能达到在两个主处理器板的数据同步。在站点维护管理界面,单击[备份恢复]菜单中[主备用数据传送],弹出操作界面,如图 2-3-53 所示。

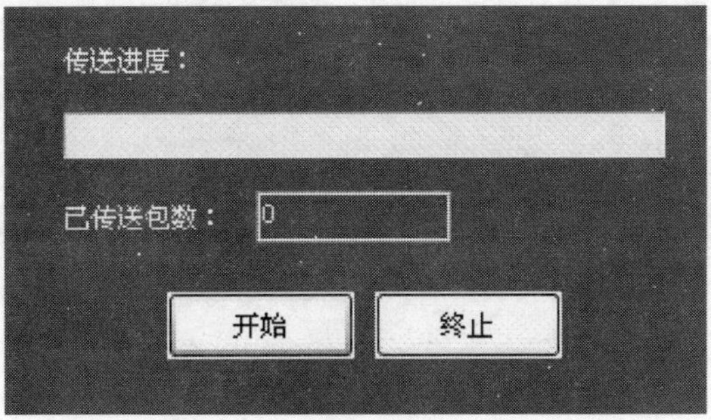

图 2-3-53 主备用数据传送操作界面

单击[开始],数据开始传送,进度条实时显示当前进度,每传送 256 包将会更新一次"已传送包数"。用户可以中途单击[终止]按钮来终止传送。传送过程中[开始]按钮将不可用直到传送完毕。传送完毕系统将有信息框提示用户。

11. 如何查询调度所交换机主处理器板(CPC 板)的 IP 地址?

答:为了便于管理维护 CPC 板内的程序及数据,开发了一种综合客户端程序 SUPERFTP. EXE,通过运行本超级终端,可以查询、修改调度交换机 IP 地址,查询、修改车站站号,在线升级程序等。综合客户端操作界面如图 2-3-54 所示。

[超级管理]中[Debug]功能:对 CPC 板中程序进行管理。

[超级管理]中[查询交换机 IP 地址]功能:查询局域网内所有在用 CPC 板的 IP 地址。

12. 网管通过几种方式维护车站调度交换机?

答:维护方式有两种,一种是通过数字环中的一个时隙维护分站,这种方式每个分站需配置站号;另一种是通网络方式维护分站,这种方式每个分站需配置 IP 地址,通过局域网维护。

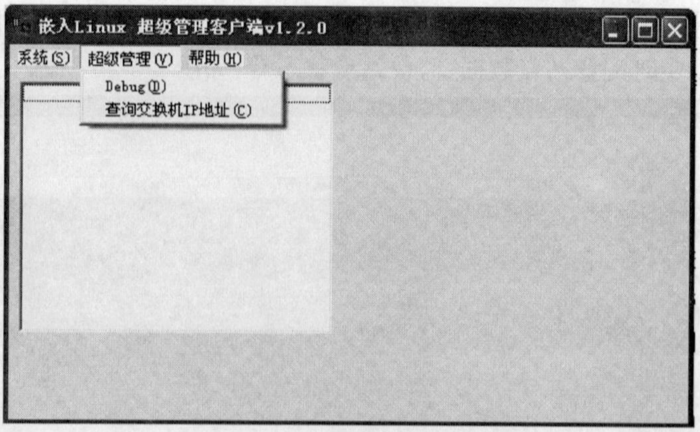

图 2-3-54 综合客户端操作界面

(十一)ZST-48(G2K)系统数据配置与故障处理

1. ZST-48(G2K)调度所交换机新增一个数字环需要哪些硬件配置?维护台对调度所交换机需要配置哪些数据?

答:(1)新增一个数字环硬件需要配置 LPU-L 板一块,DTK 板两块。

(2)维护台需在拓扑图上增加环路图;调度所交换机需在铁路调度数据设置中配置本环的环号、本环 LPU-L 板的模块号、数字环的起始 PCM 号和终止 PCM 号、各个站点的安装标志等,如图 2-3-55 所示。

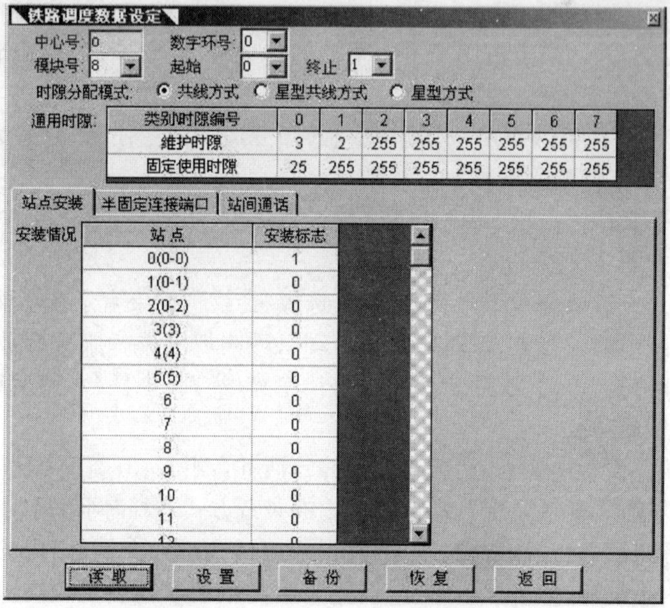

图 2-3-55 铁路调度数据设置界面

设置成功后，如果各站与调度所调度交换机通信正常后，在环路拓扑图各站状态就变为蓝色，可以实时配置站点数据、监控站点状态等，如图 2-3-56 所示。

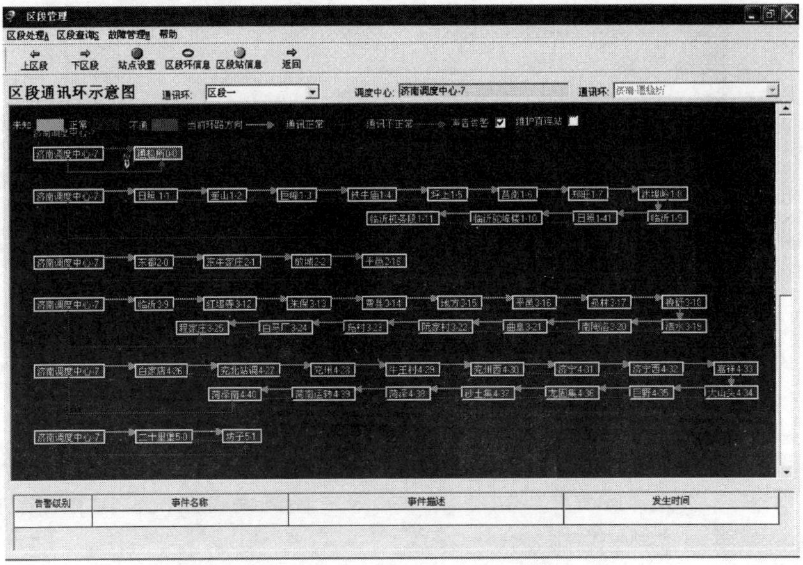

图 2-3-56 环中状态拓扑图

2. 如果在一个数字环中插入一个新站点，站间电话数据需要做哪些调整？

答：由于站间电话呼叫是通过判定站间奇偶校验位来呼叫的，只有奇偶校验位不相同的两个站点才可以呼叫，这是为了防止某个站点掉电，相邻站站间呼叫，呼到不相邻的站点。由于新插入的站点占用了下一个站的奇偶校验位，所以本环新插入站点以后的各个站点，都要相应调整奇偶校验位。

3. 在调度所交换机数字用户板(DSU 板)新开通一个主任台，台号为 5，ISDN 号为 74360099，维护台如何配置数据？

答：(1)每个操作台占用 DSU 板两个端口，首先打开相应 DSU 板第一个端口，端口参数设定窗口如图 2-3-57 所示。

话务台序号：10；话务台组号：5；新业务选择"会议"，如果有录音功能，则选择"通话录音"，端口功能中的录音方式选择"网络启动"；呼叫权限选择服务开放、呼叫话务台/调度台、本局和特报、市话、农话、专网、国内长途等；类别：主任台；然后单击[设置]，第一个端口就设置成功。

(2)下一端口设置内容为：话务台序号：11；话务台组号：5；新业务选择"会议"，如果有录音功能，则选择"通话录音"，端口功能中的录音方式选择"网络启动"；呼叫权限选择服务开放、呼叫话务台/调度台、本局和特报、市话、农话、专网、国内长途等；类别：主任台；电话号码：74360099，然后单击[设置]，第二个端口就设置成功。设置界面如图 2-3-57 所示。

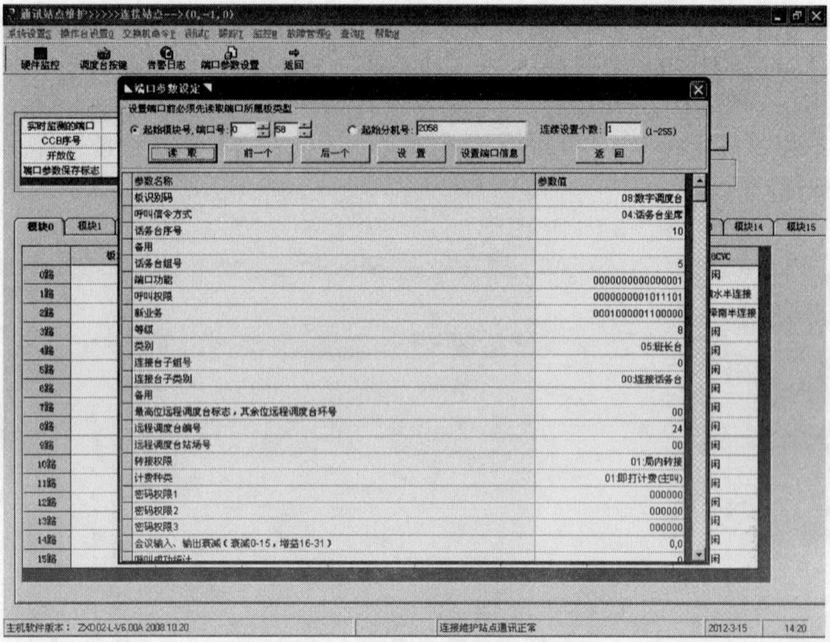

图 2-3-57　DSU 板端口数据界面

4. 在用户板(SLC 板)为某操作台开通一个录音端口,维护台如何配置数据?

答:单击[端口参数设置]出现如图 2-3-58 所示操作界面。

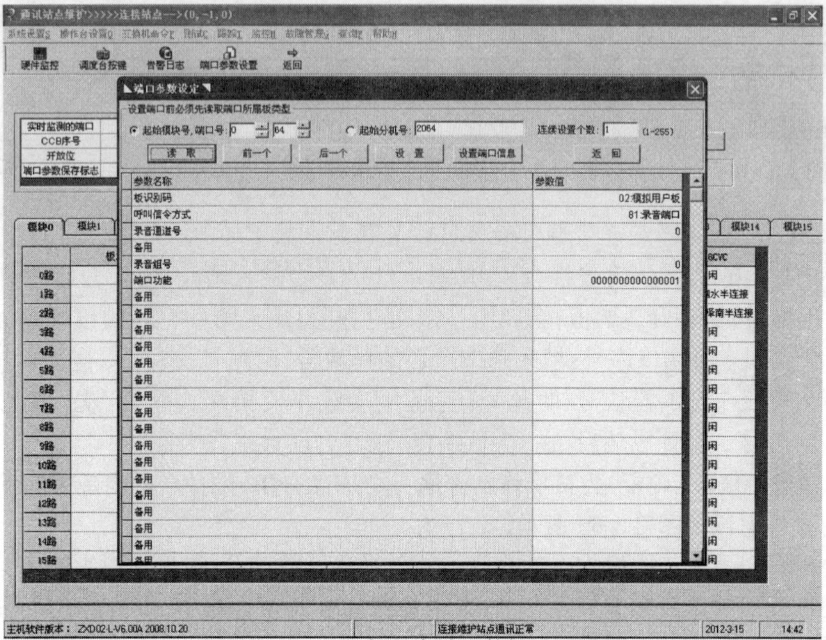

图 2-3-58　SLC 板录音端口数据设置界面

其中,“呼叫信令方式”选择录音端口;“录音通道号”选择所录操作台的台号;“录音组号”选择所录操作台的台号;端口功能中的录音方式选择“网络启动”,然后单击[设置]就完成了录音端口的设置。

5. 在模拟共线板(CVC 板)为无线列调总机开通一个半固定连接通道,维护台如何配置数据?

答:操作界面如图 2-3-59 所示。

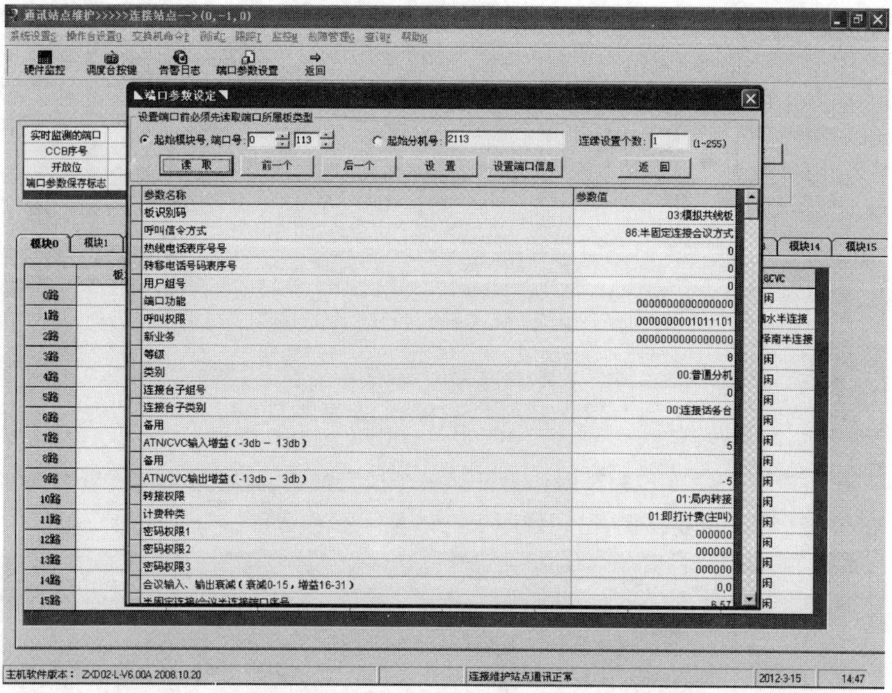

图 2-3-59 CVC 板半固定连接设置界面

一个 CVC 板半固定连接端口最多可以关联四个数字环的半固定连接时隙。

呼叫信令方式:半固定连接会议方式;ATN/CVC 输入增益:输入合适的值;ATN/CVC 输出增益:输入合适的值;会议半连接端口序号:填入第一个环的模块号、时隙号;密码 1/会议半连接端口序号:填入第二个环的模块号、时隙号;密码 2/会议半连接端口序号:填入第三个环的模块号、时隙号;密码 3/会议半连接端口序号:填入第四个环的模块号、时隙号。设置成功后,在 CVC 端口显示“会议状态”。

6. 在用户板(SLC 板)为某操作台开通一个应急分机,维护台如何配置数据?

答:操作窗口如图 2-3-60 所示。

用户组号:填入相应操作台的台号;类别:话务台夜服分机,然后单击设置。当操作台在 DSU 端口显示故障时,呼有的呼入自动转移到应急分机,所有的呼出可以通过应急分机拨号呼叫。

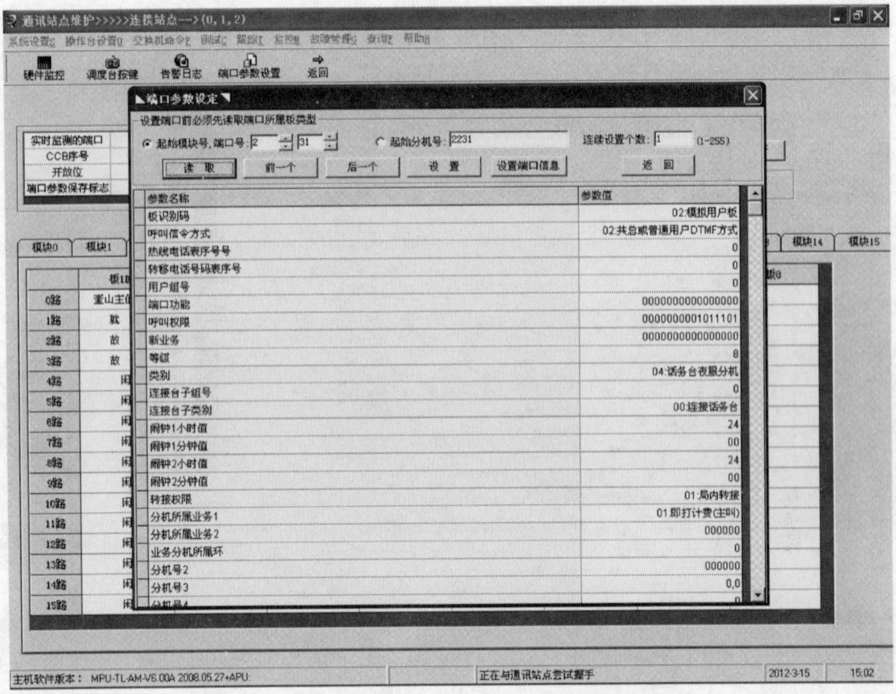

图 2-3-60　SLC 板操作台应急分机设置界面

7. 车站调度交换机 0 模块的站间闭塞电话，呼叫时隙是在系统数据的哪一项进行数据配置的？相邻站站间呼入哪个端口响铃是在系统数据的哪一项进行数据配置？

答：(1)同一环的相邻站可以开通两个站间电话，每个站间电话所占时隙在系统数据的 93、94 项设置，一般用 31 或 30 时隙，相邻站要设为相同的时隙，否则呼不通。

(2)相邻站站间呼入哪个端口响铃是在系统数据的第 89、90 项设置，如果呼入操作台响铃，则填入操作台的台号；如果呼入分机响铃，则填入 128。操作窗口如图 2-3-61 所示。

8. 对于双环站的站间奇偶校验位在系统数据中是如何定义的？

答：由于在实际应用中发现，同一个车站挂接在两个数字环中时，要求奇偶校验位在 0 模块和 1 模块中不能相同，所以把系统数据中奇偶校验位一项由原来的一个 bit 位改为两个 bit 位，如果是 0 则代表 0 模块和 1 模块的奇偶校验位都是 0；如果是 1 则代表 0 模块奇偶校验位是 1，1 模块的奇偶校验位是 0；如果是 2 则代表 0 模块奇偶校验位是 0，1 模块的奇偶校验位是 1；如果是 3 则代表 0 模块奇偶校验位是 1，1 模块的奇偶校验位是 1。

9. 某节点新增板件如何操作？

答：(1)把系统数据的第 66 项"板标识变化后是否更改端口参数标志"改为 1；

(2)插入新增板件，等在维护台确认新增板件状态正常后，把系统数据的第 66 项"板标识变化后是否更改端口参数标志"改为 0，则新板添加成功。

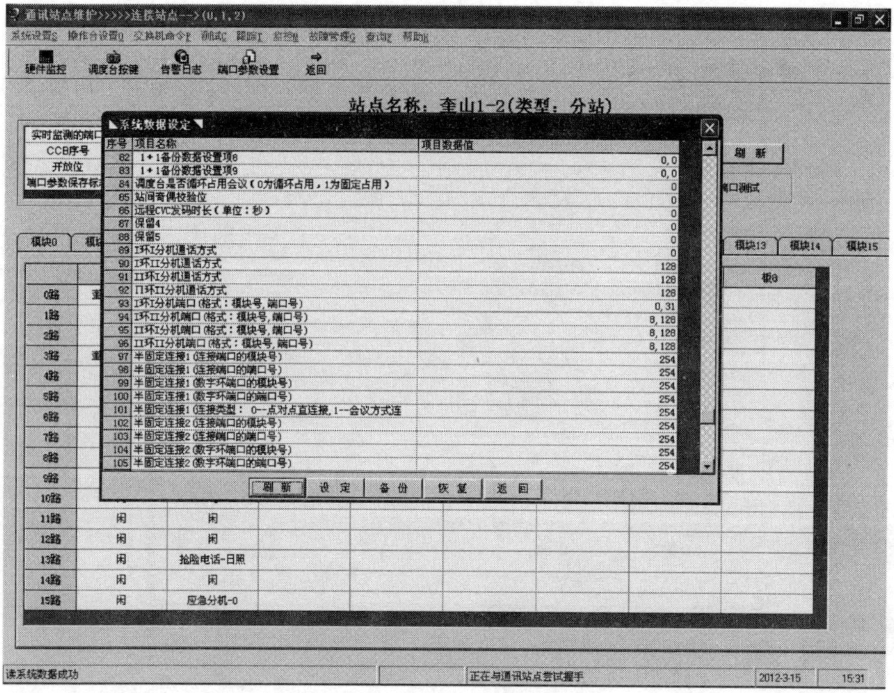

图 2-3-61 站间电话数据设置界面

10. 某操作台就席灯不亮如何判断处理?

答:(1)2B+D 端口是否激活,即时间显示的时与分间的":"是否存在。

(2)系统主机是否正常工作。

(3)系统端口参数设置是否正确。

(4)操作台本身参数(台号)设置是否正确。

11. 操作台按任意直选键没有反应如何判断处理?

答:(1)按键时该键红灯是否闪烁一次(数字键无灯),不闪检查键盘与主板的连线是否有松动。

(2)操作台与调度交换机通信是否正常。

(3)操作台是否就席,只有就席时才能正常工作。

(4)操作台按[取消]键再试。

(5)个别直选键是否卡住。

(6)操作台自身故障。

12. 操作台液晶显示屏没有显示如何判断处理?

答:(1)操作台是否正在工作,电源是否有指示。

(2)调整液晶显示电位器。

(3)LCD 显示屏与主板连线是否正确。

13. 车站调度交换机的 APU 板时钟灯不亮,如何判断处理?

答:(1)确认 DTK 板 U14 的短路针是否短接在 2 和 3。

(2)更换 DTK 板。

(3)更换 APU 板。

14. 车站调度交换机需要更换新 APU 板,如何操作?

答:(1)把新 APU 板的拨码开关的位置设置的与旧 APU 板完全一样。

(2)如果不使用新 APU 板的存储卡(CF 卡),则把旧 APU 板的 CF 卡插到新 APU 板。

(3)把新 APU 板插入车站调度交换机,等各灯指示正常后,如果是新 CF 卡,在维护台进行主备数据互传。

(4)切换到新 APU 板进行呼叫试验及在维护台确认环状态。

15. 车站调度交换机两主处理器板(APU)不能主备互传数据,如何处理?

答:(1)检查两 APU 板的互连网线。

(2)检查 APU 板上的网线是否连接良好。

(3)更换 APU 板。

16. 如何区分两主处理器板主备用状态?

答:通过主处理器板面板指示灯的“ACT”灯来区分,如果亮就是主用,否则就是备用。

17. 操作台所有呼入不响铃如何处理?

答:(1)调整操作台的响铃音量旋钮。

(2)操作台的响铃喇叭损坏,更换喇叭或操作台。

18. 用户呼入操作台其直选键不点灯,但能通话,如何处理?

答:(1)如果是内线用户,查看操作台该直选键的模块号、端口号与用户在调度交换机的模块号、端口号是否一样。

(2)如果是外线用户,查看操作台该直选键的外线是否选择为“是”。

19. 操作台所有用户呼叫时麦克风送话声音很小,如何处理?

答:(1)确认麦克风的开关灯是否亮红灯,如果不亮,则是麦克风的开关没有打开。

(2)更换新麦克风及连接线等。

(3)更换新操作台。

20. 站操作台呼叫站内用户无杂音,呼叫外线有杂音,如何处理?

答:(1)断开数字环上行方向,通过数字环的下行方式呼叫如果无杂音,则是上行站设备有问题或传输有问题。

(2)如果断开数字环上行方向,呼叫外线还是有杂音,则是本站设备的问题,首先更换 DTK 板。

(3)如果还是有杂音就更换 APU 板。

21. 操作台不能自动应答如何处理？

答：把操作台的自动应答选择为“是”。

22. 操作台呼入时按用户直选键或免提键不能接听，必须按[确定]键才能接听，如何处理？

答：查看操作台的“应答优先方式”是否为“是”，如果不是时，所有呼入操作台应答时必须按“确定”键才可以应答，改为“是”时，按用户直选键或免提键就可以应答了。

23. 电调分机摘机呼不到电调台，只能听到拨号音，如何分析处理？

答：(1)在网管终端查看电调分机所在车站调度交换机的热线电话设置表，本电调分机所属端口的热线是否有，如果没有则恢复数据；

(2)在网管终端查看系统数据第 15 项“热线电话不拨号时长”是否时长太长，一般设置为 1 s。

24. 环路中继板(LTK 板)出中继呼叫操作台，操作台直选键不点灯，如何分析处理？

答：在网管终端查看操作台直选键的号码与 LTK 板端口数据中的“中继计费号码”所填号码是否相同，如果不同，就会造成直选键不点灯故障。

25. 如果主任台不能占用会议，如何分析处理？

答：(1)查看主任台所在 DSU 板端口数据中，新业务中的“会议”是否选择；

(2)查看系统数据第 51 项“最小的扩充会议模块号”中的模块号与会议板模块号是否相同。

(3)复位会议板。

(4)更换操作台。

26. 车站更换操作台，维护台值班人员如何操作？

答：(1)车站通信工区人员已把新操作台更换完成并加电，并确认操作台显示屏的小时与分钟间有“:”。

(2)调度工区值班人员在维护台维护该车站调度交换机，选择操作台端口设置：输入台号、类别、应答方式、端口号等，设置完成后，操作台“就席”灯点亮，说明操作台已正常工作。

(3)选择操作台用户键设置，输入台号。

(4)选择[恢复]按钮，打开操作台直选键备份文件，单击[设置]按钮给新操作台加载数据。

(5)车站通信工区人员试验确认。

27. 在维护台显示某个站点脱管，如何判断处理？

答：(1)如果是直通状态，则可能是分站掉电，通知车站通信工区人员去处理。

(2)如果是中断状态，先通知传输网管检查是否为传输故障，再通知车站通信工区人员去处理。

(3)调度工区值班人员通知邻站启用邻站应急电话,并把调度台对该站的直选键号码改为邻站应急电话号码,进行行车指挥。

28. 调度台不能选叫双音频分机但可以通话,如何处理?

答:(1)查看调度台直选键数据是否正确。

(2)在调度工区试验架监听该调度外线有无双音频发出,如果无,确认 CCU 板第一个灯(RUN1)是否闪亮,如果不闪亮则复位 CCU 板。

(3)让车站通信工区人员,查看调度分机接收灵敏度成更换选频模块等。

(十二)ZST-48(G4K)系统数据配置与故障处理

1. 维护台不能正常登录,显示文件错误,如何处理?

答:打开维护台所在文件夹,重新进行 ocx 控件的注册,运行文件 register. bat 即可。

2. 如何在维护台数字环拓扑图上新增一个数字环及分站?

答:(1)在维护台打开[属性配置]中[集中维护]菜单,选中[数字环信息]选项,显示界面如图 2-3-62 所示。输入环号、优选中心站名称、备选中心站名称,单击[保存配置]。

(2)选中[分站信息]选项,显示界面如图 2-3-63 所示。输入各个分站的名称、环号、站号或 IP 地址、插箱层数、主机版本、机型等,然后单击[保存配置],数字环及分站就显示在拓扑图上了。

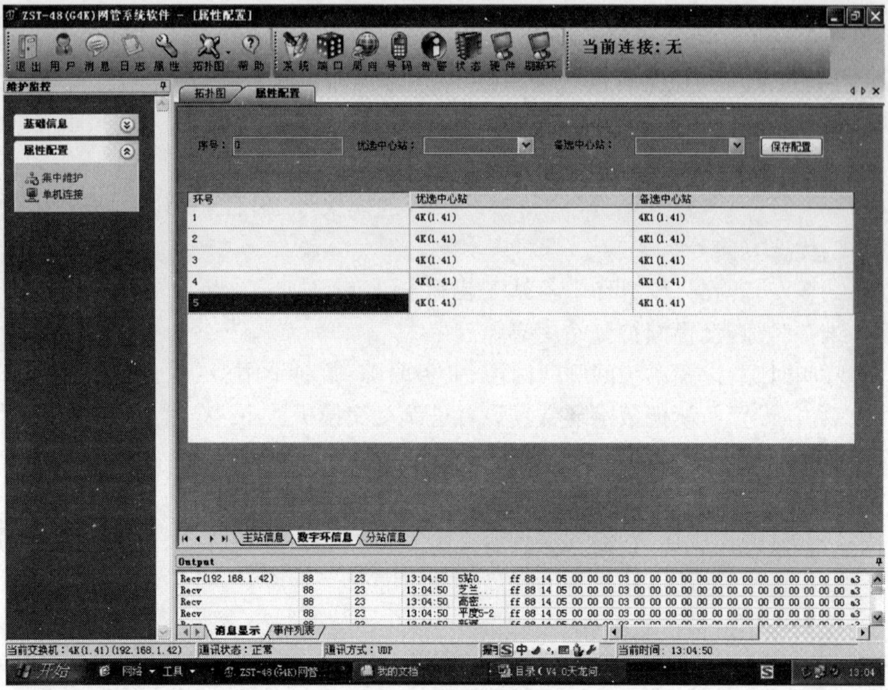

图 2-3-62 数字环拓扑图操作界面

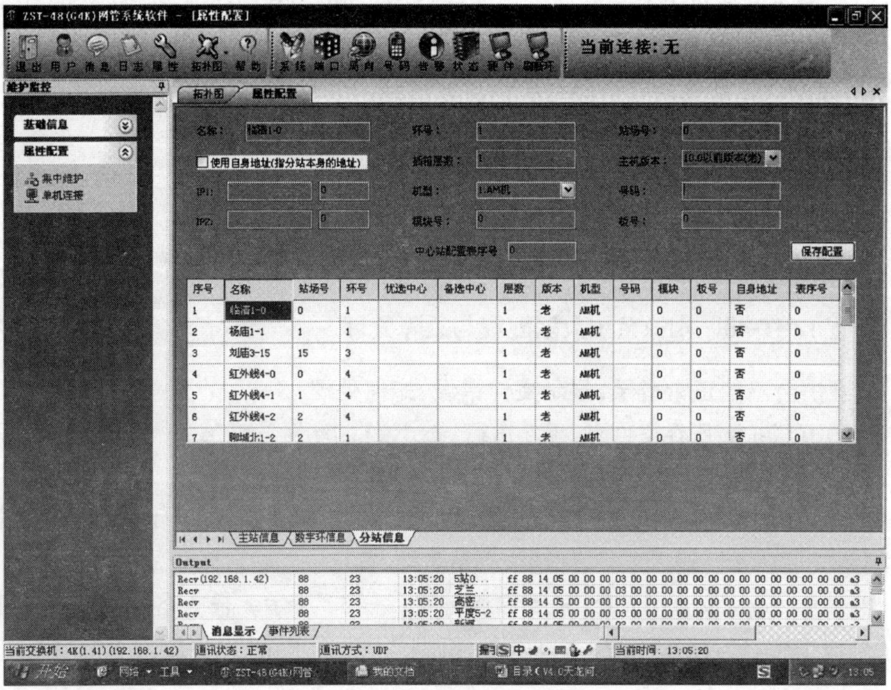

图 2-3-63 分站信息操作界面

3. 在调度所交换机上开通一个新数字环,数据如何配置?

答:(1)通过维护台进入调度所交换机,打开[数据设置]中[数字环]菜单,操作界面如图 2-3-64 所示。

(2)双击[环号],输入新开环所在 QDC 板的模块号、起启 PCM 号、终止 PCM 号、维护模式、优选方向等。

(3)站场安装情况:设置环中各站安装标志。

(4)维护时隙:设置维护分站用时隙。

(5)呼叫时隙:设置系统间呼叫时隙;业务时隙:暂时不用。

(6)双击[设置],就把数字环数据设置进调度交换机。

4. 如何在维护台更换操作台?

答:(1)打开[数据设置]中的[调度台端口]菜单,显示界面如图 2-3-65 所示。

选择台号,连接成功后,输入调度台类型、自动应答、应答优先、一号和二号分机的模块及端口号,最后设置,操作台的就席灯就点亮了。

(2)恢复操作台备份数据。

打开[数据设置]中的[调度台键值 2]菜单,显示界面如图 2-3-66 所示。输入台号,连接成功后,打开操作台备份文件,设置进新操作台。

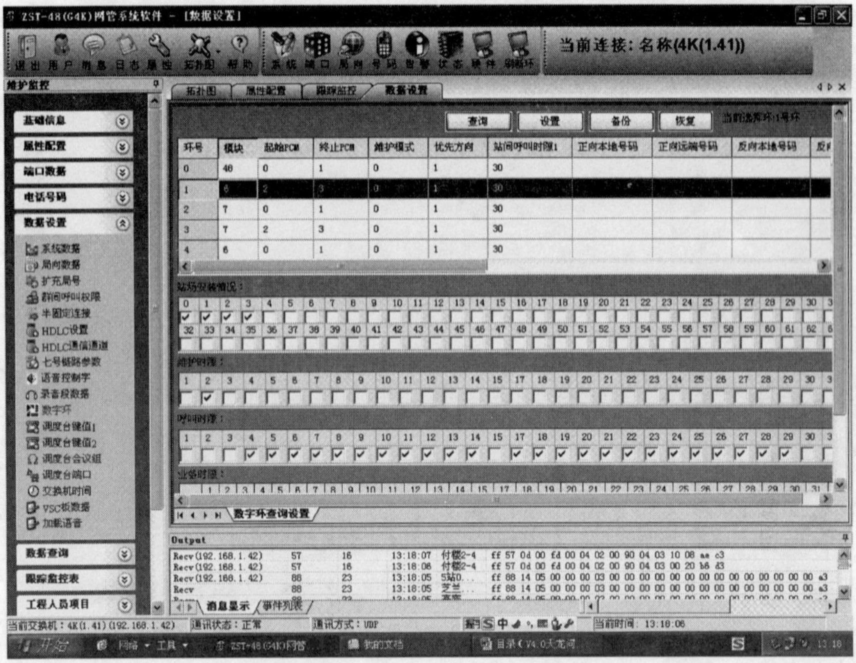

图 2-3-64 数字环操作界面

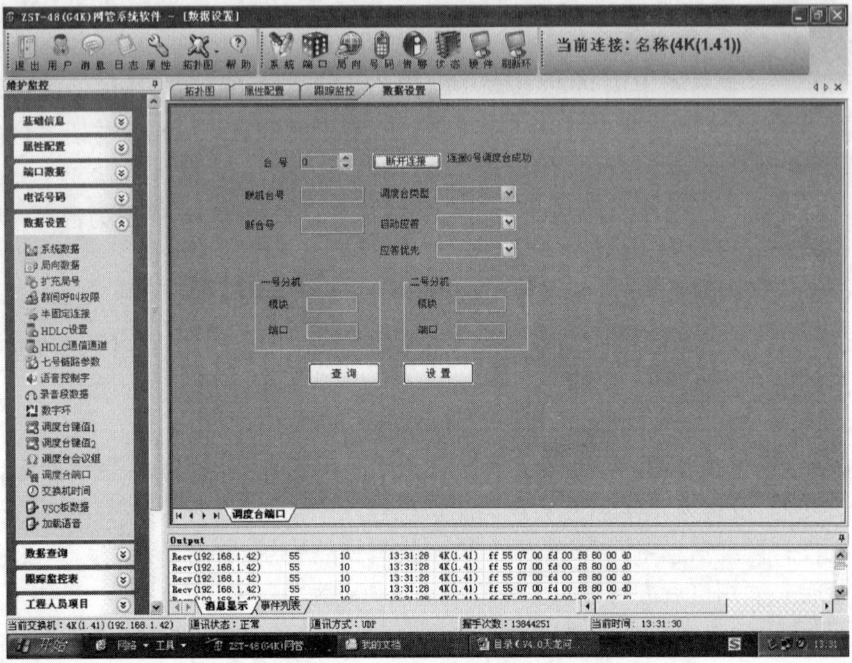

图 2-3-65 操作台端口设置界面

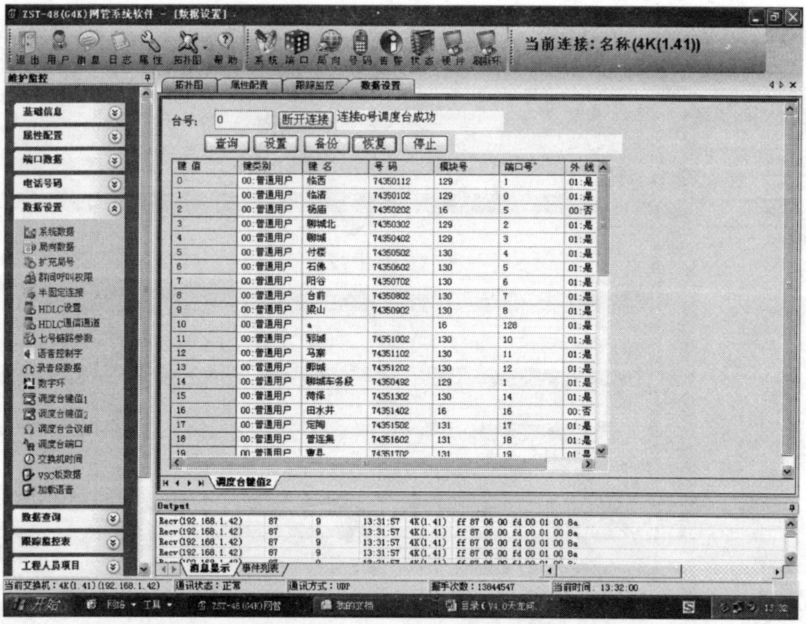

图 2-3-66 恢复操作台数据操作界面

(3)操作台所有用户进行双向呼叫试验。

5. 在 DSU 板新开通一个操作台,其类型为主任台、台号为 3、ISDN 号码为 74350004,数据如何配置?

答:(1)每个操作台占用 DSU 板两个端口,第一个端口设置界面如图 2-3-67 所示。

呼叫信令方式:调度台坐席;序号:6,该字段用于确定交换机端口与话务台的对应关系,每两个序号对应一个话务台台号。其对应关系为:台号(话务台)×2+分机号(0 或 1)=序号。如 0、1 对应话务台号 0,2、3 对应话务台号 1;组号:一般为台号;类别:班长用户,电话号码 1 和电话号码 2 不用填。

(2)第二个端口设置界面如图 2-3-67 所示。

与第一个端口设置不同之处:序号为 7,电话号码 1 为操作台的 ISDN 号;电话号码 2 为操作台的功能号。

(3)操作台端口参数中"端口功能"设置界面如图 2-3-68 所示。

"录音启动方式"设置为 1:表示消息启动;"通话录音"设置为 1:表示操作台要录音;"会议功能"设置为 1:表示有会议功能;"直连入中继号"设置为 1:表示操作台有逐位拨号功能;"调度信息单元"设置为 1:表示具有铁路专用功能;"绑定标志"设置为 1:表示调度台必须摘机后方可呼叫。一般这些项须设为"1"。

(4)操作台端口参数中"呼叫权限"设置界面如图 2-3-69 所示。

呼叫权限界面中必须将第一项"服务开放"选中,其余设置项,用户可根据需要自行设置。

图 2-3-67 DSU 板端口设置界面

图 2-3-68 端口功能设置界面

图 2-3-69 呼叫权限设置界面

(5)操作台端口参数中“新业务”设置界面如图 2-3-70 所示。

图 2-3-70 新业务设置界面

端口新业务界面中,用户可根据需要自行设置,“发主叫方式”一般设为 6,表示送双主叫号码(ISDN 号和功能号)。

6. 在 SLC 板为某个操作台开通一个录音端口,数据如何配置?

答:(1)操作界面如图 2-3-71 所示。“呼叫信令方式”设置为录音端口;“序号”为所录操作台的序号;组号为所录操作台的台号。

图 2-3-71　录音端口设置界面

(2)录音端口中“端口功能”操作界面如图 2-3-72 所示。“录音启动方式”为 1 表示消息启动录音端口,否则振铃启动录音端口。

7. 在 SLC 板为某个操作台开通一个应急分机,数据如何配置?

答:操作界面如图 2-3-73 所示。

“组号”设置为对应操作台的台号;“类别”设置为夜服用户。在操作台故障时,自动将所有呼入转接到应急分机,所有呼出通过拨号实现。

8. 在维护台如何配置 30B+D 接口的网络侧和用户侧?

答:QDC 板每个 E1 接口设置网络、用户侧时,只需设置每个 E1 的第一个端口中的[呼叫权限]中的[备用 15]项,打勾为网络侧,不选为用户侧。

9. 数字环切到备选中心在维护台有何变化?

答:数字环被优选中心(主用调度所交换机)管理时各分站用蓝色表示,数字环被备选中心(备用调度所交换机)管理时用绿色表示,并有声音告警提示。

图 2-3-72 端口功能设置界面

图 2-3-73 应急分机设置界面

10. 调度交换机的语音功能由哪几部分组成?

答:调度交换机的语音功能由两部分组成:

一是固定语音,主要为单频声音,该语音可同时连接到多个用户,在调度交换机中的取值范围为 0～15;

二是可自定义的语音,是由调度交换机内已录制的语音与用户自录制的语音组成,调度交换机通过语音控制字来控制播放语音,在调度交换机中的取值范围为 16～143。

11. 在双中心组网方式中,优选中心的调度台呼不到数字环中某个分站操作台如何处理?

答:(1)查看调度台直选键号码是否正确。

(2)在维护台查看车站调度交换机所在数字环是被优选中心还是被备选中心管理。如果被优选中心管理,则维护中心站查看呼叫车站调度交换机的局向中有没有数字环路由,维护分站查看操作台号码是否正确;如果被备选中心管理,则维护优选中心站查看呼叫分站的局向中有没有 30B+D 路由,维护备选中心站查看呼叫分站的局向中有没有数字环路由,及维护分站查看操作台号码是否正确。

(3)查看分站操作台工作是否正常。

(4)复位分站 QDC 板。

(5)复位分站 CEC 板。

(6)复位分站 CPC 板。

12. 双口操作台与优选中心通信中断该如何处理?

答:(1)检查连接线是否接触良好,或重启操作台。

(2)复位操作台接口板。

(3)复位基本接口模块处理板。

(4)更换操作台等。

13. 双口操作台在备选中心时呼叫分站操作台的呼叫流程是什么?

答:操作台在备选中心站,数字环被优选中心站管理时,呼叫流程如下:

(1)操作台把呼叫送到模块处理板,由模块处理板转发到主处理板,局向分析译码后,由于数字环被优选中心站管理,第一路由不通,通过第二路由 30B+D 转发到优选中心站。

(2)优选中心站分析译码后,通过数字环路由呼到分站。

14. 数字环切到备选中心,操作台在优选中心,这时优选中心的操作台与数字环中分站操作台是否可以互相呼叫?

答:可以互相呼叫。优选中心站的操作台呼叫分站操作台要通过第二路由 30B+D,把呼叫路由到备选中心站,由备选中心站再通过第一路由数字环呼到分站;分站呼叫优选中心站的操作台,分站通过数字环呼到备选中心站,由于操作台与优选中心站通信正常,所以操作台优先被优选中心站管理,备选中心站第一路由本机呼叫呼不到操作台，只能由备选中心站通过第二路由 30B+D，把呼叫路由到优选中心站，由优选中心站通过第一路由本机呼叫，呼叫到操作台。

15. 分站操作台呼叫调度台，调度台液晶屏只显示一个号码，如何处理？

答：(1)检查分站操作台 DSU 端口参数的“电话号码 2”是否设置。

(2)检查分站操作台 DSU 端口参数中的“新业务”中的“发主叫号码方式”是否为 6，如果不是就送一个主叫号码。

16. 调度交换机内所有分机摘机没有拨号音，如何判断处理？

答：(1)复位分机所在模块处理板。

(2)复位控制模块的 VSC 板。

(3)复位控制模块的 CPC 板。

(4)更换 VSC 板。

17. QDC 板的 MCN 灯不亮如何判断处理？

答：(1)检查驱动电缆是否连接良好，电缆不能带电插拔。

(2)复位 QDC 板。

(3)复位 CEC 板。

(4)复位 CPC 板。

(5)更换 QDC 板。

(6)更换 CEC 板。

18. 某数字环在维护台上不停地闪断，如何判断处理？

答：(1)通知传输网管，查看这段传输有没有告警。

(2)查看告警消息，确定从哪个站中断，如果告警太多不好查找，可以先断开数字环的反向，再观察数字环状态，看哪个站先变红，就是这个站有问题。

(3)通知工区人员先把这个站间的 2M 断开，然后把该环的反向接好，从而做到不影响通信业务。

(4)如果传输没问题，首先检查 2M 接头是否连接良好，或复位分站 QDC 板，或复位 CPC 板，最后更换 QDC 板或 CPC 板。